Monika Czernin

Anna Sacher und ihr Hotel

Im Wien der Jahrhundertwende

W0171886

PENGUIN VERLAG

Die Originalausgabe erschien 2014 unter dem Titel
Das letzte Fest des alten Europa. Anna Sacher und ihr Hotel
beim Albrecht Knaus Verlag, München.

Der Verlag weist ausdrücklich darauf hin, dass im Text
enthaltene externe Links vom Verlag nur bis zum Zeitpunkt
der Buchveröffentlichung eingesehen werden konnten.
Auf spätere Veränderungen hat der Verlag keinerlei Einfluss.
Eine Haftung des Verlags ist daher ausgeschlossen.

Bildnachweis: S. 6, © Madame d'Ora/ÖNB/Imagno, Wien

Verlagsgruppe Random House FSC® N001967

8. Auflage
Copyright © 2014 by Monika Czernin
Copyright der deutschsprachigen Ausgabe © 2014 by
Albrecht Knaus Verlag, München
Neumarkter Str. 28, 81673 München
Umschlag: any.way, Cordula Schmitt
Umschlagmotiv: akg-images
Satz: Uhl + Massopust, Aalen
Druck und Bindung: GGP Media GmbH, Pößneck
Printed in Germany
ISBN 978-3-328-10058-4
www.penguin-verlag.de

Dieses Buch ist auch als E-Book erhältlich.

MONIKA CZERNIN, 1965 in Klagenfurt geboren, studierte Politikwissenschaften und Philosophie in Wien. Die Autorin (u.a. *Gebrauchsanweisung für Wien, Die Geschichte der Nora Gräfin Kinsky*) und Filmemacherin hat in ihrer umfassenden Recherche viele Quellen zum Hotel Sacher erstmals ausgewertet. Monika Czernin lebt am Starnberger See.

Besuchen Sie uns auf www.penguin-verlag.de
und Facebook

Für Hans,

der ein großer Ermutiger,
ein leidenschaftlicher Leser
und ein untrüglicher Kritiker war.

Inhalt

Jedesmal, wenn ich im Gespräch jüngeren Freunden Episoden aus der Zeit vor dem ersten Kriege erzähle, merke ich an ihren erstaunten Fragen, wieviel für sie schon historisch oder unvorstellbar von dem geworden ist, was für mich noch selbstverständliche Realität bedeutet. Und ein geheimer Instinkt in mir gibt ihnen recht: zwischen unserem Heute, unserem Gestern und Vorgestern sind alle Brücken abgebrochen.

Stefan Zweig: Die Welt von gestern *(1942)*

Wir befinden uns, wie im Jahre 1914, in einer Phase des Umbruchs. Die Konturen des alten Systems sind im Auflösen begriffen, die neuen Konstellationen sind noch nicht klar erkennbar. Gerade in solchen Momenten, wo das Gleichgewicht ins Wanken kommt, häuft sich das Risiko.

Christopher Clark: Eröffnungsrede der Salzburger Festspiele (2014)

Wer legt eigentlich fest, dass Fantasie und Dichtung in einer Biografie nichts zu suchen haben?

Virginia Woolf zu Orlando

Einleitung

> Leute, die damals noch nicht gelebt haben, werden es nicht glauben wollen, aber schon damals bewegte sich die Zeit so schnell wie ein Reitkamel. (…) Man wusste bloß nicht wohin.
>
> *Robert Musil:* Der Mann ohne Eigenschaften *(1930)*

Das Bild zeigt eine Frau in den besten Jahren, sie trägt ein weißes, spitzenbesetztes Kleid, das hübsche Gesicht in die Hand gestützt, die zu Locken getürmten Haare von einem Hut mit Straußenfedern gebändigt. Zwei französische Zwergbulldoggen sitzen auf ihrem Schoß wie bei anderen Leuten Kinder in Matrosenanzügen. Ihr Mund verrät Willenskraft. Klug und skeptisch blickt die Porträtierte den Betrachter an, fast unangenehm ist dieser Blick, der sein Gegenüber präzise taxiert, dem nichts entgeht. Hier ist eine Frau, der man kein X für ein U vormachen kann.

Es ist die wohl berühmteste Fotografie der Anna Sacher. Die legendäre Hotelbesitzerin wusste sich selbstbewusst in Szene zu setzen und in den bodenständigen Satz zu kleiden: »Das Sacher, das bin ich und sonst niemand.« Die Fotografie drückt genau das aus und inszeniert gleichzeitig den Charme und Witz, den diese Kultfigur des Wiener Fin de Siècle gehabt haben muss. Die Fotografin des raffinierten Porträts war eine nicht minder bekannte Dame: Dora Kallmus, genannt Madame d'Ora. So hieß auch ihr Fotostudio, das sie 1907 im ersten Wiener Gemeindebezirk eröffnet hatte. Anna Sacher kannte die junge Frau. Ihr Vater Philipp Kallmus entstammte einer jüdischen Familie aus Prag, er hatte als Hof- und Gerichtsadvokat Karriere gemacht wie so viele Juden der Gründerzeit, die aus den k. u. k. Ländern in die Hauptstadt des Kaiserreiches gezogen waren, zuerst aus Böhmen, Mähren und vor allem Ungarn, später dann auf der Flucht vor den antisemitischen Ausschreitungen in Galizien oder vor der Armut der Schtetl. Philipp Kallmus war schon in den Jahren, als Annas Ehemann Eduard noch lebte, ein gern gesehener Gast im Sacher gewesen, auch wenn sich das seltsam verloren hat in den Geschichten über das Hotel. Und so wird er wohl eines Tages auch seine Tochter der zwanzig Jahre älteren Chefin des Hauses vorgestellt haben. Die d'Ora und die Sacher gehörten zu jenen Frauen der Zeit, die wie selbstverständlich emanzipiert waren, sie hatten ungewöhnliche Karrieren gemacht, und zwar in einem gesellschaftlichen Umfeld, das Frauen derartige Positionen und eine derartige Selbstständigkeit erst allmählich zugestehen wird.

Mit ihrer Fotografie hat Madame d'Ora an der Legende der Anna Sacher mitgewirkt. Die Bullys der Frau Sacher waren fast so berühmt wie die Sachertorte, mit der die ganze Geschichte noch vor der bürgerlichen Revolution von 1848 im Wiener Biedermeier ihren Anfang nahm. Die Hündchen fügten sich geschmeidig zu den zahlreichen Anekdoten über Erzherzöge und andere meist aristokratische Gäste, die sich in den Salons und Separees des Hotels tummelten und die Gerüchtebörse der Stadt mit allerlei Pikanterien zu füttern wussten. Der bloß mit einem Säbel bekleidete Erzherzog Otto, der stets in Husarenuniform auftretende Dauergast Nikolaus Szemere samt illustrer Runde, der nackte Kronprinz höchstpersönlich mit König Milan von Serbien und Eduard Sacher im Praterteich und so weiter und so fort. Das Sacher war immer mehr als ein Hotel: Es war einer der Mittelpunkte der Wiener Gesellschaft, ein Dreh- und Angelpunkt der großen Epoche vor dem Ersten Weltkrieg und der bitteren Zeit nach dieser Urkatastrophe, einer Zeit, die heute von Historikern gern als ein Kontinuum, als »lange Jahrhundertwende« (von 1880–1930) bezeichnet und gedeutet wird.

Bis heute hängt die Fotografie der Anna Sacher im Gang zwischen Marmorsaal und dem Restaurant »Anna Sacher«. Vor dem Hotel halten Fiaker, Menschen eilen in die Staatsoper, der k. u. k. Hoflieferant Jungmann & Neffe lässt krachend die Rollläden herunter, ein paar Herren, sehr elegant und aus der Zeit gefallen, betreten das Hotel. Im Raum lesen wir die Zeit: Nirgends gilt das so sehr wie in Wien. Hier lärmt nicht nur das Heute, sondern auch das Gestern, und so muss man nicht viel tun, um die Zeit hundertfünfzig Jahre zurückzudrehen und sich die Geräuschkulisse vorzustellen, als die Ringstraße – damals noch die größte Baustelle Europas – von Kaiser Franz Josef feierlich eröffnet wurde. Statt Autos rumpelten Fiaker und Equipagen über das Stöckelpflaster, was für großen Lärm sorgte, und aus dem Stimmengewirr der Menschen hörte man neben Deutsch und Französisch die unzähligen Sprachen des Habsburgischen Vielvölkerstaates heraus.

Was für eine Zeit! Die Gründerzeit, die Ringstraßenepoche, die Zeit des Liberalismus! Alles wandelte sich damals – Technik, Städte, Verkehrswesen, Wissenschaft und der Alltag der Menschen. Alles war auf Veränderung programmiert, auf Bewegung, ja Beschleunigung. Kapitalismus und freie Marktwirtschaft feierten einen Sieg nach dem anderen, schufen aber auch eine Ungleichheit, deren soziale Sprengkraft von den oberen Zehntausend unterschätzt wurde. Wenn man heute die Ringstraße entlanggeht, kann man diesen Geist noch spüren, man muss nur den Blick über die prunkvollen Fassaden gleiten und sich die Geschichten der Gebäude und des Lebens, das sich hinter ihren Mauern abgespielt hat, erzählen lassen.

Dreißig Jahre später dann, um die Jahrhundertwende, war Wien mit seinen fast zwei Millionen Einwohnern zu einer der größten Städte der Welt geworden, eine nervöse Metropole, eine Stadt der Millionäre und der Obdachlosen, eine Hochburg der Künste und Wissenschaften, das Mekka der modernen Medizin, Ökonomie, der Rechtswissenschaften und der Chemie. Überall nur Superlative. Es kam zu einer wahren Explosion des Schöpferischen. Die Künstler des Fin de Siècle sind weltberühmt: Gustav Klimt, eine Generation später Egon Schiele und Oskar Kokoschka. Auch in der Musik geschah Bahnbrechendes – vor allem durch Gustav Mahler und Arnold Schönberg. Und in den Cafés der Stadt traten sich die Literaten auf die Füße und schufen Werke voller Zeitlosigkeit. Arthur Schnitzler, Hugo von Hofmannsthal, Stefan Zweig, Karl Kraus, Hermann Broch und Felix Salten. Und natürlich Sigmund Freud, dessen Analyse der Seele das Selbstbild des Menschen und den Blick auf die Kultur unwiderruflich verändern sollte. Er bat seine Patientinnen auf die Couch und entließ sie als krönenden Abschluss womöglich auf einen nervenberuhigenden Tee in den Damensalon des Sacher.

Im gesellschaftlichen Leben der späten Habsburgermonarchie gaben seit Jahrhunderten der Hof und die Aristokratie den Ton an, die Erzherzöge, die Metternichs, Kinskys, Schwarzenbergs, Wilczeks und Hohenlohes. Sie achteten auf soziale Distinktion und durch die Etikette gezogene Schranken. Jene sogenannte erste Gesellschaft mischte sich mit niemandem, schon gar nicht mit den gesellschaftlichen Aufsteigern der zweiten Gesellschaft, wie man im hierarchieverliebten Wien zu den höheren Beamten und zum Großbürgertum zu sagen pflegte. Das waren vor allem die jüdischen Großhändler, die Fabrikanten und Bankiers. Und dennoch: Auch der alte Adel wusste, dass, wer seine Stellung behaupten und nicht nur auf seinen Landgütern mächtig sein wollte, mit der neuen Zeit gehen musste, mit der Industrialisierung, dem Welthandel, der Börse. Keine andere gesellschaftliche Gruppe prägte die Gründerzeit und Jahrhundertwende so stark wie das jüdische Großbürgertum, das sich durch die Gleichstellung der Juden im Laufe des 19. Jahrhunderts gebildet hatte. Über die Hälfte der Wiener Millionäre waren jüdischer Herkunft, in Deutschland waren es hingegen nur sechzehn und in England nur zwei Prozent. Sie alle, die Rothschilds, Ephrussis, Todescos, Königswarters, Liebens, Schey von Koromlas, Epsteins oder Gutmanns hatten ihre Palais im eleganten vierten Bezirk oder auf der Ringstraße – in unmittelbarer Nähe des Sacher also, das sich hinter der neuen Hofoper direkt am Ringstraßenkorso befand. Und so kann es eigentlich gar nicht sein, dass diese meist nur in ein bis zwei Generationen zu Reichtum und wirtschaftlichem Einfluss gelangten Großbürger nicht im Sacher verkehrten, nur weil fast niemand von ihnen in der berühmten Bildergalerie der Anna Sacher hängt oder das berühmte Gästetischtuch der Anna Sacher vor allem ein Who's who des europäischen Adels ist. Und wenn sie doch alle im Sacher gewesen sind, wieso tauchen sie dann so selten in den Geschichten und Büchern über das Hotel auf? Und was sagt uns diese Lücke über die damalige Zeit?

Als Anna Sacher 1930 starb, schwelgten die Zeitungen in Habsburg- und Monarchie-Nostalgie und zementierten so das Klischee vom Sacher als jenem Ort, an dem Aristokraten und Erzherzöge ein- und ausgingen, als dem Ort, an dem die Hofgesellschaft zu speisen geruhte, wenn sie bei Hofe nicht satt geworden war. Das Sacher galt als Hort jener oberflächlichen und verschwendungssüchtigen Adligen, die, wie Hermann Broch befand, längst »die Flucht ins Unpolitische« angetreten hatten und im »flüchtigsten Lebensgenuss« – dem saisonalen Auf und Ab von Jagden, Bällen und Pferderennen – ihr soziales Überleben zu finden glaubten. Und so lautete denn auch der Tenor aller Geschichten und Artikel, die ich über das Sacher gehört und gelesen hatte. »Es ist das Hotel zum alten Österreich«, schrieb etwa das *Wiener Journal* zum Tod Anna Sachers. »Denn hier ging aus und ein, was zu den Notabilitäten der österreichisch-ungarischen Monarchie gehörte. In den Speisesälen ließen sich österreichische Erzherzöge blicken, ungarische Magnaten aßen hier das berühmte Wiener Beinfleisch, tranken alte Bordeauxweine, Grafen und Barone machten die Honneurs und ließen sie sich machen.« Manche der Herren hatten es zu nichts gebracht außer zu einem imposanten Stammbaum und zu einem umfassenden Wissen über Genealogie. Andere wiederum waren in die Lenkung der Monarchie involviert, so etwa die Grafen Apponyi, Taaffe oder Czernin, die sich ebenfalls zu den Stammgästen des Sacher zählten. Sie haben in den Separees des Hauses sicher nicht nur mit Ballerinen und Theatersoubretten geflirtet, sondern auf dem neutralen Boden des Hotels schwierige politische Verhandlungen geführt und wichtige Entscheidungen getroffen.

Nur in der *Arbeiterzeitung* findet sich ein Hinweis auf das jüdische Großbürgertum und seine Beziehung zum berühmten Haus. In seinem Nachruf auf Anna Sacher im Februar 1930 schreibt das Blatt: »Ihr Hotel Sacher ist mehr gewesen als eine bloße, über das Normalmaß kapitalistischen Behagens hinausgehende elegante Gaststätte, die Menschen kleinbürgerlicher Herkunft nur dann ihre Pforten öffnete, wenn sie Ballerinen waren oder sonst etwas Ähnliches, mit weiblichen Reizen Gepaartes. Das Hotel Sacher war geradezu eine vom spanischen Hofzeremoniell befreite Filiale der Hofburg.« Und dann weiter: »Von Erzherzögen wimmelte es bei Sacher, aber trotzdem gab es dort keinen Arierparagraphen. Die ganz feinen Juden, die Grundbesitz und Jagden besaßen, waren ganz wohlgelitten, auch solche, die sich irgendwie auf Unterhaltungskünste verstanden, zum Beispiel die Operettenlibrettisten, deren Werke ja für diese feudalen Kreise den Inbegriff der Literatur bildeten.« Einige Jahre später vermerkte der *Völkische Beobachter* abschätzig über das Hotel, dass es »nicht salonfähig« sei, »denn dort trifft sich die Reaktion und das Judentum«. Zwischen all den homogenen Adelsgeschichten ließen mich diese beiden Artikel aufhorchen und nach Beweisen und Namen für eine Geschichte suchen, die bisher nicht über das Sacher und seine Welt erzählt worden ist.

Doch wo würde ich eine Liste all jener Hotel- und Stammgäste finden, die aus dieser sogenannten zweiten Gesellschaft stammten? Wie konnte ich herausfinden, inwiefern das Sacher möglicherweise sogar einer der wenigen Orte war, an denen sich die erste und die zweite Gesellschaft – Adel und Bürgertum – mischte? Und war das Sacher vielleicht gar nicht der Gipfel der Nostalgie, zu dem es nach dem Tod der Anna Sacher gemacht wurde, sondern vielmehr ein gänzlich moderner Ort, das Sinnbild einer Epoche, die in waghalsigem Tempo all jene geistigen Strömungen und Entwicklungen hervorbrachte, die wir gemeinhin erst dem 20. Jahrhundert zuschreiben? Konsumkultur und Tourismus, Frauenemanzipation und das Aufbrechen sexueller Regeln, modernes Marketing, Klatschpresse, neue Technologien und die Globalisierung der Märkte. Ein Ort, an dem sichtbar wurde, dass die Donaumonarchie mitnichten morsch und deshalb zielgerichtet ihrem Untergang zustrebte, sondern dass sie ein durchaus lebensfähiges, sich den wechselvollen wirtschaftlichen und sozialen Bedingungen anpassendes, komplexes Staatsgebilde war, das seine Legitimität erst durch den verlorenen Weltkrieg und dessen zynische Brutalität eingebüßt hatte?

Eines Tages drückte mir die heutige Anna Sacher, die Grande Dame des Hauses, Elisabeth Gürtler, eine große hölzerne Schatulle in die Hand. Darin fanden sich Kondolenzkarten, die Anna Sacher anlässlich des Todes ihres Mannes Eduard im Jahr 1892 erhalten hatte. Sie waren mit größter Sorgfalt auf Kartons geklebt. Diejenigen, auf deren Rückseite sich auch noch Beileidsworte fanden, waren nur an einer Schmalseite festgeklebt worden, um sie umblättern und lesen zu können. Die Schatulle, mit Samt ausgeschlagen und im Deckel mit einigen Fotografien Eduards und einigen Orden verziert, erzählte nicht so sehr von einer Witwe, die sich durch die vielen Beileidsbekundungen getröstet fühlte, sie war vielmehr ein Beweis der gesellschaftlichen Stellung des von Eduard 1867 gegründeten Hotels als eines der ersten Häuser der Stadt – eine illustre Kundenkartei sozusagen. Und tatsächlich: In den Kondolenzkarten fanden sich nun all jene Namen, die ich gesucht hatte. Über die Hälfte derer, die der Witwe ihr Mitgefühl aussprachen, entstammten dem jüdischen Bürger- und Großbürgertum. Mit dem Rest – erstaunlicherweise sind hier die Vertreter der Hocharistokratie spärlich gesät – ergab die Liste ein treuliches Abbild der Ringstraßengesellschaft. Eine vielstimmige Geschichte in einer Holzschatulle.

Die Industrialisierung hatte Österreich verspätet erreicht, umso mehr boomte in der Folge die Wirtschaft im Habsburgerreich. Zwischen 1870 und 1910 wuchs sie stärker als in den anderen westeuropäischen Staaten. Österreich-Ungarn hatte die Überholspur entdeckt, die Industrie- und Handelshäuser gründeten Niederlassungen von England bis Russland, Eisenbahn- und Fahrzeugbau, Elektro-, Kohle- und Konsumgüterindustrie waren der Motor einer vom Wirtschaftswachstum geprägten Zeit, die nach der Ernüchterung des Börsenkrachs von 1873 in den 1890er Jahren noch einmal Fahrt aufnehmen und bis zum Weltkrieg anhalten sollte.

Der Liberalismus freilich – jener politische Zwilling des Gründerzeitkapitalismus – erfuhr durch den Schwarzen Freitag am 9. Mai 1873 einen Schock, von dem er sich nicht mehr erholen sollte. Ausgelöst durch wilde Spekulationen im Zuge der Weltausstellung, die nur acht Tage zuvor ihre Tore geöffnet hatte, war der Börsenkrach der Auftakt einer politisch unsteten Epoche. Damals und in den späten 1920er Jahren brachten die Folgen der wirtschaftlichen Krise populistische Bewegungen an die Macht. Mit Karl Lueger und seiner Christlichsozialen Partei war Wien seit deren Wahlsieg im Jahr 1895 die einzige europäische Hauptstadt mit einem gewählten antisemitischen Gemeinderat. Adolf Hitler, der nach der Jahrhundertwende als Kunstmaler in Wien weilte, lernte von den Wiener Deutschnationalen und Antisemiten. Erst später allerdings griff er auf jene antisemitischen Klischees zurück, die er in Wien kennengelernt hatte, und bezeichnete den judenfeindlichen Vordenker Georg von Schönerer und den antisemitischen Volkstribun Karl Lueger als seine Vorbilder.

Lueger, so heißt es, war kein Freund des Sacher, und Anna Sacher war wohl auch keine Freundin des Bürgermeisters. Wie auch. Er war der Herr der Stammtische aller kleinbürgerlichen Wirtshäuser der Stadt, während sie – mit ähnlich charismatischem Talent ausgestattet – Gastgeberin einer internationalen, vornehmlich aus Adeligen und jüdischen Großbürgern bestehenden Oberschicht war, die das Feindbild des kleinen Mannes darstellte.

Kulturell war die Ringstraßengesellschaft bis in den letzten Lebensbereich hinein von Hans Makart geprägt. Der aus Salzburg stammende Maler schuf nicht nur die wichtigsten Gemälde des Historismus, er beeinflusste auch die Interieurs der Ringstraßenpalais. Selbst die Mode und die Art, wie Feste gefeiert wurden, waren den Regieanweisungen des Universalkünstlers unterworfen. Als er 1884 mit nur vierundvierzig Jahren starb, war eine Epoche zu Ende gegangen. Ihr folgte ein beispielloser Aufbruch in die Moderne, der Jugendstil Gustav Klimts und der Expressionismus Schieles und Kokoschkas. Die jugendlichen Rebellen versammelten sich in der Secession, nicht weit vom Künstlerhaus entfernt, dem Hans Makart jahrelang vorgestanden war. Mitfinanziert wurden beide Institutionen von dem Inbegriff des Gründerzeitkapitalisten, von Karl Wittgenstein, dem Vater des Philosophen Ludwig Wittgenstein. Und nicht nur er, auch Klimt, der teuerste Maler seiner Zeit, schätzte die Atmosphäre des Sacher, insbesondere den eleganten Sacher-Garten im Prater.

Die Literaten des Fin de Siècle haben bekanntlich die Caféhäuser der Stadt unsterblich gemacht, auch wenn einige von ihnen durchaus das Geld hatten, mit der High Society im Sacher mitzuhalten und dies auch taten – etwa Hermann Bahr, Hugo von Hofmannsthal und vor allem Arthur Schnitzler. Auch Karl Kraus war gut betucht, doch der Schöpfer der *Letzten Tage der Menschheit* hat in seinem Opus magnum das Sacher zwar wiederholt erwähnt, als Gast fühlte er sich hier wohl eher deplatziert. Gustav Mahler, der von 1897 bis 1907 Hofoperndirektor war, konnte hingegen gar nicht anders, als im Sacher zu dinieren – das Restaurant des Hotels galt nicht nur als verlängerter Speisesaal der kaiserlichen Hoftafel, sondern auch als Kantine der Oper, und Leute wie der Startenor Leo Slezak waren wohl in den Speisesälen und Separees des Sacher mehr zu Hause als in ihren sicher nicht unbehaglichen Wohnungen.

Auch die kulturelle Blüte, die Wien zu dieser Zeit erlebte, entsprang der gesellschaftspolitischen Entwicklung der Stadt. Als das Großbürgertum in den 1890er Jahren durch den Erfolg von Luegers »Politik der neuen Tonart« die Macht verlor, zogen sich, wie der Kulturhistoriker Carl Schorske gezeigt hat, die Bürgersöhne in den ästhetischen Tempel der Kunst zurück, für den ihre Eltern sie in Nachahmung des aristokratischen Lebensstils ausgebildet hatten. Unter ihnen befand sich eine große Anzahl von jüdischen Bürger- und Großbürgerkindern. Selten jedoch war die Rebellion der Jugend so künstlerisch produktiv, so überragend innovativ, eine solche Entladung kreativer Energie.

Dies war die Epoche, in der sich das Leben der Anna Sacher entfaltete. Eine Zeit, in der die wirtschaftlichen, sozialen und politischen Entwicklungen aufs Engste miteinander verwoben waren, und die erst endete, als mit dem großen Krieg »die Lichter in Europa ausgingen«, wie der britische Außenminister Sir Edward Grey voraussah. Nicht, dass die sozialen und politischen Phänomene dieser Zeit ausweglos auf die Tragödie zusteuerten. Erst unser heutiger Blick erweckt manchmal den Anschein, dass alles so kommen musste. Für die damaligen Menschen war der Erste Weltkrieg vor allem ein Schock, eine mächtige Zäsur und ein apokalyptischer Traum, aus dem es nach vier Jahren der Zerstörung nur ein böses Erwachen gab. Wien war nun nicht mehr das Zentrum eines großen, bunten Völkergemischs, nicht mehr die Residenz einer Dynastie, sondern die Hauptstadt eines kleinen Landes. Eine Stadt, in deren Mauern all die Bitterkeit der Zeit eingeschrieben stand und die bloß einen zaghaften, letztlich in die nächste Katastrophe führenden Neuanfang wagte. Demobilisierte Soldaten und heimgekehrte Kriegsgefangene berichteten von der Revolution in Russland und den Arbeiterprotesten in Berlin. Auf den Straßen sah man viele »Zitterer« – Männer mit Schützengrabenneurose – und natürlich all die Amputierten. Die Not der Zeit war allerorten greifbar, und Kriegsgewinnler, Fälscher und Schwindler schlugen daraus auf ihre Weise Profit. Von diesen neuen Reichen verkehrten manche im Sacher – die Hotelierin musste es dulden, wollte sie ihr Haus über die schweren Zeiten hinwegretten.

Der Antisemitismus aber, der im Zuge der Wirtschaftskrise der 1880er Jahre wieder aufgeflammt war, gewann in den Jahren nach dem Krieg in Wien noch zusätzlich an Boden. Krawalle an der Universität, Demonstrationen gegen die »Pest des Ostjudentums«, es war unmöglich, den anschwellenden Bocksgesang nicht zu hören. Und die galoppierende Inflation trug das Ihre zur Stimmung gegen die »Geldjuden« und zur Suche nach Sündenböcken bei.

Als Dora Kallmus Anna Sacher 1908 fotografierte, war »die Sacher«, wie sie allerorten der Einfachheit halber genannt wurde, auf dem Höhepunkt ihrer Karriere. Seit dem Tod ihres Mannes 1892 führte sie das Hotel alleine. Sie stand kurz vor ihrem 50. Geburtstag, der ihr, so zeigt die Fotografie, nicht den leisesten Hauch von Alter beschert hatte. Sie hatte drei Kinder großgezogen, zwei Mädchen und einen Sohn, der seiner Mutter stets Sorgen bereitete. Auch war die eine Tochter mit neunzehn Jahren gestorben. Kein gewöhnlicher Tod, die Mutter wusste es wohl, doch hatte sie für die Schattenseiten des Lebens weder das richtige Gespür noch die nötige Zeit und Muße. Sie war in erster Linie eine öffentliche Figur in einer öffentlichen Position. Auch ihre eigenen Herzenswünsche hatte sie stets nachrangig behandelt, wenn sie es auch nicht vermochte, ihre Leidenschaften gänzlich zu ignorieren. Als sie 1930 starb und mit dem nötigen Pomp zu Grabe getragen wurde, war es ihr – der genialen Marketingstrategin – gelungen, ihr Hotel in eine Legende zu verwandeln.

Ein Hotel ist immer auch eine Bühne, sein Personal und seine Gäste die Schauspieler. Die Stücke, die hier gegeben werden, reichen von der Komödie über die Tragödie bis zur Farce. Ein Ort, an dem die Zeit vorbeizieht mit ihren Moden, ihren vorlauten und leiseren Tönen, mit ihrer Verwandlungskunst, ihrer Oberflächlichkeit und ihrer ganzen dahinterliegenden Komplexität. Dem Schauspiel rund um Anna Sachers Leben zuzusehen, die einzelnen Akte wieder zum Leben zu erwecken und so manchem gut gehüteten Geheimnis auf die Schliche zu kommen, ist Ziel dieses Buches. Das verlangt da und dort dramaturgische Eingriffe in die Realität, ohne dass das, was hier erzählt wird, erfunden ist. Es hat sich alles zugetragen, ein Panorama von beträchtlicher Farbigkeit und Dichte, ein vielstimmiges Musikstück wie eine Oper oder vielmehr eine Operette. Im Hotel Sacher hatte eine wechselhafte Epoche ihren Auftritt. Die Regie führte eine bemerkenswerte Frau – Anna Sacher.

1892
Anna Sacher trauert, mit Anstand und nicht ohne Stolz

> Man sagte immer »der Sacher«, aber eigentlich sollte man sagen: »die Sacher«. Nämlich Frau Anna Sacher. (…) Die Sacher ist keine gewöhnliche Wirtin, sie ist eine patrizische Dame.
>
> *Ludwig Hirschfeld:* Wien. Was nicht im Baedeker steht *(1927)*

Der Winter hielt Einzug in der Stadt. Anna Sacher blickte aus dem Fenster ihres Büros hinaus zur Hofoper. Schneeflocken tanzten durch die Luft, und auf der Straße glitzerten Eiskristalle. Noch hatte keine Droschke Spuren durch den frischen Schnee gezogen, es war früh. Sehr langsam nur graute der Morgen. Die Zeitungen, allen voran die *Neue Freie Presse* und die *Wiener Zeitung,* lagen schon für Anna bereit, aber das Zimmer war noch kalt, gerade erst war das Feuer im kleinen Ofen angezündet worden.

Sind gnädige Frau schon wach?, hatte ihr einer der Frühstückskellner mit einem Anflug von schlechtem Gewissen zugerufen, als er Anna das Hotel betreten sah. Normalerweise stellte er den Kaffee pünktlich, und kurz bevor die Chefin kam, auf ihren Schreibtisch.

Bin gleich bei Ihnen, hatte er hinzugefügt und war Richtung Küche geeilt, während Anna den Pelzmantel abgestreift, dem Portier überreicht und ihr Büro betreten hatte. Ihr morgendlicher Weg war nicht weit, die Wohnung lag bloß um die Ecke, und der Pelz, den sie trug, war mehr als ein Schutz gegen die Novemberkälte.

Ist schon gut, Johann, hatte Anna müde geantwortet. S'ist ja kaum hell.

Nun lauschte sie der Morgenmannschaft, die durch die Gänge in den Speisesaal huschte. Sie hörte Teller klappern, das Silberbesteck klingeln, Gläser klirren. Das unaufdringliche, wohltemperierte Geräusch eines Hotels am frühen Morgen. Es beruhigte sie, und wie stets ließ sie sich auch heute die Zeit bis zum Eintreffen der ersten Lieferanten und der Post nicht nehmen. Der Kellner eilte herein und stellte eine Tasse Kaffee vor ihr ab. Sie nahm einen besonders kräftigen Schluck, sie hatte schlecht geschlafen. Die Sorgen waren in ihre Träume eingesickert wie Gift ins Grundwasser. Sie war jede Stunde aufgewacht und hatte lange schlaflos dagelegen. Eduards Zustand bereitete ihr zunehmend Kummer. Seufzend blätterte sie in der *Neuen Freien Presse*.

Wegen Schneefalls hatte die Kaiserin ihre Abreise zur Jagd nach Mürzsteg aufgeschoben. Im ungarischen Abgeordnetenhaus hatte Graf Apponyi wieder einmal eine flammende Rede gehalten. Bei der Sitzung der Jungtschechen in Prag waren Prinz Schwarzenberg und Graf Eugen Czernin überraschend erschienen. Anna hatte die Angewohnheit, die Zeitungen nach all jenen Namen zu durchsuchen, die des Öfteren als Gäste bei ihr im Sacher weilten. Die Kurzmeldungen aus Lemberg, Budapest, Temeswar überflog sie unkonzentriert, den *Economist* übersprang sie mit schlechtem Gewissen. Dann aber blieb sie an der Erwähnung Hermann Königswarters hängen. Der Baron war als Gesellschafter ins Großhandelshaus Moritz Königswarter eingetreten. Der Alte, wie sie den Patriarchen des Bank- und Handelshauses, Moritz Königswarter, nannte, war eine imposante Figur, was man von seinen Söhnen, Hermann und Heinrich, leider nicht mehr sagen konnte.

Geld, Anna schüttelte den Kopf, verdirbt. Sie würde ihm gratulieren müssen, wenn er das nächste Mal im Sacher dinierte. Sie blätterte weiter. Die Börsennachrichten. Es würde ein ganz normaler Tag werden, nicht einmal an den Theatern und Opernhäusern der Stadt war fern des üblichen kulturellen Rauschens, das die

Donaumetropole wie selbstverständlich erfüllte, Weltbewegendes zu erwarten.

In den 1890er Jahren hatte der Fortschrittsglaube der Gründerzeit – jene glanzvolle Epoche der Habsburgermonarchie, der auch das Hotel Sacher seine Entstehung verdankt, bereits feine Risse bekommen. Den Schock des Börsenkrachs von 1873 hatte die Ringstraßengesellschaft zwar längst verdrängt, doch eine diffuse Angst vor dem Absturz war geblieben. Sie sorgte dafür, dass sich, wer es vermochte, noch mehr an seinen Aufstieg klammerte als zuvor. Das Kaiserhaus, das seit dem Mittelalter die Geschicke Österreichs bestimmte, gab den Menschen schon allein durch seine Langlebigkeit ein trügerisches Gefühl von Ewigkeit. Und die Vielvölkermonarchie war ein Universum ganz eigener Art, reich an Ländern und Kulturen, mit Menschen auf den unterschiedlichsten Stufen der Entwicklung, von den neuen Superreichen in der Hauptstadt bis zu den Bauern und Tagelöhnern in den hintersten Ecken Galiziens oder des Balkans, in denen die Zeit seit jeher stillzustehen schien. Diese Vielfalt hatte die Monarchie vergessen lassen, dass es für Staaten des 19. Jahrhunderts eigentlich zum guten Ton gehörte, Kolonien in Übersee zu besitzen. Man war einfach zu sehr mit sich selbst beschäftigt, allein die inländischen Nachrichten waren so bunt, dass sie ausreichten, die Bewohner des Reichs zu unterhalten oder, was ebenfalls ununterbrochen vorkam, in Sorgen zu stürzen.

Die Ringstraßenzeit war auch Annas Sachers Epoche, ihr Denk- und Gefühlsraum ihr geografisches Koordinatensystem. Bei ihrer Geburt am 2. Januar 1859 war der kaiserliche Abbruchbefehl der alten Stadtmauern gerade mal zwei Jahre alt gewesen. Das alte Kärntnertor, da, wo zehn Jahre später die neue Hofoper und noch einige Zeit später das Hotel Sacher entstanden, war gerade fertig abgerissen worden. Für Jahrzehnte verwandelte sich Wien in die größte Baustelle Europas. Eduard Sacher war sechzehn Jahre älter als seine Frau und somit noch vor der bürgerlichen Revolution von 1848 geboren. Sie beide gehörten dem aufstrebenden Bürgertum an, einer heterogenen Gesellschaftsschicht, die vom Kleinbürger bis zum Millionär reichte. Doch eines hatten sie alle gemeinsam: nämlich den Glauben, durch eigene Fähigkeit und Leistung Wohlstand schaffen und mehren zu können. Die Aufstiegschancen, die der liberale Staat und die kapitalistische Privatwirtschaft dieser neuen Schicht boten, gaben ihnen allen, den Großkapitalisten und Spekulanten, den größeren Gewerbetreibenden und Händlern ein neues Gefühl wirtschaftlicher Macht.

Die Stellenanzeigen überflog Anna voller Eile, ihre Gedanken schweiften ab zu Eduard, den Kindern. Wie würden sie wohl reagieren, wenn das Unfassbare passierte? Sie stockte. Nur nicht daran denken. Lieber wandte sie sich den Stellenanzeigen zu. Immer war sie auf der Suche nach guten Stubenmädchen. Sie ging die Spalten durch: »Anständiges Stubenmädchen«, »Besseres Stubenmädchen«, »Junges williges Mädchen«. Bei der letzten Annonce schüttelte sie den Kopf. Das waren die Schlagzeilen, die dem Gastgewerbe einen halbseidenen Anstrich verliehen. »Mädchen vom Lande, 18 Jahre alt, wünscht bei einer Familie unterzukommen... verlangt freie Station und bessere Behandlung ohne Bezahlung.« Was für ein Elend, dachte sie sich. In keiner Berufsgruppe lag die Selbstmordrate höher als bei den Dienstmädchen vom Land. Ohne Geld waren sie samt und sonders der Willkür des Hausherrn ausgeliefert, und die Ehefrauen hatten gelernt, darüber hinwegzusehen. Da ging es den Stubenmädchen im Sacher schon besser. Eduard hatte sich in diversen Gremien für die Professionalisierung des Hotel- und Gastgewerbes eingesetzt. Es war ihm immer arg gewesen, wenn sein Stand durch Schreckensmeldungen wie Selbstmorde oder die astronomisch hohen Tuberkulosezahlen in Misskredit geriet. Er hatte sogar einen Unterstützungsverein der Gastwirte und Hoteliers und eine Fortbildungsschule ins Leben gerufen. Ein Hotel war eben auch ein Scharnier zwischen sehr heterogenen Gesellschaftsschichten, hier verkehrten Gäste, die gut und gern an einem Abend das ausgaben, was ein Dienstmädchen im Jahr verdiente. Das ganz große Elend im Wien der Zeit fing freilich fern dieser Lebensentwürfe an. Es wimmelte nur so von Millionären, die sich Paläste auf der Ringstraße leisteten, aber auch von Obdachlosen, die darunter, in den Kanälen, eine klamme Zuflucht suchten.

Die Leopoldstadt, in der Anna Sacher – damals trug Sie noch ihren Mädchennamen Fuchs – ihre Kindheit zugebracht hatte, war der größte und bevölkerungsreichste Bezirk der damaligen Kaiserstadt. Die katholische Familie Fuchs wohnte in der Rothen Sterngasse 427, um die Ecke, in der Zirkusgasse, ging Anna zur Volksschule. Also mitten im Herzen des jüdischen Wien. Im 17. Jahrhundert bestand hier das Ghetto, es folgten Vertreibung und Tolerierung, Willkür und Gewähren, parallel zu den Finanzbedürfnissen des Hofes, bis mit dem Toleranzedikt unter Josef II. und der Aufhebung sämtlicher Arbeits- und Wohnbeschränkungen nach der bürgerlichen Revolution von 1848 der Aufstieg des Judentums in der Habsburgermonarchie begann. Es war ein beispielloser Aufstieg. Die große jüdische Einwanderung aus allen Teilen der Monarchie setzte aber erst 1860 ein. Wien wirkte wie ein Magnet, seine deutsche Kultur und die deutschen Werte zogen vor allem aufstiegswillige Juden in die Reichsmetropole. Der Brückenkopf dieser Einwanderung war die Leopoldstadt. Hier kamen sie alle an: Theodor Herzl ebenso wie Sigmund Freud, Victor Adler oder der Vater von Arthur Schnitzler. Wer konnte, blieb nur vorübergehend und zog bald in den großbürgerlichen Bezirk Alsergrund oder gar in die Ringstraße um.

Annas Vater, Johann Fuchs, war ein alteingesessener, aber eben nicht koscherer Fleischhauer, einer von denen, die es zu etwas gebracht hatten. Sein Geschäft in der Taborstraße war eine kleine Goldgrube. Als Anna fünf Jahre alt wurde, konnte Johann das Wohnhaus in der Rothen Sterngasse kaufen und so in die damals rasch wachsende Schicht der Hausbesitzer aufsteigen. Immobilien- und Finanzgeschäfte waren die verheißungsvollsten Verlockungen der Zeit – und die Wirtschaftsbereiche, in denen der ökonomische Aufschwung schließlich verspielt wurde.

Für die gläubigen Juden des Viertels begann am Freitagabend der Sabbat mit dem traditionellen Sabbatmahl, und am Samstag, wenn sie in den Leopoldstädter Tempel oder eine der anderen Synagogen strömten, erreichte der jüdische Ruhetag seinen Höhepunkt. Anna und ihre Familie gingen indes am Sonntag in die Pfarre St. Leopold, in der das Mädchen auch getauft worden war. Die Mutter musste stets mahnen, wenn die Familie zum Kirchgang aufbrechen wollte. Anna hörte nicht auf sie, sie spielte lieber Fangen mit den beiden älteren Geschwistern, mit Alois und Franziska. Auch der Vater drohte seiner Kinderschar, er würde ihnen den Hintern versohlen, wenn sie nicht endlich kämen. Dann, im Sonntagsgewand, spazierten sie endlich los, die Mutter trug den Kleinsten, Eduard, auf dem Arm. Der Weg zur Kirche war nicht weit, und dennoch tauchte Anna dabei in die fremde Welt der orthodoxen Juden ein, Männer in Kaftan und mit Beikeles, Frauen unterwegs zum koscheren Fleischer. Sie hörte Jiddisch und roch an Pessach die frisch gebackenen Mazzen.

Anschließend an den katholischen Gottesdienst gab es bei den Großeltern mütterlicherseits das Sonntagsessen. Die Reitters stammten aus dem Bayerischen, begüterte Gastwirte, die es nach Wien verschlagen hatte.

Kurz vor Annas Geburt ließen sie sich porträtieren. Das Gemälde zeigt ein elegantes Paar mit feinen Gesichtszügen und kostbaren Kleidern – er mit einem Pelz um die Schultern, einem Zwirbelbart wie Napoleon III., während sie kostbare Brüsseler Spitze und hübsche Juwelen trägt. Sie hält einen Fächer nachlässig zusammengeklappt in den Händen, die so gar nicht nach harter Arbeit aussehen, sondern nach Verfeinerung, Muße und Tanz. Wer weiß schon, was dem Künstler Joseph Plank aufgetragen wurde, doch das Bild wirkt wie die Selbstdarstellung reichlich selbstbewusster Leute, die nach der Mode der Zeit ihren beträchtlichen Wohlstand auszustellen wussten.

Wie hat sich wohl die Atmosphäre in der Leopoldstadt auf die kleine Anna ausgewirkt? Wie hat sie das bunte Völkergemisch als junges Mädchen wahrgenommen? Hatte sie Berührungsängste? Spürte sie die feinen Unterschiede zwischen den Religionen, den Einheimischen und den Immigranten, den wohlhabenden und den bitterarmen Bewohnern des Viertels? Und war es dieser Erfahrungsschatz, aus dem ihre tolerante Einstellung Juden gegenüber, ihre Offenheit für alle Fremden, Zugereisten und Gäste hervorging?

Die 1860er und 1870er Jahre waren eine Art Goldenes Zeitalter, eine den Juden gewährte Ruhepause von der Allgegenwart der Ressentiments. Sie dauerte nicht allzu lang. Schon in den frühen achtziger Jahren sollte aus dem alten Judenhass die moderne Form des Antisemitismus werden.

Den Kaffee hatte Anna längst ausgetrunken, sich ausnahmsweise sogar noch einen zweiten Großen Braunen genehmigt. Schnell noch die Cholera-Nachrichten, die las sie stets mit Sorgfalt, denn sie betrafen das Hotelgewerbe ganz unmittelbar. In Budapest waren binnen vierundzwanzig Stunden zehn Menschen erkrankt und fünf gestorben, Reisende aus Rumänien mussten noch immer drei Tage in Quarantäne. Das war beruhigend unbedeutend. Die Cholera war trotz aller Gesundheitsmaßnahmen noch immer allgegenwärtig, hin und wieder schnellte die Zahl der Erkrankungen ganz plötzlich irgendwo im großen Habsburgerreich derart in die Höhe, dass die Seuche epidemische Züge annahm. Der anwachsende Tourismus, die Beschleunigung des Reisens durch die Eisenbahnen, die die Donaumonarchie seit der Mitte des Jahrhunderts wie pulsierende Adern durchzogen, trugen das Ihre zur Verbreitung der Krankheit bei.

Anna Sacher fröstelte, sie zog sich den Schal fester um die Schultern. Die Todesanzeigen. Sie war erst dreiunddreißig und dabei, ihren Mann zu verlieren. Er lag seit vorgestern im Fieberdelirium. Seit Tagen schon wollte die Lungenentzündung nicht abklingen. Gleich würde der Doktor erscheinen, wie jeden Tag. Gestern schon meinte er, es werde bald zu Ende gehen. Eduard war ein guter Ehemann, rechtschaffen und treu. Sie konnte ihm nichts Schlechtes nachsagen, vielleicht, dass er in den letzten Jahren zu viel getrunken hatte, eine Berufskrankheit, der sich zu entziehen, aber gleichzeitig als Wirt tonangebend zu bleiben, kaum möglich war. Dass sie dadurch immer öfter Aufgaben hatte übernehmen müssen, die die seinen waren, störte sie nicht. Sie war jung, voller Kraft und Energie, sie war es schließlich gewesen, die aus dem Maison meublée hinter der Hofoper ein Hotel von Rang gemacht hatte.

Was, wenn Eduard die Lungenentzündung nicht überlebte? Kurz stockte Anna, blickte gedankenverloren von der Zeitung auf Richtung Fenster. Immer noch schneite es, ganz sanft. Sie wusste, dass sie auch alleine zurechtkommen würde. Aber wie schnell doch alles vorbeigegangen war: die Hochzeit, die Geburt der Kinder, das Leben an Eduards Seite. Was hatten sie in den zwölf Jahren nicht alles gemeinsam aufgebaut, wie viele Herausforderungen gemeistert, ohne allzu viele Worte darüber zu verlieren. Schon bald hatte Eduard ihr das Hotel überlassen und sich selbst um das Delikatessengeschäft und die großen Diners und Festbankette gekümmert, die – egal ob in Belgrad oder Athen – er zu organisieren ein ganz eigenes Talent besaß. Sie hatten die Ehe stets als Interessensbund wahrgenommen, nicht mehr und nicht weniger.

Der Erfolg des Sacher war keineswegs selbstverständlich gewesen. Die Zeit rund um die Weltausstellung 1873 hatte einen harten Konkurrenzkampf unter den Hotels der Stadt ausgelöst, unter den alten und den schnell aus dem Boden schießenden neuen, von denen das Sacher nur eine der ersten Adressen war, die Fremde in der Stadt seither anlaufen konnten. Da waren nicht nur das Imperial und das Grand Hotel auf der Ringstraße, sondern vor allem das Stadt Frankfurt, das auf dem Neuen Markt gelegene Meissl & Schadn, das Erzherzog Karl und das rechtzeitig zur Weltausstellung fertig erbaute Metropol am Morzinplatz unweit des Franz-Josefs-Kai – alles ernst zu nehmende Konkurrenten mit gutem Service und angemessenem Luxus. Selbst Ende der 1880er Jahre, etwa zum Begräbnis des Thronfolgers Erzherzog Rudolf, waren mehr Fürsten und Grafen in den genannten Hotels abgestiegen als im Sacher. Im Stadt Frankfurt hatte es von hohen Herrschaften nur so gewimmelt – die Fürsten Windisch-Grätz, Auersperg, Rohan und Lobkowicz residierten dort –, während im Sacher bloß Fürst Hohenlohe wohnte. Gewiss, der Obersthofmeister war eine Institution, dennoch hatte es Anna gewurmt. Daraufhin hatte sie ein Inserat im *Salonblatt* schalten lassen und an ihrer Werbestrategie gefeilt. Das Sacher funktionierte nach ihren Vorstellungen, gehorchte ihrem Rhythmus, war auf ihren Klang gestimmt – ein sehr spezieller Klang, der seither aus der Stadt nicht mehr wegzudenken war.

Noch bevor der Arzt zu Mittag an das Bett des Kranken trat, war es mit dem wohl berühmtesten Restaurateur und Hotelbesitzer der Stadt zu Ende gegangen. Man hatte Anna rufen lassen, als der Pfarrer zur letzten Ölung erschien. Gerade hatte sie die am Vortag angekommenen Gäste der Polizei gemeldet, eine tägliche Übung. Fürst Dolgorukow aus Moskau und Graf St. Julien, ein treuer Gast aus Vöcklabruck. Graf Wolodkowicz aus Odessa blieb noch ein paar Tage, die Ungarn ebenfalls, und die drei Bankdirektoren aus Sarajewo machten sowieso keine Anstalten abzureisen. Dann war Anna nach Hause geeilt. Der Schnee schluckte die Geräusche der Stadt und ließ die Zeit für einen Moment stillstehen.

Herr, gib ihm die ewige Ruhe, das ewige Licht leuchte ihm... Rosenkranzgemurmel schlug ihr entgegen, als sie das Sterbezimmer betrat. Er nahm sie nicht mehr wahr, niemanden mehr. Sie setzte sich auf die Bettkante, ihre Hand suchte die seine. Ob er Schmerzen habe, fragte sie den Arzt. Er schüttelte den Kopf.

Nein, sprach er leise. Jetzt wohl nicht mehr.

Dann fühlte er den Puls und strich mit ernster Miene behutsam über die Augen des soeben Entschlafenen. Anna unterdrückte ein Schluchzen, es erfüllte ihre Brust und entlud sich schließlich doch bloß in einem Seufzer. Sie würde das gemeinsam begonnene Werk fortsetzen, wie einen letzten Auftrag, den ihr der Mann, Freund und Weggefährte abverlangte.

Behutsam, ohne ein Geräusch zu machen, erhob sie sich. Dann hörte sie wieder das Rosenkranzgemurmel.

Herr, lass ihn ruhen in Frieden... Vater unser im Himmel.

Schon kurz danach stürzte sich Anna in die Geschäftigkeit, die ein Ereignis wie dieses den Angehörigen abverlangte. Denn in Wien hatten Begräbnisse Theaterereignissen in nichts nachzustehen. Das war man sich selbst, dem Toten und der Stadt schuldig. Sie hatte also zuerst den Redakteur der *Neuen Freien Presse* rufen lassen, er würde in der Abendausgabe des Blattes bereits einen ersten Nachruf bringen. Sodann hatte sie den Bestatter einbestellt und mit ihm gleich den Termin für das Begräbnis am Donners-

tag in der Augustinerkirche fixiert. Dann noch schnell eine De-
pesche nach Baden gesandt, zum Vater. Der Alte würde getroffen
sein, Eduard war ihm von seinen drei Söhnen immer der liebste
gewesen.

Eduard Sacher war ja auch alles gelungen, was er in die Hand genommen hatte: erst 1866 das Wein- und Delikatessengeschäft im
Palais Todesco, für das er 1871 den Hoflieferantentitel verliehen
bekam, dann das Sacher-Café-Restaurant im Prater, wieder einige
Jahre später ebenfalls dort der Sacher-Garten und schließlich
1876 als Krönung seines Geschäftssinns das Hotel de l'Opera –
erst unter Annas Ägide wurde es in »Hotel Sacher« umbenannt.
Seine Lehrjahre hatte Eduard mit vierzehn Jahren im väterlichen
Traiteurgeschäft begonnen, einem Delikatessenladen an der Ecke
Weihburg- und Rauhensteingasse in der Wiener Innenstadt. Vater
Franz Sacher hatte da bereits eine beachtliche Karriere hinter sich.
Mit nur sechzehn Jahren, kreierte er als Kochlehrling im Hause
des Fürsten Metternich die fortan berühmte Sachertorte. Das war
noch vor der Revolution von 1848 gewesen. Angeblich soll der
Staatskanzler an einem Abend im Jahr 1832 Gäste erwartet haben,
ungünstigerweise war aber sein Küchenchef erkrankt. Also musste
der Kocheleve Franz Sacher das Menü zusammenstellen. Als Des-
sert kredenzte der findige Neuling der adligen Gesellschaft eine
zarte Schokoladetorte mit Marillenmarmelade unter der Glasur.
Keiner der Anwesenden hatte je eine derartig einfache wie köstliche Nachspeise gekostet, so zumindest geht die Legende, die den
Ruhm der Torte und ihres Erfinders begründete.

Mit diesen ersten Lorbeeren in der Tasche verbrachte Franz
Sacher weitere Gesellenjahre beim Fürsten Esterházy in Pressburg, wurde dann Küchenchef im Adeligen Kasino von Budapest
und übernahm daraufhin das Restaurant der Donaudampfschiff-
fahrtsgesellschaft. Ein Jahr nach der Revolution von 1848 ging er

zurück nach Wien und eröffnete im Palais Pereira jenes Delikatessengeschäft, in dem sein ältester Sohn Eduard später seine ersten beruflichen Erfahrungen sammeln sollte. Schon die an den Laden angeschlossene Weinstube war ein beliebter Treffpunkt der besseren Wiener Gesellschaft. Man ging zum Sacher wie heute zum Meinl am Graben oder zum Käfer in München; nicht nur, um erlesene Köstlichkeiten zu kaufen – etwa Kaviar, Hummer oder diverse Wildpasteten –, nein, auch um die neuesten Weine zu verkosten, kleine Häppchen dabei zu verspeisen und von seinesgleichen gesehen und begrüßt zu werden. Die Geschäfte liefen so gut, dass sich Franz Sacher alsbald in Baden bei Wien eine Villa kaufte, in der er bis zu seinem Lebensende im Jahre 1907 wohnen sollte. Die Torte freilich erlebte einen geradezu beispiellosen Siegeszug. Schon damals, als der Sohn ihres Erfinders starb, wurden täglich bis zu 400 Stück gebacken und in aller Herren Länder geliefert. Geändert hat sich daran bis heute nichts, nur die Zahl der Torten vervielfachte sich.

Zwei Tage nach seinem Tod trugen sie Eduard Sacher zu Grabe. *Der Stammgast*, das Zentralorgan der Hotel- und Gastwirte, schrieb in der nächsten Ausgabe voller Rührung: »Sein Leichenbegängnis zeigte so recht, welcher Beliebtheit sich der Dahingeschiedene erfreute. Ein dichtes Menschenspalier zog sich von dem Hotel Sacher bis nach der Augustinerkirche, und alsbald erlitt der übrige Verkehr mannigfache Störungen.«

Man muss sich das vorstellen. Die Innenstadt lahmgelegt, Trauernde zu beiden Seiten der Straße, die Hotelbediensteten voneweg, dann die Leichenkutsche mit dem Sarg, das Klappern der Hufe, Trauermärsche und Rosenkranzbeten, das beruhigende Abschnauben der Pferde. Und dann, in der Kirche, die, wie das *Salonblatt* zu berichten wusste, bald »beängstigend voll« war: Aristokraten und Militärs, der Bürgermeister und diverse Gemeinderäte.

Sogar eine Deputation der Freiwilligen Rettungsgesellschaft unter Baron Mundy war erschienen.

Anna entging das alles nicht. In ihre aufrichtige Trauer mischte sich eine gute Portion Stolz. Da also waren sie hingekommen mit ihrem Fleiß und ihrem schlafwandlerischem Gefühl für Moden, Trends und die Kunst, Gastgeber zu sein. Sie trug eine eng anliegende schwarze Toilette, ein großes Kleid nebst Hut und Mantel, sie hatte sich alles schon im Herbst bei Jungmann & Neffe schneidern lassen. War es Vorahnung gewesen? Ihr Gesicht zuckte unter dem obligaten Trauerschleier.

Schon am Wochenende nach der feierlichen Beisetzung in der Familiengruft in Baden – nach der Trauerfeier in der Augustinerkirche ging es im engen Kreis der Familie hinaus aus der Stadt – häuften sich die Beileidswünsche auf Annas Schreibtisch. Dazu kamen noch all die Visitkarten, die sie von den Blumenkränzen abgemacht oder die die Gäste in der Portiersloge für sie hinterlegen hatten lassen. Es waren einige Dutzend Grüße aus den unterschiedlichsten Gesellschaftskreisen. Sie klebte all die Visitkarten auf Kartons, ein ganzes Wochenende lang und so, dass man die handschriftlichen Beileidsworte, die sich meist über die Hinterseite der Karten erstreckten, durch Umblättern lesen konnte. Die ganze Ringstraßengesellschaft war in den Beileidsbekundungen versammelt. Anna erlaubte sich trotz der Trauer einen kurzen Gedanken über den Werbeeffekt dieser Namensliste. Die werte Baronin Todesco, Karl Wittgenstein, etliche Königswarters, Ephrussis, Gutmanns und natürlich Nathaniel Rothschild, der fast schon als Freund des Hauses bezeichnet werden konnte. Aber auch Fürst Schwarzenberg, in dessen Küche Eduard einst die Kochkunst erlernt hatte, die Grafen Kinsky, Wilczek und Berchtold, Ministerpräsident Graf Taaffe und Obersthofmeister Fürst Konstantin Hohenlohe.

Eine Visitkarte fiel aus dem Stapel. Julius Schuster. War das der richtige Augenblick? Sie nahm die Karte und studierte den eleganten Schriftzug. Sie vermochte nicht zu verhindern, dass ihr ein Schauer über den Rücken lief. Sie erinnerte sich an den Geschmack der Trauben, die sie sich in den Mund gesteckt hatte bei ihrem letzten Treffen auf der Galopprennbahn im Herbst. Während sie sich an die volle, schwere Süße der Früchte erinnerte, spürte sie seinen Blick auf ihren Schultern. Sie hatte die Schwester von Hector Baltazzi, dem größten Pferdenarr der Zeit und Stammgast des Sacher, in die Freudenau begleitet. Sie kannte Julius Schuster von Nathaniel Rothschild, dessen Gutsverwalter er war. Ein auffällig gut aussehender, hochgewachsener Mann. Er hatte sie stets aufmerksam gegrüßt, und schließlich waren sie einander nähergekommen. Es war im Prater gewesen, er hatte sie in den Sacher-Garten begleitet, es war ein herrlicher Frühsommertag, es roch nach blühenden Kastanien, genauso wie es gerochen hatte, als die Kaiserin zum ersten und einzigen Mal in den Sacher-Garten gekommen war, damals, kurz nachdem Eduard und Anna geheiratet hatten. Eduard war damals schon ein angesehener Mann gewesen, eine Persönlichkeit, die man in Wien kennen musste, eine gute, um nicht zu sagen: eine glänzende Partie.

1869
Eduard Todesco erhöht den Mietzins fürs Sacher

Dem Juden war der Liberalismus mehr als eine politische
Doctrin, ein bequemes Prinzip und eine populäre Tagesmeinung –
er war sein geistiges Asyl, sein schützender Port nach tausend-
jähriger Heimatlosigkeit, die endliche Erfüllung der vergeblichen
Sehnsucht seiner Ahnen, sein Freiheitsbrief nach einer Knechtschaft
namenloser Härte und Schmach, seine Schutzgöttin, seine Herzens-
königin, welcher er diente mit der ganzen Glut seiner Seele.

Joseph Bloch, Das Problem des Antisemitismus *(1885)*

Der Lärm, den man bis auf die Kärntnerstraße hörte, übertönte das
abendliche Gezwitscher der Vögel, als Eduard Todesco die Klinke
hinunterdrückte und in den von Weingeruch und Rauchschwaden
erfüllten Gastraum trat. Über die wenigen Tische hinweg wurde
lautstark gestritten oder – wenn man so will – debattiert. Doch
der Großindustrielle, in dessen Palais sich das Wein- und Delikatessengeschäft Eduard Sacher befand, konnte es sich leisten, gegen die versammelten Nörgler ins Feld zu ziehen, die mit ihrem
Geschrei um die neue Hofoper wieder einmal das Gespräch am
Stammtisch dominierten. Und das, obwohl nebenan im Separee
des Etablissements Franz von Dingelstedt, der neue Direktor eben
jener Hofoper, ein vorgezogenes Abendessen zu sich nahm, um
seinen nervösen Magen zu beruhigen.

Eine versunkene Kiste!, wetterte einer der Stadtintellektuellen
über den protzigen Bau.

Der nächste pflichtete ihm bei: Ein Königgrätz der Baukunst!
Schwer wie ein in der Verdauung liegender Elefant, setzte ein

dritter noch hinzu. Auch in den Gazetten hielt die Häme an, selbst am 25. Mai, dem Tag der Eröffnung.

Wozu diese Nörgelei?, fragte Todesco in die Runde. Überall Wachstum, Bauwut. Die Oper ist ein Tempel der modernen Technik und Ingenieurskunst. Sogar mit Heizung.

Mit einem kaum merklichen Kopfnicken rief er den Wirt zu sich und bestellte ein Seitl Bier. Er hatte vom Morgengrauen an hinter seinem Schreibtisch gesessen und gearbeitet, nun musste er noch eine passable Rolle auf dem gesellschaftlichen Parkett absolvieren. Seine Frau Sophie würde noch bis kurz vor der Oper mit ihrer Abendtoilette beschäftigt sein, weshalb er sich beim Sacher von den Strapazen des Geschäftslebens zuerst einmal erholen wollte.

Das Bier wurde vom Besitzer des Lokals, Eduard Sacher, höchstpersönlich gebracht, ein kleines Ritual zwischen Mieter und Vermieter samt des immer gleichen, in die Geräuschkulisse hineingenuschelten Dialogs.

Wie läuft das Geschäft?

Danke der Nachfrage, Herr Baron. Kann nicht klagen, sehen ja selber, volles Haus.

Eduard Sacher begegnete seinem fast dreißig Jahre älteren Namensvetter förmlich und mit ebenso viel Beflissenheit wie nötig. Beide warfen abfällige Blicke auf die Nebentische, an denen die Nörgler saßen. Schließlich gehörten sie beide, Sacher und Todesco, zu jenen Bürgern, die die Dinge in die Hand nahmen, statt – eine Domäne des Feuilletons – bloß mit Wortklingen zu fechten.

Während sie lästerten, blickten die Kritiker in Richtung Operngebäude. Alsbald würden sie die paar Schritte über das Kopfsteinpflaster hinüber zum Eingang zurücklegen, um in all ihrer und dem Wiener Publikum eigenen Arroganz Mozarts *Don Giovanni* anzuhören. Zumindest gegen diese musikalische Wahl zur Eröffnung des Hauses würde wohl niemand Einwände vorbringen, auch der berühmteste Musikkritiker der Stadt, Eduard Hanslick, nicht, der sich ebenfalls vor der Premiere noch im Sacher blicken ließ. Was er indes am nächsten Tag in der *Neuen Freien Presse* zu schreiben gedachte, wusste niemand, er war stets unberechenbar, und seine Urteile gingen auf das Kulturleben der Stadt nieder wie Hagelschauer.

1865 hatte Franz Sacher in der radikalkonservativen Zeitung *Das Vaterland* eine Annonce zur Geschäfts-Anempfehlung für seinen 22-jährigen Sohn Eduard schalten lassen, in der er sich beim »hohen Adel und P.T. Publikum«, also bei den obersten Gesellschaftskreisen und dem ganzen Rest betitelter Leute, für deren erwiesene Treue zu seinem Delikatessengeschäft in der Weihburggasse bedankte und bat, »dieses Vertrauen auch auf das von seinem Sohne, Eduard Sacher, eröffnete Geschäft, verlängerte Kärntnerstraße, Todescopalais Nr. 51 auszudehnen«. Umsichtig und rührend endet er seine väterliche Fürsorge mit: »Um recht zahlreichen Zuspruch bittet ergebenst Franz Sacher.« Vier Jahre später brauchte der Sohn keine Protektion mehr, und während sich Eduard auf dem besten Wege befand, zum Lieblingsgastwirt der Stadt zu werden, vergnügte sich seine spätere Frau Anna Fuchs noch an den Orten ihrer Kindheit, saß auf dem Schoß der Großmutter Anna Reitter, von der sie nicht nur den Namen, sondern auch die liebenswürdigen Gesichtszüge geerbt hatte, und tollte – entweder artig in eine Schuluniform gezwängt oder an den Nachmittagen als kleiner Wildfang – in den Gassen der Leopoldstadt umher. Sie war das dritte von sechs Geschwistern. Der Vater Johann Fuchs war mit nur vierzig Jahren verstorben, und die Mutter hatte sich schnell nach einem neuen Mann umgesehen – die sechs Kinder konnte sie nicht alleine großziehen. Franziska hatte Glück: Anton Perl, Mitgesellschafter der berühmten Apollo Kerzenfabrik, interessierte sich für die immer noch attraktive Witwe und heiratete sie. Und so schwanden die Sorgen für eine Weile. Doch 1876 – im Jahr, als Eduard Sacher sein Hotel eröffnete – kehrten sie mit voller Wucht zurück: Der Apollosaal, ein Vergnügungsetablissement aus der Zeit des Wiener Kongresses, in dem die »Erste Österreichische Seifensieder Gewerksgesellschaft« (so nannte sich die Kerzen- und Seifenfabrik) seit den 1840er Jahren untergebracht war, brannte bis auf die Grundmauern ab. Doch da war die 17-jährige Anna schon in Lohn und Brot. Sie arbeitete als Verkäuferin und wohnte in der Josefstädterstraße: ein lebenslustiges Mädchen, dem die Unbill des Lebens nichts anhaben hatten können und das neugierig aufs Erwachsensein wartete.

Das Palais Todesco, dessen Parterreräume Eduard Sacher gleich nach der Fertigstellung des imposanten Ringstraßenbaus für sein Delikatessengeschäft und Restaurant gemietet hatte, war von den Architekten Theophil Hansen und Ludwig Förster erbaut worden. Wie auch die Schöpfer der Hofoper gehörten sie jener Gruppe von Künstlern und Architekten an, die die Wiener Ringstraße und damit eine ganze Epoche prägten. Theophil Hansen sollte nur einige Jahre später unweit der Hofoper und des Palais Todesco das Parlament erbauen – eine neoklassizistische Torte aus weißem Marmor, die das Palais im Vergleich geradezu schlicht erscheinen ließ, sowie den ebenfalls etwas zu protzig geratenen Heinrichshof schräg gegenüber des Todesco-Baus. Auch die Architekten der Hofoper, Eduard van der Nüll und August Siccard von Siccardsburg, gehörten zur Ringstraßenclique, und man kann beileibe nicht sagen, dass ihr ambitionierter Neubau misslungen war. Vielmehr verfing sich im Wirbel um die Oper die immer wieder aufflackernde Skepsis und Fortschrittsangst der Wiener.

Da half es wenig, dass Eduard von Todesco am Tag der Eröffnung wie schon während der gesamten sechsjährigen Bauzeit unermüdlich betonte, dass es sich dabei um eines der ersten zentral klimatisierten und geheizten Gebäude weit und breit handelte.

Dem Bankier seien eben technische Innovationen wichtiger als Kultur und Ästhetik, dachten die Intellektuellen, die sich im Sacher oder im Salon seiner Frau versammelten, darunter natürlich Hanslick und der ebenso zu boshafter Ironie neigende Eduard von Bauernfeld, ein erfolgreicher Lustspieldichter, berühmt für seine Konversationsstücke, die im Burgtheater allesamt zur Aufführung gebracht worden waren. Über Eduard von Todesco erlaubte sich der Dichter den nicht allzu einfallsreichen Kalauer: »Jedes Licht hat seinen Schatten, jede Frau hat ihren Gatten.« Wien war mit seinen Bewohnern noch nie zimperlich umgegangen. Je bekannter sie waren, desto unerbittlicher wurde gelästert, gegen Nicht-Wiener ganz besonders. Auch gegen die Architekten der Oper. In ihrem Fall würde die Gehässigkeit der Stadtbewohner schließlich so weit gehen, dass sie van der Nüll in den Selbstmord treiben und Siccardsburg alsbald aus Gram hatte sterben lassen.

Die Ringstraße – obwohl gerade erst zur Hälfte fertiggestellt – war bereits zum Symbol für die nach ihr benannte Epoche geworden, für ihre Geschwindigkeit, ihren Optimismus und ihre Repräsentationssucht. Die Industrialisierung war zwar spät in der Donaumonarchie angekommen, hatte dann jedoch nicht nur das Wirtschaftsleben verändert, sondern die ganze Gesellschaft und Kultur wie im Flug verwandelt. Bis in den Alltag der Menschen und ihre psychischen Befindlichkeiten hinein war das Neue eingesickert. Man begann von Reisen in ferne Länder zu träumen, die Eisenbahn galt als Lokomotive des Fortschritts, Nachrichten wurden nun per Telegrafie versandt, und ein jeder schwadronierte über Aktien und Börsenkurse. Zum Kapitalismus gehörte der Liberalismus, der viel frischen Wind in die angestaubte politische Landschaft der Monarchie gebracht hatte und dessen Antiklerikalismus und Toleranzdenken die alten Eliten schockierten.

Eduard Todesco galt als Inbegriff des kapitalistischen Aufsteigers, als Prototyp des schnell zu Reichtum gelangten Großindustriellen. Etwas grobschlächtig, gutmütig, ungeschliffen im Gegensatz zu seiner hochgebildeten Frau, besaß er jedoch einen geradezu untrüglichen Geschäftssinn. Und er konnte bereits auf den Erfolg und Wohlstand seines Vaters aufbauen. Hermann, nach alter jüdischer Tradition zum Händler ausgebildet, war von Pressburg nach Wien übersiedelt, wo er die Großhandelsbefugnis erhielt und in Niederösterreich die stillgelegte Baumwollspinnerei Marienthal kaufte. Obwohl er ein Unternehmer war, dem Wohltätigkeit und Humanismus ein wichtiges Anliegen waren, so wichtig, dass er sogar seine Nachkommen testamentarisch verpflichtete, sein Engagement für die Armen fortzuführen, arbeiteten auch zweiundzwanzig Kinder im Alter von zwölf bis fünfzehn Jahren in der »Marienthaler Baumwoll-Gespinst und Woll-Waren-Manufaktur«. Wohltätigkeit war eine Tugend des liberalen Bürgertums, fromme Juden sahen darin gar eine selbstverständliche Pflicht. Die sozialen Verhältnisse zu ändern, bedeutete das freilich nicht. Erst 1885 wurden in einer neuen politischen Ära Kinderarbeit und die Nachtarbeit von Jugendlichen und Frauen verboten sowie der Arbeitstag auf elf Stunden begrenzt – ein zaghafter Anfang, aber auch eine Entwicklung, die nicht mehr rückgängig zu machen war.

Wie immer machten die entspannte Atmosphäre und der zarte Geruch feinster Speisen den Baron hungrig. Der Sacher kocht einfach zu gut, dachte Eduard Todesco. Die Schildkrötensuppe neulich, die steirischen Hühner! Ganz zu schweigen von der Fasanenpastete und dem Maronenparfait, das sich seine Frau immer für ihre Salongäste nach oben liefern ließ. Schon wieder lief ihm das Wasser im Munde zusammen. Es war schlicht und ergreifend unmöglich, beim Sacher keine kleine Zwischenmahlzeit einzunehmen, zumal man sich damit das Warten auf den Abend versüßte.

Un foie gras, selbstverständlich aus Oberungarn, oder *Huitres*, ganz frisch? Eduard Sacher wusste, dass das Seitl, das sein Vermieter längst ausgetrunken hatte, nur der Anfang war. Was darf ich dem Herrn Baron bringen? Ein Achterl Tokayer dazu? Oder darf's ein Sherry sein? Oder eine Rüdesheimer Berg Auslese, ganz was Feines. Is mir grad neu geliefert worden.

Wie kein Zweiter in der Stadt mischte Eduard Sacher gute österreichische Wirtshausküche mit französischer Haute Cuisine. Sein Werdegang, vom Delikatessengeschäft des Vaters über die Küche im Hause Schwarzenberg bis zu den Grandhotels in London und Paris, hatte einen nachhaltigen Eindruck hinterlassen. All das präsentierte der Restaurateur nun als Eduard Sachers Küche, selbst die bodenständige Wiener Beislkost hatte er selbst erprobt, als er vorübergehend in Döbling ein Wirtshaus samt Schanigarten und Kegelbahn betrieb. Nun also dieses Delikatessengeschäft mit Restaurant. Die Mode der *chambres séparées*, die Eduard in Paris kennengelernt und in die Donaumetropole mitgebracht hatte, machte das Lokal und seinen Besitzer ebenso schnell berühmt wie die Köstlichkeiten, die man hier zu kaufen bekam oder degustieren konnte.

Bitte die Gänseleberpastete. Bei den Austern bekommt man ja nichts in den Magen, sagte Todesco. Den Wein dazu bestimmen Sie, verehrter Sacher, schließlich verstehn S' weit mehr davon als ich. Wird nicht mehr lang dauern bis zum Hoflieferantentitel.

Wenn der Herr Baron meinen?, Eduard Sacher strahlte. Tatsächlich trug er sich seit einiger Zeit mit dem Gedanken, diesbezüglich ein Gesuch an das Oberhofmeisteramt zu stellen.

Hohenlohe ist ein Freund, der wird's schon richten.

Ein Jahr später, im Oktober 1870, reichte Eduard Sacher tatsächlich ein Gesuch um den begehrten Titel »k.k. Hoflieferant für Wein und Delikatessen« ein und begründete seine Bitte ausführlich. Er sei seit dem Jahr 1865 hier als Restaurant etabliert, habe stets durch seine »Geschäftsführung sich in höchsten Kreisen Vertrauen und Zufriedenheit zu erwecken und diesem Etablissement einen Ruf zu sichern« verstanden, und zwar einen Ruf, »welcher wohl wenigen gleichartigen Unternehmungen zu statten kommen dürfte«. Der 27-Jährige war sich der Alleinstellung seines Wein- und Delikatessengeschäfts durchaus bewusst, und schon ein Jahr später durfte er sich tatsächlich in die Riege der k.u.k. Hoflieferanten einreihen – ein Privileg, das nicht nur elegant, sondern außerordentlich geschäftsfördernd war.

Der Baron dachte nach, während er auf seine Gänseleberpastete wartete: Einiges von seinem Erfolg verdankte der Sacher ihm, Eduard Todesco, der eines der, wenn nicht überhaupt das prächtigste Ringstraßenpalais sein Eigen nannte. Der Stuck, die vielen Vergoldungen, die großzügigen Glasfenster, die die Innenräume mit Licht fluteten, die goldenen Deckenlüster, ausladend wie riesengroße Sonnenschirme und funkelnd wie ein Sack Golddukaten. Jeder Winkel der Beletage war von solcher Pracht, von solchem Luxus, dass die 500 Gäste, die anlässlich der Verlobungsfeier seiner Tochter Fanny vor zwei Jahren erschienen waren, aus dem Staunen nicht mehr herauskamen.

Er war einer der Ersten gewesen, die an der Ringstraße bauten. Und das war schließlich kein Praterspaziergang. So ein Palais musste man sich zutrauen. Allein die übergroßen Erwartungen, die man an ihn, einen der ersten Bankiers des Landes, stellte, verlangten etwas Einzigartiges, und zwar in jeglicher Hinsicht. Sogar die Pferdetränken im Innenhof waren aus reinem Marmor. Freilich war es am Ende Todescos Schreibtisch, auf den all die Rechnungen der Maurer, Tischler, Glaser, der Künstler und Bauunternehmer flatterten. Und das hieß, noch erfolgreicher mit Grundstücken zu handeln, noch gewagter an der Börse zu spekulieren: Gott sei

Dank alles Fähigkeiten, die Eduard Todesco beherrschte wie kaum ein anderer. Der spätere Minister Josef Unger, ein liberaler, zum Katholizismus übergetretener Jude und berühmter Jurist, meinte einmal: »Der Mann hat den Verstand eines Indianers. Er legt sich mit dem Ohr auf die Erde und hört schon von weitem die Kurse traben.«

Der Stadterweiterungsfonds hatte jahrelang die Werbetrommel für den Verkauf der Ringstraßenparzellen gerührt und das Bauen zu einem lohnenden Investment gemacht. Nebst der Verpflichtung, binnen vier Jahren ein repräsentatives Palais oder Stadthaus zu errichten, wurde man mit dreißig Jahren Steuerfreiheit belohnt. Das reichte, um das gigantische Unternehmen Ringstraße in Gang zu setzen. Außerdem war es für jene, die ein Bittgesuch um Standeserhöhung eingereicht hatten, oder dieses zu tun gedachten, nicht abträglich, auf diese Weise ihr Engagement für Kaiser und Stadt darzutun – Eduard Todesco war 1861 in den Ritterstand erhoben worden, nun, acht Jahre später, war die Ernennung zum Freiherrn erfolgt.

So also begann der Run auf die teuren Baugründe. Die Parzellen rund um das ehemalige Kärntnertor, wo jetzt die Kärntnerstraße und der Opernring entstanden, wurden als Erstes zum Verkauf angeboten – und das zu einem Zeitpunkt, als den Juden Wiens endlich auch das Recht auf Grundbesitz zuerkannt worden war. Deshalb blieb der Ringstraßenabschnitt rund um die Oper auch eine Domäne der mehrheitlich jüdischen Bankiers und der Großindustriellen. Baron Jonas Königswarter, ein Börsenfürst und Patrizier mit beißendem Witz, residierte am Kärntner Ring. Ebenso Friedrich Schey von Koromla, auch kein unbedeutender Finanzier und Mäzen, dessen Sohn Paul in späteren Jahren ins Hotel Sacher ziehen würde. Dies war keineswegs unüblich, so manch ein alleinstehender Herr zog das Hotel mit all seinen unaufdringlichen Annehmlichkeiten einem Junggesellenhaushalt vor.

Der Industrielle Heinrich Drasche, ausnahmsweise kein jüdischer Großbürger, ließ sich gegenüber der Oper eines der spektakulärsten Palais errichten – den nach ihm benannten und im Zweiten Weltkrieg zerstörten Heinrichshof. Auch er, ein bilderbuchhafter Emporkömmling, verband dies sogleich mit einem Bittgesuch um Erhebung in den Ritterstand. Insgesamt beschäftigte der damals größte Industrielle Wiens 10 000 Arbeiter, und er nannte zahlreiche Herrschaften in Niederösterreich, Böhmen und Ungarn sein Eigen. Als er 1870 vom Kaiser erhört und geadelt wurde, waren die Arbeitsbedingungen in seinen Ziegelgruben so schlecht, dass sie alsbald zum Inbegriff kapitalistischer Ausbeutung werden sollten.

Eduard Todesco blickte zur Tür. Da waren sie auch schon, die Filialisten der Hofburg, jene Vertreter der ersten Gesellschaft, der obersten Oberschicht dieser von Reichen und Schönen verwöhnten Stadt. Immer noch gaben sie den Ton an – zumindest was das Savoir-vivre betraf, ökonomisch standen manche von ihnen längst im Schatten der zweiten Gesellschaft, der alten und neuen Großbürger, die Handel, Banken und Industrie dominierten.

Eduard kannte die Grafen – Matthias Graf Wickenburg und noch ein paar andere. Lachend legten sie Handschuhe, Hut und Überzieher ab. Nur Graf Wickenburg, Handelsminister zu Beginn der Ringstraßenära, lebenslanges Herrenhausmitglied und mittlerweile im Ruhestand, grüßte den Bankier. Wickenburg war als einer der wenigen Aristokraten damals der Einladung zur Verlobungsfeier von Eduards Tochter Fanny gefolgt, während die anderen Grafen und Prinzen unter fadenscheinigen Gründen abgesagt hatten. Und das, obwohl es eines der glanzvollsten Feste des Jahres gewesen war. Eduard Todesco erwiderte den Gruß. Der Graf, er hatte mittlerweile die siebzig überschritten, war Mitglied des Baukommitees für die Hofoper gewesen, also einer von denen, die van der Nüll und von Siccardsburg protegierten. Dem Grafen fühlte sich Todesco einigermaßen ebenbürtig, was man von den anderen Herrschaften beileibe nicht sagen konnte.

Die erste Gesellschaft, die Hocharistokratie, zu der sich alle Grafen, Fürsten, Prinzen und Mitglieder des Hofes und des Hauses Habsburg zählten, mischte sich so meist ungern mit den Emporkömmlingen der zweiten Gesellschaft. Und nicht selten gesellte sich ein wohldosierter Antisemitismus in den Wohlklang ihrer Konversationen. Diese Antipathie der Aristokratie, der sogenannte Salonantisemitismus, kam freilich nur en passant daher, wie das Leben dieser schon allzu lange vom Schicksal Verwöhnten. Auch sie lernten zu verstehen, dass im Wien der Zeit ohne das jüdische Bürgertum schlicht nichts lief. Es dominierte ganze Branchen, nicht nur den Handel und die Banken. Auch in der Industrie spielten die jüdischen Großbürger eine wichtige Rolle. Und selbstverständlich war das Pressewesen gänzlich in jüdischer Hand. Das jüdische Großbürgertum hatte also seinerseits Gründe genug, um auf die Aristokraten herabzuschauen. Und weil sich dieses ganze Distinktionstheater in Wien abspielte, waren Bonmots an der Tagesordnung. Mit dem Ausspruch »Herr Graf sind erst seit sechs Jahren Jude und ich schon seit Generationen« wies der Bankier und Großhändler Moritz Königswarter den Finanzeleven Eugen Graf Kinsky in die Schranken seiner aristokratischen, aber eben nicht unbedingt geschäftstüchtigen Herkunft.

Der Antisemitismus war indes selbst unter Juden verbreitet, er gehörte zu Wien wie die Ringstraßenpalais zur Gründerzeit. Assimilierte, zu Wohlstand und gesellschaftlichem Ansehen gelangte Juden blickten auf die Ostjuden, die sogenannten Kaftanjuden, herab und bedachten sie mit jüdischem Witz. All diese Misstöne waren auch ein Teil einer in die Sprache und ihre Doppelbödigkeit verliebten Kultur, einer Kultur, die die vielschichtige Reichsmetropole so sehr prägte, dass die meisten erst zu spät erkannten, wie bedrohlich sie die Atmosphäre der Stadt allmählich vergiften sollte.

Die Ringstraße war eine soziologische Studie, der Stein gewordene Beweis dafür, wie nachhaltig sich die Gesellschaft seit der Industrialisierung verändert hatte. Die Aristokraten waren hier in der Minderzahl, doch sie hatten, wenn sie denn bauten, ihren eigenen Abschnitt, und zwar zwischen Schwarzenbergplatz und Stubenring. Den Auftakt machte dort Erzherzog Ludwig Victor, der jüngste Bruder von Kaiser Franz Josef, ein kunstsinniger, zu Ausschweifungen neigender Bonvivant, dem das Sacher als erweiterter Salon diente. Sein Palais übertraf an Eleganz und vornehmer Pracht so ziemlich alles, was auf der Ringstraße zu glänzen versuchte. Graf Eugen Kinsky hatte sein Palais ein Stück weiter, in Richtung des neu entstehenden Stadtparks. Er vereinte in sich den Typ des feudalen Großgrundbesitzers mit dem des modernen Großkapitalisten. So spekulierte er mit Grundstücken und gefiel sich in der Rolle des liberalen Freigeists, der die Tochter eines Salinenarbeiters geheiratet und sich als Reichsratsabgeordneter zu einem schlagfertigen und witzigen Redner entwickelt hatte. Graf Johann Larisch schließlich, Finanzminister und Kohlengrubenbesitzer, hatte sich ebenfalls zwischen Schwarzenbergplatz und Stadtpark eingekauft, das Palais sollte wegen der Eleganz und Exklusivität seiner Frühlingsbälle zum internationalen Treffpunkt der obersten Gesellschaft werden – des »High Life«, wie das *Salonblatt* seine diesbezügliche Rubrik nannte. Der Rest der tonangebenden Adeligen hatte seine Palais in der Innenstadt, oder aber man besaß Gartenpalais außerhalb derselben: In jedem Fall zog man eine der beiden Möglichkeiten einer dann doch sehr bürgerlichen Bleibe auf der Ringstraße vor. So dachten die Metternichs oder die Schwarzenbergs, die Liechtensteins und natürlich Hans

Wilczek, der sich in seinem Palais in der Herrengasse ausreichend standesgemäß untergebracht fühlte und sein Geld lieber in Polarexpeditionen, mittelalterliche Burgen, Krankenhäuser oder Rettungsgesellschaften steckte. Gesellschaftlich spielten die alten Familien weiterhin unangefochten die wichtigste Rolle, sie besaßen die prächtigsten Landsitze, gaben noch immer die elegantesten Bälle, luden zu den besten Jagden und nannten die edelsten Pferde ihr Eigen. All dies blieb so bis zum Weltkrieg. Das Sacher, an der Schnittstelle zwischen Ringstraße und Altstadt gelegen, verband das adelige Wien mit dem neuen großbürgerlichen Ringstraßenwien. Es wurde zum idealen Treffpunkt zweier separater Gesellschaftsschichten, und dennoch waren auch hier die feinen Unterschiede allgegenwärtig.

Eduard Todesco hatte sich zum Abschluss noch einen Cognac genehmigt. Seine Versuche, die beim Sacher versammelten Nörgler zu besänftigen, waren vergeblich. Die Stadt hatte ihre Debatten, und diese Debatten hatten eben ihre Verläufe. Die Rollen pro und kontra waren stets klar verteilt wie in einem Theaterstück, und wie auf der Bühne ging es meist um Pointen und Bonmots. Eduards Wort galt zwar etwas an der Börse, nicht aber beim Feuilleton, und bei den Aristokraten wiederum bloß dann, wenn es sich um Geldangelegenheiten und Geschäfte handelte. Er hätte auch länger in seinem Kontor bleiben können, die liegen gebliebene Korrespondenz erledigen, es gab immer etwas zu tun. Die Urkunde zur Erhebung in den Freiherrenstand erfüllte ihn mit einigem Stolz. Er hatte die Nobilitierung etliche Jahre betrieben, Bittgesuche geschrieben und seine guten Beziehungen spielen lassen, etwa mit den Börsentipps, die er Ignaz von Plener zukommen hatte lassen. Der Handelsminister versuchte, wie so manch anderer, sein karges Beamtengehalt mit Spekulationsgeschäften aufzubessern.

Die Textilfabrik in Marienthal, die Spinnereien in Trumau, all die Verwaltungsposten und Ämter, die der 55-Jährige angehäuft hatte, ließen ihm kaum Zeit zur Muße. Er war gemeinsam mit seinem Bruder Moritz Direktor des als Privatbank geführten Großhandelshauses »Hermann Todescos Söhne«, außerdem Direktor der Kaiser Ferdinands-Nordbahn sowie Zensor der Österreichischen Nationalbank und selbstverständlich Aufsichtsrat in diversen Großunternehmungen. Todesco wusste, dass, wer nicht täglich und mit jeder Faser seines Herzens dem Geschäft diente, schnell weg sein konnte aus der vordersten Linie der Finanzmagnaten. Und so war es ihm auch gleichgültig, ob ihn das Feuilleton als biederen, ungehobelten Unternehmer verlachte – all jene, die im Salon seiner Frau ein und aus gingen.

Todescos Ehefrau Sophie Gomperz entstammte einer der ältesten und bedeutendsten jüdischen Familien Europas, die auf Rabbi Mordechai Gumpel im 17. Jahrhundert zurückging und dessen Wiener Zweig einige bedeutende Wissenschaftler und Gelehrte hervorgebracht hatte. Das prunkvoll ausgestattete Palais mit der beständig wachsenden Bildergalerie war der ideale Ort für einen bürgerlichen Salon. Über viele Jahre blieb er neben dem von Sophies Schwester, Josephine von Wertheimstein, einer der bedeutendsten bürgerlichen Salons im Wien des späten 19. Jahrhunderts. »Im Allgemeinen kein Freund von Soireen«, notierte denn auch Hanslick in seinen Lebenserinnerungen spitz, »habe ich doch zeitweilig mit Vergnügen in einigen ausgezeichneten Häusern verkehrt. Ich nenne vor allem die Familien Todesco, Wertheimstein und Ladenburg. Sie gehörten zur Finanzaristokratie Wiens … Die Anziehungskraft ging natürlich von den Frauen aus. Man hat wohl nicht bloß in Wien die Wahrnehmung gemacht, dass in den Familien der jüdischen großen Bankiers die Frauen und Töchter fein gebildet, von anmutigem Benehmen und für alles Schöne empfänglich sind, während die Herrn ihren Geist meistens nur für die Börse geschult haben und ausschließlich dort verwenden. Dies galt

auch von den oben genannten Familien, deren Salons zu den ge-
wähltesten und umworbensten in Wien gehörten. Die Herrn des
Hauses störten nicht; genug, wenn sie freundlich gelaunt waren
und sich nicht viel einmischten.«

So hielt es denn auch Eduard von Todesco. Er störte möglichst
wenig, und mit der Popularität seiner Frau schmückte er auch
seine geschäftlichen Erfolge, die er freilich für seine bürgerliche
Pflicht erachtete. Gut gelaunt, von der Gänseleberpastete genährt und vom Cognac beschwingt, wartete er im Sacher, um an
Sophies Seite alsbald einen Logenplatz in der Hofoper einzunehmen. Kunst und Kultur wurden in dieser Stadt wie Götzen verehrt. An einem Abend wie diesem war es geradezu ketzerisch, sich
den Gedanken zu erlauben, dass es Wichtigeres gab als die Hofoper. Das wusste Eduard Todesco sehr wohl, und Eduard der Wirt,
dem das Wohlergehen seines Vermieters ein ständiges Anliegen
war, wusste, was der Baron dachte. Dass etwa die Gründung der
Allgemeinen Österreichischen Baugesellschaft, deren Zustande-
kommen unter anderem auch ihm, Eduard Todesco, zu verdanken war, von weit größerer Bedeutung war als die Eröffnung des
Opernhauses. Denn ohne unternehmerisches Engagement würde
die Stadt das Problem der Wohnungsnot nicht zu lösen vermögen.

Todesco erinnerte sich noch gut daran, wie Eduard Sacher vor
nunmehr genau zwei Jahren in seinem Kontor stand und ihm die
Idee eines Nobelrestaurants vorschlug. Der junge Mann gefiel
ihm sogleich, und so überließ er ihm für eine moderate Miete die
Räumlichkeiten zu ebener Straße. Und was für ein Erfolg das Lokal alsbald wurde. Eduard Sachers Kalkül war aufgegangen, Wien
hatte ein Ort wie dieser gefehlt. Der Wirt war ein findiger und
durchsetzungsfähiger Mann, ein Unternehmer der neuen Zeit,
einer, von dem der Bankier Todesco stets zu sagen pflegte, dass
Wien mit solchen Leuten den Aufbruch in eine neue Zeit schon

schaffen werde. Gelegentlich würde er dem tüchtigen Gastronomen den Mietzins erhöhen. Er hatte beobachtet, wie gut sich das
Sacher gegen das nahe gelegene Restaurant Faber behauptet hatte,
das zuvor das einzige Haus am Platz gewesen war, nun aber meistens leer dastand und wohl bald aufgeben musste. Das würde eine
Mietzinsanhebung rechtfertigen, sinnierte Eduard Todesco, während er weiter auf den Abend und seine Gemahlin wartete, auf
Mozarts *Don Giovanni*, eine Musik, die ihm durchaus wohlgefiel,
wenn auch das zugrunde liegende Drama um Liebe und Verrat
ihn, der ganz andere Aufregungen um schwankende Börsenkurse
und ganz andere Eroberungen tagtäglich zu seinem Leben zählte,
eher ratlos zurückließ.

1876
Carl von Hasenauer, der Höhenflug
der Weltausstellung und der anschließende
Katzenjammer

> Die Weltausstellung ist ein großartiger Welttrost,
> eine herrliche, frohe Botschaft für alle jene, die an dem
> Fortschritte der Menschheit verzagen wollen.
> Und wahrlich, gerade in der jüngsten Zeit war solcher
> Trost und solches Evangelium vonnöthen.
>
> *Max Nordau:* Pester Lloyd *(7. 11. 1873)*

Eduard Sacher spazierte über den ehemaligen Promenadeplatz
Richtung Hofmuseen. Immer noch war der Ring dort, wo die großen öffentlichen Bauten entstanden, eine riesige Baustelle. Überall Schutt, provisorische Fußsteige, Baugerüste und Halden voller Marmorsteine und Holzdramen. Wenn es regnete, versank der
ganze Platz im Morast, in der Nacht huschten fragwürdige Gestalten durch die Dunkelheit, und man musste sich vorsehen, um
nicht plötzlich mit einem Knüppel zwischen den Beinen und seiner Habseligkeiten beraubt im Straßengraben zu landen. Meistens noch mitten in der Nacht kamen die Bauarbeiter aus den
Vorstädten, um bei Fackelbeleuchtung mit der Arbeit zu begin-
nen, man hörte Serbokroatisch und Tschechisch, Ungarisch und
Ukrainisch und was es sonst an Sprachen in dieser vielstimmigen
Monarchie gab. Die Arbeiter waren schlecht gekleidet, manche in
Lumpen. Kaum gegen die Januarkälte und schon gar nicht gegen
Arbeitsunfälle geschützt, gaben sie einen erbärmlichen Anblick ab.
Beim Bauplatz für die Hofmuseen standen noch immer die Ge-
rüste, Holzstangen, die in schwindelerregende Höhen reichten und

mit Querstangen zu einer da und dort schiefen Konstruktion zusammenmontiert waren. Vor einem Baugerüst stand der Architekt Carl Hasenauer, genauer gesagt Carl Freiherr von Hasenauer, war er doch für seine Verdienste um die Weltausstellung drei Jahre zuvor vom Kaiser in den Adelsstand erhoben worden. Eduard Sacher grüßte ihn herzlich, schließlich hatten die beiden eine Menge zusammen durchgestanden, damals bei der Weltausstellung. Das verbindet. Der Architekt erwiderte den Gruß nicht. Ob er nun tief in seine Baupläne versunken oder ihm sein Adelstitel zu Kopf gestiegen war, und er sich nun besser vorkam als der Delikatessenhändler und Restaurateur, war im kurzen Moment der Begegnung nicht auszumachen.

Nur ein Abschnitt des Rings war im Bebauungsplan des Stadtbauamtes für Privatgebäude reserviert. Von der Votivkirche bis zum Opernring entstanden in den 1870er Jahren vor allem öffentliche Prunkbauten, mit denen die Monarchie ihre Macht noch einmal in Stein meißelte. Tausende Bauarbeiter waren aus den Ländern Cis- und Transleithaniens, insbesondere aus den überbevölkerten Agrargebieten Böhmens und Mährens sowie aus Italien in die Hauptstadt gezogen, sodass die Bevölkerung Wiens seit den Gründerzeitjahren förmlich explodierte. Als der Kaiser 1857 mit den Worten »es ist mein Wille« seinen Befehl zum Abriss der Stadtmauer erteilt hatte, zählte Wien gerade einmal 700 000 Einwohner. Bei der Eröffnung der Hofoper 1869 waren es schon eine Million, und 1910 sollte Wien mit über zwei Millionen Menschen zur siebtgrößten Stadt der Welt und zur viertgrößten Europas aufgestiegen sein.

An der Ringstraße war alles auf maximalen Profit ausgerichtet. Der Stadterweiterungsfonds verdiente sich mit dem Verkauf von Bauparzellen an Meistbietende eine goldene Nase. Die auf diese Weise verdienten 220 Millionen Kronen reichten, um sämtliche öffentliche Prunkbauten zu finanzieren – das Kunst- und das

Naturhistorische Museum, die Oper, das Burgtheater, das Rathaus und das Parlament. Eine große städtebauliche Leistung. Die Wohnungsnot der Unterschichten aber wurde durch den Bau der Ringstraße nicht gelindert. Noch immer betrachtete man Armut als Schicksal, und auch soziale Missstände wie Hunger, Seuchen und Epidemien hielt man für gottgegeben. So wurden die Unterschichten durch den Boom der Gründerjahre sogar noch weiter an den gesellschaftlichen Rand gedrängt. Während das Glacis, dort wo nun die Ringstraße entlangführte, einst das Erholungsgebiet der Kleinbürger und Arbeiter war – ausgedehnte Wiesen luden zum Spazieren ein und dienten den Kindern als Spielplatz –, waren die Parkanlagen, die nun dort entstanden, auf die Bedürfnisse der Ringstraßengesellschaft zugeschnitten. Laufstege der Mode, Flaniermeilen für Millionäre, Theaterbühnen des High Life, eingebettet in das Auf und Ab der Bäume, Sträucher und Blumenrabatten. Alles hatte der Eleganz und dem verfeinerten Lebensstil der Ringstraßenbewohner zu dienen. Das sogenannte Volk verlor sein Refugium und wurde hinaus in die Vorstädte verbannt, wo es die Welt der Adligen und Millionäre nicht störte und der Wohnungsbau für die Unterschichten weit hinter dem eigentlichen Bedarf zurückblieb.

Jetzt erst bemerkte Hasenauer, dass ihn jemand gegrüßt hatte. Er blickte dem Mann nach, der sich bereits außer Rufweite befand. Das war doch der Sacher! Meine Güte, der wird sich ärgern, dass ich seinen Gruß nicht erwidert habe, dachte Hasenauer. Nun glaubt der Gastwirt wahrscheinlich, dass er arrogant geworden sei und sich seiner alten Freunde nicht mehr entsinne. Dabei war er, Hasenauer, nur wirklich in die Fassadendetails seines Baus versunken gewesen, sie verlangten schließlich äußerste Konzentration. Er wollte den Sacher schon längst in seinem neuen Maison meublée besuchen. Die ganze Stadt sprach schließlich davon.

Aber jetzt galt es zuerst einmal, den Überblick über die Baustelle zu behalten. Das war keineswegs einfach, zumal er mittlerweile fast allein für das Gebäude zuständig war, was wiederum angenehmer war, als sich ständig mit Semper zu streiten. Gottfried Semper! Den Auftrag zum Bau der Hofmuseen und der Hofburg hatte Hasenauer gemeinsam mit dem dreißig Jahre älteren Hamburger Architekten bekommen, nachdem alle heimischen Entwürfe beim Planungswettbewerb durchgefallen waren. Sempers Kaiserforum, das die Hofmuseen und den Neubau der Hofburg zusammenfassen und die Ringstraße mit zwei Triumphbogen überwölben sollte, bekam schließlich den Zuschlag – allerdings unter der Bedingung, dass er sich einen lokalen Architekten als Mitarbeiter auswählte. Auf diese Weise kam Hasenauer ins Spiel, denn Semper entschied sich für den jungen Architekten, dessen dekoratives Talent ihm gefiel. Und großzügig, wie Semper nun einmal war, stellte er sich nicht über den viel unerfahreneren Hasenauer. Ob das der Fehler war? Jedenfalls gestaltete sich die Zusammenarbeit der beiden immer schwieriger. Zum gegebenen Zeitpunkt waren die beiden Architekten schon derart zerstritten, dass sie nur noch über den Hof- und Gerichtsadvokaten von Haerdtl miteinander verkehren. Ein Drama, das selbstverständlich genüsslich in den Wiener Gazetten zelebriert wurde.

Einige Stunden später verabschiedete sich Hasenauer in seine wohlverdiente Mittagspause und eilte Richtung Hofoper. Ob man im neuen Sacher schon speisen konnte? Zu Mittag quälte ihn immer der Hunger, und Eduard Sachers Küche war ihm bei Weitem die liebste.

Schau an, der Herr Architekt. Eduard Sacher stand vor seinem neuen Etablissement, dessen Fassade gerade eben fertig gestrichen wurde.

Gratulation, lieber Sacher, das sieht ja alles ganz ordentlich aus.

Fraenkel ist ein vortrefflicher Handwerker. Hasenauer spielte auf den Architekten des Baus, Wilhelm Fraenkel, an, einer aus der zweiten Reihe, der es nie in die Liga der großen Ringstraßenarchitekten – zu denen Hasenauer sich nun zählen durfte – bringen würde.

Übrigens, verzeihen S', dass ich Sie vorhin nicht rechtzeitig gegrüßt hab. Ich war ganz in meine Baupläne vertieft. Wissen S', die Fassade, es geht ja um die kleinsten Details bei so einem Bau. Da haben Sie's leichter.

Gewiss, gewiss. Eduard Sacher hörte Hasenauers Snobismus nicht, er war viel zu stolz auf sein Maison meublée. Am Vortag war sogar ein großer Artikel im *Wiener Salonblatt* erschienen. Seit dem Schwarzen Freitag vor drei Jahren stagnierte die Wirtschaft, der Börsenkrach hatte den Höhenflügen der Gründerzeit und der Spekulationsblase rund um die Weltausstellung ein Ende bereitet.

Überall Baulücken, wechselte Hasenauer das Thema. Wer weiß, ob das Parlament je fertig werden wird.

Seit der Grundsteinlegung für das Gebäude im September 1874 waren der Architekt Theophil Hansen und sein vornehmlich aus italienischen Tagelöhnern bestehender Arbeitstrupp nicht so recht vorangekommen. Auch viele Baugesellschaften waren in den Strudel der Krise geraten. Man wusste nie, ob die beauftragte Firma am nächsten Morgen noch bestehen oder man die Baustelle verwaist vorfinden würde. Fast jeder in der Stadt hatte sich übernommen, war ungeahnte Risiken eingegangen, hatte auf den Fortschritt und das Wirtschaftswachstum spekuliert. Mit dem Schwarzen Freitag zerstoben denn auch die Euphorie, der Optimismus und der Fortschrittsglauben der Gründerjahre. Doch nicht jeden hatte die Rezession in den Untergang gerissen. Eduard Sacher jedenfalls nicht. Und auch die Architekten erhielten weiter ihren Lohn. Die öffentliche Hand war schließlich noch liquide, und sollte das Geld für das Prestigeprojekt Ringstraße doch noch knapp werden, wäre da noch immer die Privatschatulle des Kaisers.

Verehrter Hasenauer, Sie wollen doch bestimmt zu Mittag essen? Darf ich Sie zur Feier des Tages einladen?

Gern, lieber Sacher, Sie wissen, wie sehr ich Ihre Küche schätze. Erinnern S' sich noch, vor drei Jahren auf der Weltausstellung: Mein Gott waren Sie damals erzürnt!

Die Weltausstellung von 1873 sollte Wien endgültig an die Spitze der Weltstädte katapultieren, an die Seite von London und Paris, wo alle bisherigen Ausstellungen abgehalten worden waren. Dabei hatten sich die Verantwortlichen unter dem Freiherrn Wilhelm Schwarz-Senborn vorgenommen, in Wien alles bisher Dagewesene in den Schatten zu stellen. Allein das zu bespielende Gelände im Prater war fünfmal so groß wie das in Paris, also musste eine größere Anzahl an Pavillons gebaut, ausgestattet und generell in größeren Dimensionen gedacht werden. Man lebte in einer Zeit, in der alles ständig größer, luxuriöser und teurer ausfallen musste als zuvor. Das war eben der Fortschritt – jenes Amalgam aus wissenschaftlich-technischen Errungenschaften und kapitalistischer Wirtschaft, das für die Weltausstellungsidee Pate gestanden hatte.

Schwarz-Senborn hatte Hasenauer die architektonische Gesamtleitung des Unternehmens und die Planung des zentralen Ausstellungsgebäudes, der Rotunde, übertragen. Mit einer Spannweite von 108 Metern war sie der größte Kuppelbau der Welt und übertraf in ihrem Durchmesser sogar den Petersdom in Rom. 27 000 Menschen fanden darin Platz, die Zeltdachkonstruktion galt als herausragende Leistung der Eisenbautechnik, was die ewig spöttelnden Wiener nicht davon abhielt, das architektonische Wunderwerk »Narrenturm«, »Guglhupf« oder »plumpen Koloss« zu taufen. Andererseits waren die gigantischen Dimensionen des Innenraums so beeindruckend, dass die Rotunde als achtes Weltwunder bezeichnet wurde und den Spitznamen »Santa Rotunda«

erhielt. So war es in Wien: Hauptsache, man kommentierte, karikierte und parodierte – zur Erheiterung des stets dankbaren Publikums.

Allein der Bau der Rotunde hatte am Ende mehr als das Doppelte der veranschlagten Summe verschlungen. Die Gesamtkosten der Weltausstellung waren gar um mehr als das Dreifache angestiegen. Und dennoch hatte alle das Ausstellungsfieber gepackt – die Euphorie, den Stolz und den Willen, wirklich Großes und Identitätsstiftendes zu schaffen. Fabrikanten, Professoren, liberale Gemeinderäte, Bankiers, Eisenbahndirektoren und Grundbesitzer: Alle beteiligten sich in Gremien, Kommissionen und Ausschüssen am Gemeinschaftsprojekt. Und kein Thema, von der industriellen Produktion über das Kunsthandwerk bis zur Volksbildung, ja nicht einmal die Stellung der Frau in der bürgerlichen Gesellschaft, wurde vernachlässigt. Damit die Mammutschau überhaupt stattfinden konnte, mussten Verkehrswege erschlossen, Brücken über die Donau gebaut, der große Fluss reguliert, der Ausbau der Pferdetramway vorangetrieben und haufenweise Konzessionen für Fiaker und Einspänner verteilt werden. Vor allem aber mussten die 10 Millionen Besucher, die man vom 1. Mai bis zum 2. November in der Stadt erwartete, irgendwo unterkommen. Hotels und Gasthöfe schossen in der Folge nur so aus dem Boden. Zwischen 1871 und 1873 wurden allein fünf neue Hotels gebaut, darunter das Hotel Metropol mit seinen 460 Zimmern. Das Grand Hotel am Kärntnerring erhielt einen neuen Trakt und einen hydraulischen Aufzug – der Gipfel des damaligen Luxus. Badewannen aus Carrara-Marmor sollten im Hotel Britannia Kunden anlocken. Überall setzte man auf luxuriöse Fassaden, repräsentative Entrees, prunkvolle Deckengemälde, die wie selbstverständlich Großstadtflair und Weltläufigkeit verbreiten sollten. Viele Wiener zogen sogar aufs Land, um ihre Stadtwohnungen mit großem Gewinn, wie sie dachten, während der Weltausstellungsmonate zu vermieten.

Auch Eduard Sacher war Teil der Weltausstellungsclique. Jung und ambitioniert, wie er war, hatte auch er alles daran gesetzt, ein eigenes Hotel zu eröffnen.

Eines Tages im Frühling 1873. Hasenauer war soeben auf der Suche nach einem passenden Mann für das große Rotundenbuffet, das zentrale Restaurant des Ausstellungsgeländes. Es musste jemand sein, der mit stoischer Ruhe und ausreichender Erfahrung seine Angestellten durch den Ausstellungsrummel zu dirigieren wusste, noch dazu jemand, der etwas von Staatsprotokoll und Etikette verstand, und schließlich ein Gastronom, der über dieses gewisse Etwas verfügte, der es vermochte, aus einem schlichten Ausschank für Getränke und kleine Speisen etwas ganz Besonderes zu machen. Dafür käme, das hatte ihm Fürst Konstantin Hohenlohe gesagt, nur der Sacher infrage, er, Hasenauer, soll den Gastwirt doch einmal auf dem Konstantinhügel besuchen.

Auf der nach dem Obersthofmeister benannten Erhebung, die durch den Aushub für die Rotunde entstanden war, hatte man fernab des großen Trubels ein vornehmes Kaffeerestaurant errichtet. Auch dieses Etablissement war Eduard Sachers Idee, er wollte höchste Kreise und die Weltausstellungsprominenz hier herauflocken.

Als Hasenauer erschien, war der Hügel schon einigermaßen begrünt, und das Sacher, das bald fertig eingerichtet sein würde, machte schon jetzt den Eindruck eines eleganten Refugiums.

Grüß Gott, ich suche den Chef, sagte Hasenauer zu einem jungen Mann, der wild im Restaurant herumrannte.

Der bin ich selber.

Herr Sacher? Sehr erfreut, Hasenauer. Mir verdanken Sie den Hügel.

Ob das ein Segen ist?, fragte Eduard mürrisch zurück. Verzeihen, der Herr können sich ruhig niederlassen, Küche gibt es noch keine, aber ein Glas Wein oder einen Brand könnt ich Ihnen bringen lassen.

Hasenauer bestellte einen kleinen Braunen und einen Sliwowitz. Seit er die architektonische Leitung der Weltausstellung übernommen hatte, waren der aufputschende Kaffee und der nervenstärkende Schnaps zu seinen ständigen Begleitern geworden.

Sie können stolz sein, lieber Sacher, das Restaurant wird eine Goldgrube werden. Trinken S' ein Stamperl mit mir?

Hören S' mir auf mit den Schmeicheleien. Das Restaurant ist doch kein Ersatz für das verfluchte Hotel. Wir warten noch immer auf die Baugenehmigung.

Der Sliwowitz war gekommen, und auf ein Zeichen Sachers brachte der Kellner noch ein zweites Schnapsglas. Manche Sorgen konnte man eben nur mit kräftigen Getränken hinunterspülen.

Als Eduard Todesco den Mietzins für das Sacher'sche Restaurant und Delikatessengeschäft hinaufgesetzt hatte, hatte der junge Unternehmer den Plan für ein eigenes Hotel und Restaurant gefasst. Ehrgeizig, wie der damals 33-Jährige war, hatte er jeden Monat eine nicht unbeträchtliche Summe für sein Projekt gespart. Anfang des Jahres 1872 kaufte eine Investorengruppe, bestehend aus Adolph Graf Dubsky, Gustav Leon, Phillipp Mauthner und Arthur von Layer, auf den Gründen des abgerissenen Kärntnertortheaters zwei Häuser für die nicht unbeträchtliche Summe von 290 000 Gulden mit der Verpflichtung, in keinem Fall ein Theater dort zu betreiben. Gemeinsam mit Eduard Sacher errichtete der Wiener Bauverein dann ein 116 Quadratklafter und vier Stockwerke hohes Maison meublée mit prunkvoller Neorenaissancefassade. Damit ging Eduard ein großes Risiko ein, aber ohne Risiko, das hatte ihn sein Vater gelehrt, lohne es sich nicht, so viel zu arbeiten wie es die Sachers gewohnt waren.

Doch jetzt, ein Jahr später, klaffte noch immer die Baulücke, und das Ansuchen des Restaurateurs um eine Baubewilligung schimmelte in den Akten des Gemeinderats vor sich hin. Dass das Hotel nicht rechtzeitig zur Weltausstellung fertig geworden war, hatte Eduard Sachers Ärger – auf die Baugesellschaft, die Arbeiter, sich selber – geschürt. Nun würden die anderen das große Geschäft machen, dachte er, während er sich mit dem kleinen Kaffeerestaurant auf dem Konstantinhügel würde abplagen müssen. Schon auf der Weltausstellung 1867 in Paris hatte er für den Schwechater Bierbrauer Anton Dreher äußerst erfolgreich dessen Dreher'sches Bierlokal geleitet. Er war also keinen einzigen Schritt weitergekommen.

Verehrter Sacher, begann Hasenauer von Neuem. Sie sind der Einzige in ganz Wien, dem ich das Rotundenbuffet überantworten würde. Eine delikate Aufgabe, schließlich kommen dort alle vorbei.

Bin schon in der Maschinenhalle engagiert, und hier heroben brauchen s' mich auch, wehrte Eduard Sacher ab.

Aber nirgends wird so ein großer Umsatz gemacht wie in der Rotunde.

Meinen S' wirklich?

Sie werden schon sehen, Sie werden es nicht bereuen.

Eduard Sacher atmete einmal tief durch. In der großen Maschinenhalle hatte er sich drei weitere Buffets reservieren lassen, dann der Konstantinhügel und jetzt auch noch das Rotundenbuffet. Das würde ein harter Sommer werden. Doch wenn es ihm schon nicht gelungen war, sein Hotel rechtzeitig zur Weltausstellung zu eröffnen, dann wollte er wenigstens möglichst viel mit Restaurants und Wirtshäusern an der Weltausstellung verdienen.

Und natürlich sollten auch diese Unternehmungen des Gastwirts triumphal enden. Alle kamen, das deutsche Kaiserpaar, die Könige von Sachsen, Württemberg, Griechenland und Spanien und natürlich Sachers gesamte Klientel. Das humoristische Blatt

Die Bombe berichtete in seiner Silvesterausgabe 1873 ganzseitig über den beliebten Wirt, seine Etablissements und seine Küche: »Wie man aus bester Quelle weiß, ist der k.k. Hoflieferant Eduard Sacher ›oben‹ persona gratissima. Der Kaiser nahm bekanntlich zu wiederholten Malen kleine Erfrischungen am Sacher Buffet der Rotunde und ließ sich noch öfter an schönen Sommerabenden am Constantinhügel mit dem gründlich gebildeten Mann im Gespräch ein.« Ein größeres Kompliment war kaum denkbar.

Doch zurück zum Tag der Eröffnung am 1. Mai 1873 im Beisein von Kaiser Franz Joseph und der Kaiserin – auch sie war ausnahmsweise gekommen. Das Wetter war miserabel, die Schuhe der Damen versanken im Morast, und überall wurde noch gebaut. Und dann blieben in der Folge auch noch die Gäste fern – die horrenden Hotelpreise hatten sich nämlich dank der ausführlichen Berichterstattung in ganz Europa herumgesprochen. Nur acht Tage später folgte aber die wahre Katastrophe: der Börsenkrach, der den Auftakt zu einer internationalen Wirtschaftskrise bildete. Dieser erste Schwarze Freitag der Geschichte unterbrach jäh die Glanzzeit des liberalen Bürgertums, das sich auf der Ringstraße architektonisch verewigt hatte und mit der Weltausstellung sein Erscheinen auf der Weltbühne feiern wollte. Eine Feier, die dazu gedacht war, alle – alte Machteliten, Bürgertum, Volk – endgültig auf den Fortschritt einzuschwören. Und nun also das Desaster.

Alles war ganz schnell gegangen. Die Österreichische Creditanstalt für Handel und Gewerbe hatte einen Kredit von 20 Millionen Gulden aufgekündigt, was zu Kursverlusten und schließlich zum freien Fall der Börsenwerte führte. Am 8. Mai wurden bereits 110, am 9. Mai, dem »Schwarzen Freitag«, gar 120 Insolvenzen gemeldet, die den völligen Zusammenbruch des Börsenverkehrs nach sich zogen. In der Folge mussten 40 Banken, 6 Versicherungsgesellschaften, ein Eisenbahnunternehmen und 52 Industriebetriebe liquidiert werden. Das war der Großteil der seit 1866 gegründeten Banken in Wien und in den Provinzen. Auch viele Kleingewerbetreibende und Angestellte hatten durch Spekulationen an der Börse ihren gesamten Besitz verloren, und die Arbeitslosigkeit schnellte drastisch in die Höhe. Im Jahr 1873 wurden 152 und ein Jahr später gar 214 Selbstmorde gemeldet. Fast alle gesellschaftlichen Schichten hatten Geld verloren, die ärmeren Bevölkerungskreise waren ruiniert. Auch das dämpfte die Begeisterung für die Weltausstellung, der man die Schuld an der Katastrophe gab.

Dabei wusste jeder, der nur ein wenig von Ökonomie verstand, dass sich die Krise schon lange angebahnt hatte. Der Bauboom der Gründerzeit hatte die Wirtschaft, aber auch die Spekulationen angeheizt. Geld war leicht zu haben, aber nur zu hohen Zinsen. Als Sicherheit dienten halb fertige und bald nur noch geplante Häuser. Kurz vor dem Platzen der Spekulationsblase wurden Aktien von Fuhrunternehmen verkauft, die keine einzige Kutsche besaßen. Die Allgemeine Baugesellschaft, die Eduard Todesco mit initiiert hatte, gründete am laufenden Band Tochtergesellschaften wie ein Golddukaten speiender Esel – allein am Tag des Krachs lagen der Regierung noch 66 Konzessionsgesuche zur Bewilligung vor. Die meisten dieser Baugesellschaften aber waren weit entfernt davon, irgendetwas zu bauen, sie spekulierten nur mit Grundstücken und Häusern. Bürgermeister Cajetan Felder, der von Anfang an zu den Skeptikern der Weltausstellung gehörte, war zwar ein Mitglied der Liberalen und einer der größten Förderer der Ringstraße, doch verstand er unter Liberalismus offensichtlich etwas anderes als die Regierung, die er dafür kritisierte, dass sie, »ihre Hände im Schoße, ruhig zusah, ja, durch Erteilung von Konzessionen und durch die passive Intervention ihrer Kommissäre den offenen Betrug und den grenzenlosen Schwindel zu autorisieren schien. Sie ließ Banken, die gar nicht existierten, weder einen

Schreibtisch noch einen Sessel zur Verfügung hatten, mit zwei Gedankenstrichen in den Rubriken ›Geld‹ und ›Ware‹ auf dem Kurszettel paradieren und fünfzig und mehrprozentige Dividenden versprechen.« Nur die ganz Großen in Politik und Wirtschaft, Todesco und Rothschild eingeschlossen, wussten rechtzeitig, was passieren würde, und schützten ihr Kapital und das ihrer Freunde geschickt vor dem Untergang.

Auch die Gier einer neuen Branche, des Fremdenverkehrs, trug ihren Teil zum Misslingen der Weltausstellung bei – und damit indirekt zum Börsenkrach. Statt der ortsüblichen Preise von zwei bis fünf Gulden in einem Luxushotel im ersten Bezirk wurden nun dreißig bis sechzig Gulden pro Nacht fällig. Und die Gasthäuser, insbesondere die auf dem Weltausstellungsgelände, verlangten astronomische Preise – Eduard Sacher war da keine Ausnahme. All dies trieb die Nahrungsmittelpreise in die Höhe und den erhofften Erfolg der Weltausstellung in den Keller.

War es da ein schlechtes Omen oder einfach nur weise Voraussicht, dass Cajetan Felder, der einen Ausbruch der Cholera im Weltausstellungsjahr für höchst wahrscheinlich hielt, pünktlich zum Beginn des Spektakels ein neues Krankenhaus mit 300 Betten eröffnete? 1872 hatten die Pocken in Wien gewütet, die Cholera forderte alle zehn Jahre Tausende Todesopfer. Wien war, was den Ausbruch von Seuchen betraf, auf geradezu mittelalterlichem Niveau, es fehlte an Hygiene ebenso wie an sauberem Trinkwasser. Zwar wurde 1873 die Wiener Hochquellwasserleitung eröffnet – ebenfalls als Folge der Weltausstellung –, was aber nicht bedeutete, dass auch die Vorstädte und die dort lebenden Unterschichten in den Genuss sauberen Wassers gekommen wären. Typhus und Tuberkulose blieben ständige Begleiter der Epoche, sie waren die häufigsten Todesursachen. Im Gastgewerbe starb noch bis zum Ersten Weltkrieg jeder zweite Angestellte an Tuberkulose.

Und auch dieses Mal brauchte es nicht lang. Im Hochsommer kam die Cholera und verbreitete Angst und Schrecken. In der Nacht vom 10. auf den 11. Juli erkrankten dreißig Personen im Küssdenpfennighaus, einer alten Gaststätte in der Innenstadt, sechzehn starben sofort. »Es war eines der greulichsten und verrufensten alten Häuser Wiens, in welchem in erbärmlichen Winkeln und Spelunken, in größter Armut, in Schmutz und Pestilenz versunken, die unsauberste Gesellschaft in dichten Haufen beisammen wohnte, sodass man den Atem anzuhalten pflegte, wenn man gezwungen war, in der engen Adlergasse das Haustor zu passieren«, erinnerte sich der Bürgermeister an diesen noch aus der Barockzeit stammenden Wiener Gasthof. Polizei und Sanität rückten dort fortwährend zum Einsatz, und die Stadtverantwortlichen wollten das elende Rattennest schon lange dem Erdboden gleichgemacht haben. Anderen Tages wurden in dem gegenüberliegenden sogenannten Müller'schen Gebäude weitere achtzehn Personen von der Krankheit befallen. Von diesem Augenblick an war die Cholera in der Stadt epidemisch geworden. Das Küssdenpfennighaus wurde tatsächlich wenige Jahre später abgerissen, es wich der Zentrale der Anglo-Österreichischen Bank.

Im August 1873 starben in Wien rund 3000 Menschen, in der gesamten Monarchie waren es dieses Mal über 280 000. Zahlreiche Weltausstellungsgäste verschoben wegen der Seuche ihren Wienbesuch, und so kam es erst im Herbst 1873 zu einem geregelten und den Erwartungen entsprechenden Ausstellungsleben.

Nur einer ließ sich von der Epidemie ganz und gar nicht abschrecken: Nasir ad-Din, der Schah von Persien, der sich Ende Juli, Anfang August mit großem Gefolge in Wien aufhielt. Er war äußersten Luxus gewöhnt, bei Hofe nahm man darauf Rücksicht und brachte den illustren Staatsgast in Schloss Laxenburg unter.

Der Besichtigungsrundgang des Schahs am Weltausstellungsgelände wenige Tage später glich denn auch einer Märchenparade:

40 000 Schaulustige säumten den Weg, die Zeitungen berichteten eifrig und ausufernd über den Potentaten und das bunte Völkchen, das er um sich geschart hatte. Am Rotundenbuffet angekommen, hatte Kronprinz Rudolf persönlich von Eduard Sacher eine Sachertorte mit Schlagobers für den Schah von Persien geordert, und der Obersthofmeister hatte dem orientalischen Regenten erklärt, was es mit dieser Schokoladentorte auf sich hatte.

Majestät, sie zergeht auf der Zunge. Konstantin zu Hohenlohe setzte seine Kennermiene auf. Kurz herrschte andachtsvolles Schweigen. Alle schienen sich zu fragen, ob der Kulturtransfer glücken möge. Gespannt blickte alles auf das silberne Tortengäbelchen, mit dem der Schah in die dunkelbraune Schokoladenmasse stach und ein – recht ordentliches – Stück zu seinem königlichen Mund führte. Nun kam der große Augenblick: die Schokolade, der den kräftigen Geschmack lindernde Schlagobers, die Glasur, die das Ganze fruchtig-süß abrundete.

Sehr gut, sagte der Monarch mit halb vollem Mund, Aber... Wie heißt der Koch noch einmal?

Sacher, Eduard Sacher, warf Hohenlohe schnell ein.

Mein lieber Sacher, für meinen Geschmack bedarf die köstliche Speise noch des Honigs oder einer ebensolchen Menge an Zucker.

Sehr wohl, Majestät, antwortete Eduard höflich und ohne einen Anflug von Enttäuschung, stattdessen hatte er mit einem Griff einen Staubzuckerstreuer zur Hand, ließ behände eine weiße Zuckerschicht auf die dunkle Torte rieseln und bemerkte dazu werbewirksam: wie der Schnee auf den Gebirgsketten des persischen Hochlandes.

Nun strahlte der Schah und aß mit doppeltem Genuss. Hohenlohe nickte Eduard Sacher anerkennend zu. Am Ende der feierlichen Tortenzeremonie ließ der Schah einen Diener mit einem goldenen Köfferchen kommen, ein zweiter Diener, ebenfalls in orientalischer Livree, erschien, öffnete, und der Schah entnahm mit großer Geste einen Orden, den er Eduard Sacher mit einem Schwall unverständlicher Worte an die Brust heftete.

Zum Dank. Und für Ihre Verdienste.

Der Schah, dies musste man wissen, verteilte den persischen Sonnen- und Löwenorden in großzügigster Weise und wo immer sich eine Gelegenheit dazu bot. So mancher Empfänger stellte hinterher allerdings fest, dass der Orden nicht echt oder beim Juwelier, der ihn angefertigt hatte, noch nicht bezahlt worden war. Eduard Sacher freilich war, auch wenn er das operettenhafte Schauspiel einigermaßen durchschaute, beträchtlich stolz. Er, gerade einmal dreißig Jahre alt, hatte es schon weit gebracht. Als ihn kurze Zeit später anlässlich der Eröffnung seines eigenen Restaurants und Maison meublée auch noch das *Wiener Salonblatt* zum »Nährvater der eleganten und lebenslustigen Wiener Welt« ernannte, hatte er das Gefühl, mehr erreicht zu haben, als er sich in seinen kühnsten Träumen zugetraut hatte.

Der Schah indes blieb noch eine ganze Weile in Wien und verwüstete seine vornehme Bleibe, das kaiserliche Schloss Laxenburg, derart, dass es im Anschluss an seinen Besuch restauriert werden musste.

Und Anna? Was mag sie während dieses Jahres im Ausnahmezustand erlebt haben? Die Leopoldstadt grenzte an den Prater, für die Weltausstellung wurden nicht nur die Brücken über die Donau erneuert, man erweiterte auch die alte Jägerzeile zur prachtvollen Praterstraße. Sie sollte mit repräsentativen Gründerzeithäusern, Theatern und Geschäften bald zu einem eleganten Nebenschauplatz der Ringstraße werden. Bestimmt besuchte die 14-jährige Anna mit Mutter und Stiefvater oder den Großeltern Reitter die Weltausstellung, vielleicht weilte sie auch unter den 40 000 Schaulustigen beim Auftritt des Schahs. Die Eintrittspreise waren trotz aller Beteuerungen, die Ausstellung solle dem normalen Volk einen Einblick in die aktuellen Weltentwicklungen geben, recht gesalzen, aber sowohl die Eltern Fuchs als auch die eleganten Reitters konnten sich einen derartigen Luxus durchaus leisten – zumal er vor ihrer Haustür stattfand. Sicher wird Anna gestaunt haben: über die ägyptische Moschee samt Minarett, das persische Haus, die japanischen Gartenlandschaften, die vielen exotischen Produkte, chinesischen Tee, Seidenstoffe und Lackmöbel, Menschen aus aller Herren Länder und einen echten Indianerwigwam als Restaurant. Und dabei waren das nur einige der Höhepunkte der Jahrhundertschau. Trotz des wirtschaftlichen Debakels kann der Einfluss, den diese Ausstellung auf das Denken und die Wahrnehmung der Menschen zu jener Zeit ausübte, nicht hoch genug geschätzt werden.

Drei Jahre später, an jenem kalten Januartag, an dem Carl von Hasenauer Eduard Sacher in seinem neuen Maison meublée einen Besuch abstattete, saß ein ungarischer Graf in der Bahn von Budapest nach Wien: Albert Apponyi, ein Mann von Welt, höchst gebildet, vielsprachig, Paradeungar und charismatischer Redner, einer der besten Politiker, die die ungarischen Reichshälfte der k. u. k. Monarchie bis zum Ersten Weltkrieg hervorbringen sollte. Seit dem sogenannten Österreichisch-Ungarischen Ausgleich von 1867 war das Vielvölkerreich in eine cis- und eine transleithanische Hälfte geteilt, also in eine österreichische, diesseits des Flusses Leitha, und eine ungarische jenseits desselbigen. Diese unglückliche Staatskonstruktion, die eine Aufwertung der Ungarn vor allen anderen Völkern des Vielvölkerreichs bedeutete, verschärfte die ohnedies besorgniserregenden Nationalitätenprobleme des Reichs.

Doch der Graf hatte im Moment nicht die hohe Politik im Sinn, sondern das *Wiener Salonblatt* vom 22. Januar 1876. Schon auf der zweiten Seite fand sich ein seitenlanger Artikel über »Sacher's Prachtbau«, das Blatt überschlug sich nur so in Lobeshymnen über das neue Restaurant des längst über die Grenzen Wiens hinaus bekannten Gastwirts. Apponyi las mit immer größerer Begeisterung und nahm sich vor, dem Sacher sogleich nach seiner Ankunft in Wien seine Aufwartung zu machen, vielleicht gab es in dem neuen Etablissement nicht nur Separees wie schon im Palais Todesco, sondern auch Hotelzimmer oder Appartements. Der weitgereiste Apponyi war immer an neuen Hotelgründungen interessiert, auch an Häusern, die noch als Geheimtipp galten und sich ihren Ruf erst noch verdienen mussten. Er sah sich als eine Art Hotel- und Restaurantprobant, und er freute sich, wenn er als erster Gast eines neuen Hauses in die Annalen desselbigen einging.

»Grüne Tapeten mit Weiß und Gold, superbe Vorhänge in Grün, Portièren und Spiegel, weißgerahmt und mit Gold eingefasst, vollenden das reizende Ensemble«, las Apponyi über den Damensalon, während ein Schaffner kam und untertänigst das Billett des Grafen zu sehen wünschte. Der braune Speisesalon »dürfte ein vorzüglich beliebtes Rendezvous jener größeren Herrengesellschaften werden, die selbst bei heiterem Mahle gerne den Contact mit dem Außen zu unterhalten pflegen, was bei Eintritt milderer Jahreszeit noch durch den Umstand gefördert werden wird, dass sich dann die hohen Thore des Salons nach der Straße zu ganz öffnen sollen, wobei die Tische hart ans Trottoir rücken und man durch grünender Büsche liebliches Gehege den forschenden Blick nach dem lebhaften Verkehre dieses nun schönsten Stadttheiles wird aussenden können«. Wie köstlich! Apponyi stellte sich lebhaft vor, wie dieser zur Straße offene Raum zur begehrten Bühne werden würde. Hier zu sitzen und dem Treiben der Großstadt zuzuschauen, das war ganz nach seinem Geschmack.

Auch bei der Beschreibung des Mezzanins, auf dem sich die *chambres séparées* – das türkische, das japanische und das persische Kabinett sowie das Jagdzimmer – befanden, wurde mit Lob nicht gespart. Überall Teppiche, Spiegel und natürlich Tapeten, schwere

Vorhänge mit Draperien, Luster, hier eine »blausamtene schwellende Ottomane«, dort Möbel »vollkommen nach türkischer Manier mit Ueberwürfen«. Im »japanesischen Cabinet« wiederum befinden sich Möbel und Vorhänge aus »wassergrünem Plüsch«. Alles ist distinguiert, von vornehmer Pracht, ja sogar »allerliebst«. Das Hotel war ganz nach der Mode der Zeit eingerichtet, und diese Mode wurde von Hans Makart bestimmt, jenem Universalkünstler der Ringstraßenära, der es verstand, Stil und Mode bis zu den in den Salons der Zeit unerlässlichen Trockenblumenbouquets zu diktieren.

Bestens unterrichtet betrat Albert Apponyi einige Stunden später die Restauranträume, nachdem ihn ein Fiaker vom Bahnhof zum Sacher gebracht hatte.

Kann man hier auch logieren?, erkundigte er sich bei einem Kellner, der, Apponyi bemerkte es mit ausgesuchtem Wohlwollen, sofort einen Hilfskellner vor die Tür schickte, um das Gepäck des Grafen zu holen. Zu improvisieren war kein Malheur, aber Aufmerksamkeit und Schnelligkeit gehörten zu den obersten Geboten eines nach Ruhm strebenden Hauses. Die Gäste sollten sich ebenso zu Hause fühlen wie daheim in ihren Schlössern und Herrenhäusern, und auch dort war ihre Behaglichkeit zu einem äußerst erheblichen Teil von der liebenswürdigen Achtsamkeit der versammelten Dienerschaft abhängig. Wenn man die endlosen Klagelieder, die in adeligen Salons über Butler und Kammerzofen, Diener und Köche zu hören waren, zum Maßstab nahm, dann war die Abhängigkeit der besseren Gesellschaft von der Dienerschaft mindestens ebenso groß wie umgekehrt, womöglich sogar noch größer.

Eduard Sacher war gerade mit Carl von Hasenauer ins Vestibül getreten.

Da haben S' recht, lieber Hasenauer, damals auf der Weltausstellung war ich untröstlich. Aber wissen S', heut bin ich froh, dass es so gekommen ist.

Wer weiß, ob es ihr Hotel sonst noch geben würd, gab Hasenauer zurück und musterte die Raumaufteilung mit Kennermiene. Ah ... da ist der Damensalon ... und dort drüben der für die Herrn? Aber das Vestibül? Ist es nicht etwas klein? Es hätte ein wenig mehr Grandezza verdient, nuschelte der Architekt, als ein Kellner an die beiden herantrat und sich räusperte.

Mit Verlaub, Herr Sacher, der hohe Herr aus Budapest verlangt ein Zimmer.

Kurz blickte Eduard Sacher ratlos drein, das Haus war noch nicht so weit, dann ging er freudestrahlend auf den ersten Hotelgast zu.

Würden sich der Herr hier eintragen, sagte Eduard Sacher, es gab noch keinen Portier, weshalb er schnell selbst die Formalitäten erledigte und am Schriftzug erkannte, wen er vor sich hatte.

Graf Apponyi! Mein Vater hat beim Grafen Esterházy in Zseliz gedient. Ganz des Herrn Grafen ergebener Diener.

Ich weiß, ich weiß. Lebt Ihr Herr Vater denn noch?

Er erfreut sich bester Gesundheit und erfindet immer noch neue Rezepte. Darf ich Herrn Grafen selbst in die obere Etage begleiten? Das Sacher ist nicht das Grand Hotel oder das Imperial. Wir wollten bescheiden anfangen.

Schon gut, mich interessiert *Ihr* Hotel, verehrter Sacher, sonst hätt ich ja ins Imperial gehen können.

Apponyi kannte die Grandhotels der Welt, jene Insignien der neuen Zeit, die jede Stadt brauchte, die modern und mondän sein wollte, und er hätte tatsächlich in einem der etablierten Häuser absteigen können – im Imperial, im Grand Hotel oder im Metropol. Das Sacher oder »Hotel de l'Opera«, wie Eduard sein Haus bald nennen würde, war noch kein Luxusetablissement im eigentlichen Sinne. Erst in zwei Jahren würde Eduards Konzession von der

»Berechtigung zur Verabreichung von Speisen, zum Ausschanke geistiger Getränke mit Ausnahme des Branntweins, und zur Haltung erlaubter Spiele, mit Ausnahme des Billardspiels« auf die »Berechtigung zur Beherbergung von Fremden« erweitert werden.

Es klopfte an der Zimmertür, und der Hilfskellner brachte das Gepäck. Noch konkurrierte der Geruch frisch gestrichener Wände mit dem der neuen Gaslampen, die man soeben entzündet hatte. Alles war strahlend neu und von selbstverständlicher Eleganz. Die Einrichtung – als hätte man sie für ihn, den passionierten Jäger, ausgewählt – war in Jagdgrün gehalten, die Tapeten, die Kissen, die Tagesdecke, dazu passend die geschnitzten, ebenfalls dunklen Holzmöbel, eine Nachttischlampe und ein Waschtisch mit frischen Handtüchern aus edlem Leinen. Apponyi konnte aus dem Fenster hinüber zur Hofoper und zur Ringstraße blicken. Er genoss es, jemandem wie Eduard Sacher dabei zuzusehen, wie er, der beinahe gleichaltrige Bürgersohn, Karriere machte. Was tat es da schon zur Sache, wenn noch nicht alles so wie im Grand Hotel nebenan funktionierte.

Wohin war sein Kammerdiener enteilt? Hatte das Haus unterm Dach Zimmer für die Diener wie die Hotels, in denen Apponyi ansonsten abzusteigen pflegte? Der Gedanke war noch nicht verflogen, da klopfte es auch schon, und István kam, um beim Auspacken behilflich zu sein.

1881
Kaiserin Elisabeth isst trotz Magersucht
ein Stück Sachertorte

Das fin de siècle der Donaumonarchie wird geradezu
Person in Elisabeth, die sich weigerte, als Kaiserin
zu leben, und sich stattdessen als Feenkönigin fühlte.

Brigitte Hamann: Elisabeth *(1998)*

Die Kaiserin kam in einer geschlossenen Equipage. Sogar die Vorhänge waren heruntergelassen, als die Kutsche im Sacher-Garten vorfuhr. Knirschend hielt der Wagen auf dem Kies vor dem Eingang, ein Lakai sprang vom Kutschbock und öffnete den Schlag. Es war der 2. Juni, ein schöner Spätnachmittag, die Abende waren bereits lang und die Luft mild. Die Kastanien blühten, und Anna Sacher war flink noch von Tisch zu Tisch gelaufen, um die klebrigen Hüllen der Knospen von den Tischtüchern zu pflücken, während sie gleichzeitig versuchte, ihr Kleid glatt zu streichen und ihrer Frisur den letzten Schliff zu geben. Sie hatte draußen und im kleinen Salon decken lassen, um der Kaiserin die Wahl zu überlassen.

Jetzt war sie wie angewurzelt stehen geblieben, die Kellner blickten verstohlen aus dem Inneren des Restaurants nach draußen, alle wirkten angespannt.

Der Lakai klappte den Tritt aus, zuerst erschien ein Fuß, elegant und schwarz beschuht, dann sah Anna den Rock, und gleich darauf erblickte sie die Kaiserin, die schmale, vornehme Gestalt, das verschleierte Gesicht. Sie setzte jeden Schritt bewusst vor den anderen wie eine Tänzerin beim Auftakt zum Solo. Hinter ihr sprang ihre Nichte Marie Wallersee aus der Kutsche, die junge Baronesse redete in einem fort auf die Kaiserin ein, während Maries Vater Ludwig in Bayern, der Bruder der Kaiserin, und ein paar weitere Gäste ankamen.

Ob sie die Tante bald wieder einmal ins ungarische Gödöllő begleiten und dort auf ihren wunderbaren Pferden würde reiten dürfen? Ob die Tante schon wüsste, wer das Derby heuer gewinnen werde? Marie vergötterte die Kaiserin. Elisabeth hatte die 23-Jährige vor fünf Jahren einmal für längere Zeit in ihr ungarisches Schloss geladen, seither war Marie von ihrer unnahbaren Aura in Bann gezogen. Die Kaiserin war die Feenkönigin, die Inkarnation aller Jungmädchenträume. Auch deshalb nahm sie ihren Schleier erst ab, nachdem sie den Garten betreten hatte. Sie, die von allen Menschen als die größte Schönheit im ganzen Land verehrt wurde, wollte nicht, dass das Bild der jungen Kaiserin durch ihr 40-jähriges Aussehen verblasste.

Anna Sacher war nur ein Jahr älter als Marie Wallersee, und auch auf sie übte die Kaiserin augenblicklich die gleiche Anziehungskraft aus. Sie schien so märchenhaft, so entrückt, wie aus der Welt gefallen. Kaiser Wilhelm II. meinte einmal: »Sie setzte sich nicht, sondern ließ sich nieder, sie stand nicht auf, sondern erhob sich.« Sie trug wie so oft schwarz. Später, nach dem Tod ihres Sohnes, des Kronprinzen, würde sie sich ausschließlich in Schwarz kleiden – das ließ sie noch schmaler erscheinen, als sie ohnehin war. Der Zug um den Mund drückte Stolz, aber auch Bitterkeit aus, die Augen zeugten von Intelligenz und Eigensinn.

Eduard Sacher eilte nun ebenfalls herbei, um gemeinsam mit seiner jung vermählten Frau die Kaiserin zu begrüßen. Eduard beugte sich zu einem Diener, Anna fiel in einen tiefen, noch etwas ungelenken Hofknicks. Wie man derart hohe Herrschaften begrüßte, hatte ihr vor einigen Tagen Graf Wilczek gezeigt. Der Graf war als Vorhut in den neu eröffneten Sacher-Garten gekommen und hatte durchblicken lassen, dass möglicherweise Ihre Majestät das durch und durch gelungene Lokal zu besuchen gedachte. Anna war ihm daraufhin vor Aufregung fast um den Hals gefallen und hatte den Grafen dann zu eben jener Nachhilfestunde in höfischem Benehmen gedrängt, der sie den jetzigen Hofknicks verdankte.

Anschließend eilte Anna in die Küche und zum Oberkellner, der längst mit dem Glas Milch zur Kaiserin hätte gehen sollen. Elisabeth trank gerne Milch, das hatte Anna auch von Wilczek erfahren und sich gedacht, der hohen Frau dadurch eine spezielle Freude machen zu können.

Schnell, das Glas Milch, wo habt ihr's denn hingetan?

Jetzt? Gleich? Vor dem Essen?

Gebt's es mir, ich geh selber zur Kaiserin, sagte Anna, einem plötzlichen Einfall folgend. So konnte sie ihr nahe sein.

Wie vornehm sie war! Anna hatte noch nie jemanden wie sie erlebt. Wie sie ihren Kopf hielt, der kerzengerade Rücken, die feinen Hände.

Allerherzlichsten Dank. Sind Sie die junge Frau meines Hoflieferanten?

Ja, Majestät, stammelte Anna. Sie war puterrot angelaufen, hatte nicht damit gerechnet, dass die Kaiserin das Wort an sie richten würde. Dann hob Elisabeth das Glas zum Mund, jede ihrer Bewegungen war anmutig, dabei wirkte nichts aufgesetzt oder antrainiert.

1854 hatte sie als junge Herzogin in Bayern mit gerade einmal sechzehn Jahren den damals ehrwürdigsten Herrscher Europas geheiratet. Sie war als Wildfang aus der naturverbundenen Kindheit in Schloss Possenhofen an den Habsburgerhof übergesiedelt und hatte sich mit der Rolle der Kaiserin abfinden müssen, ohne jegliches Verständnis ihrer Umwelt für die seelische Gewalt, die ihr damit angetan wurde. Dreißig Jahre später war sie ein seelischer Krüppel und längst ein Problemfall für ihren Gemahl und die gesamte Monarchie. Sie ging fast ausschließlich den eigenen Vergnügungen nach. Noch waren die Pferde ihre größte Leidenschaft, bald würden es – sie war nicht mehr die Jüngste – Gewaltmärsche und ausgedehnte Reisen werden. In Wien trainierte sie in der Hofreitschule, im ungarischen Gödöllő, in England und Irland ritt sie Pferdejagden. Nichts, nicht ihre Pflichten als Kaiserin, nicht ihre Aufgaben als Mutter nahm sie so ernst wie die waghalsigen Parforcejagden, an denen teilzunehmen nicht nur Mut, sondern auch ein Vermögen erforderte. Solche Englandreisen waren ein Großunternehmen, bei dem die kaiserliche Suite an die fünfzig Personen und mindestens zehn Pferde umfasste, ganz zu schweigen von den beiden Milchkühen, die bald überallhin mitgeschleppt werden mussten, weil die immerzu kränkelnde Kaiserin eben auf Frischgemelktes schwor. In diesem Herbst würde der kaiserliche Englandausflug an die 160 000 Gulden verschlingen, ein Vielfaches dessen, was jemandem wie Anna Sacher im Jahr zur Verfügung stand. Und dabei waren die Sachers gemessen an ihren Angestellten oder der sich erst formenden Arbeiterklasse geradezu reich. Kein Wunder, dass der Kaiserin selbst aus den Reihen des Volkes allmählich Kritik entgegenschlug, von Menschen, die sie ihrer Märchenhaftigkeit wegen stets geliebt und ihr deshalb schon vieles verziehen hatten.

Während Anna Sacher die Kaiserin noch ein wenig beobachtete, dachte sie an ihre eigene Hochzeit zurück. Sie versuchte sich genauso gerade zu halten wie Elisabeth, sich ebenso anmutig zu bewegen. Doch neben der Kaiserin kam sie sich plump und grob vor. Ebenso wie ihr die Familie ihres Mannes damals vornehmer erschienen war als ihre eigenen Eltern und Geschwister. Der Umzug von der Leopoldstadt, der Welt ihrer Kindheit, in die Innenstadt war die räumliche Entsprechung zu ihrem sozialen Aufstieg.

Allein die Trauung in der Stephanskirche am 2. Februar 1880, also vor nicht einmal eineinhalb Jahren, war das, was man ein gesellschaftliches Ereignis nannte. Ihre Eltern und Hans, ihr Lieblingsbruder, waren etwas befangen gewesen wegen all der noblen Leute, die zur Gratulation gekommen waren und Geschenke gebracht hatten, und dabei hatten sie die vielen Glückwunschtelegramme gar nicht gesehen. Eduard hatte die Bewirtung der Hochzeitsgäste selbst in die Hand genommen, während Annas Stiefvater eine mehr als anständige Mitgift hatte springen lassen, und ihre Mutter, die seit dem Tod ihres Mannes die Fleischerei führte, es als selbstverständliche Verpflichtung ansah, das Rindfleisch für den Tafelspitz beizusteuern.

Aber auch Eduard durfte sich glücklich schätzen, dass er Anna nach kurzer, aber umso nachdrücklicherer Werbung zum Traualtar führen konnte. Die sechzehn Jahre jüngere Anna war tüchtig, von ungebremster Energie und einer unbeirrbaren Willensstärke. Er, der seine erste Ehefrau nach kurzer Zeit zu Grabe getragen hatte, und dessen kleine Tochter Rosa nun mutterlos war, erkannte in der hübschen Anna schon auf den ersten Blick die richtige Frau an seiner Seite – eine geradezu vollendete Ergänzung seiner eigenen Talente und Fähigkeiten. Und so war Annas Start ins Eheleben von Anfang an mit viel Arbeit und großer Verantwortung verbunden. Das Restaurant und Maison meublée in der Innenstadt, der Konstantinhügel und jetzt auch noch der Sacher-Garten im Prater. Da blieb keine Zeit, sich Gedanken über die Liebe oder die Ehe zu machen.

Das neue Prater-Abenteuer des Eduard Sacher hatte mit einem Inserat begonnen, das der Gastwirt im April 1881 im *Wiener Salonblatt* hatte schalten lassen. Dort pries er die neue Lokalität als »ganz besonders zum intimen Rendezvous vornehmer Gesellschaftskreise« geeignet an. »Ich brauche wohl kaum hinzuzufügen, dass auch im neuen ›Sacher-Garten‹ mein Bestreben dahin gerichtet sein wird, den Ansprüchen, welche die Wiener Gesellschaft an die Firma Sacher zu stellen gewohnt ist, in jeder Beziehung zu entsprechen.« Die »intimen Rendezvous vornehmer Gesellschaftskreise« waren Sachers Spezialität, die Nische, die er mit seiner »Firma« in all den Jahren bediente. Und noch bevor die Kaiserin das neue Sacher-Lokal offiziell einweihte – das *Salonblatt* vermerkte tags darauf, sie »geruhte Herrn Sacher allerhöchst Ihre volle Zufriedenheit mit dem Arrangement auszusprechen« –, hatten schon die üblichen Stammgäste den charmanten Platz aufgesucht. Hans Wilczek natürlich, anschließend folgte Nikolaus Dumba, austro-griechischer Industrieller, liberaler Abgeordneter und Kunstmäzen. Er hatte am 25. Mai ein Diner für 33 Personen im neuen Etablissement ausrichten lassen, sehr zur eigenen Zufriedenheit wie der seiner Gäste. Auch sein Nachbar Graf Eugen Kinsky ließ sich nicht zweimal bitten, jener geschäftstüchtige böhmische Adelige, der ebenfalls zu den reichen Palais-Besitzern der Ringstraße gehörte. Hector Baltazzi war desgleichen schon da gewesen, er, dessen Familie ursprünglich aus Smyrna in der Türkei stammte, war einer der besten Herrenreiter der Monarchie, ein versierter Pferdezüchter und Bonvivant.

Nachdem die Kaiserin im Sacher-Garten diniert und das *Salonblatt* – die Zeitung war allgegenwärtig und allwissend, weil sie nie die Grenzen der Diskretion und des guten Geschmacks übertrat – trotz Informationssperre darüber berichtet hatte, nahmen die Gästeschlangen kein Ende. Wer auf sich hielt, veranstaltete im sommerlichen Garten ein Festessen oder dinierte hier mit ein paar ausgewählten Freunden unbemerkt von den Argusaugen der Gesellschaft, die in der Innenstadt überall auf Tratsch und Klatsch aus war. Kronprinz Rudolf kam mit seinem väterlichen Freund, dem Grafen Wilczek, und seinem Obersthofmeister Karl Albert von Bombelles. Eduard Todesco, der ein besonders teures Mahl bestellte, war unter den Gästen, und auch König Milan von Serbien, der, wann auch immer er in Wien war, im Sacher logierte. Der Bruder des Kaisers, Erzherzog Ludwig Victor, nutzte den diskreten Ort mehr als alle anderen: Er erschien meist in kleiner Gesellschaft, wobei er – dies war ein offenes Geheimnis – die Anwesenheit von Männern der von Frauen vorzog.

Nur ein Jahr vor der Hochzeit hatte Anna Fuchs ihren späteren Mann Eduard Sacher zum ersten Mal gesehen. Es war am 26. April 1879, auf der Silberhochzeit des Kaiserpaars und der prächtigsten Parade, die die Stadt jemals erlebt hatte. Hans Makart hatte die Idee eines Huldigungsfestzugs in die Tat umgesetzt – für das erlauchte Paar, für die immer noch nicht fertig gebaute Ringstraße, auf der sich das Spektakel abspielen sollte, und wohl auch für sich selbst. Der gebürtige Salzburger hatte zwar einst an der Akademie der bildenden Künste in Wien studiert, war aber, als untalentiert entlassen, nach München gegangen und erst vor zehn Jahren zurückgekehrt – damals, als der Bau der Ringstraße in vollem Gang und die Hofoper gerade eröffnet worden war. Obersthofmeister Konstantin zu Hohenlohe war auf Anraten seines guten Freundes, des auch in Kunstdingen versierten Grafen Wilczek, auf die Idee gekommen, den Maler nach Wien zu holen. Ein Coup, der die Stadt so prägen sollte wie die Ringstraße selbst. Makart bekam ein Atelier auf Staatskosten, das im Nu zur Pilgerstätte der Ringstraßengesellschaft avancierte. Auch ausländische Touristen suchten die Arbeitsstätte des Künstlers auf. Zwischen vier und fünf Uhr nachmittags dort zu erscheinen und dem sich theatralisch in Szene setzenden Künstler beim Malen zuzusehen – es wurden freilich Eintrittsgelder erhoben, wie in jedem anderen Museum auch –, galt als Highlight eines Wien-Rundgangs. Doch jeder, der in der Wiener Gesellschaft wirklich etwas auf sich hielt, musste auf Makarts Festen zugegen sein – verkleidet natürlich. Wem die Fantasie fehlte, dem stand der Kostümfundus des Zeremonienmeisters zur Verfügung. Großes Erstaunen rief auch Makarts »Rumpelkammer« hervor, in der er eine ganze Menge symbolträchtige Objekte versammelte, darunter rund fünfzig Orientteppiche, Schmuck und Waffen aus aller Welt, Mumienteile, Tierskelette und Oleanderbäume. Ein Sammelsurium als Abbild der Welt, die durch ausgedehnte Fernreisen, Orientfieber und Exotismus zusammengeschrumpft war.

Schon im März 1879 waren 28 Skizzen des geplanten Festzuges öffentlichkeitswirksam im Künstlerhaus ausgestellt worden, ein Fries von fast 100 Metern war entstanden als Werbung um Unterstützer wie Mitwirkende. Alle bürgerlichen Berufsstände sollten in Renaissance- und Barockkostümen auftreten. Goldschmiede, Wagenbauer, Buchdrucker, Drechsler, Tischler, Graveure, Vertreter aller nur erdenklichen Berufe fuhren auf 27 prächtig gestalteten Festwägen an den Schaulustigen vorbei. 300 000 Menschen säumten die Straßen, blickten aus den Fenstern der Ringstraßenpalais oder fanden in den Bäumen, die die Prachtstraße säumten, ihren ganz persönlichen Aussichtsplatz. Alles wurde zu Ehren der Kaiserin in Szene gesetzt, und die ganze Stadt hielt den Atem an, ob sie, die sich schon damals gern ihren Regierungsaufgaben durch Unpässlichkeiten entzog, überhaupt anwesend sein würde.

Sie erschien – und zwar in »chamoisfarbener Robe mit einer breiten, aus schwerem schwarzen Atlas gefertigten Schleife; darüber trug die Kaiserin dieselbe mit Gold verzierte weiße Mantille, welche sie bei der Einweihung der Votivkirche angelegt hatte, ferner einen Sonnenschirm in der Farbe ihrer Robe, mit Spitzen übernäht, und einem weißen Hut französischer Façon«. So detailversessen beschrieb die *Neue Freie Presse* die glanzvolle Erscheinung der Monarchin. Neben ihr der Kaiser und die kaiserliche Familie und dann der ganze Rest der k.u.k. Prominenz, der Hof, die

Politiker, Abgeordneten, die Honoratioren. Das leitende Blatt der Monarchie bemerkte fast ein wenig hämisch: »Da saßen sie alle, die ›berechtigten Eigenthümlichkeiten‹ und ›historisch-politischen Individualitäten‹ dieses großen Reiches, friedlich beisammen.«

Irgendwo in der Menge stand bestimmt auch Anna Sacher, zum jungen Mädchen herangereift, mit ihrem Bruder Hans und der Mutter. Sie waren ordentlich eingequetscht zwischen den Schaulustigen, schließlich war ganz Wien auf den Beinen. Die Fleischhauertochter hatte sich entwickelt, die Figur, der pralle Busen, nicht zu schlank, ganz nach dem Geschmack der Zeit. Der gewitzte Blick, die Präsenz der Erscheinung, diese Lebendigkeit, all das deutete schon auf die Persönlichkeit hin, die das Mädchen als Frau Sacher einst auszeichnen würde. Wohin sie wohl voller Sehnsucht blickte? Zu einem der Festwagen, auf einen jungen Handwerker, Tischler oder gar Jäger? Hinauf auf ein hohes Ross, etwa neben dem prachtvollen braunen Conversano Lipizzaner aus den Hofburgstallungen? Auf dem tänzelnden Pferd saß der Sohn des Grafen Wilczek, als Falkenjäger zurechtgemacht, während sein Vater Hans, dem Makart die historische Jagd zur Gestaltung überlassen hatte, etliche Schritte weiter einen Gamsjäger zu Fuß darstellte. Oder gingen ihre Fantasien noch viel weiter, gar auf eine der Tribünen zur feinen Gesellschaft hinauf? Hatte sie beim Vorbeigehen vielleicht einen Blick auf das Hotel de l'Opera geworfen, das so ganz neu und schick dastand? Vor dem Wagen der Gastwirte ritt hoch zu Ross Annas späterer Mann, Eduard Sacher. Der *Neuen Freien Presse* war er unter den 14 Reitern seiner Gattung als derart stramm aufgefallen, dass er in ihrer Berichterstattung Erwähnung fand. Ob er Anna damals schon aufgefallen ist? Vielleicht hatte sie sich ja gar ein wenig in ihn verliebt?

Da schau her, das ist ja der Sacher, was für eine Ehre, dass der mitreiten darf.

Wer, Mutter? Wer is es?

Die Mutter lächelte in sich hinein. Der wär die richtige Partie für ihre Tochter, dachte sie bei sich. Ein fesches Mannsbild, und erfolgreich obendrein.

Hans Makart selbst führte den imposanten Zug an, auf einem Schimmel im Velasquez-Kostüm. So sah er sich am liebsten – als märchenhafte Renaissancefigur. Er hatte zuvor noch nie auf einem Pferd gesessen, und das nervöse Tier sprang, durch die Zurufe der Menge und die lärmende Musik scheu geworden, zur Seite – zum Glück war der Künstler darauf festgebunden.

Nachdem das Spektakel zu Ende gegangen war, versammelten sich einige Herren im braunen Salon des Sacher. Hans Wilczek, wieder im Straßenanzug, Graf Ernst Hoyos, für dessen Palais am Kärntnerring Makart das Deckengemälde im Speisesaal gemalt hatte, und Eugen Kinsky. Auch Carl von Hasenauer schaute vorbei, er war als Architekt in der Gruppe der bildenden Künstler mitgefahren.

Plötzlich ging die Tür auf, und der prächtig zum Renaissancefürsten aufgetakelte Spiritus Rector der Veranstaltung betrat höchstpersönlich den Herrensalon. Sein gewaltiger Hut, respektive der darauf befindliche Federschmuck, verhedderte sich im Luster und begann, von den heißen Gaslampen zum Schmoren gebracht, den Raum mit dem Geruch verbrannter Straußenfedern zu erfüllen.

Herr Ober, schnell, der Meister fängt Feuer. Bringt's doch rasch einen Löschschlauch, mokierte sich Eugen Kinsky. Er und Ernst Hoyos hatten als Einzige der Runde beim Festzug nicht mitgewirkt, weshalb sie es sich herausnahmen, auf das Spektakel herabzublicken.

Während Makart seinen Hut vor dem Ruin zu bewahren versuchte, stürzten zwei Kellner mit Wassereimern herein.

Ich bitte Sie, sagte der Malerfürst unwirsch, ich brenn das

Sacher schon nicht ab. Bringt's mir lieber was zu trinken, ich verdurste. Dann warf der Künstler sein wallendes Cape und seine bis zu den Ellenbogen reichenden Handschuhe über einen Sessel und setzte sich neben Hans Wilczek. Mit einem Seufzer wischte er sich über die schweißnasse Stirn. Mein Gott, was man nicht alles für den Kaiser tut!

Sehr wahr, verehrter Freund, Sie haben Großes geleistet, sagte Wilczek und schloss sich selbst gleich in das Lob mit ein.

Der Kellner brachte eine Flasche Champagner: ein Geschenk des Hauses. Herr Sacher lässt ausrichten, dass er selbst vor dem Wagen der Gastwirte auch anständig ins Schwitzen geraten sei.

Ich lasse danken, sagte der Malerfürst erfreut. Gläser für alle! Verzeihen die Herrn, hatte noch keine Zeit, mich umzukleiden.

Zu guter Letzt erschien noch Albert Apponyi, wenn sein Auftritt auch weit weniger schillernd als der Makarts ausfiel.

Man begrüßte den Standesgenossen aus der ungarischen Reichshälfte.

Fehlt nur noch der Außenminister, sagte Hoyos, der sich schon darauf freute, mit den anwesenden Herren über den Zustand der Monarchie zu debattieren, schließlich hatte man nun einen Vertreter Ungarns, Kinsky und Wilczek repräsentierten Böhmen, Mähren und Schlesien, und er selbst war in Niederösterreich begütert.

Zigarren, die Herrn? Ernst Hoyos reichte eine Kiste mit Havannas herum.

Der Außenminister der Doppelmonarchie, der in Generaluniform unweit der Kaiserin während des Festumzugs auf der Tribüne gesessen hatte, betrieb, was die Belange seiner ungarischen Landsleute betraf, eine moderate Politik. Und auch Apponyi sollte sich erst um die Jahrhundertwende ernsthaft sezessionistischen Ideen zuwenden.

Doch waren im Wien der Zeit kaum zwei Aristokraten, Politiker oder Intellektuelle einer Meinung, es wurde mit Inbrunst diskutiert und debattiert. Im Parlament saß eine unübersehbare Anzahl von Parteien und Splittergruppen – und da es in der cisleithanischen Reichshälfte keine Amtssprache gab, durfte jeder Abgeordnete in seinem eigenen Idiom reden, ohne dass Dolmetscher zur Verfügung gestellt wurden. Einige Jahre später, Ende der 1890er Jahre, führten die zunehmenden Nationalitätenkonflikte zeitweilig zur völligen Lähmung der demokratischen Einrichtung. Nicht selten trugen radikalnationalistische Politiker Gedichte in ihrer Landessprache vor, um den Fortgang jeglicher Verhandlungen zu verunmöglichen. Diese Form der Politik nannte man sinnfälligerweise Obstruktionspolitik, und das Parlament wurde, wenn es durch die vielen Debatten nicht derart handlungsunfähig war, dass es geschlossen werden musste, zu einer Touristenattraktion. Im Gegensatz zu den Theatern und Opernhäusern der Stadt war der Besuch der Parlamentssitzungen zudem kostenlos.

Neben der Balkanpolitik waren die eigensinnigen und selbstsüchtigen Ungarn über viele Jahre der große Zankapfel in der Monarchie. Viele der böhmischen Adeligen hatten insgeheim das Gefühl, der Kaiser habe mit dem Österreichisch-Ungarischen Ausgleich vor allem der Kaiserin einen Gefallen tun wollen. Elisabeth hatte unbestritten ein größeres Herz für die Ungarn als für ihre restlichen Völker, sie bewunderte ihre freiheitsliebenden, exotisch wirkenden Untertanen, und sie vergötterte den Außenminister Gyula Andrássy, mit dem man ihr gar eine Affäre nachsagte. Sie wären tatsächlich das mit Abstand schönste Liebespaar der Zeit gewesen, doch sie hätten ein Märchenkönigreich zur Hand haben müssen. Es gab aber kein anderswo, weshalb die Kaiserin in ihrer Rolle verblieb, die sie jeden Tag mehr verabscheute und vernachlässigte. Ein einziges Mal nur hatte sie Gefallen an den Pflichten einer Herrscherin gefunden, damals, als man sie 1867 zur Königin von Ungarn krönte. Es war der Höhepunkt ihres Lebens, ein Ereignis, bei dem man ahnen konnte, was für eine glänzende und wichtige Rolle sie als Kaiserin hätte spielen können.

Der Makartzug erinnerte mit all den historischen Kostümen an mittelalterliche Zunft-Prozessionen. Es war der in den städtischen Raum und die Zeit eines Tages gegossene Geist des Historismus, die Nachahmung vergangener Kunststile mit modernen technischen Mitteln. Die Epoche taumelte zwischen Fortschritt und Rückschau, Optimismus und Zukunfsangst, Begeisterung für die technischen und wissenschaftlichen Errungenschaften und dem jähen Erschrecken vor der Geschwindigkeit, mit der sich alles wandelte. Die Boomjahre der Gründerzeit hatten durch den Börsenkrach von 1873 Schaden genommen, aber schon ab den 1880ern ging es wieder bergauf. Keine gesellschaftliche Gruppe hatte unter den Folgen der Finanzkrise so sehr gelitten wie Handwerk und Kleingewerbe, zu dem im Grunde auch Gastwirte und Hoteliers gehörten. Doch der internationale Fremdenverkehr, der gerade erst in Mode kam und das Reisen zu einem wichtigen Attribut bürgerlichen Lebens machte, bescherte den Wirtschaftszweigen, die dieses Reisen ermöglichten – Eisenbahnen, Hotels, Restaurants –, dennoch steigende Umsätze.

Eduard und Anna Sacher nutzten die Gunst der Stunde und vergrößerten ihr Unternehmen Schritt für Schritt. Anna, die trotz ihrer Jugend über eine beträchtliche Menschenkenntnis verfügte, suchte zusätzliche Servierkellner, einen Silberputzer, eine Wäschebeschließerin und einen Zimmerheizer. Fünf Kreuzer musste sie den privaten Vermittlern für ein Stubenmädchen zahlen, fünf Gulden waren es bei Portiers und Zahlkellnern. Doch die Leute waren schlecht ausgebildet, die Stubenmädchen konnten nicht einmal richtig lesen und schreiben.

Wie soll man mit solche Leut ein Hotel führen?, beschwerte sie sich des Öfteren abends bei ihrem Mann.

Sie müssen's eben bei uns lernen, antwortete er. Aber was hilft's, wenn sie's nicht kapieren? Im Restaurant hab ich ihnen das Nötigste ja beigebracht und dabei meine Sünden schon abgebüßt. Er seufzte, und sie schmollte eine Weile. Und dann hatte sie eine Idee.

Ich bring dir die Leut so weit, dass alle in der Stadt sagen werden, dass, wer beim Sacher gelernt hat, seine Zukunft in der Hand hat. Doch dafür brauch ich doppelt so viel Personal!

Und wer soll das bezahlen?

Das Hotel! Wir vergrößern das Maison meublée und machen aus dem Sacher ein richtiges Grandhotel.

So geschah es. Schon in den 1880er Jahren mietete man Wohnungen und Zimmer in den Nachbarhäusern dazu und stellte zusätzliches Dienstpersonal ein. Ein Hotel war ein großes Unternehmen, angewiesen auf viele Zulieferbetriebe und Gewerbe, etwa den Wein-, Bier- und Mineralwasserhandel, die Bäcker und Fleischer und natürlich auch die verschiedenen Märkte der Stadt, auf denen die unterschiedlichsten Lebensmittel angeboten wurden. Der Fleisch- und Fischmarkt am Donauufer, der Naschmarkt ganz in der Nähe des Hotels am neu entstandenen Platz vor der alten Karlskirche, auf dem Gemüse, Obst und Milch angeboten wurde, und der Getreidemarkt in der Innenstadt. Dazu kamen noch all die Handwerksbetriebe und Gewerbe, die ein Hotel stets zur Hand haben musste, die Tischler und Spengler, Textilbetriebe und Firmen für Öfen und Kochherde, die Eisfabriken und Porzellanmanufakturen. Das Hotel hatte sich seit Anfang der 1860er Jahre vom anspruchslosen Gasthaus zu einer der Ikonen der neuen Zeit entwickelt, einer Epoche der Schnelllebigkeit, Unverbindlichkeit und der globalen Vernetzung. Wie so vieles war auch das Hotel ein Kind der Moderne.

Wie gegensätzlich sie doch waren, Anna und die Kaiserin. Hier Robustheit in jeder erdenklichen Form, da eine ins Lebensuntüchtige übersteigerte Sensibilität. Hier Bodenständigkeit, da Feenhaftigkeit, hier Pragmatismus, da Eskapismus. Kaiserin Elisabeth war eine der rätselhaftesten Figuren ihrer Zeit. Ein Wildfang, der im goldenen Käfig zwischen spanischem Hofzeremoniell und der mächtigen, eifersüchtigen Aristokratie zerbrach und nur noch als Schatten ihrer selbst weiterexistierte. Seit den ersten Jahren ihrer Ehe kränkelte sie, die einst ein gesundes Landkind gewesen war. Vor allem die starren Formen der Etikette schienen sie wie Gitterstäbe einzuengen, alles war einem oft sinnlosen Reglement unterworfen. Ihre Kinder, Gisela und Rudolf, hatte sie nicht alleine erziehen dürfen, erst die Jüngste, Marie Valerie, die darum auch die »Einzige« genannt wurde, konnte sie der verhassten Schwiegermutter abtrotzen. Und dennoch war sie der Kleinen eine schwierige Mutter, die sich stets entzog, weil sie vor Wien, dem Hof und dem Kaiser floh. Im April 1881 hatte sich Kronprinz Rudolf mit Prinzessin Stephanie von Belgien vermählt. Rudolf, der seiner Mutter in so vielem glich – er hatte ihr Temperament, ihre Begabung, ihre Fantasie –, war von ihr, die er unendlich liebte, stets zurückgewiesen worden. Alles, was sie für ihn getan hatte, war, ihm eine betont bürgerliche, antihöfische, dafür aber umso intellektuellere Erziehung angedeihen zu lassen. Und kurz nach dem Krieg gegen Preußen hatte sie auch Hans Wilczek als Gesellschafter des kleinen Jungen hinzugezogen. Er, der als gemeiner Soldat und nicht als Offizier in der Schlacht bei Königgrätz gekämpft hatte, sollte dem Achtjährigen von seinen Taten erzählen. Wilczek würde bis zum Tod des Kronprinzen einer der wenigen Freunde bleiben, die dieser in der Aristokratie besaß.

An jenem Frühsommertag im Sacher-Garten war aus der Märchenprinzessin eine seelisch kranke Frau geworden. Sie kontrollierte schon längst ihr Gewicht mit drastischen Hungerkuren, sportlichen Marathons und einer Waage derart, dass sie mit 46 Kilogramm bei einer Größe von 1,72 Meter als magersüchtig eingestuft würde. Wie oft schon hatte sie ihre Kontrollwut derart übertrieben, dass sie Hungerödeme bekam und sich nicht mehr auf den Beinen halten konnte. Doch es war die Krankheit, die ihre ständige und treuste Begleiterin wurde, die ihr vermeintlichen Schutz vor einer Welt gab, von der sie sich nicht verstanden fühlte, und vor einem Leben, dass sie sich zu leben weigerte.

Anna blickte verstohlen in den Garten hinaus und sah die Kaiserin lachen. Ihre Wangen waren im Gegensatz zu vorhin, als sie im Sacher-Garten erschienen war, leicht gerötet. Sie war in eine lebhafte Konversation mit ihrem Bruder vertieft, ihre Nichte Marie hing an ihren Lippen. Von der Vor- und Hauptspeise hatte sie höflich, wenn auch sparsam genommen, jetzt aber schien sie mit Genuss die Sachertorte zu essen. Einen Bissen nach dem anderen führte sie zum Mund, immer mit etwas Schlagobers auf der dunkelbraunen Masse. Keine Spur von Magersucht. Wenn das nicht das schönste Kompliment für den Sacher-Garten war.

1884
Hans Wilczek und Nathaniel Rothschild gehören schon fast zum Inventar des Sacher

Ich erinnere mich zum Beispiel, dass mein Vater es sein ganzes
Leben lang vermied, bei Sacher zu speisen, und zwar nicht aus
Sparsamkeit – denn die Differenz gegenüber den anderen großen
Hotels war lächerlich gering – sondern aus jenem natürlichen
Distanzgefühl: es wäre ihm peinlich oder ungehörig erschienen,
neben einem Prinzen Schwarzenberg oder Lobkowicz Tisch
an Tisch zu sitzen.

Stefan Zweig: Die Welt von gestern *(1942)*

Heftig debattierend bogen Hans Wilczek und Franz Meran von
der Kärntnerstraße in die Augustinerstraße ein. Man hörte Wort-
fetzen: Waffen... von überall beziehen... kann nicht so schwer
sein... auch du, Franz, kennst genug Standesgenossen.

Der Wortführer war ganz eindeutig Hans Wilczek, um die
fünfzig, fast zwei Meter groß, mit markanter Stirnfalte zwischen
den Augen und einem stattlichen Vollbart. Immer noch ins Gespräch vertieft betraten sie das Sacher.

Danke, Sebastian. Wilczek übergab dem Pagen Mantel und
Schirm, ohne seinen Satz über mittelalterliche Waffengattungen
zu unterbrechen. Es war Frühling, man wusste nie, ob es regnen
würde. Im Vestibül eilte ihnen auch schon Anna Sacher entgegen.

Der Ministerpräsident ist auch hier, ließ sie Wilczek wissen
und geleitete die hohen Herrschaften in den großen Speisesaal,
der sich hinter der Vorhalle befand und durch die Überdachung
des Innenhofes entstanden war.

Danke für die Warnung, gab Wilczek zurück.

Das Lokal war voll, doch Wilczek zweifelte keinen Augenblick daran, einen Tisch zu bekommen. Das Sacher war sein erweitertes Zuhause, außerdem fühlte er sich ein wenig als Geburtshelfer aller Sacher'schen Unternehmungen, schließlich unterstützte er alles Gute in der Stadt.

Ich nehme an, die Barone Rothschild erwarten Sie. Oder wollen Herr Graf wie stets den Ecktisch dort drüben nehmen?

Wenn uns mein Freund Nathaniel bei sich aufnimmt, verehrte Frau Sacher, können Sie über meinen Tisch verfügen. Zur jungen Wirtin pflegte Wilczek ein herzliches Verhältnis, ihre vielfältigen Vorzüge hatte er schon damals erkannt, als er zum ersten Mal im Sacher-Garten weilte. Wilczek galt als Lebemann. Frauen waren neben der Jagd auf Gämsen, Steinböcke und Kunstwerke, neben seinem Interesse für Burgen und Polarexpeditionen seine größte Schwäche. Seine Frau, eine zierliche kleine Italienerin, liebte er daher ebenso wie die berühmte Hofschauspielerin Katharina Schratt, die er sich freilich bald mit dem Kaiser würde teilen müssen, oder die Baronin Schey von Koromla, deren bürgerliche Vernunftehe einen gewissen Spielraum für glamouröse Abenteurer wie ihn bereithielt. Diese Liebe allerdings würde ernsthafte Konsequenzen nach sich ziehen, nämlich die Zwillinge Witold und Heinrich, die, 1891 zur Welt gekommen, selbstverständlich von Baron Schey als die seinen anerkannt würden.

Wie geht es der Frau Gräfin? Anna Sacher wusste viel, doch sie verpackte ihr Wissen stets in liebenswürdige Konversationshappen. Man spielte mit den Möglichkeiten des Lebens, leichtfüßig Eventualitäten ausbalancierend wie der zu einem der Nebentische eilende Kellner den Hecht in Aspik auf der Servierplatte.

Wilczek war nicht nur eine Schlüsselfigur des Wiener Gesellschaftslebens, sondern auch einer jener Stammgäste des Sacher, die das Etablissement sowohl als intimen Salon als auch als öffentliche Tribüne nutzten. Je nachdem suchte der Graf eines der Separees auf, um sich ungestört der Politik oder einer Dame seiner Wahl hinzugeben, lud, wenn er in der Rolle des Gastgebers glänzen wollte, größere Gesellschaften in den Sacher-Garten oder ging ins Hotel de l'Opera, um zu dinieren oder im Herrensalon Zigarren zu rauchen. Das tat er dann ganz und gar im Bewusstsein, dass es sich dabei um einen öffentlichen Auftritt handelte, um eine Form der Politik, ein Statement, das wahrgenommen und mitunter auch vom *Salonblatt* berichtet wurde. Soeben war der Unermüdliche von Erzherzog Wilhelm gebeten worden, einem Kuratorium für das Heeresmuseum beizutreten. Die Herren vom Militär hatten sich als betriebsblind erwiesen, doch er hatte schon so viele Initiativen für wissenschaftliche, soziale und künstlerische Zwecke ins Leben gerufen, Komitees aus der Taufe gehoben, Vereine gegründet, dass man dem Grafen auch diese Aufgabe gerne auflud, ohne sich zu fragen, ob er überhaupt imstande war, die Übersicht über seine vielfältigen Engagements zu behalten. Doch ihm war bisher noch alles geglückt. Nun also auch noch das Heeresmuseum.

Am Tisch gegenüber dem der Rothschilds saß der erwähnte Ministerpräsident Eduard Graf Taaffe. Auch er speiste gerne im Sacher und zählte sich zu den Stammgästen, wiewohl kaum zu übersehen war, wer bei Anna Sacher das größere Hausrecht genoss. Noch immer belastete Wilczeks Weigerung, ein Ministeramt in der neuen Regierung zu bekleiden, das Verhältnis der beiden Männer. Taaffe wollte für den populären und in allen gesellschaftlichen Kreisen angesehenen Mann sogar ein eigenes Superministerium der Künste schaffen, bloß um seine Regierung mit ihm und seinem wohlklingenden Namen schmücken zu können. Allein Wilczek konnte und wollte ein derartiges Amt nicht, es hätte ihn seiner kostbaren Freiheit beraubt. Außerdem war er kein Anhänger der neuen Regierung – zu gehässig erschien sie ihm gegen alles, was deutschliberal, antiklerikal und jüdisch war.

Wilczek grüßte nach allen Seiten und ließ sich dann gefolgt von Franz Meran am Tisch der Brüder Nathaniel und Albert Rothschild nieder.

Es ist ein Jammer, dass die Regierung das Geschäft der Populisten betreibt, sagte er gut hörbar für den Ministerpräsidenten.

Taaffe beschloss, die Bemerkung zu ignorieren und sich mit erhöhter Aufmerksamkeit seinem Chateaubriand zu widmen. Sie war auf die Kaiser Ferdinands-Nordbahn gemünzt. Die erste Eisenbahnstrecke der Monarchie, für deren Errichtung Salomon Rothschild schon 1836 ein zeitlich uneingeschränktes Privileg erhalten hatte, war derzeit Stadtgespräch. Die Rothschilds hatten Unsummen investiert, bis sich das Geschäft ab den 1860er Jahren schließlich als lukrativ erwies – und in der Folge immer lukrativer wurde. Die Einnahmen überstiegen zeitweise die Betriebsausgaben um das Doppelte, man beförderte das Achtzigfache des ursprünglich angenommenen Personen- und das Siebzigfache des erwarteten Güterverkehrs. Als die Rothschilds um eine Verlängerung der 1886 auslaufenden Konzession ansuchten, entstand darum eine hitzige, nicht selten von antisemitischen Untertönen begleitete Diskussion zwischen den unterschiedlichen politischen Lagern. Für Karl Lueger, damals junger Abgeordneter des Wiener Gemeinderats, ein willkommener Anlass zu populistischen Reden. Der Kaiser solle nur einmal nicht auf die Rothschilds hören, sondern auf das Volk, ereiferte er sich, während sein radikaler Mitstreiter Georg Ritter von Schönerer noch eins draufsetzte und seine Kapitalismusschelte mit antisemitischen Parolen unterfütterte. Taaffe war es recht: Alles, was die Liberalen schwächte, half schließlich seiner konservativen Regierung, auch wenn er am Ende der Verlängerung unter diversen Auflagen, insbesondere dem Bau einer zweiten Gleisstrecke, zustimmen sollte. Die von antisemitischen Klischees und antikapitalistischen Gemeinplätzen geprägte Debatte über die Verstaatlichung der Nordbahn sollte freilich bis zur tatsächlichen staatlichen Übernahme der Bahnen im Jahr 1906 andauern.

Anna Sacher war die angespannte Stimmung im Saal nicht entgangen, und sie sorgte auf ihre Weise dafür, dass sich die Herren wieder anderen Dingen zuwandten. Als vor nunmehr acht Jahren das Hotel zum Römischen Kaiser in der Renngasse aufgelassen und das Inventar billig verkauft wurde, hatte Eduard zugeschlagen und sich mit Hotelsilber, Wäsche, Spirituosen und Weinen eingedeckt. Das Besteck war noch immer in Verwendung.

Erkennen Sie das Silber?, fragte Anna Nathaniel Rothschild, als der Kellner den Herrschaften die Hauptspeise serviert hatte.

Chinasilber, antwortete Nathaniel mit Kennermiene. Aber …

Es stammt aus dem Römischen Kaiser. Eduard hat es damals bei der Hoteldemolierung erstanden.

Wie hübsch, liebe Frau Sacher, vielleicht finden wir noch Reste zu Hause, dann bringen wir sie Ihnen mit.

Das Hotel zum Römischen Kaiser war einst das beste Hotel der Stadt gewesen. Als Salomon Rothschild in den 1820er Jahren zum Bankier des österreichischen Kaisers wurde, mietete er sich, weil er als Jude in Wien kein Haus erwerben durfte, im Römischen Kaiser ein. Bald belegte er das ganze Haus, und als dem wichtigsten Geldgeber der Stadt schließlich 1842 das Bürgerrecht verliehen wurde, kaufte er es und baute es zu seinem Wiener Stammsitz aus. Auch Albert, sein Enkel, führte anfangs noch die Geschäfte im großen Kontor des seit Salomons Zeiten unveränderten Römischen Kaisers. Und da es sich um ein ehemaliges Hotel handelte, besaß er als einzige Bank der Stadt auch das Privileg zum Ausschank alkoholischer Getränke. Doch in den 1870er Jahren bauten sowohl Nathaniel als auch Albert große Palais im vierten Bezirk, und die Reste des ehemaligen Hotels wurden aufgelöst.

Obwohl Albert der jüngere der beiden Brüder war, führte er die Geschäfte der Familie. Er kümmerte sich nicht nur um das Haus S.M. Rothschild, die größte Privatbank Wiens, er kontrollierte auch die von seinem Vater Anselm mit den Fürsten Auersperg, Schwarzenberg und Fürstenberg gegründete Creditanstalt, die bedeutendste Industriebank des Landes, überdies übte er erheblichen Einfluss auf die führende Hypothekenbank, die Bodencreditanstalt, aus, die auch das Privatvermögen des Kaisers verwaltete. Außerdem besaßen die Rothschilds gemeinsam mit den Gutmanns die Wittkowitzer Eisenwerke und eben seit Großvater Salomons Zeiten auch noch die industriewichtige Kaiser Ferdinands-Nordbahn. Albert war unangefochten die Schlüsselfigur des österreichischen Finanzwesens. Sein um acht Jahre älterer Bruder Nathaniel hingegen kümmerte sich vornehmlich um seine Kunstsammlungen, seine Orchideenzucht, sein gerade fertig erbautes Palais in der Theresianumgasse und seine Karriere als Hobbyfotograf. Ein heiterer, charmanter Kavalier der Ringstraßenära, der seinem Freund Wilczek auch in seinem sozialen Engagement in nichts nachstand. Nathaniel gründete ein Spital, ein Blinden- und Taubstummeninstitut, ein Waisenhaus und eine neurologische Klinik. Auch war er, seiner sozialen Ader wegen, einer der beliebtesten Arbeitgeber der Stadt.

An einem Tisch am Rande des Saales saß denn auch Nathaniels zentraler Güterdirektor Julius Schuster mit seiner stets modisch gekleideten Gattin Anna. Schon sein Vater Gustav Adolf Schuster war Bankangestellter bei den Rothschilds. Wilczek wiederum kannte Julius seit der Zeit, als die Eltern Schuster, im Sommer des Revolutionsjahres 1848 aus Wien geflüchtet, im niederösterreichischen Schloss der Wilczeks Unterschlupf gefunden hatten. Seit damals war der Graf mit dem ältesten Sohn der Familie befreundet. Julius Schuster gehörte dem Bürgertum an, einer Familie, die nur durch ein »von« die Stufen der hierarchischen Leiter erklimmen konnte. Das sollte Julius Schuster nicht gelingen, auch wenn er seinen Dienst bei Nathaniel Rothschild zu dessen größter Zufriedenheit ausführte.

Obwohl im gleichen Raum, verliefen zwischen den drei Tischen dennoch feine Linien der Distinktion, gesellschaftliche Gräben, die zu überwinden im Wien des späten 19. Jahrhunderts einem ausgeklügelten Hindernisparcours gleichkam. Nirgends war das Leben der sozialen Schichten so rigide voneinander getrennt und durch die alles durchdringende Etikette so streng geregelt wie in Wien. Anders als in England mischte sich die Aristokratie nicht mit dem aufkommenden Bürgertum und schon gar nicht mit dem jüdischen. Dabei spielte es für gewöhnlich nicht einmal eine Rolle, ob die Familie längst zum Katholizismus übergetreten oder in den Adelsstand erhoben worden war. Hans Wilczek war einer der wenigen, die sich über alle Standes- und Religionsgrenzen hinwegsetzten, und dafür stellte das Sacher einen hervorragenden Treffpunkt dar. Er wusste sehr wohl um den Snobismus seiner Standesgenossen und diktierte seine Ansicht später seiner Tochter in die Feder: »Sein [Nathaniel Rothschilds] einziges Unglück waren die gesellschaftlichen Vorurteile gegen ihn, daher kam es, dass ich ihn oft verteidigen musste. Ich war auch der erste in der Wiener Gesellschaft, der ihm ›Du‹ sagte; erst später, viel später, kamen auch andere nach.«

Die Grafen Wilczek gehörten zur absoluten Oberschicht, zur Aristokratie und zu den Hofkreisen, jenen in fernen Epochen geadelten Familien, die sich gar nicht mehr zu erinnern vermochten, dass es auch Zeiten gegeben hatte, in denen sie bloß Normalsterbliche gewesen waren.

Die Rothschilds dagegen waren eine Kategorie für sich. Salomon, das Oberhaupt der Wiener Linie, hatte Metternich und dem

Kaiser so viel Geld geliehen, dass er und seine vier Brüder – sie führten die Geschäfte in London, Neapel, Paris und Frankfurt – schon 1822 vom österreichischen Kaiser in den erblichen Freiherrenstand erhoben wurden. Dennoch hielten es die Rothschilds nie für nötig, sich religiös zu assimilieren. Ihr Lebensstil war durch und durch aristokratisch, nur um noch einiges luxuriöser und vor allem liquider – denn der Reichtum des alten Adels war meist im Großgrundbesitz gebunden. 1910 galt Albert Rothschild mit einem geschätzten Vermögen von einer Milliarde Kronen als reichster Europäer. 1887 sollte ihm als einzigen Juden in der späten Habsburgermonarchie sogar die Hoffähigkeit verliehen werden, jener ultimative Ritterschlag, der die Ausgezeichneten in jenen kleinen Kreis der Bevorzugten aufnahm, die Seine Majestät zu empfangen geruhte, und die nicht nur den Hofball, sondern auch den Ball bei Hofe zu besuchen berechtigt waren. Letzterer war fast so etwas wie eine Familienfeier, es gab nicht einmal Einladungen, sondern nur eine Hofansage an all jene, die ohnehin wussten, dass sie an jenem Abend beim Kaiser erscheinen sollten. Beide Bälle waren indes schon um Mitternacht zu Ende, weshalb an diesen beiden Tagen die Separees des Sacher nach zwölf meist belegt waren – nicht allein, um den Abend fröhlich ausklingen zu lassen, auch, um sich bei Wiens bestem Gastronom auch noch ordentlich den Magen vollzuschlagen.

Wenn es also nicht einmal für die Rothschilds einfach war, Teil der sogenannten ersten Gesellschaft zu werden, um wie viel schwerer hatten es dann die erst kürzlich geadelten Bankiers oder gar die Großhändler? Sie alle traf das Los der gesellschaftlichen Nicht- oder Teilakzeptanz. Waren sie jüdisch, wurden sie auch noch zum Ziel des Salonantisemitismus, der in der besseren Gesellschaft so verbreitet war wie die Lorgnons in der Oper und gegen den nicht einmal die Konversion zum Katholizismus etwas ausrichten konnte. In einer der unzähligen Anekdoten dazu soll

Pauline Metternich Nathaniel Rothschild zur Taufe geraten haben. Die lakonische Antwort des Barons war typisch: »Aber Fürstin, was würde das an der Sache ändern? Ich wäre ja dann doch nur ein getaufter Jude.«

Nun betrat auch Eduard Sacher den Speisesaal, erfreut über den hohen Besuch, er kannte die Herren bestens.

Generalissimus, rief ihm Wilczek entgegen, und die Anwesenden stimmten in die Hoch-Rufe ein.

Es war natürlich das *Wiener Salonblatt* gewesen, das dem bekanntesten Restaurateur der Stadt diesen Beinamen verliehen hatte. Anlass war die Erste Internationale Kochausstellung, die Eduard Sacher initiiert hatte und die Anfang Januar 1884 in den vornehmen Sälen der Gartenbaugesellschaft über die Bühne gegangen war. Wilczek hatte Eduard von Anfang an zu einem spektakulären Großereignis geraten, als dieser dem Grafen von seiner Idee erzählt hatte, dem breiten Publikum die neuesten Standards gesunder Lebensmittel und moderner Kochkunst in einer Ausstellung nahezubringen.

Sehr originell!, meinte damals der Graf. Wie eine kleine Weltausstellung … und alles nur zur Hebung des guten Geschmacks! Er hatte dem Gastronomen einige Wege geebnet, kaum der Rede wert, war doch Eduard selbst derart in der »guten« Gesellschaft vernetzt, dass es ihm auch ohne Wilczeks allzu großes Mittun gelang, mächtige Gönner und Finanziers für sein Unternehmen zu gewinnen.

Schließlich hatten sich alle die Ehre gegeben – von Kronprinz Rudolf und dessen Frau Stephanie abwärts. Oberstküchenmeister Graf Wolfgang Kinsky hatte in Vertretung der Kaiserin die einzigartige Schau eröffnet. Die Ausstellungsräume, verwandelt in Luxustempel der Gaumenfreuden, zogen größere Massen an als die Hofoper und das Burgtheater an ihren besten Tagen, ja, Polizeipräsident von Jaden musste sogar schlichtend eingreifen, um den Menschenandrang in halbwegs ordentliche Bahnen zu lenken. An jedem der vier Ausstellungstage blieb das Publikum bis weit nach Mitternacht, lustwandelte durch die Räume der Zuckerbäcker und Kaffeesieder, bestaunte im Wintergarten die lebenden Forellen und Zander, das rohe Mastfleisch und die in der Eisgrotte präsentierten Meeres- und Süßwasserfische, die dort zu kunstvollen Arrangements aufgetürmt waren. Im Glassaal gab es sogenannte Kostlogen, wo Wein, Bier und Liköre genossen und diverse Speisen verkostet werden konnten. Im Mittelsaal des Etablissements schließlich befand sich die Prachttafel Eduard Sachers. Nur der »Generalissimus der Kocharmee« verstünde, so das *Salonblatt*, einen überreich gedeckten Tisch »mit so vollendeter Vornehmheit des Styls zu arrangieren«. Darauf befanden sich die erlesensten Errungenschaften der modernen Kochkunst: Auerhähne, ein Riesenlachs, die »berühmte Sacher-Torte und das nicht minder berühmte Roastbeef à la Sacher«. Doch nicht nur das *Salonblatt*, auch die *Neue Freie Presse* rühmte die große Schau als eine »originelle und in ihrer Art neue« Veranstaltung. Neu war hier das Schlüsselwort, denn alles, was mit der in der Entstehung begriffenen Konsumgesellschaft verknüpft war – exotische Früchte, Austern, Kaviar, das immer populärere Essen im Restaurant statt im heimischen Speisezimmer, Reisen, Tourismus und Warenhäuser –, all das wurde von den Menschen der Zeit wie das Goldene Kalb verehrt. Am Ende stand die große Versteigerung der ausgestellten Kochgerätschaften und Tafelaufsätze auf dem Programm. Ein großer Teil des Erlöses kam der Wiener Rettungsgesellschaft zugute, und das ausgestellte Essen, so es noch genießbar war, wurde an die Armen und Obdachlosen der Stadt verteilt.

Während Eduard Sacher den Speisesaal wieder verließ und die Gespräche an den Tischen ihren Lauf nahmen, versuchte Anna, den Überblick über die Reservierungen zu behalten. Erzherzog

Ludwig Victor hatte das japanische Separee bestellt, ein Botschafter das persische, und nun war auch noch eine Runde von Kavalieren erschienen und wollte ebenfalls soupieren. Die restlichen Separees waren von Hotelgästen belegt, und die Gäste im Speisesaal machten keinerlei Anstalten, ihre Tische schon bald zu verlassen. Blieb also nur der braune Salon, in dem Anna flink für die Herren decken ließ.

Darf ich die Herrschaften einstweilen auf ein Glaserl Champagner einladen, überbrückte sie die Wartezeit.

Abende wie diese – und sie stellten die Mehrheit dar – waren ein Balanceakt ohnegleichen, stets musste man auf Unvorhergesehenes reagieren, musste improvisieren, jonglieren. Doch es gelang ihr, alles immer so aussehen zu lassen, als hätte sie die Situation unter Kontrolle. Dafür war es wichtig, möglichst genau über die Gäste informiert zu sein: Sie musste nicht nur wissen, wer die Herrschaften sind und was für Vorlieben sie haben, sie musste vor allem auch wissen, wer mit wem unter keinen Umständen zusammentreffen will, und welche Begegnungen hingegen den Gästen zur Freude gereichen würden.

Du bestimmst, hatte ihr Eduard Sacher immer wieder gesagt, und so hatte sie schon bald den Mut entwickelt, im Sacher Regie zu führen. Sie wollte für eine Atmosphäre sorgen, die die Gäste vergessen ließ, wer sie gesellschaftlich waren. Aristokraten, Juden, Großbürger. Sie sollten schließlich alle ins Sacher kommen, es wäre töricht gewesen, auf einen Teil der Klientel zu verzichten. Und hatten sie am Ende nicht alle die gleichen Bedürfnisse? Bedürfnisse, Sehnsüchte und Laster, ja, auch das hatte sie in den wenigen Jahren ihres Lebens an Eduard Seite schon erfahren. Sie war es ja schließlich, die die Herren auch dann sah, wenn sie mit vom Alkohol geröteten Gesichtern in den Separees ihre Uniform abgelegt und ihre Hemdkragen gelockert hatten. Ein Hotel wie das Sacher war ein neutraler Boden, eine Bühne, auf der ganz andere

Gesetze galten als in den Salons und Privatpalais der Hocharisto-kratie.

Von Eduard hatte sie vieles gelernt, mindestens ebenso viel jedoch vom Schwiegervater Franz Sacher, der draußen in Baden manch-mal für die feine Gesellschaft kochte und es sogar vermochte, sie zu sich in die gutbürgerliche Villa einzuladen. Anna konnte den alten Herrn gut leiden, und er war seiner begabten Schwiegertochter zu-getan. Einziger Dorn im Auge war, dass das Sacher in Baden, jenes von Eduards Bruder Carl 1881 gegründete Kurhotel, als nobler galt als das Hotel de l'Opera in der Stadt. Hans Wilczek hatte sogar die Wiener Freiwillige Rettungsgesellschaft dort gegründet, wie Carl Sacher, der sich ebenfalls zu den Freunden des Grafen zählte, stets gerne betonte. Anna blieb zeit ihres Lebens eifersüchtig und deshalb auch nicht gut auf die Badener Sachers zu sprechen. Sie machte sich keine Gedanken darüber, ob ihre Eifersucht angemessen oder doch ein wenig überzogen war, jedenfalls half sie ihr, ihre eigenen Ziele zu verwirklichen. Schon bald, das schwor sie sich, würde beim Na-men Sacher jeder nur mehr an die Innenstadt denken.

Die Wiener Freiwillige Rettungsgesellschaft war von Hans Wil-czek und Jaromir Mundy aus der Taufe gehoben worden. Die Her-ren kannten einander seit Langem, der Militärarzt Mundy hatte bei Solferino Henry Dunant, den Begründer des Roten Kreuzes, kennengelernt, in Königgrätz bereits improvisierte Sanitätszüge für die Verwundeten organisiert, und spätestens seit damals lag er sei-nem Freund Wilczek mit der Idee eines Rettungsdienstes für die Großstadt in den Ohren. Ähnlich wie bei Dunant und dessen Ge-danken, Kriegsverwundete nach dem modernsten Stand der Medi-zin und der Transportlogistik zu versorgen, lag auch Mundys Idee, Menschen in ihren Wohnungen, bei Unfällen auf der Straße oder bei der Arbeit zu helfen, ein derart neuartiges Humanitätsdenken zugrunde, dass er mit seinem Plan vorerst nicht vom Fleck kam. Wilczek wusste, dass es – leider – einer Katastrophe bedurfte, um ein derart ehrgeiziges Werk der Wohltätigkeit und des ehrenamtlichen Engagements zum Erfolg zu führen. Diese war dann im Jahr 1881 eingetreten. Am Abend des 8. Dezembers war im Ringtheater ein Feuer ausgebrochen – Brände in Theatern gehörten zu den gefürchteten Gefahren der Zeit. Das Schlimme an diesem Theaterbrand war, dass von den fast 400 Opfern viele hätten gerettet werden können, wenn es nur irgendwelche Sicherheitsvorkehrungen gegeben hätte. Die Leitung des Theaters war derart unverantwortlich und stümperhaft, dass der Direktor nach der Katastrophe ins Gefängnis wanderte. Die Anzahl der geradezu schildbürgerlichen Fehler erschütterte die Stadt und verankerte die Katastrophe im Gedächtnis der Menschen. Wilczek war am Tag des Brandes nicht in Wien, eilte aber, als er davon Kunde erhielt, sofort zurück, um schon am nächsten Tag mit Mundy die Rettungsgesellschaft aus der Taufe zu heben – bei Carl Sacher in Baden eben. In den folgenden Jahren entwickelte sich der Dienst zuerst schleppend, Wilczek beherbergte die Organisation nicht nur in seinem Palais in der Herrengasse, er musste für die Ausfahrten mit dem ersten Krankenwagen auch regelmäßig seine eigenen Pferde zur Verfügung stellen, so wenige Mittel besaß man. Doch es blieb nicht dabei, und die Wiener Rettungsgesellschaft wurde schließlich weltweit nachgeahmt. Wilczek finanzierte auch dieses Unternehmen bis zu seinem Tod, mehrmals rettete er sein liebstes Unterfangen vor dem wirtschaftlichen Aus. Doch mehr als das: Er leistete zweimal in der Woche Dienst, vornehmlich in der Nacht, um »die bei Nacht sich ereignenden Unglücksfälle zu studieren«. Und er fuhr selbst Katastropheneinsätze, wie etwa 1908 in Sizilien, wo das verheerende Erdbeben von Messina an die 100 000 Opfer gefordert hatte. Es war die größte Naturkatastrophe des noch jungen 20. Jahrhunderts in Europa.

Auch die Rettungsgesellschaft blieb von antisemitischen Übergriffen nicht verschont. Im Mai und Juni 1896 drohte der Gemeinderat der Gesellschaft die Einstellung von Zuwendungen an, sollten die zahlreichen jüdischen Mitglieder nicht entlassen werden. Natürlich gab Wilczek nicht klein bei. Doch selbst wenn der Graf ein erklärter Gegner antisemitischer Tendenzen war, so war ihm die Gefahr dieser Ideologie längst nicht bewusst. So zählte er etwa den bedeutendsten Chirurgen der damaligen Zeit, Theodor Billroth, zu seinen Freunden. Auch Juden wie Nathaniel Rothschild schätzten den Arzt und Wissenschaftler, und das, obwohl er im Jahr 1875 mit seiner antisemitischen Rede an der Universität, bei der er die Scharen von galizischen Juden beklagte, die zum Medizinstudium nach Wien kamen, Tür und Tor für Schlimmeres geöffnet hatte. Billroth war auch ein Freund Mundys und ebenfalls ein Gründungsmitglied der Rettungsgesellschaft. Und Wilczek gehörte wiederum zu den Finanziers des Rudolfinerhauses, jenem von Billroth entworfenen Spital, das zu einem der führenden Krankenhäuser der Stadt werden sollte.

Der Abend ging zu Ende, Anna und Eduard waren erschöpft. Es war spät geworden, wie so oft. Nach Baden zum Vater, wo das junge Ehepaar noch immer lebte, konnten sie nicht mehr hinausfahren, Gott sei Dank hatten sie ein Zimmer im Sacher für solche Fälle, und die beiden Kinder, Eduard und das Baby Franziska, waren draußen gut aufgehoben. Sie hatten eine Kinderfrau und ihren Großvater. Anna vermisste sie, sie hatte so wenig Zeit für die Kleinen. Morgen vielleicht würde sie hinausfahren, wenn Eduard sie nicht brauchte. Doch galt jetzt nicht mehr nur er als Gastgeber im Hotel de l'Opera. Längst war sie, die strahlende, warmherzige und kompetente Frau an seiner Seite, hier nicht mehr wegzudenken.

1888

Kronprinz Rudolf bittet seinen Kammerlieferanten Eduard Sacher um ein Diner

> Es ist passiert, sagte man dort, wenn andre Leute anderswo
> glaubten, es sei wunder was geschehen; das war ein eigenartiges,
> nirgendwo sonst im Deutschen oder einer andern Sprache vor-
> kommendes Wort, in dessen Hauch Tatsachen und Schicksals-
> schläge so leicht wurden wie Flaumfedern und Gedanken.
> Ja, es war, trotz vielem, was dagegen spricht, Kakanien vielleicht
> doch ein Land für Genies; und wahrscheinlich ist es daran
> auch zugrunde gegangen.
>
> *Robert Musil:* Der Mann ohne Eigenschaften *(1930)*

Fogas sauce hollandaise, Boeuf braisé aux légumes. Eduard Sacher
blickte auf die sorgfältig von Anna geschriebene Menükarte
und verglich sie mit den vor sich stehenden Körben voller Speisen. Der Zander und das Rindfleisch waren vorhanden... auch
das Gemüse... Alles vorgekocht und sorgfältig verpackt. *Asperge
d'Argenteuil sauce vinaigrette...*, las er weiter, fand jedoch nur den
Spargel, nicht die Vinaigrette, *Compotes, Crème glacée, fruits et fro-
mages.*

Wo ist der Käse? Er seufzte und schickte einen der beiden
Hilfsjungen hinunter zu den Küchen und Vorratskammern. Sie lagen im Souterrain des Hotels: die sogenannte Kalte Küche, wo
die Speisen vorbereitet wurden, wo Fische und Hummer in ihren Bassins schwammen, und die Warme Küche mit dem großen
holzbefeuerten Herd in der Mitte. Zwischen den beiden Küchen
befand sich die Fleischkammer und neben der Kalten Küche die
Speisekammer, dahinter der Weinkeller und ein Stockwerk tiefer

der Eiskeller, das Holzlager und die Gas- und Wassertanks. Es war eine eigene unterirdische Welt, das Reich des Küchenchefs Felix Possaward. Abgesehen von unvermeidlichen Fauxpas wie diesem lief hier alles präzise wie eine Uhr, deren Räderwerk die wartenden Gäste waren. Zu den Stoßzeiten hörte man die ständigen Befehle der Köche an die Gehilfen, das Rufen der Kellner, die den Druck von oben nach unten weitergaben, und die stets ruhige, aber bestimmte Stimme des Oberkellners. Der Dampf und ein Bouquet unterschiedlichster Gerüche krochen durch die Gänge bis in die letzten Ecken, bis hinunter in die feuchten dunklen Kohlekammern. Die zubereiteten Speisen hatten selbstverständlich französische Namen, ergänzt durch Ausdrücke aus dem reichen Kulturraum der Habsburgermonarchie. *Fogas* zum Beispiel war Ungarisch und bedeutete Zander, außerdem servierte man natürlich *Gulyás*, und böhmische Knödel wurden auf den Speisekarten als *Dalkerln* angepriesen.

Sacher galt mittlerweile nicht nur als berühmtester Restaurateur der Stadt, sondern auch als einer der erfolgreichsten Lieferanten von Delikatessen und ganzen Diners – ein Traiteur. Dieses Mal sollte er ein mehrgängiges Menü in die Hofburg, genauer gesagt in die Appartements des Kronprinzen, liefern. Eduard war Kammerlieferant von Erzherzog Rudolf, das heißt, er hatte die Erlaubnis, aber auch die Verpflichtung, den Kronprinzen höchstpersönlich zu beliefern und ihm zu Diensten zu sein. Es war eine große Ehre, die beiden kannten sich seit Langem, und wäre der immense Standesunterschied nicht gewesen, hätten sie einander vielleicht gar als Freunde bezeichnet. Aber ein ganzes Diner? Das war eine heikle Angelegenheit, hatte der Hof doch seine eigene Küche samt dem Obersthofküchenmeister und dessen Kocharmee, die für das leibliche Wohl des riesenhaften Hofstaates zu sorgen hatte. Der Kronprinz freilich stand mittlerweile mit fast jedem bei Hofe auf Kriegsfuß, weswegen er lieber seinen Kammerlieferanten von Zeit zu Zeit ersuchte, die Bewirtung seiner Gäste zu übernehmen, als sich in die üblichen höfischen Routinen zu begeben. Außerdem führte Eduard Sacher eine der besten Küchen der Stadt, und der vielfach angefeindete Kronprinz konnte sich auf die vollständige Diskretion des Hoteliers verlassen.

Eduard würde keine offizielle Rechnung schreiben, vielmehr die Lieferung selbst betreuen und in die Hofburg bringen. Der Kutscher stand schon bereit. Anna hatte die Küche zur Eile angetrieben – das Diner für den Kronprinzen hatte zusätzlich zum allgemeinen, die Küche stets auslastenden Restaurationsbetrieb eingeschoben werden müssen. Doch es war nicht weit über den Augustinerplatz in die Herrengasse und von dort durch das Michaelertor in die Hofburg. Die Appartements des Kronprinzen lagen im sogenannten Schweizertrakt, dem ältesten Teil des Gebäudekomplexes. Als Eduard mit den beiden Küchenjungen die Gemächer des Kronprinzen betrat, ließ ihn dieser in sein Arbeitszimmer rufen, um mit ihm Gästeliste und Menü durchzugehen und ihn alsbald in Richtung Küche zu verabschieden, wo Eduard bis zum Abend die Vollendung der Kochkünste überwachen und dirigieren würde. Dazwischen eilte der Restaurateur in den Speisesaal, auch der Tischschmuck und das Placement der Teller hatten einer ganz bestimmten Regie und dem Geschmack höfischer Tafelkultur zu entsprechen. In der Mitte wechselten sich Silberkerzenleuchter mit Tafelaufsätzen voller Früchte und Blumen ab, Figurengruppen aus Porzellan, Salzstreuer, mehrere geschliffene Wasser- und Weingläser für jeden Gast – alles hatte seinen Platz.

Bringt mir einer den Maßstab aus der Küche!, befahl Eduard Sacher. Bei großen Diners genügten ihm seine Augen nicht, sondern er prüfte die Abstände zwischen Tellern, Gläsern und Tischschmuck genau. Alles musste äußerster Perfektion genügen, die Gläser stramm wie Zinnsoldaten in Reih und Glied stehen, und das Besteck in immer dem gleichen Abstand zu beiden Seiten der Teller zu liegen kommen. Eine festliche Tafel war ein Gesamtkunstwerk, aufgebaut nach den Gesetzen von Rhythmus, Farbe und Linien.

Für Erzherzog Rudolf war die Hofburg immer mehr zu einem Gefängnis geworden. Welch ein Labyrinth aus Zimmern, Salons, Prunksälen und Korridoren, ein Universum mit eigenen Gesetzen, mit dem Nachklang von Epochen und der Last vielfältiger Traditionen. Seit jeher engten ihn die Beschränkungen seiner hohen Geburt ein, sie behinderten seinen lebendigen Geist, setzten seiner Seele zu. Nicht, dass er sich, wie seine Mutter, seiner Aufgabe entzogen hätte. Nein, er wäre gerne Kaiser geworden, hatte sich mit wissenschaftlicher Akribie und der Bescheidenheit eines wahren Intellektuellen sogar schon auf das höchste Amt des Staates vorbereitet. Rudolf hatte sich in die Gegebenheiten und Probleme der Monarchie eingearbeitet, bei den besten Wissenschaftlern seiner Zeit studiert und seine eigenen Antworten auf die Gefährdungen des Riesenreichs gefunden. Er verkehrte lieber mit Bürgerlichen als mit Aristokraten, seine von Kaiserin Elisabeth beeinflusste Erziehung gründete auf modernen Werten, auf den Idealen von Toleranz, Liberalismus und Demokratie. Radikal im Denken, kritisierte er auch den hohen Adel, der zu reich und zu sehr dem Müßiggang ergeben sei, um sich in den Staatsdienst zu begeben und die Geschicke des Reichs zu lenken. Und auch an diesem Abend würden die bürgerlichen Gäste in der Mehrzahl sein.

Ein Diner vom Sacher, welche Freude, erklärte Hans Wilczek, als der geräucherte Zander, lauwarm und mit kleinem Salatbouquet, serviert wurde.

Sie erkennen den Koch, noch bevor Sie verkostet haben?, wunderte sich Ritter von Weilen.

Wer sonst versteht es, gleichzeitig so einfach und erlesen zu kochen?

Die Gäste des Abends trafen einander schon seit Jahren: Joseph Ritter von Weilen, ein Jude, Präsident des Schriftstellerverbandes, Hans Wilczek, der väterliche Freund des Kronprinzen, der kunstsinnige Industrielle Nikolaus Dumba und noch einige weitere Herren. Sie gehörten dem Direktionsrat des Komitees zur Herausgabe des sogenannten *Kronprinzenwerks* an – Weilen als redaktioneller Leiter, Wilczek zuständig für das Finanzwesen und Dumba für die künstlerische Ausgestaltung. Das *Kronprinzenwerk* war eine der faszinierendsten Publikationen der Donaumonarchie. Kein Wunder, dass Rudolf, der Sensibelste unter den Habsburgern, dieses Werk zu seiner Aufgabe gemacht hatte: eine monumentale Enzyklopädie des gesamten Vielvölkerreichs, eine ethnografische Vermessung eines wohl einzigartigen Raumes. Rudolf begann die Arbeit daran als Mittzwanziger, bei seinem Tod 1889 war erst ein Bruchteil der Abhandlungen erschienen, noch bis 1902 sollten zweimal monatlich broschürte Hefte mit den neuesten Beiträgen publiziert werden. Am Ende umfasste das Mammutwerk insgesamt 587 Artikel mit viereinhalbtausend Illustrationen, die von den Abonnenten dann zu 24 Folianten zusammengebunden werden konnten – entweder zwischen grauen günstigen, grünen teuren oder rot-goldenen luxuriösen Einbanddeckeln. »Wissen ist Versöhnung. Das Interesse an dem Wachstum und der segensreichen Entwicklung der Monarchie wird befestigt und gestärkt werden; die Staatsidee wird über alle separatistischen Bestrebungen triumphieren, unnützer Streit wird schwinden, nothwendiger Friede wird kommen«, hatte Moritz Szeps, der Chefredakteur des *Neuen Wiener Tagblatts,* geschrieben, als der erste Entwurf des ambitionierten Projekts 1884 an die Öffentlichkeit gelangte. Szeps hatte damit dem Kronprinzen, dessen Freund und Mentor er bis zu dessen frühem Tod bleiben sollte, aus der Seele gesprochen. Und Rudolf war nicht bloß der über allem schwebende Spiritus Rector, er arbeitete von Beginn an der Seite seiner Fachleute, er schrieb

Beiträge, redigierte und kommentierte. Enthusiastisch und diszipliniert, hatte er sich in den vier Jahren, die er sein Herzensprojekt begleiten konnte, lediglich für zwei Sitzungen krankheitshalber entschuldigen lassen. Er, der die Fliehkräfte des Nationalismus spürte und den Antisemitismus ohne Rücksicht bekämpfte, beschwor im *Kronprinzenwerk* auf 12 000 Seiten Einheit und Vielfalt seines Reiches und seiner Untertanen – mit all ihrem kulturellen und ethnischen Reichtum, ihrer geografischen und klimatischen Fülle, mit Beiträgen zur modernen Entwicklung, zur Industrialisierung, zum Verkehrswesen, zum florierenden Tourismus. Und war es nicht ein großartiges Reich? Schon allein der Klang der Ländernamen: Herzogtum Bukowina, die Königreiche Galizien und Lodomerien, Dalmatien, Illyrien und Böhmen. Die Markgrafschaft Istrien, die Stadt Triest, Siebenbürgen und natürlich Bosnien-Herzegowina – eine Liste, die sich noch lange fortsetzen ließ. »Das Gefühl der Solidarität, welches alle Völker unseres Vaterlandes verbinden soll«, müsste, so Rudolf in seiner Einleitung zum *Kronprinzenwerk*, durch die vorliegende Arbeit »wesentlich gekräftigt werden«.

Unter den Gästen des Abends war auch Eduard Hanslick, der später in seinen Memoiren über die Zusammenkünfte bei Rudolf schreiben würde, wie unerhört es war, »dass ein österreichischer Kronprinz Diners für Künstler und Schriftsteller gab, nicht bloß für Generäle und Geheimräte«. Er, der gefürchtete Musikkritiker der *Neuen Freien Presse*, hatte den Artikel über die Musik in Wien und Niederösterreich verfasst und war fortan im Redaktionskomitee für all jene Texte zuständig, die mit seinem Fach zu tun hatten.

Hatten die Herren schon die Gelegenheit, die neuen Texte zur Musik zu studieren?

Wie immer sind sie ganz vortrefflich, lieber Hanslick, antwortete der Kronprinz. Die anderen nickten, man teilte die Ansicht des hohen Herrn, er hatte sich in all den Jahren die Hochachtung der Fachleute durch seine Detailkenntnis zu sämtlichen Bereichen des Buches erarbeitet. Außerdem galt ihre Aufmerksamkeit gerade der Hauptspeise, die zum zweiten Mal serviert wurde. Moritz Szeps hatte sich gerade den Teller vollgehäuft, Rindfleisch, Gemüse, Kroketten ... Auch Herr von Weilen konnte nicht genug bekommen, er war der Korpulenteste in der Runde und stets von der Angst erfüllt, den plötzlichen Hungertod zu erleiden.

Kaiserliche Hoheit wollen den Artikel über die Guarnerischen Inseln übernehmen? Das wäre für alle eine Freude, sagte Weilen.

Ich kenne sie gut, die ganze dalmatinische und kroatische Küste. Durch meine Besuche bei der Marine ... Während der Kronprinz sprach, versuchte Hanslick möglichst unauffällig, einen Lakai zu sich zu winken. Ob er vielleicht noch einmal die Schüssel mit den Beilagen bringen könnte? Und Dumba spülte den letzten Bissen Rind mit dem vierten Glas Mouton Rothschild hinunter. Das Souper bot wieder einmal einen perfekten Anlass, Genussvolles mit Wichtigem zu verbinden.

Vielleicht nehmen Kaiserliche Hoheit die Gelegenheit wahr und reisen an die Adria? Hans Wilczek blickte forschend auf den Kronprinzen, er erschien ihm noch blasser als sonst. Die Meeresluft hilft bekanntlich gegen die Unbill des Winters.

Nun blickten auch die anderen Gäste besorgt. Rudolf hatte Hustenanfälle, und manchmal wirkte er wegen des Morphiums, das er seit geraumer Zeit regelmäßig nahm, für kurze Momente wie weggetreten. Doch er riss sich stets rasch wieder zusammen, ganz der liebenswürdige und interessierte Gastgeber, als den ihn die versammelten Herren kannten. So gern hätte er seine Regentschaft auf deren Wissen und deren Intelligenz gestützt. Doch 1888 wusste er wohl schon, dass er den Thron nie besteigen würde, dass die Krankheit – die Ärzte tippten auf Gonorrhö, die damals nicht heilbar war – sein Ende werden würde.

Moritz Szeps, der Rudolf am besten kannte, erinnerte sich an ein Dankesschreiben des 27-Jährigen: »Möge ich je Gelegenheit haben, das Vertrauen zu rechtfertigen, welches viele in mich setzen, und möge die Zeit bessere Tage und Gelegenheit zu Taten bringen – wenn die Kraft bis dahin nicht erlahmt ist, und wenn nicht alles schon zu Ende ist.« Damals, es war vor drei Jahren, hatte Szeps die Schwermut Rudolfs für eine vorübergehende Melancholie gehalten, jetzt hingegen erschien sie ihm wie eine böses Omen.

Auch Eduard Sacher war der Zustand des Erzherzogs nicht verborgen geblieben. Als er durch den eisigen Novembernebel zurück zum Sacher eilte, fröstelnd und müde, befiel ihn ein seltsames Abschiedsgefühl. Wahrscheinlich war es nur das zu Ende gehende Jahr, dachte er sich, als er zurück in die kleine Wohnung in der Augustinerstraße kam, eigentlich waren es gerade mal drei Zimmer mit einer Teeküche und einem Etagenbad. Als die Wohnung neben dem Sacher zur Kärntnerstraße hin frei wurde, hatte das Ehepaar die Räume als *Pied-à-terre* für sich selbst reserviert, doch alsbald wurde daraus eine Dauerlösung. Auch die Kinder wollten sie nicht andauernd in Baden beim Vater zurücklassen. Im Übrigen war dies die Taktik für die kommenden Jahre: Das Sacher wurde vor allem durch arrondierendes Dazumieten vergrößert, nicht durch Zukauf.

Es war irgendwie beklemmend in der Hofburg, sagte Eduard, als er seine Frau erblickte. Anna war im Fauteuil des kleinen Salons eingeschlafen. Sie war so müde, den ganzen Tag rannte sie im Hotel auf und ab, und am Abend tobten die Kinder um sie herum. Am anstrengendsten war der sechsjährige Eduard, ein kleiner Rabauke, der sich ständig mit seinen Schwestern in die Haare geriet. Die Kinderfrau hatte die drei nur selten unter Kontrolle, und kaum sahen sie die Mutter, wollten sie gar nicht mehr bei der guten alten Josephine bleiben. Anna Maria, die Älteste, war ein gewissenhaftes Schulkind, sie machte der Mutter Freude, und der Hauslehrer, der täglich kam, sagte, sie habe Talent. Die kleine Fanny hingegen hustete viel, niemand wusste, was es war. Erst viel später sollte man bei ihr Asthma diagnostizieren.

Eduard hatte Anna geweckt, sie war hochgeschreckt und hatte ihm – noch ein wenig schlaftrunken – ein Glas Cognac gereicht. Das wollte er immer haben, wenn die langen Arbeitstage zu Ende waren.

Erinner dich doch, wie schön die Soupers gewesen sind, die wir für den Kronprinzen im Prater veranstaltet haben, sagte sie.

Damals haben alle geglaubt, er würd Seine Majestät den Kaiser bald ablösen. Eduard hatte bereits einen leichten Zungenschlag, doch er schenkte sich, sehr zum Missfallen Annas, das Glas noch einmal mit Cognac voll. Er trank entschieden zu viel, manchmal stolperte er über die Tischbeine im Restaurant, weswegen er sich dann den ganzen Tag nicht bei den Gästen zeigte. Darüber zu reden, war unmöglich, es half nicht einmal, wenn Anna die geöffneten Flaschen versteckte. Also wandte sie sich wieder unverfänglicheren Themen zu. Sie erinnerte Eduard an das Diner, das sie im August 1883 für Erzherzog Rudolf und eine größere Gästeschar im Sacher-Garten veranstaltet hatten.

Was für eine Erscheinung! Wirklich majestätisch. Edel, bescheiden, und die Augen so gescheit. Anna geriet ins Schwärmen.

Und jetzt is er nur mehr ein Häuferl Elend.

Eduard, so redt man nicht. Nicht vom zukünftigen Kaiser. Das bringt Unglück. Erzähl mir lieber endlich, ob die Geschichte mit dem Milan und dem Praterteich wirklich wahr ist?

Seit Jahren tuschelte man hinter vorgehaltener Hand, dass Eduard Sacher mit dem Kronprinzen und König Milan einmal zu später oder vielmehr schon wieder früher Stunde von einem Polizeibeamten splitternackt aus einem Praterteich gefischt worden war. Eduard hatte stets dazu geschwiegen, und auch jetzt machte er keinerlei Anstalten, das Geheimnis zu lüften. Anna seufzte, sie konnte sich zwar vorstellen, dass König Milan und zur Not auch noch Erzherzog Rudolf nach einer durchzechten Nacht durch einen Sprung ins kalte Wasser wieder zur Besinnung kommen wollten, aber ihr Eduard? Nein, der war bestimmt nicht dabei, schon allein wegen des Standesunterschieds.

Wenn man bedenkt, was sich seither alles abgespielt hatte und welche Geschichten nun über den Kronprinzen kursierten, war die Episode mit dem Praterteich, wenn sie denn stimmte, nicht mehr als ein Jugendstreich. Kaum eine Geschichte über die bekannteste Kupplerin der Stadt, Johanna Wolf, kam ohne einen Nebensatz über den Kronprinzen und Mizzi Caspar aus. Er hatte – das wusste man, wenn man zu den informierten Kreisen gehörte, und Hoteliers gehörten schon qua Berufsstand dazu – seit längerer Zeit ein Verhältnis mit der Kokotte, der er 1887 sogar ein Stadthaus in der Heumühlgasse gekauft hatte. Seither konnte sie als Beruf »Hausbesitzerin« angeben. Die Besuche Rudolfs mit seinem persönlichen Fiaker Josef Bratfisch in jener Gasse gehörten zu den pikantesten Gerüchten in der Stadt – dabei wurden die Stunden, die Bratfisch vor dem Haus parkte, von den Klatschmäulern der Stadt penibel gezählt. Und bei aller Sympathie für den Kronprinzen hoffte Anna, dass er, dem sie keinen seiner Wünsche abschlagen konnte, nicht eines Tages in Begleitung Mizzi Caspars im Sacher erscheinen und einen Tisch verlangen würde. Und wenn schon, dann wenigstens ein Separee, für derartige Anlässe hielt sie immer mindestens eines frei.

Immer wenn der Kronprinz im Sacher speiste, hatte er ein genaues Auge auf das vom Küchenchef vorgeschlagene Menü und die vom Chefsommelier vorgeschlagenen Weine. Erst vor Kurzem hatte er die Menükarte für ein Bankett eigenhändig korrigiert – ein Dokument, das Anna Sacher nun sorgfältig aufbewahrte. Die Speisenfolge war erlesen, und die schier unzähligen Gänge würden sogar die Gierigsten unter den Gourmands satt werden lassen, man aß viel und achtete nicht auf die Figur: Zuerst wurden Austern und Schildkrötensuppe gereicht, anschließend Hummerkotelett à l'Américaine, blau gesottene Forellen mit Venezianersauce, dann Hammelrücken mit Pfefferminzsauce, Wachtelragout, Krammetsvögelpastete, Punsch, französische Poularden, Salade romaine, Kompott, frische Spargel, Kastanienpudding, Eis, Obst und Käse. Dazu Chablis, Mouton Rothschild, Röderer Cristal und Sherry Superieur. Rudolf hatte die Weine höchst eigenhändig korrigiert: »Champagner, Bordeaux. 7½ Uhr. R.«

Die Hotelierin hatte an jenem Abend alle Hände voll zu tun. Nichts durfte schiefgehen, weder bei den Kellnern noch in der Küche. Dort herrschte eine fast schon festliche Stimmung, die Belegschaft mochte solche Herausforderungen, wenn sich die Gelegenheiten nicht allzu sehr häuften. Alles folgte einer festgelegten Choreografie. Flinke Handgriffe, klappernde, zischende Kochtöpfe und Düfte, die einem das Wasser im Munde zusammenlaufen ließen. Der Maître de Cuisine erteilte seine Befehle durch ein Blechrohr mit Schalltrichter, das, in die Wand verlegt, alle Räume der Küche miteinander verband und dafür sorgte, dass jeder an seinem Arbeitsplatz die Befehle hören konnte: Zuerst den Hummer auslösen!… *L'huitre*, die Austern ganz zum Schluss öffnen, nicht jetzt!… Die Kastanien *allez vite dans la casserole*, die müssen erst gekocht werden! Und so weiter, dabei bediente er sich einer seltsamen Mischung aus Deutsch und Französisch, der Küchensprache der damaligen Zeit.

Die Sacher-Kinder Anna Maria, Eduard und Franziska liebten solche Abende, an denen selbst Josephine unten im Hotel als Aushilfe gebraucht wurde. Dann nämlich war das Haus für sie der reinste Kinderspielplatz. Schon nach wenigen Minuten rannten sie aus der Wohnung die Treppen hinauf unters Dach, dort gab es eine unverschlossene Verbindungstür zum Dachgestühl, und von dort ging es in die Etagen mit den Hotelzimmern. Vor allem Mutproben waren sehr beliebt, immer wieder dachten sie sich neue Herausforderungen aus: Wer konnte in die meisten Zimmer hineinlinsen? Wer vom Servierwagen der Zimmerkellner ein Stück Sachertorte stehlen? Und wer – das war die höchste Kunst – schaffte es, unbemerkt von Oberkellner Wagner, der sich als überaus strenge rechte Hand der Mutter erwies, in die Küche zu schleichen? Einmal bei der Mehlspeisköchin, der dicken Mitzi, angelangt, war man in Sicherheit. Sie hatte stets Mitleid mit den Hausnaschkatzen, so nannte sie die Kinder liebevoll, dort durften sie die Finger in Töpfe voller Schokolade stecken und Schneebesen mit Baiser abschlecken. An jenem Abend, an dem der Kronprinz eine größere Gesellschaft im Speisesaal versammelt hatte, waren alle, vom Portier bis zum letzten Küchenjungen, derart beschäftigt gewesen, dass es sämtliche Kinder – auch die jugendliche Rosa aus Eduards erster Ehe war dabei – hinunter in die Küche geschafft hatten. Am Gang im Parterre, kurz bevor sie über die Dienerwendeltreppe nach unten huschten, sah Anna Maria einen um einige Jahre älteren Jungen, der sich offensichtlich langweilte.

Wer bist du denn?, fragte sie vorsichtig.

Julius, Julius Schuster. Der Junge gefiel ihr, er war ganz anders als ihr Bruder, fand die Siebenjährige. Er war schon groß.

Komm, ich zeig dir was. Sie packte ihn an der Hand und zog ihn mit hinunter ins Souterrain.

Weißt du eigentlich, wo die Kinder an jenem Abend waren?, fragte Anna ihren Mann. Sie hatte ihm sanft das Cognacglas entwendet und ihn zum Schlafengehen überredet.

Kann's mir denken, bei der Mitzi.

Alle drei, auch der Bub vom Schuster, solche Fratzen! Irgendwann war den Eltern des Jungen aufgefallen, dass der 15-Jährige nicht mehr von seinem Gang zu den Toiletten zurückgekehrt war. Zuerst machten sie sich nicht viel daraus, nicht zum ersten Mal hatten sie eines der älteren Kinder mitgenommen. Julius war in einem Alter, in dem er sich schon einmal an Sitten und Manieren außer Haus gewöhnen sollte. Doch irgendwann wurde die Mutter unruhig, sie rief nach dem Kellner, und der gab die Suche an einen Hotelpagen weiter. Es brauchte nicht lange, und der Junge ward gefunden.

Waren die Kinder heute wieder so eine Plag?, fragte Eduard nun schon am Weg in sein Bett.

Er dachte an die Repräsentationsreise, die der Kronprinz 1884 in die Türkei, nach Serbien, Bulgarien und Rumänien unternommen hatte. Zu einem der Besuche Rudolfs bei König Milan von Serbien war auch Eduard Sacher befohlen worden, als Traiteur für das offizielle Diner in Belgrad. Schon allein die Fahrt dorthin, durch die ungarischen und südslawischen Provinzen, war ein großes Abenteuer. Vom Bahnhof in Belgrad ging es dann mit der Kutsche durch die Stadt zum Königspalast. Eduard hatte einige Kisten mit Delikatessen und speziellen Weinen mitgenommen, den Rest wollte er auf den hiesigen Märkten hinzukaufen. Es gab einige brauchbare Hilfen in der Küche des Monarchen, das stellte der Gastronom mit Erleichterung bald fest, und so gelang es ihm, ein geradezu exquisites Menü zusammenzustellen, das zur vollkommenen Zufriedenheit des gastgebenden Königs und des österreichischen Kronprinzen mit einigen Sachertorten zu Ende ging. Wie so oft hatte Eduard Teile der Tischgespräche mitbekommen, er war in einer Position, in der man vieles hörte und wusste. Es ging natürlich um die große Politik, die Lage in Bulgarien, das Milan vier Jahre zuvor erfolglos zu erobern versucht hatte, die Expansionsgelüste Russlands und die Gefahren separatistischer

Strömungen auf dem Balkan. Vor allem schien der Kronprinz die versammelten Herren, insbesondere den arglos dahinschwatzenden König Milan, gekonnt auszufragen und auszuhorchen. So macht man Politik, dachte Eduard, wer ein derart großes Reich regieren will, muss sich Informationen verschaffen.

Am Ende wurde Eduard in den Speisesaal gerufen, und unter Klatschen und Hochrufen verlieh ihm König Milan den Takovo-Orden, die einzige serbische Auszeichnung von Rang. Es war eine geradezu operettenhafte Szene zwischen orientalischem Zeremoniell und südlicher Schlamperei. Und doch, Orden galten in dieser hierarchieverliebten Zeit viel, manch einer sammelte sie wie andere Leute Schnupftabakdosen oder Spazierstöcke. Sie waren bare Münze, brachten nicht nur Ehre, sondern konnten dem Träger auch einen nicht unbeträchtlichen Einfluss gewähren. Eduard würde den Orden gut hüten, und Anna würde ihn später neben den persischen Sonnenorden in die hölzerne Schatulle legen – jene Schatulle, in der nach Eduards Tod die Kondolenzgrußkarten aufgehoben werden sollten.

All das war nicht allzu lange her, doch schien eine halbe Ewigkeit vergangen zu sein. Die Hoffnungen des Kronprinzen waren einer allzu frühen Resignation gewichen, und all jene, die große Erwartungen in den jugendlichen, aber dennoch so begabten Habsburger setzten, waren über die Entwicklung mehr als betrübt. 1888 war auch innenpolitisch ein schwieriges Jahr für den Erzherzog. Als schlösse sich ein Ring um seinen Hals, folgte ein Skandal dem anderen, die Anfeindungen von Seiten der Antisemiten, der Deutschnationalen, der Hofkreise ließen Rudolf wenig Luft zum Atmen.

Bei der Wiener Gemeinderatswahl desselben Jahres hatten sich die Deutschnationalen Georg Ritter von Schönerers und die Christlichsozialen Karl Luegers zu einer Wahlgemeinschaft zusammengeschlossen. Schönerer, der weitaus Radikalere der beiden, hatte mit seiner 1882 gegründeten Deutschnationalen Bewegung ab 1887 den Gipfel seiner Popularität erreicht, und zwar mit einem radikal antisemitistischen Programm. Es ging so weit, dass Mitglieder seiner Bewegung einige Jahre später im Wiener Parlament eine Prämie für jeden »niedergemachten Juden« verlangen würden. Doch 1888, im März jenes Jahres, war Schönerer mit seiner Agitation zu weit gegangen. Er stürmte mit einigen Kumpanen die Redaktionsräume des *Neuen Wiener Tagblatts* – jener von Rudolfs Intimfreund Szeps geleiteten liberalen Tageszeitung – und verprügelt dort einige Redakteure, weil sie den Tod des Deutschen Kaisers Wilhelm I. um einige Stunden zu früh berichtet und erst in einer zweiten Ausgabe berichtigt hatten. Schönerer wurde verhaftet und zu vier Monaten Kerker verurteilt. Der Kronprinz höchstpersönlich hatte sich dafür eingesetzt, dass Schönerers Immunität als Reichsratsabgeordneter aufgehoben und ihm der Prozess gemacht wurde. Szeps und der Kronprinz gehörten zu Schönerers Hauptfeinden. Schon 1885 war der Demagoge vor 5000 Anhängern gegen die »verderbte Judenpresse« ins Feld gezogen und hatte damit in allererster Linie Szeps gemeint: »Dieser giftigen Preßschlange muss auf den Kopf getreten werden, trotzdem sich dieselbe der Unterstützung und Sympathien der maßgebensten Factoren erfreut, derselben Factoren, die für die Hoffähigkeit von Rothschild und Genossen eingetreten sind, derselben Factoren, welche dem Andenken des jüdischen Dichters gedruckter Schändlichkeiten und Schamlosigkeiten zu einem Denkmale widmen wollen.« Mit dem Dichter war Heinrich Heine gemeint. Kaiserin Elisabeth hatte sein Denkmal in Düsseldorf angeregt und damit bei den Antisemiten in der Heimat einen Sturm der Entrüstung ausgelöst.

Nach Schönerers Verhaftung gingen viele seiner Anhänger zu den Christlichsozialen Karl Luegers über, und auch er, der spätere Bürgermeister von Wien, nahm an jener denkwürdigen Protestveranstaltung für Schönerer teil, bei der 200 Fiaker vor seinem

Haus vorfuhren und ostentativ Visitenkarten bei Frau von Schönerer abgaben. Im Anschluss daran versammelten sich Studenten vor dem Maria-Theresia-Denkmal zwischen dem Kunst- und dem Naturhistorischen Museum und stimmten in »Nieder mit den Juden!«- und »Hoch Schönerer!«-Rufe ein.

Der Kronprinz hatte die Antisemiten stets bekämpft, nun versuchten sie, Rudolfs Ruf mit Sexgeschichten zu ruinieren, indem sie den »verjudeten« sittenlosen Kronprinzen dem »christlichen« untadeligen, im Juni 1888 zum Kaiser ernannten Wilhelm II. gegenüberstellten – ausgerechnet ihn, für dessen Wiener Eskapaden der Kronprinz stets auf seine guten Beziehungen zu Johanna Wolf zurückgriff. Immer deutlicher war aus den schrillen antisemitischen Tönen auch eine Anlehnung an das Deutsche Reich herauszuhören, eine Entwicklung, die der Kronprinz vor allem in seinen letzten Jahren für ein verhängnisvolles Symptom des allmählichen Zerfalls des Vielvölkerstaats hielt.

Um die Jahreswende 1888/1889 kühlte sich das Verhältnis Hans Wilczeks zum Kronprinzen ab. Er, der Rudolf nach wie vor zwei Mal im Monat über den Fortgang des *Kronprinzenwerks* und des Heeresmuseums Bericht erstattete, war Ende Januar eines Tages zu früher Stunde in die Hofburg gekommen und vom Kronprinzen und seiner Gemahlin überredet worden, zum Frühstück zu bleiben. Die Einladung, zwei Tage später mit dem Kronprinzen zur Jagd nach Mayerling aufzubrechen, nahm er jedoch nicht an. Ahnte er etwas? Wollte er, der später eingestand, sich von seinem Wahlpatenkind zurückgezogen zu haben, die zunehmend verzweifelte Lebensweise des Freundes nicht mehr mittragen? Dass er die Einladung ausschlug, brachte den Kronprinzen jedenfalls sehr auf. »Ich aber danke Gott, dass ich diese Jagd, mit der sein Leben einen so tragischen Abschluss fand, nicht mitgemacht habe«, schloss der Graf doch ein wenig kühl sein Memoirenkapitel über Rudolf.

In der Nacht vom 29. auf den 30. Januar 1889 passierte dann die Katastrophe, die den k.u.k. Staat ins Mark treffen sollte. »Ein furchtbares, entsetzliches, niederschmetterndes Unglück hat sich ereignet. Kronprinz Rudolf, der Erbe des Thrones, die Hoffnung der Dynastie und des Reiches, ist tot!«, war in der Abendausgabe der *Neuen Freien Presse* schon vierundzwanzig Stunden nach dem Ereignis zu lesen. Zuerst glaubte man an einen Unfall, an einen Schlaganfall, dann verbreiteten sich allerlei Gerüchte wie ein Lauffeuer. Eine Dame sei im Spiel, es sei Mord oder Selbstmord gewesen, ein Liebestod. Die ganze Stadt, ja das ganze Land war in Aufruhr. »In den Telefonstationen herrschte ein förmliches Chaos. In zahlreichen Familien sind Erkrankungen der Frauen und zahlreiche Ohnmachtsanfälle vorgekommen. Der Geschäftsverkehr stockt völlig«, schrieb das *Wiener Abendblatt*. Schon am 1. Februar wurde der Selbstmord des künftigen Kaisers von Österreich offiziell bestätigt, und obwohl die Zeitungen dazu nichts berichtet hatten, sprach ganz Wien von der 18-jährigen Mary Vetsera, die in die Sache verwickelt sei und nicht mehr unter den Lebenden weile.

Glaubst, dass er sich wirklich was angetan hat?, fragte Anna ihren Mann, den die Nachricht vom Tod des Kronprinzen tief getroffen hatte. Vielleicht haben S'ihn ja umbracht?, setzte sie etwas sensationsheischend hinzu.

Und was macht's für einen Unterschied?, fragte Eduard traurig. Der Kronprinz ist nicht mehr.

Aber diese Vetsera? Ich hab die ja nie leiden mögen, sprach Anna weiter. Erinnerst dich noch, als er sie ins Sacher mitgebracht hat? Einmal, ganz heimlich, ins türkische Separee?

Vielleicht hat's ihm die Trübsal vertrieben. Mit seiner Stephanie, das war halt nichts für ihn, sagte Eduard und sprach damit aus, was sich viele dachten, die die Verhältnisse ein wenig besser kannten.

Dass die Ehe des Kronprinzen unglücklich war, war stadtbekannt, und die, die ihm nahestanden, wussten von seinen zahlreichen Affären. Im Herbst 1888 hatte er dann die 17-jährige Mary Vetsera – eine Nichte des Pferdezüchters Hector Baltazzi – in der Freudenau kennengelernt. Marie Wallersee, die Nichte der verstorbenen Kaiserin, jetzt verheiratete Gräfin Larisch, vermittelte in der Folge die Treffen zwischen dem zukünftigen Kaiser und der jungen Baronesse, die am 27. Januar zum ersten Mal in Begleitung ihrer Mutter und ihrer älteren Schwester in der Gesellschaft aufgetreten war. Es war beim Empfang des deutschen Botschafters zu Ehren von Kaiser Wilhelms Geburtstag gewesen, sie hatte Schmuck getragen, was sich für ein junges, unverheiratetes Mädchen eigentlich nicht schickte. Einen Tag später hatte Marie Larisch die junge Frau zum Einkaufen abgeholt und nicht mehr nach Hause zurückgebracht. Sie sei verschwunden, hatte sie der besorgten Mutter gesagt, vielleicht zu Rudolf nach Mayerling. Helene Vetsera versuchte daraufhin, zuerst bei der Polizei, dann bei Ministerpräsident Taaffe zu intervenieren, der ausrichten ließ, dass er den Abend noch abwarten wolle. Wenn Rudolf nicht zum Familiendinner in der Hofburg erscheine, dann wäre die Wahrscheinlichkeit groß, dass er mit ihrer Tochter tatsächlich in Mayerling weile.

Da war das Unglück längst im Gange: Der Kronprinz hatte zuerst die willig mit ihm in den Tod gehende Mary erschossen und dann sich selbst. Noch lange sollten die Umstände und Beweggründe dieser Verzweiflungstat hin- und herdiskutiert werden, doch den Eingeweihten war schon bald klar, dass die unglückliche Liebe zur kleinen Vetsera höchstens der Auslöser für die Tat gewesen sein konnte. Die Nacht zuvor hatte Rudolf bei Mizzi Caspar verbracht und ihr den Selbstmord, den der Unglückliche als letzten Ausweg aus seinen vielfältigen Verzweiflungen wohl schon länger ins Auge gefasst hatte, angekündigt.

Als man die beiden Leichen fand, trug Mary ein Kostüm aus olivgrünem Tuch, das sie am 21. November 1888 beim Hoflieferanten Jungmann & Neffe gekauft hatte. Dort war im Übrigen auch Mizzi Caspar Stammkundin. Allein 1888 hat sie dort zwölfmal eingekauft. Noch am 14. Januar, also sechzehn Tage vor der Tragödie, war die Geliebte des Kronprinzen offensichtlich lebensfroh, sie kaufte sich eineinhalb Meter *Crepe de chine raye* und ließ Änderungen an einer rosa Brokat-Toilette vornehmen.

Am 5. Februar wurde der Kronprinz zu Grabe getragen. Das Sacher war voll. Sogar der ungarische Ministerpräsident Graf István Tisza, den Rudolf stets geschätzt hatte, logierte im Hotel. Der schwarze Leichenwagen, von sechs Schimmeln gezogen, brachte den Sarg von der Hofburg, wo sich Tausende weinend und schluchzend von Rudolf verabschiedet hatten, in die Kapuzinergruft. »Von den Köpfen der Pferde nickten die schwarzen Federbüsche bei jedem Schritt auf und nieder. Es lag etwas unsagbar Trauriges in diesem Bilde«, schrieb die Fürstin Nora Fugger, die unter den Trauergästen war. In der *Land-Presse* erschien einige Tage später, am 10. Februar, eine kritische Analyse der Katastrophe, so luzide, dass die Zeitung sofort beschlagnahmt wurde. »Ein Jeder fühlt es in seinem eigenen Herzen, dass der öffentlichen Moral hiemit ein schwerer Schaden zugefügt worden ist. Wenn die Großen des Reiches, wenn ein Fürstensohn [nicht] mehr die moralische Kraft besitzt, sich der Familie und dem Reiche, das Anspruch auf seine Person hat, zu erhalten, wer will dann Jenen verurtheilen, der in der Kümmernis des Lebens, in Noth und Mühsal die Hand an sich legt?« Dabei ging es dem Verfasser nicht um kirchliche Moral, sondern um die Aufgabe der Krone. »Der Beruf des Herrschers ist überall schwer, aber nirgendwo schwerer, als in einer zweigetheilten, polyglotten, gerade jetzt von heftigen Parteikämpfen durchwühlten österreichischen-ungarischen Monarchie.«

1893
Pauline Metternich kauft Kleiderstoffe
bei Jungmann & Neffe

Der Lebensstil ist exquisit: Man kauft das Fleisch beim Weißhappel,
dem besten Fleischhauer Wiens, die Kipferln beim Hofbäcker Uhl,
den Wein aus dem Hofkeller, die Delikatessen bei Wild oder
Stiebitz, den Kaviar bei Kattus, den Champagner aus Frankreich,
die Stoffe bei Jungmann & Neffe, die Kinderkleider bei Bittmann,
die Gläser bei Lobmeyr, den Schmuck und das Silberzeug bei
Mayerhofer & Klinkosch oder Rozet & Fischmeister, die Särge bei
Maschner & Söhne ... Man geht zum Derby, sieht sich beim Corso,
wird zum Hofball geladen oder zum Bürgermeisterempfang gebeten.
Man bleibt bei Besuchen nur kurz, geht in die Oper, die man schon
nach dem ersten Akt verlässt, speist im Sacher, dann weiter ins
angegliederte Separée ...

Roman Sandgruber: Traumzeit für Millionäre *(2013)*

Durch die noch jungen Bäume der Ringstraße glitzerte die Sonne,
die Blätter der Platanen leuchteten in lichtem Grün, und das
Gezwitscher der Vögel lockte die Schönen und Reichen auf die
Straße – zum Flanieren und Einkaufen. Frühling in Wien.

Anna Sacher hatte die schwarze Trauerkleidung abgelegt, der
Tod Eduards war nun ein halbes Jahr her, sie spürte, dass sie nach
vorne blicken, sich noch besser um das Sacher kümmern musste –
sein Werk, das weiterzuführen sie ihm am Totenbett versprochen
hatte. Das plötzliche Alleinsein im vergangenen Winter war bit-
ter gewesen. Ihn, den sechzehn Jahre Älteren und um so viele Erfahrungen Reicheren nicht mehr an der Seite zu wissen, das hatte
ihr zunächst sehr zugesetzt. Und doch, er war zwar ihr Lehrmeis-
ter gewesen, dennoch hatte sie stets das Gefühl gehabt, als hätte

sie ihr Leben lang nichts anderes getan, als ein Hotel zu führen, eine große Mannschaft von Bediensteten zu leiten und über die komplexen Mechanismen des Wohlbehagens, die ein gutes Hotel ausmachten, zu wachen. Eduard hatte ihr von Anfang an viele Aufgaben übertragen, und sie machte ihre Sache gut. Sie war ein Naturtalent. Nun nahm sie sich vor, die Menükarten im Andenken an ihn weiter mit Eduard Sacher zu unterschreiben.

Schon neulich hatte sie sich bei Wilhelm Jungmann & Neffe ein schwarz-weiß gepunktetes Kleid aus feinstem Leinenbatist machen lassen, nun wollte sie sich noch ein ähnliches Kleid in den Farben der Saison gönnen. Mauve war in Mode, die Farbe von Flieder, wilden Malven und Seidelbast. Und so ging sie – das Geschäft lag um die Ecke – schnell hinüber in die ausladend großen Geschäftsräume des k. u. k. Hoflieferanten. Wilhelm Dukes, mittlerweile leitete Wilhelm Jungmanns Neffe das Geschäft, führte die feinsten Stoffe aus österreichischen oder böhmischen Webereien. Die gesamte Wiener Damengesellschaft kaufte bei ihm ein und ließ sich in der Schneiderei im Obergeschoss daraus Kleider nähen. Kaiserin Elisabeth, Sophie Gräfin Chotek, die spätere Frau des Thronfolgers Franz Ferdinand, Königin Maria Pia von Portugal, unzählige Comtessen Kinsky, Fürstenberg und Czernin, darüber hinaus zahlreiche Damen aus großbürgerlichen Häusern, so etwa die Baronessen Rothschild, Lieben, Todesco und Ephrussi. Und eben auch sie, Anna Sacher – Hotelierin, nicht mehr bloß Hoteliersgattin. Bei Jungmann Kunde zu sein bedeutete, dass man über viel Geld verfügen musste, sehr viel Geld. Eine Robe kostete an die 500 Gulden. Anna würde für die Sommerkleider jeweils 120 Gulden auf den Tresen legen müssen, während die Näherinnen hier oder auch die Stubenmädchen drüben im Sacher höchstens einen Gulden am Tag, meistens nicht mehr als 100 Gulden im Jahr verdienten. Doch daran wollte Anna in diesem Moment nicht denken.

Küss die Hand, gnädige Frau.

Bei Jungmann wurde man wie eine Königin behandelt. Anna setzte ein selbstsicheres Lächeln auf und steuerte auf den großen Tisch vor dem Regal mit den Stoffballen zu. Dort stand schon Johanna Wolf und wälzte Seidenkreppstoffe. Anna grüßte beiläufig, auch wenn es ihr viel lieber gewesen wäre, die stadtbekannte Kupplerin zu ignorieren.

Welche Farbe würden Sie wählen?, fragte die Wolf.

Mauve natürlich, das ist die Farbe der Saison.

Hab schon davon gehört, warf Johanna Wolf schnell ein. Ihre Frage war nur Geplänkel gewesen, der unmissverständliche Versuch der Verbrüderung, man brauchte einander schließlich. Denn natürlich wusste Johanna Wolf, was alle in der Stadt längst akzeptiert hatten: dass die Granddame der Wiener Gesellschaft, Fürstin Pauline Metternich, dieses Frühjahr die Farbe Mauve ausgerufen und damit den Farbklang der Saison angeschlagen hatte. Anna, wegen der sich anbiedernden Wolf etwas nervös geworden, beeilte sich. Sie wählte einen mauvefarbenen Leinenbatist mit weißen Punkten, dazu weißen Krepp für die Ärmel und einen schwarz glänzenden Atlasgürtel.

Nur weg von hier, weg von der Wolf, schnell hinauf in die Schneiderei, dachte sie.

Sie wollte nicht unhöflich sein, die Mädchen der Frau Wolf waren wohlerzogen, die besten und edelsten in der Stadt, das konnte man weder leugnen noch ignorieren, zumindest nicht, wenn man eines der bekanntesten Hotels Wiens und ein noch viel bekannteres Restaurant mit berüchtigten Separees zu führen hatte. Nach außen hin trat Johanna Wolf auch stets nur als Herstellerin und Händlerin von Weißwaren, also Wäsche, auf, und immer wenn sie auf Anna Sacher traf, kündigte sie ihr einen Verkaufsbesuch mit ihrem Sortiment an Bettlaken und Handtüchern an. Doch im Gegensatz zu den meisten Frauen wusste Anna einfach zu viel. Behände raffte sie deshalb ihren Rock und stieg die Freitreppe hinauf ins Obergeschoss. Schon auf der Hälfte hörte sie die Stimme der Fürstin Metternich, die irgendetwas von einer Einladung bei Nathaniel Rothschild zum Besten gab. Sie unterhielt damit die in der Schneiderei versammelten Damen, für ihre scharfe Zunge war sie schließlich berühmt.

Pauline war eine geborene Sándor de Szlavnicza und schon als Kind derart aufgeweckt, schlagfertig und unternehmungslustig, dass sich ihre Mutter Léontine manchmal fragte, wie sie so je bei einem Mann Gefallen finden würde. Léontine war eine Tochter des österreichischen Kanzlers Klemens Fürst Metternich, Pauline demnach die Enkelin des großen Staatsmannes. Durch ihre Heirat mit Richard Metternich, einem Halbbruder Léontines, wurde der alte Don Juan auch noch Paulines Schwiegervater. Der Staatskanzler hatte es insgesamt zu vierzehn Kindern aus drei Ehen und zu einer ungezählten Nachkommenschaft aus außerehelichen Affären gebracht. An der Seite ihres Mannes Richard Metternich – man sagt, Pauline habe ihn tatsächlich aus Liebe geheiratet – ging die aparte Prinzessin zuerst an die Gesandtschaft nach Dresden, 1859 folgte sie Richard an die österreichische Botschaft nach Paris. Und schon in Paris wurde Pauline eine bekannte Salonnière: Bei ihr traf sich die Pariser Gesellschaft des Zweiten Kaiserreichs, jener luxusverwöhnten Epoche unter Napoleon III. Der Kaiser und seine schöne Frau, die spanische Gräfin Eugénie de Montijo, schätzten das Botschafterpaar aus dem Habsburgerreich, und bald wurde Pauline gar der Titel »erster Stern in der Plejade der entzückenden Frauen um Eugenie« verliehen. Die Premiere von Richard Wagners *Tannhäuser* an der Pariser Oper 1861 hatte man beispielsweise ihr zu verdanken, und schon damals war die Fürstin in der Mode tonangebend. Ihr englischer Schneider Jean Philippe Worth beeinflusste die Haute Couture der französischen Hauptstadt, und Pauline bekämpfte vehement die damals noch moderne Krinoline, die bloß die Taille betonte, alles andere aber unter einem ausladenden Reifrock versteckte. Worth erfand ein neues System der Zuschneidekunst sowie die Regeln für das Maßnehmen, die noch heute überall üblich sind.

Auch in den Schneidereien Wiens, wohin die Metternichs in den 1870er Jahren zurückkehrten – und selbstverständlich bei Jungmann & Neffe –, wurden nunmehr Schnittmuster aus Papier verwendet. Sie waren ungemein praktisch, wiederverwertbar und leicht zu kopieren. Wie in Paris, so war Pauline auch in Wien schnell zur führenden Dame der Gesellschaft aufgestiegen. Sie übernahm oft die repräsentativen Aufgaben der Kaiserin – lag ihr deren Rolle doch viel mehr als der öffentlichkeitsscheuen Elisabeth. Pauline stand gern im Rampenlicht, sie organisierte ohne Unterlass gesellschaftliche Vergnügungen, Redouten, Theateraufführungen und Ausstellungen – und zwar immer in Verbindung mit wohltätigen Zwecken. Alma Mahler sollte die Fürstin ein Jahrzehnt später nicht sehr vorteilhaft als »dieses berühmte Gespenst des Second Empire« bezeichnen. Das war zwar überaus boshaft, verriet aber viel über den Blick einer neuen Frauengeneration auf ihre Mütter und Großmütter. Anna, im Alter zwischen der Fürstin und Alma, die damals noch Alma Schindler hieß und höchstens an der Hand der Gouvernante zu Jungmann & Neffe hätte gehen können, war indes stets geschmeichelt, wenn Pauline Metternich sie zurückgrüßte. Aus irgendeinem Grund hatte sie das Gefühl, dass sie der Fürstin in vielem ähnlich war.

Fürstin, Sie sind in Wien? Anna tat verwundert.

Wie Sie sehen, antwortete Pauline und warf ihr einen freundlich-distanzierten Blick zu, mit dem sie sowohl den Alters- als auch den Standesunterschied unterstrich.

Ach, ich habe ja so viel zu tun …, ergänzte sie leicht abwesend.

Der Blumenkorso, ich weiß nicht, ob er heuer stattfinden wird, und dabei braucht es überall Geld. Pauline hatte die prächtige Frühlingsparade im Prater 1886 ins Leben gerufen und viele Jahre mit Erfolg veranstaltet, freilich konkurrierte das auch beim Volk beliebte Unternehmen seit dem Jahr 1890 mit den ersten Maiaufmärschen der Arbeiterbewegung.

Wenn wir jetzt nicht sammeln, fuhr die Fürstin fort, dann reist alles wieder ab, der Sommer kommt, und man kann nichts mehr tun, weder für die Poliklinik noch für die Rettungsgesellschaft.

Anna nickte, Pauline hatte recht. Für die höhere Gesellschaft hatte das Jahr seine Rhythmen. Den Winter und die Faschingssaison verbrachten der Adel und alle, die es ihm gleichtun wollten, in Wien. Den Auftakt machte das Treiben der Reichen und Schönen im Wiener Eislaufverein. Dort traf man sich im Advent – selbstverständlich dezent beobachtet vom *Wiener Salonblatt*, das ab diesem Zeitpunkt extra die Rubrik »Auf dem Eise« eingerichtet hatte. Um das Jahresende folgten die privaten Soireen in den unterschiedlichen Palästen des Adels und als Höhepunkt der Fasching mit seinen Bällen. Die Saison begann stets mit dem Hofball und endete knapp vor der Fastenzeit mit dem Ball bei Hofe. Im Mai folgten nach der etwas beschaulicheren Fastenzeit die Frühlingsfeste, der Blumenkorso und diverse Pferderennen. Die Fronleichnamsprozession, die an unterschiedlichen Orten der Stadt stattfand – im ersten Bezirk gar unter Beisein des Kaisers –, beendete die Frühlingssaison und das gesellschaftliche Leben in der Hauptstadt. Danach floh der Adel auf seine Güter nach Böhmen, Mähren und Ungarn und in die Kurbäder nach Karlsbad oder Abbazia. Das Bürgertum flüchtete in seine Villen ins Salzkammergut oder an den Wörthersee. Im Herbst folgten dann wieder Pferderennen und – noch viel wichtiger – die Jagden. Und dann fing alles wieder von vorne an: Es wurde kalt in der Stadt, und im Eislaufverein hoffte man auf eine spiegelglatte Bahn für den Auftakt zum gesellschaftlichen Reigen.

Pauline Metternichs Ruf, die oberste Klatschtante der Monarchie zu sein, tat der nimmermüden Fürstin unrecht. Sie war eine Art weiblicher Hans Wilczek, dessen Initiative für die Wiener Rettungsgesellschaft sie zu ihrem eigenen Anliegen gemacht hatte. Wo immer es ihr möglich war, sammelte sie Spenden für das Lieblingsprojekt ihres Freundes. Beide gehörten derselben Generation an, Wilczek nannte sie in seinen Memoiren sowohl seine »älteste Freundin« als auch »eine merkwürdige Frau«. Begegnet waren sie einander erstmals im Alter von vier bzw. fünf Jahren auf einem Kinderball: Wilczek, der um zwei Jahre Jüngere, forderte das bezaubernde Mädchen mutig zum Tanz auf und erhielt einen Korb. »Mit klane Buben tanz i nit«, soll sie in einem nicht näher zuordenbaren Dialekt gesagt und dem hinfort bei Frauen erfolgsverwöhnten Grafen ein bleibendes Trauma beschert haben, das er ihr erst zu ihrem 80. Geburtstag in einem augenzwinkernden Geburtstagsbrief verzeihen sollte. Da hatten die beiden schon eine lebenslange Freundschaft hinter sich. Neben den Theateraufführungen und Blumenkorsos veranstaltete Pauline zum Beispiel 1889 eine Goldschmiedeausstellung zugunsten der Armen Wiens. Die von ihr 1891 initiierte Ausstellung für Musik und Theaterwesen, eine kleine Weltausstellung zur Wiederkehr von Mozarts Todestag, war hingegen ein finanzieller Misserfolg, sodass es ihr zwar gelang, Wien als Musik- und Theaterstadt im Bewusstsein der entstehenden Tourismusbranche zu etablieren, den Zweck der Wohltätigkeit mit dem Ereignis jedoch verfehlte.

So sehr die Linderung von Not ein Herzensanliegen der Fürstin war: Was wusste sie schon vom wirklichen Elend, von den beengten Wohnverhältnissen, der ständigen Angst vor Delogierungen, vom Hunger und der Hoffnungslosigkeit der Arbeitslosen, der ständigen Hetzjagd der Fabrikarbeiter und Handwerksgehilfen? Von Zehn- bis Zwölf-Stunden-Arbeitstagen, langen Arbeitswegen, einem Lohn, der bloß vor dem Verhungern bewahrte, nicht aber dazu ausreichte, den eigenen Kindern eine bessere Zukunft zu sichern? Die Lebensrealitäten der Ober- und Unterschicht waren so weit voneinander entfernt wie Mond und Erde und so gottgegeben wie das Gottesgnadentum des Kaisers. Auch das hatte dazu geführt, dass die Einkommensverteilung zwischen Arm und Reich nie zuvor und danach so ungleich war wie im Wien um die Jahrhundertwende: Die obersten zehn Prozent verdienten mehr als die Hälfte aller Einkommen. Jemandem wie Pauline lag zwar Wohltätigkeit am Herzen – an Umverteilung dachte sie jedoch nicht. Dazu brauchte es einen anderen Typ von Frau, als den, der bei Jungmann & Neffe einkaufte.

Zwei Näherinnen eilten heran und drapierten den Stoff über Annas entblößte Schultern, steckten die Abnäher unter dem Busen fest und nahmen um die Taille der vollschlanken Gastwirtin Maß.

Habt ihr was vom Streik gehört?, wollte Anna wissen.

Gnädige Frau, ich bin ja bloß eine einfache Näherin…, antwortete die Ältere vorsichtig. Sie war es nicht gewohnt, von einer Kundin angesprochen zu werden.

Die Färberinnen haben angefangen, insistierte Anna weiter. Seit zwei Wochen streiken sie schon für höhere Löhne.

Die Näherin nickte, und langsam huschte ein Lächeln über ihr Gesicht. Der erste Frauenstreik, sagte sie plötzlich stolz. So was hat's noch nie geben!

Die Jüngere, fast noch ein Kind, schaute ungläubig. Sie war wie der Rest der Angestellten bei Jungmann & Neffe froh um die gute Stelle, stolz, bei einem k.u.k. Hoflieferanten in der Innenstadt beschäftigt zu sein. Was spielte es schon für eine Rolle, dass sie nur drei Gulden in der Woche verdiente, was machte es da schon aus, dass sie außer Arbeit und den Weg zur Arbeit kaum etwas kannte?

Und ihr, werdet's ihr auch streiken?, fragte Anna Sacher streng.

Sogleich schüttelten die beiden Mädchen den Kopf, wobei ihre Backen rot anliefen. Nein, gnädige Frau, wo denken Sie denn hin?

Anna Sacher hatte die ganze Geschichte mit größtem Interesse in der Zeitung verfolgt. Dort wurde beklagt, dass nun auch noch die Arbeiterinnen von den Sozialdemokraten aufgehetzt würden, dass ein 16-jähriges Mädchen, Amalie Seidl, den Streik losgetreten habe, als sie in ihrer Fabrik, einer Appreturfabrik in Gumpendorf, für die Erste-Mai-Feier agitiert und deshalb entlassen worden war. Daraufhin waren ihre Arbeitskolleginnen für das Mädchen eingestanden, und der Streik hatte sich in wenigen Tagen auf einige weitere Fabriken ausgedehnt. Schließlich streikten 600 Frauen drei Wochen lang. Die Forderungen der Arbeiterinnen, an deren Spitze sich die bereits bekannte Adelheid Popp gestellt hatte, schienen Anna Sacher zwar plausibel – statt elf Stunden wollten sie nur noch zehn Stunden arbeiten und mehr verdienen –, und doch: Wie sollte man das in einem Betrieb realisieren?

Gut so, seid's brav, verabschiedete sie sich von den Näherinnen. Schaut's lieber, dass ihr eure Arbeit gut macht's.

Es war bloß ein Anfang. Die meisten – selbst die meisten Arbeiter und Arbeiterinnen – verstanden erst allmählich, dass ihre missliche Lage kein unabänderliches Schicksal war. »Viele Lohnsklavinnen arbeiten vom grauenden Morgen bis in die späte Nacht, während Tausende ihrer Mitschwestern arbeitslos die Tore der Fabriken und Werkstätten belagern, weil es ihnen nicht möglich ist, soviel Arbeit zu erhalten, um sich vor Hunger zu schützen und ihren Körper notdürftig zu bekleiden«, hatte Adelheid Popp in einem ihrer ersten Artikel etliche Jahre zuvor geschrieben. Sie, die aus ärmsten Verhältnissen stammte, stand mit ihrem Leben für ihre Überzeugungen ein. Sie war das fünfzehnte Kind einer Weberfamilie. Zehn Geschwister hatten jedoch das Säuglingsalter nicht überlebt, der alkoholabhängige Vater starb, als Adele sechs Jahre alt war. Adele musste deshalb schon nach drei Jahren die Schule verlassen und als Dienstmädchen, Näherin und Fabrikarbeiterin zum Unterhalt der Familie beitragen– ein Kinderleben wie aus *Les Misérables*, ebenso typisch für die Epoche wie die Prinzessinnenkindheit der Pauline Metternich. »Wir zogen in die Stadt zu einem alten Ehepaar in eine kleine Kammer, wo in einem Bett das Ehepaar, im anderen meine Mutter und ich schliefen«, schrieb sie später über die furchtbaren Jahre. »Ich wurde in einer Werkstätte aufgenommen, wo ich Tücher häkeln lernte; bei zwölfstündiger fleißiger Arbeit verdiente ich 20 bis 25 Kreuzer im Tage. Wenn ich noch Arbeit für die Nacht nach Hause mitnahm, so wurden es einige Kreuzer mehr. Wenn ich frühmorgens um 6 Uhr in die Arbeit laufen musste, dann schliefen andere Kinder meines Alters noch. Und wenn ich um 8 Uhr abends nach Hause eilte, dann gingen die anderen gut genährt und gepflegt zu Bette. Während ich gebückt bei meiner Arbeit saß und Masche an Masche reihte, spielten sie, gingen spazieren oder sie saßen in der Schule. Damals nahm ich mein Los als etwas selbstverständliches hin, nur ein heißer Wunsch überkam mich immer wieder; mich nur einmal ausschlafen zu können.«

Nach einem Jahr als Schafwollhäklerin fand Adele Arbeit in einer Posamentierwerkstatt. Sie musste aus Perlen- und Seidenschnüren den Aufputz für Damenkonfektionen herstellen. Stets der Willkür der Arbeitgeber und den Begehrlichkeiten der Männer ausgesetzt, unterernährt und erschöpft, wurde sie schließlich von regelmäßigen Ohnmachtsanfällen heimgesucht. Die kurze Zeit in einer psychiatrischen Klinik war im Vergleich zu ihrem Leben ein Paradies: »Ich bekam einige Male im Tag gute Nahrung, selbst gebratenes Fleisch und Kompott, das ich vorher nicht gekannt hatte, erhielt ich öfter. Ich hatte für mich allein ein Bett und immer reine Wäsche.« Wieder bei ihrer Mutter, versuchte sie verzweifelt eine neue Arbeit zu finden, in einer Kartonagenfabrik, bei einem Schuhfabrikanten, bei einer Fransenknüpferin. Einziger

Lichtblick war das Lesen, das sie sich selbst beigebracht hatte. Und eben dieses Lesen und Schreiben war es dann auch, das sie aus der unverschuldeten Misere befreite. Zuerst las sie sich durch die Weltliteratur, dann durch die Werke der proletarischen Revolution und jede Woche auch noch durch das Parteiorgan der Arbeiterpartei. Von Victor Adler, dem Gründer der Sozialdemokratischen Arbeiterpartei, entdeckt, wurde sie schließlich Parteimitglied und Frauenrechtlerin. Sie gründete die *Arbeiterinnenzeitung* und den Verein sozialdemokratischer Frauen und Mädchen. Als sie 1909, anonym und mit einem Vorwort von August Bebel versehen, ihre *Jugendgeschichte einer Arbeiterin* herausbrachte, hatten sich die Dinge zu ändern begonnen. Die wirklichen sozialen Umwälzungen fanden jedoch erst nach dem Ersten Weltkrieg statt, als Adelheid Popp 1918 in den Parteivorstand der Sozialisten gewählt und 1919 Nationalratsabgeordnete werden sollte.

Anna Sacher hatte sich soeben ausgezogen, um den Rock aus Crêpe Crepon angemessen zu bekommen. In einer anderen Ecke des Raumes, ebenfalls nur leicht abgeschirmt, machte sich eine junge Prinzessin oben frei. Plötzlich ging polternd die Tür zum Inneren des Hauses auf, und ein Pärchen eilte lachend und flüsternd durch die Schneiderei. Beide liefen die Freitreppe hinunter, um durch den Ausgang und über den Albrechtplatz Richtung Volksgarten entschwinden zu können. Im Raum wurde sogleich getuschelt: Wer waren sie? Einer war eindeutig ein Erzherzog. Nur welcher? Und die Dame? Eine Unbekannte – natürlich. Anna, die wusste, was hier gespielt wird, lächelte in sich hinein.

Der Gang, dessen Tür die beiden von innen geöffnet hatten, war ein geheimer Verbindungsweg vom Sacher zu Jungmann & Neffe. Er führte direkt vom Stockwerk der Separees hier herüber, und er war all jenen Stammgästen des Sacher bekannt, die sich aus Diskretion zu derart drastischen Fluchtwegen gezwungen sahen. Jenem Erzherzog hatte Anna den Gang erst kürzlich selbst gezeigt, als er in Not war. Doch von dieser Seite hatte sie sich das Ganze noch nie vergegenwärtigt. Nach einigen Metern vermeintlicher Sicherheit spuckte der dunkle Gang die Flüchtenden in einen nur für Damen zugänglichen, aber durchaus sehr öffentlichen Raum, den zu durchqueren je nach Publikum dem Fall in einen Natterngraben gleichkam. So erhielt die Gerüchtebörse der Stadt stets ausreichend Futter: Ein Blick der Fürstin Metternich zur Prinzessin genügte. Natürlich würde man die Geschichte noch anreichern und mit Ironie garnieren, das Publikum für derlei Tratsch war schließlich durchaus anspruchsvoll.

Sehe ich Ihre Durchlaucht noch später im Damensalon?, fragte Anna Sacher, als sie sich zum Gehen anschickte.

Avec plaisir! Reservieren Sie mir schon einmal ein Stück Torte, meine Liebe, sagte Pauline, die sich der Prinzessin gegenüber soeben in epischer Breite über die letzten Neuigkeiten in der hohen Gesellschaft ausgelassen hatte.

Nun war Anna Sacher in Eile. Sie musste sich um alles kümmern, immer hinterher sein, ja, sogar die Zeitungen musste sie täglich lesen, nicht nur, um sich über die Lage der Welt zu informieren, sondern auch, um die Nachrichten über das eigene Gewerbe rechtzeitig zu erfahren. In Gedanken war sie deshalb schon wieder in ihrem Bureau drüben im Sacher, als sie, den Hoflieferanten Jungmann & Neffe verlassend, um ein Haar mit Anna Schuster zusammenstieß. Kurz fuhr ihr ein kleiner Schock in die Glieder. Ob sie, die Gattin von Julius, etwas wusste? Obwohl ... was war schon gewesen? Ein Spaziergang und die Tatsache, dass sie seither immer an ihn denken musste.

Anna senkte den Blick und murmelte eine Begrüßung. Sie tat so, als hätte sie es schrecklich eilig, was ja auch stimmte – und doch, sie konnte und wollte es sich nicht leisten, im Umkreis ihrer

Gäste nachlässig oder gar arrogant zu wirken. Also nahm sie sich zusammen, machte auf dem Absatz kehrt und grüßte noch einmal, diesmal mit all der ihr eigenen Freundlichkeit.

Es ist immer dasselbe, ich bin andauernd in Eile, dabei wollte ich noch Sommerstoffe für die Kinder kaufen, fügte Anna dem Gruß hinzu.

Die gnädige Frau Sacher. Sie kaufen auch bei Jungmann?, erwiderte Anna Schuster etwas herablassend.

Bestimmt nicht so ausgiebig wie Sie, sagte Anna etwas zu spitz und setzte deshalb freundlicher hinzu: Wie geht es Ihrem Ältesten, Julius?

Er ist mittlerweile Student der Jurisprudenz.

Sehr gescheit. Wie die Zeit nur vergeht, ich erinnere mich an ihn, als er noch ein junger Bursch war, einmal ist er mit meinen Kindern in den Küchen des Hotels verschwunden, sagte Anna.

Das hab ich ganz vergessen, er war hingerissen von Ihrer Tochter – damals.

Ja, wirklich? Dann sollten sie einander wiedersehen..., antwortete Anna Sacher. Anna Maria und der junge Schuster? Wie schade, dass ihre Tochter noch ein Kind war. Anna ging zu den Stoffballen hinüber, schnell bestellte sie noch ein paar Meter Baumwollbatist mit einem nicht zu auffälligen Blumenmuster. Das würde wohl reichen, die Mädchen konnten damit zur Hotelschneiderin gehen. Bei Jungmann schneidern zu lassen wäre für Anna zu teuer gekommen. Dafür wollte sie eine Sachertorte, sozusagen von Hoflieferant zu Hoflieferant, vorbeischicken, das war ihre Art, sich für die Zuvorkommenheit des Nachbarn zu bedanken, eine praktische Art, die gleichzeitig Werbung für das Sacher war.

Gnädige Frau, schauen S', schon wieder sind die Bettlaken zerrissen. Erst gestern hab ich sie der Kozderka zum Nähen geben, empfing das Stubenmädchen Emma Binder die Hotelierin.

Emma, so regen's sich nicht auf. Manche Gäste sind halt so.

Aber die vom 32er Zimmer... so schlimm is selten.

Emma Binder war Annas bestes Stubenmädchen, flink, fleißig, und sie ließ sich nicht angrapschen. Als ob man nicht so auch genug Probleme hätte, musste man immer aufpassen, dass nichts passiert, und wenn dann doch einmal eine schwanger wurde, musste man sie nach Haus schicken und ein neues Stubenmädchen suchen. Und wer weiß, was dann geschah, die Mädchen kamen aus armen Verhältnissen. Anna war es arg, sie wusste, dass viele aus Verzweiflung in den Tod gingen.

Die Gäste werden nicht ewig bleiben. Sonst gibt's keine Neuigkeiten? Anna versuchte herauszuhören, ob der Streik auch unter ihrem Personal Wellen geschlagen hatte.

Der Teppich auf Zimmer 25 hat Brandlöcher... Zigarren oder Zigaretten. Hab's dem Puchinger gesagt, dass er wen holt.

Und sonst gibt's wirklich nix?

Nicht dass ich wüsste, gnädige Frau, was soll schon sein?

Einigermaßen beruhigt ging Anna Sacher in ihr Bureau. Die Übertragung der Hoflieferantentitel von Eduard auf sie selbst und die Neuvergabe sämtlicher Gewerbekonzessionen mussten noch beantragt werden. All jene rechtlichen Titel erhielt sie nicht von selbst, obwohl Anna schon seit Jahren vollumfänglich für das Sacher zuständig gewesen war. Eduard hatte testamentarisch verfügt, dass das Unternehmen nach seinem Tod verkauft und der Erlös seinen Kindern zukommen sollte, nur seine Frau Anna sollte die Möglichkeit erhalten, das Hotel als sogenannten Witwenbetrieb weiterzuführen, wenn sie dies wollte. Nun musste sie schauen, woher sie die notwendigen Finanzmittel bekam, um ihre Kinder und Rosa Zwierschütz, Eduards Tochter aus erster Ehe, auszukaufen. Derzeit waren Ludwig Schneider, der Besitzer des Restaurants Südbahn, und Franz Schuster als Prokuristen eingesetzt.

Schneider, der auch als Kurator der Kinder fungierte, wollte Anna so schnell wie möglich loswerden, Schuster hingegen würde sie nach seinem kurzfristigen Ausscheiden – eine reine Formalität – 1895 wieder in sein Amt als Prokurist einsetzen, dann, wenn auch sie als Alleineigentümerin des Sacher derartige Entscheidungen zu treffen berechtigt sein würde.

Jetzt nahm sie aber zuerst einmal Papier und Feder zur Hand und schrieb für ihre Verhältnisse ungewöhnlich untertänig folgendes Gesuch zur Übertragung des Hoflieferantentitels: »Ich setze nun dasselbe Geschäft in dem von meinem seeligen Gatten vorgezeichneten Umfange fort, und werde ich, da mit der von meinem seeligen Gatten bestellte Vormund meiner Kinder, Herr Ludwig Schneider, Restaurateur am Südbahnhofe und im Stefanskeller, als fachmännischer Rathgeber sowie alle früheren bewährten Hilfskräfte nach wie vor zur Seite stehen werden, dem Geschäfte seinen glänzenden Kundenkreis, sowie den Ruf… nicht nur dauernd zu erhalten, sondern… noch zu vermehren bemüht sein.«

Anna Sacher wusste, dass sie sich mit der geplanten Übernahme des Sacher eine große Aufgabe auflud, und auch wenn das Sacher seit seinem Bestehen immer erfolgreicher geworden war, ahnte sie doch, dass die Zeiten nicht immer nur einfach bleiben würden. Auf eines, das hatte ihr Eduard vor Langem schon eingebläut, sollte sie deshalb stets achtgeben, und das war die Sachertorte, die sich zu einem internationalen Exportschlager entwickelt hatte. Im Jahr 1888 war ein Artikel in der *Wiener Zeitung* über die Wiener Kochkunst erschienen, Eduard hatte ihn ihr aufgeregt und in Rage gezeigt. Der Autor hatte darin über Schnitzel, Gulasch und Apfelstrudel berichtet, nicht aber über die Sachertorte. Eduard hatte daraufhin einen ausführlichen Leserbrief geschrieben, den Anna noch immer wie einen Schatz hütete. »Die Sachertorte ist eine Erfindung meines jetzt noch lebenden Vaters. Er hat die Torte als junger Kocheleve zusammengestellt und wurde selbe beim alten Metternich, wo mein Vater die Kochkunst erlernte, vor 56 Jahren auf die Tafel gesetzt ... Seit dieser Zeit ist die Torte, als sich mein Vater etablierte, fort erzeugt worden und kann von keinem Koch oder Zuckerbäcker nachgeahmt werden. Der Beweis ist, dass diese Torte von mir täglich auf dem Tisch Ihrer Majestät und des hochwürdigen Kronprinzenpaares steht. Man findet sie in ganz Wien, in allen größeren Städten, kurz überall am Speisezettel als eine bekannte Spezialität. Es arbeiten bei mir vier Leute in einer eigens eingerichteten Küche, Tag und Nacht, das ganze Jahr hindurch, und manchen Tag werden 200 bis 400 Torten von einem bis zu sechs Gulden verkauft und verschickt. Nach Paris, Berlin, London und auch übers Meer gehen Sachertorten ...«

Doch wie gelangten die Sachertorten nach Paris und London oder gar übers Meer? Der Import und Export von Nahrungsmitteln, von Kolonialwaren und Luxusgütern war im 19. Jahrhundert sprunghaft angestiegen. Zucker hatte sich schon im 18. Jahrhundert zum Massenkonsumgut entwickelt, nun wurde Fleisch zu einem transkontinentalen Geschäft: Man aß Rindfleisch aus Argentinien, Uruguay, Australien und Neuseeland, 1900 war Argentinien zum wichtigsten Rindfleischexporteur der Welt aufgestiegen. Seit den 1880er Jahren erlaubte die neu entwickelte Kühltechnik den Export von Fleisch, Obst, Gemüse im großen Stil. So also ließen sich auch Torten, Kaviar, exotische Früchte und Austern transportieren, nicht nur Gewürze aller Art wie schon seit Jahrhunderten. Geschäfte wie das Traiteurlokal des alten Franz Sacher und mehr noch die Delikatessen- und Weinhandlung des k.u.k. Hoflieferanten Eduard Sacher waren Flaggschiffe der modernen Konsumgesellschaft und der wirtschaftlichen Verflechtung, die in den letzten Jahrzehnten vor dem Ersten Weltkrieg einen ersten Höhepunkt erfuhr.

1895
Arthur Schnitzler isst Austern und feiert
die Überwindung des Naturalismus

> Ihr Ergriffensein von den Wahrheiten des Unbewussten,
> von der Triebnatur des Menschen, Ihre Zersetzung der kulturell-
> konventionellen Sicherheiten, das Haften Ihrer Gedanken an der
> Polarität von Leben und Sterben, das alles berührte mich mit einer
> unheimlichen Vertrautheit... So habe ich den Eindruck gewonnen,
> dass Sie durch Intuition – eigentlich aber infolge feiner Selbst-
> wahrnehmung – alles das wissen, was ich in mühseliger Arbeit an
> anderen Menschen aufgedeckt habe.
>
> *Sigmund Freud, 1922 zu Schnitzlers 60. Geburtstag*

Begleiten Sie mich doch ins Theater, sagte er. Meine Frau ist erkrankt, und es wäre doch schade um die schönen Karten.

Was wird denn gespielt? Annas Irritation war nicht zu leugnen.
Durfte sie Ja sagen? Sie, die Witwe, dem verheirateten Mann?

Ein neues Stück von Arthur Schnitzler, sein erstes am Burgtheater, *Liebelei* heißt es. Kennen Sie den Dichter?, fragte Julius
Schuster.

Ja, gab Anna zurück. Er war schon öfter hier.

So fing alles an, wenn man das erste scheue Sichgewahrwer-
den im Prater vor drei Jahren außer Acht lässt. Dabei kannte Julius
Schuster Anna Sacher natürlich seit Jahren. Wie oft hatte er, Zentraldirektor bei Nathaniel Rothschild, mit seiner schönen Frau Anna
Schuster, geborene Konrath, im Restaurant in der Augustinerstraße
gespeist oder im Sommer das Sacher im Prater besucht. Dass er
sich von der Wirtin angezogen fühlte, die so viel mehr von einem
unbekümmerten Vorstadtmädchen hatte als von einer wohlerzo-

genen Großbürgerstochter, fiel ihm lange Zeit nicht auf. War es doch eben diese naturwüchsige Lebendigkeit, gepaart mit einer fast männlichen Resolutheit, die alle an der Sacher schätzten, wenn auch die Männer für gewöhnlich ein wenig mehr als deren Frauen.

Der Aufführung des Schnitzler-Stücks im k.u.k. Hofburgtheater war einige Aufregung vorangegangen: Die Hofschauspielerin Stella Hohenfels hatte sich geweigert, die Rolle der Christine zu übernehmen. Schließlich gab die zehn Jahre jüngere Adele Sandrock, die zwar weniger etabliert, dafür aber auf moderne Dichter spezialisiert war, den Prototyp des süßen Mädels mit »immer wachsendem tragischen Nachdruck«, wie in der Presse kommentiert wurde. Dass die launenhafte Mimin zwei Jahre lang die Geliebte des Autors gewesen war, wurde in den Blättern verschwiegen. Ihr Spiel hatte es hingegen mit großer Gewissheit beeinflusst, und dieses Spiel wiederum ihr Ansehen an der Burg. Das Theater galt nicht nur als erste Bühne der Stadt, es war eine Art Probebühne des Lebens. »Die Wiener Eleganz wird immer aus dem Burgtheater bezogen«, meinte Hermann Bahr, der große Theoretiker des Fin de Siècle, der, wie so vieles andere auch, den Wiener Mythos von Schein und Sein erfand, demzufolge das Theater in Wien »kein Abbild des Lebens« sei, sondern sich vielmehr das Leben nach dem Theater zu orientieren habe.

Arthur Schnitzler freilich hielt jener Gesellschaft, die sich von den Mimen der Burg abschaute, wie man den Hut zu tragen oder den Stock zu halten hatte, wie kein anderer den Spiegel vor. Und vor allem dann, wenn der Autor die Balance zwischen seelischer Diagnostik und therapeutischer Katharsis einhielt, waren seine Stücke Publikumserfolge – was er in späteren Jahren oftmals nicht mehr für nötig erachtete und deshalb veritable Theater-Skandale auslöste. Nicht bei der Aufführung der *Liebelei* am k.u.k. Hofburgtheater. Sie stellte den künstlerischen Ritterschlag des 33-jährigen

Dichters dar, der neben seiner literarischen Tätigkeit noch lange in eigener Praxis als Arzt arbeitete, nachdem sein Vater, der berühmte Kehlkopfspezialist Johann Schnitzler, verstorben und er die Assistentenstelle bei ihm an der Poliklinik aufgegeben hatte. Schnitzler selbst nannte sein Stück eine »rührende Tragikomödie«, wobei die Tragik des Stücks die Komödie bei Weitem überstrahlt. Zu sehr blickt das Drama vom Untergang der kleinbürgerlichen Christine der Gesellschaft des Fin de Siècle in die Seele, dem »süßen Mädel«, das für ihren Fritz bloß Liebelei ist, und dem Großbürgersohn, der sich nicht wegen ihr, sondern seiner Leidenschaft zu einer interessanten gefährlichen Dame der Oberschicht mit deren Mann duelliert und stirbt. Nicht nur der *Neuen Freien Presse* blieb der Klos im Halse stecken: »Nicht ohne Kühnheit« baue der Autor sein Stück »auf gesellschaftlichen Voraussetzungen auf, die in einem Hoftheater ein gewisses Befremden hervorrufen«, konstatierte der wohl peinlich berührte Rezensent.

Schnitzler wuchs selbst in dieser gespaltenen Gesellschaft auf, deren sexuelle Tabus zu Verklemmung einerseits und heimlicher Überbewertung andererseits führten. Hier die bürgerliche Hochzeit als freudloser Geschäftskontrakt, der Sigmund Freud zahlreiche Patientinnen bescherte, da die freizügigeren »süßen Mädels« und die Prostituierten, bei denen die Männer ihre Lust auslebten. In seinen Jugenderinnerungen bekennt der über 50-jährige Autor freimütig: »Wäre ich etwa in einem bösen Prüfungstraum verpflichtet, einem pedantischen Literaturprofessor unter den Mädchen, die ich gekannt, eines als das eigentliche Urbild des süßen Mädels zu bezeichnen, so könnte es nur die kleine, blonde Anni sein, mit der ich mich auf einem Familienball in den Drei-Engel-Sälen im ersten Walzer fand und verstand, die verdorben war ohne Sündhaftigkeit, unschuldsvoll ohne Jungfräulichkeit, ziemlich aufrichtig und ein bisschen verlogen, meistens sehr gut gelaunt und doch manchmal mit flüchtigen Sorgenschatten über der hellen Stirn, als Bürgertöchterchen immerhin nicht ganz wohl geraten, aber als Liebchen das bürgerlichste und uneigennützigste Geschöpf, das sich denken lässt.«

Einen Monat nach der Uraufführung der *Liebelei* war Arthur Schnitzler im Sacher zu Gast – in großer Runde. Man hatte der Premiere von Hermann Sudermanns *Glück im Winkel* beigewohnt – ein »sehr schwaches Stück«, wie Schnitzler seinem Tagebuch anvertraute. Neben den beiden Dichtern und ihrer Gefolgschaft, die Oberkellner Wagner an einem großen Tisch im Weißen Saal platzierte, waren auch Hermann Bahr und Theodor Herzl anwesend, Bahr frisch vermählt mit der Schauspielerin Rosa Jokl. Diese Ehe sollte nur fünf Jahre halten – ganz im Gegensatz zu jener von Theodor und Julie Herzl, die trotz schwerer und anhaltender Zerwürfnisse ein Leben lang bestehen bleiben würde.

Anna Sacher warf einen verstohlenen Blick auf Schnitzler, als sie, die Gläser auf den anderen Tischen zurechtrückend, durch den Saal ging. Der Dichter hatte sie vor einem Monat seltsam berührt. Die Aufführung im Burgtheater war ihr unter die Haut gegangen und hatte dort eine nicht näher definierbare Mixtur angenehmer und unangenehmer Gefühle hinterlassen. Sie hatte ihm applaudiert, als er wiederholt auf die Bühne getreten war, während Julius Schuster neben ihr – ebenfalls begeistert von der Schauspielkunst, den vortrefflichen Dialogen und der akkuraten Zeichnung des Wiener Alltags – um Contenance rang. Das war Anna nicht entgangen. Als sie nun im Weißen Saal nach dem Rechten sah – sie hatte es sich zur Gewohnheit gemacht, sich einen Überblick über die Gäste des Abends zu verschaffen, um die Stimmung einzufangen –, erinnerte sie sich wieder an die arme Christine und ihren im Stück nur angedeuteten Selbstmord. Dass sie, die Unglückliche, für ihre Liebe in die Donau gegangen oder sonst wie Hand an sich gelegt hatte, war sich Anna sicher, und doch hätte sie den Dichter gerne gefragt, ob es denn nicht auch einen anderen Ausweg aus der Misere gegeben hätte. Einen glücklicheren, einen, der einem nicht so nachging in den eigenen Alltag und in der Nacht mit Albträumen quälte.

Doch anders als sonst war die Herrin des Hauses schüchtern. Sie, die nicht nur im Hintergrund die Regie führte – das Sacher hatte seine gemütliche, fast familiäre Eleganz auch deshalb, weil Anna all jenen Gästen, die die Nuancen der hauseigenen Spielregeln nicht kannten, indirekt oder auch unverhohlen zu verstehen gab, dass sie hier nicht erwünscht waren –, sie traute sich auf einmal nicht, eine kleine Konversation mit dem Schriftsteller anzufangen. Stattdessen blieb sie in Hörweite, zumindest aus der Ferne wollte sie dem Gespräch am Tisch lauschen.

Auf Ihr Stück! Hermann Bahr prostete Sudermann zu und wandte sich dann an Arthur Schnitzler. Und dir? Hab ich dir schon zu deinem Erfolg mit der *Liebelei* gratuliert?

Nur Schnitzler bemerkte Bahrs feine Unterscheidung. Doch ausnahmsweise war der Wortführer der jungen Literatur gnädig und sparte mit seiner Kritik an Sudermanns mäßig begabtem Versuch, modern zu sein.

Auf die junge Literatur! Auf die Moderne! Auf Jung Wien!, hoben nun alle der Reihe nach an. Man stimmte sich auf einen fröhlichen Abend ein.

Herr Ober, ich habe gesehen, dass das Sacher neuerdings mit Whitstable-Austern inseriert. Was ist an denen so besonders? Hermann Sudermann war gut gelaunt, erfolgsverwöhnt, wohlhabend.

Sie gelten derzeit als die besten, gnädiger Herr. Sie kommen jeden Tag direkt aus England.

Dann Austern für alle! Und Champagner!

Wie so oft im Herbst war das Publikum des Sacher bürgerlicher als während des restlichen Jahres. Der Adel weilte zur Jagd, manche beim Fürsten Liechtenstein in dessen neogotischem Schloss Eisgrub unweit der niederösterreichisch-mährischen Grenze, andere wiederum im südböhmischen Frauenberg auf den Gütern des Fürsten Schwarzenberg, wo eine Strecke von bis zu hundert Hirschen, vornehmlich Zwölf- und Vierzehnender, keine Seltenheit darstellte. Die Jagd war das traditionelle Vorrecht des Adels, der seinen Verlust an Einfluss und Macht mit immer beeindruckenderen Abschusszahlen wettzumachen suchte. Selbst der Kaiser, oberster Jagdherr der Monarchie, erlegte im Verlauf seines Lebens insgesamt 50556 Tiere, doch diese stattliche Anzahl wurde von Thronfolger Franz Ferdinand noch weit übertroffen: Mit 277769 Stück geschossenem Wild sollte der Erzherzog als der beste Schütze der Welt gelten. Gerade bei ihm, der wie einst Kronprinz Rudolf am Hof isoliert war, schien sich die Jagdleidenschaft direkt proportional zur erlittenen Machtlosigkeit zu verhalten.

Im Sacher gaben also an diesem Abend die Dichter den Ton an, und wären die Aristokraten da gewesen, hätten sie ohnedies nur die Nase gerümpft, denn die Dichter und Künstler der neuen Zeit waren ihre Sache wahrlich nicht.

Die Diskussionen am Tisch waren, wie so oft in jener Zeit, bei einem Loblied auf die Moderne angekommen, und einer der anwesenden Bewunderer hob an, aus Bahrs programmatischer Schrift *Die Überwindung des Naturalismus* zu deklamieren: Draußen, in dem Gewordenen von heute ist die Erlösung. Drin, in dem Überlieferten von gestern, ist der Fluch.

1891 erschienen, war der Text zur Bibel der neuen Literaten und all jener Apologeten des Zeitgeistes geworden, die es nicht versäumen wollten, sich dem frischen Wind, der auf einmal durch die Künste wehte, anzuschließen.

Ein anderer sekundierte: Leer müssen wir werden, leer von aller Lehre, von allem Glauben, von aller Wissenschaft der Väter, ganz leer. Dann können wir uns füllen.

Man prostete dem Wortführer der jungen Literatur zu, nicht ohne der Höflichkeit wegen auch den spendablen Gastgeber des Abends hochleben zu lassen. Einige Austern und etliche Champagnergläser später ließ sich Hermann Bahr nicht lange bitten, aus der Premierenfeier für den einen Dichter eine Feierstunde für die moderne Dichtkunst zu machen. Und so fielen dann auch all die Schlagwörter der neuen Zeit: »Nieder mit dem Naturalismus… Eine neue Psychologie tut not… État de choses, die ewigen Sachstände haben wir satt, es geht um états d'âme, um die Seelenstände… Wir müssen die Gefühle auf den Nerven aufsuchen, gerade wie die neue Malerei, welche die Wahrheit der Farbe will…«

In diesem hohen Ton ging es noch eine Weile weiter. Auch Arthur Schnitzler amüsierte sich, wenn er sich auch mit programmatischen Reden zurückhielt. Dafür war Bahr zuständig, der unangefochtene Austrommler der neuen Zeit, derjenige, der die neue Literatur unter dem Namen »Jung Wien« vermarktete, derjenige unter den Neuerern, der die neuen Ideen am besten in Worte fassen konnte. Der Autor der *Liebelei* hingegen, dem Sigmund Freud Doppelgängerschaft attestierte, widmete sich lieber mit chirurgischer Präzision den Seelenzuständen jener sich herausbildenden modernen Gesellschaft, deren oberste Schichten im Sacher verkehrten. Einer Gesellschaft, in der nicht nur die Institution der bürgerlichen Ehe und die herkömmliche Rolle der Frau auf den Prüfstand kamen, sondern die sich selbst durch den technologischen Fortschritt und die immense Beschleunigung aller Lebensumstände unsicher geworden war. Die Moderne brach sowohl als euphorisch begrüßtes wie auch als zutiefst verstörendes Projekt über die Künstler herein, noch bevor das alte Jahrhundert zu Ende und das neue angebrochen war.

Die Wiener Moderne hatte ihre Wurzeln in einem denkwürdigen Generationenkonflikt, doch selten hat eine Revolte der Jugend derart nachhaltige Qualität zu Tage gefördert: Es waren die Söhne jener Bürger und – zumeist jüdischer – Großbürger, die die Gründerzeit mit ihren kapitalistischen Erfolgen und ihrem unbändigen Aufstiegswillen dominiert hatten. Hermann Broch, Karl Kraus, Hugo von Hofmannsthal und Stefan Zweig hatten reiche Fabrikanten als Väter, auch wenn Hofmannsthals Vater schon beim Börsenkrach von 1873 sein Vermögen verloren hatte. Hermann Bahrs Vater war Notar und Landtagsabgeordneter, Arthur Schnitzlers Mutter war mit den Bankiers Schey von Koromla verwandt, und auch Felix Salten war der Sohn eines Ingenieurs – wenn auch eines verarmten, was ihn im Gegensatz zu den meisten anderen dazu verdammte, tatsächlich von seiner Schriftstellerei leben zu müssen. Alle wuchsen mit den Anschauungen ihrer liberalen Elternhäuser auf und brachen an einem bestimmten Punkt mit ihnen. Mit dem Börsenkrach und der Selbstkorrumpierung vieler Liberaler hatte sich der Glanz des Kapitalismus abgenutzt. Der Liberalismus der Gründerzeit war vom Aufstieg der neuen Massenparteien – der Christlichsozialen und der Sozialdemokraten – verdrängt worden. Die Jungen aber überließen das politische Feld eben jenen aufkommenden Massenbewegungen und erkannten in der Kunst die einzige Alternative zum geistlosen Geschäftsleben. Und während den Vätern, den Bauherren der Ringstraße, Kunst im Wesentlichen der Ornamentierung ihres Berufslebens und der repräsentativen Unterstreichung ihres gesellschaftlichen Standes diente, war die Kunst für die junge Generation zum eigentlichen Fluchtweg geworden. Künstlerische Moderne und politische Massenbewegungen traten um die Jahrhundertwende folglich nebeneinander und voneinander unabhängig auf. Das war der gesellschaftliche Nährboden für die Kultur des Fin de Siècle, für die Literaten des Jung Wien, die Maler der Secession, die Erneuerer in der Musik.

Schnitzler, der vielen nur als gemäßigter Moderner galt, brachte dennoch geradezu prototypische Werke der neuen Literatur hervor. Und nicht nur Anatol im gleichnamigen Stück gibt sich beim Abschiedssouper im Sacher eine Blöße, auch am Ende der *Kleinen Komödie* flieht die Gesellschaft ins dortige Separee, um den Abend mehr freizügig als gesittet ausklingen zu lassen. In der 1901 erschienenen Novelle *Leutnant Gustl* bedient sich der Dichter der neuen Erzähltechnik des inneren Monologs, in dem Seelenzustände nicht durch den Rückschau haltenden Erzähler beschrieben, sondern als unmittelbares Zustandsprotokoll des Ich in all seiner Zerrissenheit geschildert werden. Der k.u.k. Leutnant Gustl sieht sich zum Selbstmord gezwungen, weil ihn ein gesellschaftlich tiefer stehender Bäckermeister beleidigt hat und er jenen dem militärischen und gesellschaftlichen Ehrenkodex zufolge nicht zum Duell herausfordern kann. Doch während er durch den Prater spaziert und den Duft der ersten Frühlingsblumen in der Nase hat, wird der Leutnant in seinen Selbstmordabsichten wankend und verwirft sie gänzlich, als er beim Besuch seines Stammcafés vom plötzlichen Schlaganfall des Bäckers erfährt – nur um sich sofort mit dem für den Nachmittag anberaumten Duell mit einem würdigeren, weil standesgemäßen Kontrahenten zu befassen. So entlarvend, so die stumpfsinnige Leere militärischer Konventionen sezierend hatte das noch keiner geschrieben. Kein Wunder, dass die Novelle zum Skandal geriet und ein Ehrengericht Schnitzler den Rang eines Leutnants der Reserve aberkennen ließ. Dass der Militarismus jener Zeit durch ein schmales Textbändchen derart bloßgestellt werden konnte, zeigte freilich, wie schwankend er als Fundament der Doppelmonarchie geworden war. Sogar die *Neue Freie Presse*, ansonsten der künstlerischen Moderne durchaus zugetan, übte sich in Schadensbegrenzung und fühlte sich bemüßigt, in einem Leitartikel die »hervorragenden Eigenschaften des Österreichischen Offizierskorps« zu loben. Dass die Zeitung des liberalen – und notabene jüdischen – Bürgertums eingeknickt war, hatte jedoch noch einen anderen Grund: nämlich den der antisemitischen Hetze, die Arthur Schnitzler und mit ihm die sogenannte Judenpresse in der Folge erdulden mussten. Das alles spielte sich nur sechs Jahre nach dem Erfolg der *Liebelei* ab, selbst wenn der Antisemitismus des Leutnant Gustl und die noch viel antisemitischeren Reaktionen darauf auch schon zu Zeiten der Uraufführung der *Liebelei* virulent waren.

Seht her, der Lueger mit einer Dornenkrone!, rief nun Theodor Herzl in die Runde. Der *Kikeriki* wird die Karikatur demnächst mit folgender Bildunterschrift veröffentlichen: »Eine gefährliche Zeit: Die nicht aus Jammer über die Wahl Luegers meschugge werden, werden es sicher aus Freude über seine Nichtbestätigung.« Herzl, Kritiker und Feuilletonchef der *Neuen Freien Presse*, jüdisch wie die Mehrheit der am Tisch versammelten Intellektuellen, wollte das Thema wechseln und auf die Wahl Karl Luegers zum Bürgermeister am 29. Oktober zu sprechen kommen. Der Führer der Christlichsozialen hatte bereits am 29. Mai zum ersten Mal die Wahl gewonnen, aber das Amt abgelehnt, nun war er mit 93 Stimmen gewählt, aber vom Kaiser nicht akzeptiert worden. Dieses Ringen zwischen Volkstribun und Monarch sollte noch eine Weile weitergehen, bis Franz Josef schließlich nachgeben und Lueger ins Amt segeln sollte, als ob er nie etwas anderes getan hatte, als Wiener Bürgermeister zu werden.

Quelle misère!, seufzten einige der Herren. An diesem Tisch im Sacher war man liberal, aber nicht einmal die Juden fühlten sich durch die Ereignisse mehr als irritiert oder – wie man in Wien zu sagen pflegte – »molestiert«.

Es braucht eben…, Theodor Herzl hob zu einer Rede über den Zionismus und den Judenstaat als einzig mögliche Antwort auf den Antisemitismus an. Er hatte im Sommer desselben Jahres sein wichtigstes Buch mit eben diesem Titel *Der Judenstaat* abgeschlossen und war nach vier Jahren als Korrespondent in Paris nach Wien zurückgekehrt. Und doch, obwohl der Antisemitismus auch hier stetig gewachsen war – in Paris hatte die Dreyfus-Affäre die Juden erschüttert –, hörte ihm in Wien niemand wirklich zu. Als Feuilletonist der *Neuen Freien Presse* war er hoch geachtet, und ab 1896 sollte er den Kulturteil dieser wichtigsten Tageszeitung der Monarchie leiten. Doch seine missionarischen Reden und seine Vision eines Judenstaates in Palästina oder Uganda, weit weg von Wien, war den großbürgerlichen Juden einfach nur lästig. Sie rissen Witze darüber, jüdische Witze wohlgemerkt: etwa »Wir Juden haben 2000 Jahre auf einen jüdischen Staat gewartet – und ausgerechnet mir muss er passieren«, oder: »Mir soll er recht sein, der Judenstaat, solange man mich zum Botschafter in Wien ernennt.«

Es war ein typisches Problem: Ein großer Teil der Juden Wiens hatte sich seit den Gründerjahren in der Stadt etabliert, von den Bankiers und Fabrikanten über die Universitätsprofessoren, den besonders zahlreichen Ärzten und Anwälten zu den Künstlern und kleineren Händlern. Nie war es den Juden in der Monarchie so gut gegangen wie in der zweiten Hälfte des 19. Jahrhunderts, nie war ihnen – die deutsch sprachen und dachten – die Integration und Assimilation in die deutsche Kultur, die sie so sehr liebten und zu der sie große Beiträge leisteten, näher erschienen. Was sollten sie also in Palästina, in einem unterentwickelten Wüstenland mit ein paar alten Mauern und Steinen, die auf die Vorväter zurückgingen? Oder gar in Uganda, einem Land im Herzen Afrikas, in dem es nicht einmal einen Anknüpfungspunkt an die alte Geschichte des Volkes Gottes gab.

Auch der Oberrabbiner von Wien, Moritz Güdemann, bei dem Herzl am Vormittag gewesen war, würde skeptisch bleiben. Selbst die englischen Rothschilds, die in Palästina bereits Kolonien betrieben, waren von Herzls Projekt nicht beeindruckt.

Den Juden Wiens geht es zu gut. Es ist ihnen nicht zu helfen, murmelte Herzl mehr zu sich selbst als zu den Anwesenden, die genau das waren: Juden, denen es zu gut ging. Auch an Maurice de Hirsch, den führenden jüdischen Philanthropen, den Herzl im Sommer in Paris aufgesucht hatte, hatte Herzl dies im Anschluss an die unfruchtbare Unterredung desillusioniert geschrieben: »Wir müssen noch tiefer herunterkommen, noch mehr beschimpft, angespuckt, verhöhnt, geprügelt, geplündert und erschlagen werden, bis wir für diese Idee reif sind.« Schnitzler hatte seit seiner Jugendzeit ein tiefes Verständnis für die antisemitische Gefahr, und wenn er auch die Idee eines Judenstaates abwegig fand, so war er Herzl doch freundschaftlich verbunden. Er, der Diagnostiker der Seele, ahnte jedoch viel weniger, was noch kommen sollte, als der Visionär Herzl. In seinem Roman *Der Weg ins Freie* zeichnet er das Bild der kulturellen Elite Wiens. Die meisten Charaktere sind Juden, und sie suchen im Zionismus, Sozialismus, in der Assimilierung oder im Kaffeehaus eine Lösung des antisemitistischen Problems. Doch dann erklärt der Jude Heinrich Bermann dem Aristokraten Georg Wergenthin den einzig wahren Weg zur Freiheit als Rückzug in sich selbst: »Ich glaube überhaupt nicht, dass solche Wanderungen ins Freie sich gemeinsam unternehmen lassen … denn die Straßen dorthin laufen ja nicht im Lande draußen, sondern in uns selbst. Es kommt nur für jeden darauf an, seinen inneren Weg zu finden.« Welche Verkennung der zukünftigen Entwicklungen.

Zu später Stunde kam noch Julius Schuster, um im Herrensalon auf Nathaniel Rothschild zu warten. Ob sie, Anna, denn eine Zigarre für ihn hätte, fragte er und fügte hinzu, dass er sich offensichtlich in der Uhr geirrt habe oder womöglich auch im Tag, denn sein Chef sei noch nie unpünktlich gewesen.

Was haben die Herrn denn noch zu besprechen?, fragte Anna,

nachdem sie die Zigarrenkiste geholt und Julius eine angeboten hatte. Feuer?

Das wäre zu freundlich. Für einen kurzen Moment blickte Julius Anna in die Augen. Schnitzler, fragte er, ist der denn auch noch hier?

Ja, in großer Runde.

Es ist … Julius stockte, suchte nach Worten, während er Annas Hände nahm und sie ein wenig zu sich zog. Doch noch bevor er weitersprechen konnte, platzte plötzlich Reverend William Hechler zur Tür herein. Trotz der Novemberkälte draußen hatte der britische Botschaftsgeistliche, ein kleiner kugelrunder Mann mit Prophetenbart, Schweißperlen auf der Stirn.

Grüß Gott, sagte er und rang ein wenig nach Luft. Er trug stets eine Soutane und darüber ein Inverness Cape, in das er zahlreiche Taschen für die unzähligen Bibeln einnähen hatte lassen, ohne die er sein Haus nicht zu verlassen pflegte. Nun aber zog er aus einer der Taschen ein Kissen heraus, um es sich auf dem Sessel neben Julius Schuster bequem zu machen.

Ich nehme an, lieber Schuster, Sie warten auf den Baron Rothschild. Ich war gerade bei ihm. Er lässt sich entschuldigen, er wird sich verspäten.

Ach, das ist bedauerlich. Wir wollten über den Football Club reden.

Football?, fragte Anna belustigt. Der sonderbare Sport, den die Engländer so lieben.

Gewiss, gnädige Frau, schaltete sich Hechler ein, ich selbst spiele in jenem First Vienna Football Club, um den es hier geht.

Sie scherzen, sagte Anna ungläubig. Hechler traute sie, schon wegen seiner Statur, nicht zu, auch nur je einen Ball zu treffen. Und auch Nathaniel Rothschild konnte man sich beileibe nicht über eine grüne Wiese hinter dem Team herrennend vorstellen. Rothschild zahlte, Schuster übernahm das Protektorat über den neuen

Verein, und Hechler spielte, obwohl um die fünfzig, um den jungen Männern in seiner Gemeinde ein Vorbild zu sein. Im Grunde ging die Initiative jedoch von Nathaniel Rothschilds Gärtnern aus. Einer der englischen Angestellten vermisste den Sport so sehr, dass Nathaniel für ihn sogar einen englischen Fußballtrainer angeheuert hatte. Franz Joli, der 24-jährige Sohn des Inspektors der Rothschildgärten Anton Joli, ließ sich von der neuen Art des Ballspiels sofort anstecken, und so kam es bald, sehr zum Leidwesen des Garteninspektors, zum ersten Fußballmatch zwischen Obstbäumchen und Orchideengewächsen. Um die selbigen nicht zu ruinieren, mietete man in der Folge einen Platz und gründete dann im August 1894 im Gasthaus Zur schönen Aussicht die Vienna.

Verehrte Frau Sacher, ist Theodor Herzl noch drüben im Speisesaal?, wechselte Hechler nun das Thema. Er, der Anglikaner, der die Prophezeiungen der Bibel wörtlich nahm, war einer von Herzls getreuesten Gehilfen und Unterstützern. Bestens vernetzt, würde er den Zionistenführer mit Kaiser Wilhelm II. zusammenbringen und bei deren Begegnung 1898 in Jerusalem als Kurier zwischen der zionistischen Delegation und dem kaiserlichen Zeltlager hin- und herpendeln. Zwei Männer und ihre Mission.

Ich wollte Herzl mit Baron Rothschild bekannt machen, sagte Hechler, der keine Gelegenheit, Verbindungen zu knüpfen, auslassen konnte. Habe eben gehört, dass er mit Schnitzler zusammen speist.

Das stimmt, verehrter Reverend, Sie wissen ja, wo sie ihn finden.

Hechler nickte gewichtig, verabschiedete sich rasch und rauschte Richtung Speisesaal davon.

Karl Lueger spaziert am Corso, aber meidet das Sacher

Eine glänzende Bühnenerscheinung; die beste, die es für das Rollenfach des Demagogen gibt ... Da kommt dieser Mann und schlachtet – weil ihm sonst alle anderen Künste misslangen – vor der aufheulenden Menge einen Juden. Auf der Rednertribüne schlachtet er ihn mit Worten, sticht ihn mit Worten tot, reißt ihn in Fetzen, schleudert ihn dem Volk als Opfer hin. Es ist seine erste monarchisch-klerikale Tat: Der allgemeinen Unzufriedenheit den Weg in die Judengasse weisen; dort mag sie sich austoben. Ein Gewitter muss diese verdorbene Luft von Wien reinigen. Er lässt das Donnerwetter über die Juden niedergehen.

Felix Salten: Das österreichische Antlitz *(1910)*

Eine große Ansammlung gut gekleideter Menschen flanierte zur Mittagszeit durch die Wiener Innenstadt. Die Herren im Zylinder, mit goldenen Spazierstockknäufen, die in der Sonne blitzten, die Damen selbstverständlich mit ausladenden Hüten, auf denen Seidenblumenbouquets, Schleifen oder gar ausgestopfte Vögel tanzten, während ihre Hände in feinsten Handschuhen steckten und die rauschenden Kleider ihre wohlgeformten Figuren umspielten. Man flanierte von der Kärntnerstraße kommend an der Oper vorbei auf den Ring und erfreute sich – vor allem an Sommertagen – an den Schatten spendenden Kastanien und Platanen auf der Ringstraße, bis man sich, beim Schwarzenbergplatz angelangt, voneinander verabschiedete, um zum Mittagessen nach Hause oder in ein nahe gelegenes Restaurant zu eilen. Es war der sogenannte Ringstraßenkorso, eine der vielen gesellschaftlichen Verpflichtungen der Epoche, eine Art Schaulaufen der Reichen und

Schönen. Wer auf sich hielt, stellte sich diesem Spießrutenlauf und wählte eine Begleitung, die die Gerüchtebörse der Stadt wahlweise zu besänftigen oder mit Neuigkeiten zu füttern wusste. Es gab ungeschriebene Regeln, eine Art Korso-Etikette, wonach man beispielsweise nur auf der Innenseite der Ringstraße zu gehen hatte. Die, die sich unter die Menge mischten, wussten stets, wer zu grüßen war und wer all den Grüßern mit einem nachlässig vornehmen Kopfnicken zu danken hatte. Ebenso ergab sich aus dieser gesellschaftlichen Hierarchie, wer auf den spärlichen Sitzplätzen in den Korbstühlen vor dem Hotel Sacher Platz nehmen durfte und wer nicht. Bloß vorübergehend in der Stadt weilende Hotelgäste hatten selbstverständlich keine Chance.

An jenem Sommertag 1897 saßen dort wie immer ausnahmslos Stammgäste: Karl Wittgenstein mit Gattin, der exzentrische Erzherzog Ludwig Viktor mit einigen Freunden sowie drei ungarische Magnaten, die neugierig zum Tisch des Erzherzogs hinüberblickten. Daneben saßen die Brüder Albert und Nathaniel Rothschild – Albert samt seiner Geliebten, der Schauspielerin Helene Odilon, die der Witwer 1893 kennengelernt hatte und mit der er des Öfteren Radtouren unternahm. Sie hatte sich kürzlich von ihrem Mann Alexander Girardi scheiden lassen, nachdem sie zwei Jahre zuvor erfolglos versucht hatte, ihn wegen angeblicher Kokainsucht in eine Irrenanstalt einweisen zu lassen. Das wiederum hatte Katharina Schratt, die Freundin des Kaisers, zur Rettung des Volksschauspielers auf den Plan gerufen: Ihn, den berühmten Sänger des »Fiakerliedes«, wollten sich die Wiener nicht nehmen lassen, egal, ob seine Eskapaden das Normalmaß überschritten oder nicht. Einweisungen in die Psychiatrische waren damals schließlich in Mode. Aber selbst die Scheidung sollte Helene Odilon nicht zur Heirat mit dem reichsten Mann Wiens verhelfen. Albert hatte ihr, immerhin ein recht ansehnliches Trostpflaster, bereits ein Palais in der Neustiftgasse erbauen und kostbar einrichten lassen – derlei

Zugeständnisse fielen Herren in seiner Lage leichter als eine Vermählung.

Doch nicht die Affäre Odilon-Rothschild wurde am Tisch des Erzherzogs verhandelt, sie war schließlich Schnee von gestern. Man unterhielt sich über den jüngsten Hofskandal, über die Affäre der Prinzessin Louise von Coburg mit dem kroatischen Ulanenoberleutnant Graf Geza Matachich-Keglevich. Ludwig Viktor, der ansonsten eher dem männlichen Geschlecht zugeneigt war, hatte selbst ein Auge auf die geborene belgische Prinzessin geworfen. Ihre Ehe mit Philipp von Coburg war seit der Hochzeitsnacht unglücklich, und Ludwig Viktor hatte dem Kaiser erzählt, er habe Matachich mit der Prinzessin in einem der Sacher-Separees gesichtet. Prinzessin Stephanie, die Witwe von Kronprinz Rudolf, war Louises Schwester – es ging also wirklich um *grandes affaires.* Im Frühjahr hatte Louise ihren Mann verlassen, um mit dem Kroaten zu leben, seither war die Hofpolizei hinter den beiden her.

Kaiserliche Hoheit, die Herrn! Der Redakteur des *Wiener Salonblatts* war erschienen.

Irgendwelche Neuigkeiten in Sachen Coburg?, wollte einer der Anwesenden wissen.

Leider nein. Der Redakteur verbeugte sich vor dem Erzherzog und suchte sich einen diskreten Platz im Hintergrund. Auch im Fall Coburg würde man den Ausweg der Einweisung in eine psychiatrische Anstalt wählen, diesmal allerdings mit mehr Erfolg: Erst 1904 sollte die Prinzessin von ihrem Geliebten und einigen beherzten Helfern befreit werden – ein Ereignis, das Karl Kraus in seiner Zeitschrift *Fackel* unter der Schlagzeile »Irrenhaus Österreich« alsdann abhandeln würde.

Von der Straße traf nun Hans Wilczek ein, mit elegantem Sprung über die kurz gehaltenen Büsche, die die Terrasse gegen die Straße abgrenzten, und ließ sich, herzlich begrüßt von Nathaniel Rothschild, neben Helene Odilon nieder.

Du bist in Wien?, fragte Nathaniel den Freund.

Kann ich mir leisten, den Korso zu verpassen?, sagte der Graf, setzte sein Lorgnon auf und tat, als würde er die Speisekarte studieren, die er längst auswendig kannte. Dann wandte er sich dem Treiben auf dem Korso zu. Das Sacher erfüllte seine Funktion als Tribüne perfekt: Von hier hatte man den besten Überblick über das Geschehen, von hier flogen die spitzesten Kommentare, hier strickte man an den pikantesten Gerüchten.

Anna hatte einen Blick aus dem Hotel hinaus auf die Straße geworfen und Wilczek erblickt. Den Grafen wollte sie dann doch begrüßen. Sie hatte sich so über Ludwig Viktors Tratschereien geärgert, dass sie die Anwesenden eigentlich mit ihrem Fernbleiben strafen wollte, aber Wilczek mochte sie einfach zu gern. Außerdem begrüßte sie der Graf neuerdings mit einem Handkuss. Er hatte sie zu ihrem Geburtstag mit dieser Ehrerbietung geadelt, seither wurde die Geste von allen Herren freudig nachgeahmt.

Seine Kaiserliche Hoheit sind nicht in Salzburg? Anna wusste, was sich gehörte, und begrüßte den Erzherzog zuerst. Ludwig Viktor war vor Jahren vom Kaiser wegen seines ausschweifenden Lebens in die Mozartstadt verbannt worden.

Verpflichtungen, Verehrteste, Verpflichtungen. Als Inspektor des Roten Kreuzes hatte der Kaiser seinen Bruder vor einem Jahr zumindest teilrehabilitiert.

Nun folgte Wilczek mit seinem Handkuss: Gnädigste, wie laufen die Geschäfte?

Anna seufzte, aber nur ein wenig, eine kleine Angewohnheit, damit der Erfolg, den sie mit dem Sacher hatte, nicht so unbescheiden wirkte. Was darf ich dem Herrn Graf bringen?

Nachdem er einen Tafelspitz mit Kartoffelschmarrn und ein Glas Rotwein bestellt hatte, entdeckte Wilczek Karl Lueger, der sich dem Bad in der Menge vor dem Sacher hingab, nach hier grüßte und nach da nickte, Hände schüttelte und die wenigen skeptischen Blicke geflissentlich übersah. Er hatte die Angewohnheit, überall aufzutauchen, eine Kirche in der Vorstadt einzuweihen, dann am Korso bei den oberen Zehntausend vorbeizuschauen und schließlich ein Volksfest im böhmischen Prater zu eröffnen – wie ein Platzhirsch sein Revier, so markierte der neue Bürgermeister ganz instinktiv das seine durch eine schiere Omnipräsenz.

Der kommt mir nicht ins Haus, meinte Anna beim Hineingehen und verschränkte ihre Arme über der Brust. Wissen S', was er gesagt hat neulich?

Karl Lueger hatte das Sacher »die Zuflucht der Überflüssigen« getauft. Das war ein starkes Stück, nahmen doch alle Sacherianer für sich in Anspruch, mitnichten überflüssig, sondern vielmehr die Elite jener Stadt zu sein, die der Sohn des Pedells der Technischen Hochschule seit April dieses Jahres regierte. Seine Wahl war ein einzigartiger Vorgang in der Geschichte der Stadt, wenn nicht gar der gesamten Monarchie, gewesen: Drei Mal hintereinander, das erste Mal im Oktober 1895, war er mit großer Mehrheit gewählt, vom Kaiser jedoch abgelehnt worden, der dem christlichsozialen Politiker wegen seiner antisemitischen Ausfälle und seiner feindseligen Haltung den Ungarn gegenüber nicht zutraute, der Bürgermeister aller Wiener zu sein. Damit machte der Monarch von seinem im Stadtstatut verankerten diskretionären Recht Gebrauch, die Bestätigung der Wahl des Bürgermeisters von Wien zu verweigern. Nach der dritten, abermals abgelehnten Wahl lud Franz Josef den Kommunalpolitiker dann zur Audienz, um ihm zu sagen, dass er die Wahl »dermalen« noch immer nicht bestätigen könne. Stattdessen wurde Luegers Mitarbeiter Josef Strobach Bürgermeister und Lueger Vizebürgermeister. Das »Dermalium«, wie die schlagfertigen Wiener diese Interimszeit sogleich benannten, dauerte allerdings nur wenige Wochen, Strobach trat zurück, und Lueger wurde nach seinem vierten Wahlsieg unter dem Jubel seiner Anhänger am 20. April ins Amt getragen. Damit hatte er die dreißigjährige liberale Herrschaft in der Hauptstadt beendet, es war die größte Veränderung in der Wählerloyalität in einer mitteleuropäischen Hauptstadt vor dem Ersten Weltkrieg.

Ach, der fesche Karl. Mein Bruder hätte standhafter sein müssen, ließ sich Erzherzog Ludwig Viktor vernehmen.

So fesch ist der auch wieder nicht, der aufgeblasene Gockl, ätzte einer der Ungarn.

Die Stammgäste im Sacher versuchten, die Wahl Luegers herunterzuspielen, und doch mussten sie diesem Mann aus dem Volk ein nicht unbeträchtliches politisches Talent zugestehen. Dass dieses Talent für dreizehn Regierungsjahre ausreichen würde, glaubte indes keiner der Anwesenden.

Gewiss, ohne Lueger, diese Inkarnation des Wienertums, hätten die Christlichsozialen in Wien nie solchen Erfolg gehabt. Doch für den Aufstieg der Massenpartei waren auch noch andere Gründe maßgebend. Zum einen wäre Luegers Wahl ohne die Ausweitung des Wahlzensus auf die sogenannten Fünfguldenmänner nicht möglich gewesen – dazu zählten Handwerker, Kleingewerbetreibende, Kleinhändler, eben all jene, die fünf Gulden Steuern bezahlten. Zum anderen hatte gerade diese gesellschaftliche Schicht nach dem Börsenkrach von 1873 sehr gelitten und war somit leicht zu mobilisieren. Wenn sie ihre wirtschaftliche Existenz nicht durch den Schwarzen Freitag verloren hatten, so sahen sie sich in den schwierigen Jahren danach einem Strukturwandel ausgesetzt, den sie weder begreifen noch beeinflussen konnten. All die kleinen Handwerker und Händler, all die Schuster, Schneider, Posamentierer und Greißler mussten zusehen, wie ihnen das Geschäft durch die industrielle Produktion von Schuhen, Kleidern, Möbeln und anderen Konsumartikeln kaputt gemacht wurde. So hatte etwa der Schuhfabrikant Alfred Fränkel, der seit den frühen

1880er Jahren in der Vorstadt eine mechanisierte Schuhfabrik betrieb, im Mai 1887 zehn Einzelhandelsgeschäfte in der Stadt eröffnet und damit das wirtschaftliche Überleben von Hunderten kleinen Schustern gefährdet, die weder im Preis noch in der Qualität mit den mechanisch gefertigten Schuhen mithalten konnten. Für gewöhnlich waren Schuster miserabel ausgebildet: Viele konnten kaum lesen oder schreiben, und einige verstanden sich nur auf Teilgebiete ihrer Zunft, so konnten sie etwa Schuhoberteile nicht fachgerecht mit der Schuhsohle verbinden. Außerdem zahlten die Fabriken ihren Arbeitern durchaus bessere Löhne als die kleinen Handwerker ihren Gesellen, die auf der untersten Stufe der Ausbeutungsleiter standen. Und während die Handwerker früher persönlich mit ihren Kunden bekannt waren und so über den Preis verhandeln konnten, nahmen ihnen nun die Detailhändler diese Möglichkeit. Denn auch im Handel fand ein Umwälzungsprozess statt: Dort traten nun die sogenannten Gemischtwarenverschleißer auf den Plan, die ein buntes Sortiment von Nahrungsmitteln, Bekleidung und Alltagsutensilien im Angebot hatten und den kleinen Läden, Gastwirten und Lieferanten Konkurrenz machten. Bald würden sie wiederum durch die Entstehung der Kaufhäuser – der wahren Tempel der neuen Konsumkultur – verdrängt werden.

Das Hotel- und Gastgewerbe jedoch hatte nach einer kurzen Zeit der Krise in den 1880er Jahren einen großen Aufschwung erlebt. Zwischen 1880 und 1894 hatte sich die Zahl der Gastgewerbebetriebe in Wien sogar verdoppelt. Das Elend der Handwerker und der kleinen Händler erlebten die Gastwirte und Hoteliers also vor allem mittelbar, da sie mit vielen dieser Berufsgruppen zu tun hatten. Insbesondere die Grandhotels – das Sacher gehörte nicht so sehr wegen seiner Ausstattung als aufgrund seiner illustren Gäste und seiner berühmten Chefin zu dieser Kategorie – beschäftigten ein ganzes Arsenal von ihnen. Man beauftragte entweder hausinterne Tischler, Polsterer, Tapezierer, Schneider und Schuster oder Handwerker des eigenen Vertrauens. Zum Hotelpersonal gehörten neben den Kellnern, den Stubenmädchen und Portiers auch Heizer, Kellermeister, Wäschebeschließerinnen, Köche und Zuckerbäcker. Und ob es nun die benötigten Nahrungsmittel, die Delikatessen oder die Weißwäsche betraf, so hatten die Hotels für all diese Dienste gut eingeführte Lieferanten. Eduard Sacher kannte die Probleme und hatte darum schon 1889 als Mitglied der Wiener Gastwirtegenossenschaft eine Gehilfenkrankenkasse für die Angestellten im Gastgewerbe und eine Fachschule für Hoteliers mitbegründet.

Bei den kleinen Gastwirten reüssierten Luegers Christlichsoziale. Hoteliers wie Anna Sacher standen hingegen dem Liberalismus oder Konservativismus ihrer Klientel meist näher, außerdem zwang sie schon ihre Branche, international zu denken. Der Tourismus war eine fortschrittliche Dienstleistung, die Hotelbesitzer die Verwalter der beschleunigten Epoche, ihre Häuser die Aushängeschilder der modernen Zeit.

Damals, als Lueger schließlich sein Amt angetreten hatte, war es auch im Sacher hoch hergegangen. Während sich oben in den Speisesälen, Salons und Separees die Aristokraten und Großbürger zu fragen begannen, wie dies alles nur hatte geschehen können, und die Versäumnisse ihrer liberalen Politik – zu spät – beklagten, wurde im Souterrain, in den Küchen, den Silberputz- und Abwaschräumen, gefeiert. Man wusste, dass die Chefin das Agitieren und Politisieren verboten hatte – egal, ob sich die Angestellten für die Christlichsozialen oder die Sozialdemokraten starkmachten –, aber diesmal war der Jubel einfach zu groß. Die Hochrufe flogen nur so durch die Räume, ein Wort gab das andere, während die Saucen fast verbrannten und das auf Tellern angerichtete Beinfleisch kalt zu werden drohte.

Lueger, Vater unser! Der Kellermeister zog ein Flugblatt, das er vor einiger Zeit ergattert hatte, aus der Tasche und las vor: »Gelobt sei dein Name ... verschaff uns keine Börse, sondern nur christliches Brot ... und erlöse uns von dem Juden-Übel Amen.« Gelächter und weiterer Jubel.

Endlich erschien Oberkellner Wagner, der sich persönlich mehr der Ober- wie der Unterwelt des Sacher zugehörig fühlte, wenn er auch mit den Anliegen des kleinen Mannes durchaus etwas anzufangen wusste.

Was gibt's denn zu politisieren? Rauf mit euch, die Gäste können nicht ewig warten.

Es wurde etwas ruhiger. Nur ein als radikal Politischer verschriener Zahlkellner maulte noch eine Weile weiter, ballte die Fäuste gegen die da oben und drohte, er würde dem Rothschild demnächst die Sauce Bernaise über die Schulter ... Weiter kam er nicht, die Schritte der Chefin waren auf der Treppe zu hören, alles verstummte und machte sich wieder an die Arbeit.

Karl Lueger modernisierte Wien, das in so vielen anderen Bereichen bereits ein Laboratorium der Moderne war. Auch wenn der Bürgermeister das walzerselige Wienertum, die Tradition der Zünfte und Gilden, die katholischen Werte propagierte und auf den »verjudeten« Liberalismus schimpfte, war er ein Neuerer – ein Politiker, der Wien mehr noch als die Architekten und Bauherren der Ringstraße in eine moderne Metropole verwandelte. Unmittelbar nach seiner Wahl begann er mit seinem Programm des »kommunalen Sozialismus«: Er schuf eine neue Bauordnung, sorgte für die Verbesserung der Straßenpflege und ging damit gegen die katastrophale Hygiene in der Stadt vor. Lueger kümmerte sich um die Armen und die Alten, sorgte für einen weiteren Ausbau der Hochquellwasserleitung, kommunalisierte die Gas- und Stromversorgung, elektrifizierte die Straßenbahnen und baute unter Mitwirkung des Architekten Otto Wagner das vielgerühmte Wiener Stadtbahnnetz. Lueger war ein moderner Visionär im Pelz des Demagogen – einer, der wusste, dass man die Ressentiments all der Fortschrittsverlierer am besten durch antisemitische Hetzkampagnen bündeln konnte.

Soll er sich mit seinen Gemeinderatsgünstlingen doch nach Klosterneuburg absetzen oder in irgendein Provinznest, verkündete Anna missmutig auf dem Ball des Bürgermeisters einige Jahre, bevor Lueger Bürgermeister geworden war. Wieder einmal ging es um die Rothschilds, ihren Einfluss auf die Banken, die Kaiser Ferdinands-Nordbahn, deren Konzession 1886 verlängert worden war, doch die Bahn sollte ein bleibender Zankapfel der Innenpolitik bleiben, sie ließ sich einfach allzu gut populistisch ausschlachten.

Dieser Opportunist. Als ob er nicht wüsste, dass Österreich ohne die Rothschilds längst hätte zusperrn müssen. Anna nahm nie ein Blatt vor den Mund, wenn es um ihre Stammgäste ging. Man kannte die liberalen Ansichten der Wirtin, doch die Wogen im Zuge der Debatte über die Privatisierung der Eisenbahnen schlugen immer wieder derart hoch, dass Anna mit ihrer Verteidigung der jüdischen Großbankiers oft alleine dagestanden war. Nicht nur eingefleischte Antisemiten glaubten sich vom jüdischen Kapital bestohlen, nur weil die Bahnen nun satte Gewinne abwarfen. Der Sozialneid der Zeit war grundsätzlich antisemitisch gefärbt, das hatte schon allein damit zu tun, dass ein großer Teil der erfolgreichen Unternehmer und Bankiers eben tatsächlich Juden waren. So zählten in Österreich um die Jahrhundertwende über 60 Prozent der Millionäre zu Familien mit jüdischer Herkunft, während es zur gleichen Zeit in der deutschen Wirtschaftselite nur 16, in England gar nur 2 Prozent waren. Auch das *Salonblatt* musste des Öfteren zur Verteidigung seiner Klientel schreiten, vor allem Nathaniel Rothschilds wegen, der beim Bau seines Palais ausländische Arbeiter beschäftigt hatte. Und wenn er denn einige Poliere aus Frankreich habe kommen lassen, so sei dies nur ein Gewinn für die hiesige Bauindustrie, um »sehr ersprießliche Handgriffe und Methoden – wie die Bearbeitung des Steins mittels Hobel« zu erlernen. Außerdem: »Durch zwölf Jahre hindurch haben Hunderte bei diesem Bau reichlich ihren Lebensunterhalt verdient und darüber – und noch jetzt sind fortwährend zahlreiche Arbeitskräfte in Verwendung. Solche Bewandtnis hat es mit dem Geschrei, dass der Baron alles aus Paris beziehe. S'ist einfach erlogen.«

Anna Sachers Bemerkungen waren Lueger natürlich zu Ohren gekommen und hatten die solide Feindschaft der beiden begründet. Das blieb auch so, nachdem Lueger Bürgermeister geworden war und seinen Antisemitismus in die Mottenkiste des Wahlkampfpopulismus gepackt hatte. »Wer ein Jude ist, bestimm ich«, lautete nun seine Parole, und jene Mitstreiter, die für diese Definition zu wenig geschmeidig waren, vor allem der niedere Klerus, der Lueger vor der Wahl mit seinem traditionellen Judenhass große Dienste erwiesen hatte, ließ er baldmöglichst fallen. Stattdessen söhnte er sich mit dem Finanzkapital aus, allen voran mit den Rothschilds. Anna hatte recht gehabt: An denen kam in der Hauptstadt niemand vorbei. Arthur Schnitzler freilich hatte es immer schon gewusst, er schrieb in seinen Jugenderinnerungen: »So unbedenklich Lueger die niedrigsten Instinkte der Menge und die allgemeine politische Atmosphäre für seine Zwecke zu nützen wusste, im Herzen war er, auch auf der Höhe seiner Popularität, sowenig Antisemit als zu der Zeit, da er im Hause des Dr. Ferdinand Mandl mit dessen Bruder Ignaz und anderen Juden Tarock spielte.« Ignaz Mandl war ein Onkel Arthur Schnitzlers, der als Gemeinderat anfänglich mit Karl Lueger gemeinsam als Antikorruptionist auftrat. Die Stadt war ein Dorf, und jeder in diesem Dorf war mit jedem irgendwie verbunden, sei es durch Verwandtschaft, Religion oder durch das eifrig frequentierte Stammlokal.

»Es gab und gibt Leute«, schrieb Schnitzler jedoch weiter, »die es ihm als Vorzug anrechnen, dass er auch in seiner stärksten Antisemitismuszeit persönlich für viele Juden eine gewisse Vorliebe beibehalten und daraus keinen Hehl gemacht hatte: Mit galt gerade das immer als der stärkste Beweis seiner moralischen Fragwürdigkeit.«

Dass Lueger nicht gut auf die Sacher-Wirtin zu sprechen war und sie nicht gut auf den Bürgermeister, wusste in Wien jeder. Es war eine gut gepflegte Feindschaft zweier ähnlich gearteter Charaktere: charismatisch, volkstümlich, niemanden neben sich duldend. Und auch wenn Lueger im Anzug des Bürgermeisters an Stattlichkeit zugelegt und seinen Judenhass abgemildert hatte, so war Anna dennoch froh, dass er der Herr der Stammtische aller Vorstadtwirtshäuser blieb und sie nicht auch noch diese Wiener Figur in die filigrane Gesellschaftsstruktur ihrer Sacherwelt integrieren musste. Doch die Gefahr, dass er doch einmal vorbeischauen würde, vielleicht, um mit einem der Sacher-Stammgäste ins Geschäft zu kommen – diese Gefahr war schon allein deshalb gering, weil Lueger an geradezu krankhafter Sparsamkeit litt. Er sträubte sich stets, Geld auszugeben, und im Wirtshaus zählte er das Trinkgeld für die Kellner bis auf den Heller ab. Als Bürgermeister hätte er im Sacher die Zeche selbst zahlen müssen, da bat er die Herren dann doch lieber zur Besprechung ins Rathaus oder begab sich in dessen Kontore.

Der Nichtannährungspakt zwischen der Sacher und dem Bürgermeister hatte jedoch einen Haken, der im Jahr 1907 zu einem drängenden Problem mutierte, als nämlich die Streckenführung der 63er-Straßenbahn elektrifiziert und in einer Schleife rund um die Oper geführt wurde. Seither blieb sie mit ohrenbetäubendem Quietschen direkt vor dem Eingang des Hotels stehen. Die Gäste, die zur Augustinerstraße hinauswohnten, sowie diejenigen im

Damensalon und im braunen Salon vis-á-vis, verstanden ihr eigenes Wort nicht mehr, außerdem wackelten stets alle Schränke und Anrichten, und sogar die Teller auf den Tischen vibrierten durch die Unwägbarkeiten der neuen – technisch offenbar nicht gänzlich ausgereiften – Zeit. Anna bereute schon, dass sie dem Bürgermeister stets so unverhohlen ihre Antipathie gezeigt hatte. Denn nun war sie gezwungen, ihn im Rathaus aufzusuchen – sie, die es gewohnt war, dass alle Herrschaften außer dem Kaiser zu ihr ins Sacher kamen.

Herr Bürgermeister, Sie haben mir's zum Fleiß genau so arrangiert, dass die Tram vor dem Sacher stehen bleibt. Anna kam gleich zum Thema.

Die Umstände, meine verehrte Dame, antwortete Lueger mit gespieltem Bedauern. Ich kann wenig ausrichten. Die noblen Gäste werden sich's gewöhnen müssen, dass auch noch andre Leut in der Stadt leben. Der Bürgermeister gab sich klassenkämpferisch. Dann griff er vor sich in ein Kistchen und steckte sich eine Zigarre an.

Wollen S' mir keine anbieten?, bemerkte die Gastwirtin und stemmte die Arme in die Taille.

Wie unaufmerksam von mir. Hab ganz vergessen, dass Sie rauchen. Mit einer leichten Handbewegung deutete er auf die Kiste und hielt ihr ein Feuer unter die Nase. Dann haben wir schlussendlich doch etwas gemeinsam. Er setzte sein charmantestes Bürgermeisterlächeln auf.

Kommen S' einmal vorbei bei mir, dann werden S' ja sehen, wie sehr die Haltestelle den Betrieb stört.

Das Sacher kann ich mir nicht leisten, gnädige Frau, sagte Lueger schmunzelnd.

Nach der nächsten Wahl vielleicht schon, sagte Anna und legte eine kleine Kunstpause ein, bevor sie nachsetzte: Wissen S', was das Schöne an meinem Beruf ist? Mich kann keiner abwählen.

Sagte es, machte auf dem Absatz kehrt und verschwand zur Tür hinaus.

Sie eilte die neogotischen Treppen des dunklen Rathausgebäudes hinunter auf die Ringstraße, und obwohl sie es eilig hatte, bestieg sie nicht die kommunale Straßenbahn, sondern spazierte durch den Burg- und Volksgarten zurück zum Hotel.

Im Burggarten blühten die Rosen, betörend schön und von zauberhaftem Duft. Anna konnte nicht anders, als ein wenig zu verweilen. Sie setzte sich auf eine der Bänke und versuchte, ihren Ärger über den Bürgermeister zu vergessen. Man wird schon sehen, wer am längeren Ast sitzt, dachte sie, er auf seinem Bürgermeistersessel oder ich in meinem Hotelbureau.

Ein Pärchen ging vorbei, ein Mädchen in einem taubengrauen Kleid mit altrosa Spitzen, sehr schmal um die Taille, sehr hell im Teint. Der Offizier an ihrer Seite blickte ihr in die Augen, dann wieder auf ihr Dekolleté. Sie lachten und scherzten miteinander, die Sittenpolizei war im Rosengarten auf mindestens einem Auge blind, dachte Anna, sie ließ sich wohl vom Farbenmeer der Blumen ablenken. Die Hotelierin geriet ins Träumen. Sie und Julius konnten sich damals, als sie noch jung und verliebt waren, so einen Spaziergang nicht leisten, nicht einmal in den Parkanlagen der Stadt waren sie vor den Auguren des Gesellschaftsklatsches sicher. Was war es nicht für ein Spießrutenlauf, was für ein ewiges Versteckspiel. Anna war anfangs, spätestens nach der *Liebelei* im Burgtheater, erschrocken gewesen. Obwohl Julius sie doch nur ein paar Mal ausgeführt hatte, war er sogleich ein unauslöschlicher Teil ihres Lebens geworden. Und das, wo ihre Tage ohnehin völlig ausgefüllt waren – mit dem Hotel, den Kindern, den Angestellten, all den Gästen und den repräsentativen Pflichten, die damit verbunden waren. Selbst der Verzicht, den sie sich und Julius zunächst auferlegt hatte, weil es doch so viel einfacher gewesen wäre, für sie und für ihn, selbst dieser Rückzug hatte nichts verändert. Die Liebe blieb, sie ließ sich nicht einfach verscheuchen.

Ein halbes Jahr hatten sie einander gemieden. Dann war es wieder Frühling geworden, sie hatte die Gewerbekonzession für die Zillen und Ruderboote im Praterteich erneuert und den Sacher-Garten wieder eröffnet. Und dann kam er eines Tages, allein. Er meinte, er müsse etwas in der Freudenau erledigen, nach den Rennpferden von Nathaniel Rothschild sehen. Ob sie ihn denn nicht begleiten wolle?

Wie er dazu komme, auch nur zu fragen?, erwiderte sie. Er half ihr in das taubengraue Jäckchen, und noch bevor sie den Hut, den sie gerade aufgesetzt hatte, unter dem Kinn zubinden konnte, nahm er ihre Hände in die seinen. Kurz trafen sich ihre Blicke, dann umarmte er sie.

So ist es besser, sagte er.

Dieser Fuchs wäre in der letzten Saison fast der Derby-Sieger geworden, erklärte Julius. Sie waren Arm in Arm hinüber in die Freudenau spaziert, jeder Schritt, jedes Wort war so lang ersehnt, dass die Stunde, die der Spaziergang dauerte, im Winde verflogen war. Sie hatten sich nicht einmal um besondere Diskretion bemüht.

Das nervöse, feingliedrige Vollblutpferd wieherte und stellte die Ohren auf. Nathaniel Rothschild besaß einen der besten Rennställe der Monarchie, außerdem hatte er die Stallungen in der Freudenau gestiftet, in denen die Pferde der diversen Rennstallbesitzer für die Rennen unterkamen. Auch Nathaniels eigener Trainer hatte natürlich zwei dieser wie kleine Eisenbahnstationen aussehenden Häuschen für die Saison zur Verfügung. Die Pferde standen dort in vergitterten Boxen und warteten auf ihr Rennen. Die Saison begann immer im Frühjahr in der Freudenau und zog sich dann über sämtliche wichtige Rennplätze der Monarchie bis in den späten Oktober hin. In jenem Jahr sollte Nathaniel Roth-schild hinter Niki Esterházy und dem Sieger Tasziló Festetics als Sechster in der Gewinnerliste der Rennstallbesitzer erscheinen – kein allzu schlechtes Ergebnis für jemanden, der zwar ein leiden-schaftlicher Fotograf war, seinen Rennstall hingegen weniger aus Passion denn als gesellschaftliche Verpflichtung unterhielt.

Und dieser Schimmel? Anna steckte die Hand durch das Gitter. Das Tier war viel ruhiger, viel sanfter als der Fuchs. Es kam sogar herbei und ließ sich die samtenen Nüstern streicheln.

Julius fasste Anna um die Schultern. Eine dreijährige Stute. Sie hat einen guten Stammbaum. Aber wir werden sie dieses Jahr trotzdem rennen lassen.

Hat sie denn Chancen?

O ja, sie hat großartig abgeschnitten. Aber schau nur, ihre Augen, wie würdest du sie beschreiben?, fragte er.

Gutmütig, sanft, aber auch sehr lebendig.

Siehst du, an den Augen erkennt man den Charakter eines Pfer-des.

Anna atmete tief ein. Der Geruch der Pferde, der Duft von fri-schem Heu und altem Leder stieg ihr in die Nase. Sie lauschte dem Schnauben der Tiere, den Essgeräuschen, die ihre Kiefer beim Zermalmen des Hafers machten. Sie spürte Julius' Atem hinter sich, wie er ihre beiden Körper sanft auf und ab wiegte, sie spürte seine Hände an ihrer Taille. Dann drehte sie sich zu ihm um, nur so weit, dass sie in seine Augen blicken konnte. Sein Blick löste Zeit, Raum und die widrigen Umstände auf und ließ Platz für das Gefühl, endlich angekommen zu sein.

1898
Karl Wittgenstein finanziert (nicht nur) die Secession

Hat man geglaubt, die Rothschild, Gutmann, Wittgenstein würden plötzlich aus der Art schlagen und Menschenwohl über Capitalsprofit stellen? Wenn Herr Rothschild ein wohlthätiges Institut mit ein paar tausend Gulden unterstützt, wenn Frau Gutmann als Patronesse in den Ballsaal einzieht, in dem zu wohlthätigem Zweck getanzt wird, dann ist es an der Zeit, davon zu sprechen, dass die verbrecherische Ausbeutung von hunderttausend Menschen diesen Leuten die Mittel bietet, mit deren tausendstem Theil sie hundert Menschen zu Hilfe kommen ...

Karl Kraus: Die Fackel *(31.2.1900)*

Karl Wittgenstein legte den Bleistift zur Seite und lehnte sich zurück. Die silberne Uhrkette über der Weste seines Zweiteilers blinkte in der Sonne, die durch das Fenster auf seinen Schreibtisch fiel. So, fertig! Zufrieden strich er sich über den dichten Schnauzbart, die stechenden Augen funkelten unternehmungslustig. Er hatte in Windeseile einige Berechnungen angestellt, mögliche Firmenfusionen und Standortschließungen eingeschlossen, und seinen Geschäftspartnern schnell aufs Papier hingeworfene Tabellen und Grafiken erläutert. Seit einiger Zeit hatten er, Feilchenfeld und Kestranek die Aktien der Alpine Montangesellschaft aufgekauft, bis die Wittgensteingruppe die Mehrheit am größten österreichischen Eisen- und Stahlunternehmen hielt.

Nun, ich sage es noch einmal. Wir brauchen Rationalisierung! Rationalisierung! Rationalisierung! Feilchenfeld und Kestranek nickten, während Wittgenstein sich anschickte, eine neue Zigarre aus der Zigarrenkiste vor sich zu nehmen.

Ich dachte wir lunchen, warf Kestranek ein. Die Causa ist beschlossen, und drüben beim Sacher gibt's Kruspelspitz mit Kren. Hab beim Hergehn schon für alle bestellt.

Außer steigenden Börsenkursen konnte die Anwesenden wenig in derartige Vorfreude versetzen wie gekochtes Rindfleisch, in diesem Fall ein Stück von der Schulter, den halben Vormittag mit Wurzelgemüse gesotten, sodass es auf der Zunge zerschmolz. Und so erhob man sich und ging die paar Schritte hinüber ins Hotel Sacher. Es war ein schöner Herbsttag, die Stadt stand ganz im Zeichen des 50-jährigen Regierungsjubiläums von Kaiser Franz Josef, und wäre da nicht das tödliche Attentat auf die Kaiserin vom 10. September gewesen, man hätte tatsächlich von einem überaus glücklichen Jahr sprechen können.

Das Sacher war Wittgensteins Speisezimmer, seit er sein Büro in die Krugerstraße verlegt hatte und seine Familie vom Schwarzenbergplatz in das fertig erbaute, überaus großzügige Palais in der Alleegasse übergesiedelt war. Das hübsche Stadthaus in der Krugerstraße gehörte pikanterweise Viktor Adler, dem Gründer der Sozialdemokratie. Auch er, der sein Leben dem Kampf gegen Figuren wie Wittgenstein, dem Paradekapitalisten der Zeit, verschrieben hatte, entstammte dem jüdischen Großbürgertum.

Schon von Weitem waren die drei Herren zu erkennen, als sie von der Kärntnerstraße in die Augustinerstraße einbogen. Max Feilchenfeld »trug einen Spitzbart, war klein von Figur und wurde mit dem Alter noch etwas kleiner. Er und sein Busenfreund, der Hüne Kestranek, bildeten ein merkwürdiges Paar ... Don Quichote und Sancho Pansa konnten keine würdigere Verkörperung finden«, befand der deutsche Bankierskollege Carl Fürstenberg. Feilchenfeld war Vizepräsident der Niederösterreichischen Escomte-Gesellschaft, eine Frohnatur, rüstig bis ins siebzigste Lebensjahr, als er unglücklicherweise einen offenen Kanaldeckel übersah und durch den Sturz in den Schacht ums Leben kam. Der Industrielle Wilhelm Kestranek, im Gegensatz zu Feilchenfeld ein Misanthrop, sollte als Nachfolger Wittgensteins Zentraldirektor der Prager Eisenindustriegesellschaft werden. Ins Gespräch vertieft, fiel nur Wittgenstein der Redakteur vom Wirtschaftsteil der *Neuen Freien Presse* auf, der lässig und zeitunglesend an der Ecke des Opernhauses stand und sich nun, übereifrig den Hut ziehend, ebenfalls anschickte, dem Sacher zuzustreben. Wittgenstein schmunzelte, die Börse würde also noch nervöser werden …

Seine Auftritte im Sacher kalkulierte der Eisenmagnat ebenso wie den Rest seines Lebens präzise wie ein Schachspieler seine Züge. Schon zu Beginn seiner Karriere wusste er um die Aura von Orten, einmal zwang er seinen Geschäftsgegner Jacob Rappaport von der Böhmischen Montan-Gesellschaft, ihn zum Diner ins teure Sacher einzuladen, bloß um dann dessen Verhandlungsstrategie zu torpedieren. Das Hotel, in dem Erzherzöge und alter Adel sich heimisch fühlten, schien dem selbstbewussten Großbürgersohn, der Zeit seines Lebens nie um eine Erhebung in den Adelsstand gebeten hatte, gerade nobel genug zu sein.

Vor dem Hotel hielt – und das war eine noch viel größere Sensation – ein Automobil, aus dem Franz und Franziska von Ringhoffer stiegen. Der Prager Waggon- und Maschinenfabrikant hatte schon von Berufs wegen etwas für das modernste Fortbewegungsmittel der Zeit übrig. 1897 zählte man im Großraum Wien ganze fünfzehn Automobile, zehn Jahre später würden es schon fast 1500 sein, und Ringhoffer, der mit seinem Bruder einen der bedeutendsten Industriekonzerne Mitteleuropas aufgebaut hatte, würde nicht mehr nur Eisenbahnwaggons, sondern auch Autos produzieren. Aristokraten und geadelte Großbürger wie Ringhoffer erkannten die Zukunftsträchtigkeit des neuen Statussymbols als Erste, die Szene vor dem Sacher zog nicht nur den Blick des

Redakteurs auf sich. Auch sämtliche Passanten starrten auf das neuartige Gefährt.

So ein Krach und Gestank!, schimpfte missmutig, wenn auch leise, der nicht mehr ganz junge Portier des Sacher. Ihn hatten die ungewöhnlichen Tak-tak-tak-Geräusche aus der Eingangshalle auf die Straße gelockt. Er hüstelte angeekelt, während zwei Liftboys an ihm vorbeirannten, um sich das technische Wunderwerk anzusehen.

Hinter dem Auto hielt nun auch noch ein gewöhnlicher Fiaker mit dem Kammerdiener und der Zofe des Paares. Sie beeilten sich, den aus dem Hotel eilenden Kofferträgern entgegenzukommen, das Gepäck, insbesondere die zahlreichen Hutschachteln der Baronin, musste abgeladen und ins Hotel verbracht werden. Die Aufregung wegen des Automobils und der mondänen Gäste – die Ringhoffers gehörten zur überschaubaren Schar katholischer Industrieller in Böhmen – legte sich erst wieder, als Anna Sacher die Ankommenden in ihrem Haus willkommen hieß.

Auch Karl Wittgenstein war inzwischen mit seinen Freunden im Vestibül erschienen. Man kannte und schätzte einander.

Zur Sitzung des Herrenhauses angereist, Herr Baron?, erkundigte sich Wittgenstein. Ringhoffer war 1892 auf Lebenszeit zum Mitglied dieses mehrheitlich aus Aristokraten bestehenden Oberhauses des österreichischen Reichsrates ernannt worden – einer dem britischen House of Lords vergleichbaren Institution. Es war eine Ehre für den Baron, der schon als Abgeordneter der liberalen Verfassungspartei im böhmischen Landtag saß.

Nicht nur, lieber Wittgenstein. Die Jubiläumsausstellung… Haben Sie schon die Automobilbauer besucht?

Ich war bei der Eröffnung. Die elektrische Beleuchtung war eine Sensation. Die Rotunde und die beiden Avenuen waren taghell erleuchtet.

Im Mai des Jahres hatte zum 50. Regierungsjubiläum des Kaisers eine große Gewerbe- und Industrieausstellung im Prater ihre Tore geöffnet. Man feierte wieder einmal den technischen Fortschritt der letzten fünfzig Jahre, und zum ersten Mal hatten die Automobilbauer eine eigene »Collectiv-Ausstellung« auf die Beine gestellt.

Übrigens, die Bahn aus Prag, sprach Ringhoffer weiter, war so pünktlich wie der Kaiser. 1891 hatte er den prunkvollen Hofzug für seine Majestät gefertigt. Dieser war der ganze Stolz des Waggonbauers, gefolgt von diversen Salon- und Privatgarnituren für die Reichen und Superreichen der Monarchie.

Ein Kellner reichte Erfrischungen, während im Hintergrund der Portier und der Empfangschef die Zimmer für das Ehepaar Ringhoffer bestimmten und das Gepäck in den Aufzug und hinauf in die erste Etage schaffen ließen. Man hatte den Herrschaften ein Appartement zugeteilt nebst den Zimmern für das Dienstpersonal im Dachgeschoss. Doch kaum hatten sich Kammerdiener und Zofe mit den Umständen der Unterbringung vertraut gemacht, rümpften sie auch schon die Nase.

In diese Hundehütte geh ich nicht!, bemäkelte die Zofe.

So übertreib doch nicht immer so!, beschwichtigte sie der Kammerdiener. Doch sein Blick verriet, dass auch er alles entsetzlich eng fand. Warum stieg der Herr Baron nicht im viel luxuriöseren und moderner ausgestatteten Grand Hotel oder im Bristol ab? Man konnte sich ja kaum rühren. Wie sollten sie beide da auch nur einigermaßen anständig den Frack des Herrn Baron ausbürsten, die Hemdkragen stärken, die Abendroben der Baronin bügeln und beim Ankleiden zu Diensten sein? Die bescheiden wirkende Gemütlichkeit des Sacher erschloss sich nur den Gästen, und unter diesen auch nur jenen, die es als wahrhaft elegant empfanden, sich vom Prunk der Neureichen durch eine gewisse spartanische Nonchalance abzusetzen.

»Die Wiener Börse fürchtet Gott, Taussig, Wittgenstein und sonst nichts auf der Welt«, sollte Karl Kraus in seiner Zeitschrift *Die Fackel* im September 1899 schreiben. Es würde nicht der einzige Ausspruch des Satirikers über Wittgenstein und seinesgleichen sein: Der strenge Moralist Kraus – wie Wittgenstein ein Fabrikantensohn – sollte die Machenschaften der Börsianer und Kapitalisten für die nächsten Jahre aufmerksam beobachten. In gewisser Weise passten die beiden zueinander. So gnadenlos der eine über Sprache und Denken wachte, so unnachgiebig war der andere beim Aufbau seines Industrieimperiums. Nicht, dass Wittgenstein aus kleinen Verhältnissen stammte, schon sein Vater Hermann hatte ein ansehnliches Vermögen erwirtschaftet und – mit Fanny Figdor – auch erheiratet. Die Aufstiegsgeschichte des Sohnes war aus anderen Gründen bemerkenswert: Es war jener für die Jahrhundertwende so typische Generationenkonflikt, der Wittgensteins Karriere initiiert hatte und sein Leben und das seiner Kinder bestimmen würde. Und es wäre nicht Sigmund Freuds Epoche gewesen, wenn sich Karl Wittgensteins Bruch mit seinem eigenen Vater nicht auch bei den Kindern des Großindustriellen wiederholen würde – und zwar ohne jegliches Verständnis des Vaters für die seelischen Leiden der Kinder. Zwei von ihnen, der spätere Philosoph Ludwig Wittgenstein und sein Bruder, der einarmige Pianist Paul, sollten es zu etwas bringen, die Mehrheit der Kinder ging hingegen am uneinsichtigen, despotischen Wesen des Vaters zugrunde, zwei begingen sogar Selbstmord.

Karl Wittgenstein, der sein Leben lang dicke Havanna-Zigarren rauchte, sollte schließlich früh an Zungenkrebs sterben – auch Freud litt an den Folgen des exzessiven Tabakgenusses und setzte seinem Leben, das der Krebs unerträglich gemacht hatte, schließlich selbst ein Ende. Ansonsten strotzte Wittgenstein nur so vor Kraft, Energie und Ausdauer. Als ihm der Vater das Studium der Technik verbot, riss der Siebzehnjährige von zu Hause aus und floh, nur mit seiner Violine im Gepäck, nach Amerika. Dort versuchte er sich in zahlreichen Berufen – als Kellner, Geiger, Steuermann auf einem Kanalboot, als Nachtwächter und Lehrer in einem Waisenhaus – und kam, wenn auch nicht wohlhabend, so doch um viele Erfahrungen reicher nach Wien zurück. Nun durfte er einige Semester Technik studieren, diente sich alsdann als technischer Zeichner der Teplitzer Walzwerke hoch, wurde deren Direktor und bald auch Hauptaktionär des Unternehmens. Von da an kaufte er sukzessive alle namhaften Betriebe der Eisen- und Stahlindustrie auf, zuerst die Böhmische Montan-Gesellschaft, dann die Prager Eisenindustrie-Gesellschaft, und übernahm im Jahr 1897 mit Feilchenfeld und Kestranek die Aktienmehrheit der Österreichisch-Alpinen Montangesellschaft – einem der größten Industrieunternehmen der Habsburgermonarchie. Er besaß die außerordentliche Fähigkeit, kränkelnde Firmen in florierende Unternehmen zu verwandeln, indem er Produktionsabläufe auf Effizienz trimmte, überflüssige Werke schloss und über seine Kartellpolitik den kleinen Eisenerzeugern und Eisenverarbeitern die Preise diktierte. Auch bei der Alpine hatte der Sanierer Erfolg: Der Aktienkurs des Unternehmens verzehnfachte sich, allerdings waren die Proteste und Streiks bei den von den Rationalisierungen betroffenen Arbeitern und bei den Kunden, die sich von dessen Eisenkartell preislich übervorteilt sahen, bald nicht mehr zu überhören. Die Arbeiter klagten über die zusätzliche Arbeitsbelastung, darüber, dass sie nun auch noch Mieten für die armseligen Fabrikwohnungen zahlen und öfter ohne Schutzhandschuhe arbeiten mussten. All das zu einer Zeit, in der die Arbeitsbedingungen von Arbeitern, Handwerksgesellen und Tagelöhnern ohnedies erbärmlich waren. Erst 1885 waren die ersten Schutzgesetze für Fabrikarbeiter in Kraft getreten – Beschränkung auf einen Elfstundentag, das Verbot von Nachtschichten für Frauen und Jugendliche. Dann, in den späten 1880er und 1890er

Jahren, hatten von der Sozialdemokratie unterstützte oder initiierte Streiks ein gewisses öffentliches Bewusstsein für soziale Fragen geschaffen, allen voran der Streik der Wienerberger Ziegelarbeiter und Victor Adlers Reportagen darüber, dann der Streik der Pferdetramway-Angestellten, der Maurer und der Textilarbeiterinnen. Nun folgten also Ende der 1890er Jahre die Streiks in der Eisen- und Stahlindustrie, die in der Presse zu heftigen Kontroversen über das Wesen des Kapitalismus führten. Auch Wittgenstein steuerte in späteren Jahren so manche theoretische Abhandlung bei, etwa über die Entwicklung der amerikanischen Wirtschaft, deren freimarktwirtschaftliches Modell der »Amerikaner« Wittgenstein – so nannte man ihn häufig – zutiefst bewunderte. Wittgensteins Ideen freilich basierten auf der Freundschaft zum Stahl-Tycoon Andrew Carnegie, der bei ihm in Wien zu Gast war, sowie auf den Ideen des von beiden bewunderten Herbert Spencer mit seinem Konzept des »survival of the fittest«.

Anfang des Jahres 1898 hatte die Karnevalssaison wie immer mit ihren rauschenden Festen, den Maskeraden und dem jährlichen Heiratsmarkt die triste Winterzeit einigermaßen erträglich gemacht. Dieses Jahr war sie besonders glanzvoll ausgefallen, das *Wiener Salonblatt* hatte sofort bemerkt, dass die Festlichkeiten farbenfroher und feierseliger waren als sonst und den Ernst der Zeiten, wie es ihre Aufgabe war, auf das Allerprächtigste überstrahlten. Es sei mehr Champagner konsumiert worden als seit Jahren, kurz nach Mitternacht sei auf einem der Maskenbälle bereits »nicht der kleinste Hummer, nicht die schmächtigste Forelle« mehr zu bekommen gewesen, diese Art des »Massenkonsums an guten und theuren Dingen« sei denn auch das »unschlagbare Symptom richtiger Carnevals-Stimmung«, konstatierte der Redakteur, um als Kronzeugin für seine Beobachtungen sogleich Anna Sacher zu nennen. »Ihr Kassabuch ist das getreue Spiegelbild der Physiognomie des Wiener Carnevals. Und es sieht heuer ungemein stattlich aus in den Zifferncolonnen dieses Kassabuchs, in dem natürlich die erste Redoutennacht den größten Platz einnimmt.«

Anna Sacher war längst kein süßes Mädel mehr, sie war auf dem Höhepunkt ihres Erfolges. Das *Salonblatt* lag der Gastwirtin mehr denn je zu Füßen, im Mai, also nur ein paar Monate später, hatte es sich wieder mit Komplimenten überschlagen, als Anna auf der Jubiläumsausstellung für den Kaiser einen eigenen Pavillon betrieb. Die »Estrade des Sacher Pavillons ist (so) der sicherste und verlässlichste Thermometer für die großstädtische Gesellschaftstemperatur«, hieß es nun, und natürlich wurde die Gastwirtin andauernd von ihren Gästen auf die hymnische Kritik angesprochen. Sie war machtbewusst wie Wittgenstein, charismatisch wie Lueger, großherzig wie ihr Freund Hans Wilczek. Und natürlich war sie auch eine Dame, aber eine, die ungewöhnlich viele männliche Eigenschaften besaß. Auf ihren Erfolg war sie stolz, aber sie wusste auch, dass sie einen Preis dafür hatte zahlen müssen.

Anna Maria, das hatte die Mutter wohl bemerkt und mit Macht befördert, hatte sich im Vorjahr in fast noch kindlicher Weise in Julius Schuster verliebt. Die Schusters – das war eine Idee von Anna und Julius gewesen – hatten das junge Mädchen in die Freudenau zu einem der Herbstrennen eingeladen, die Leidenschaft für Pferderennen, die die Mutter seit einiger Zeit entwickelt hatte, war auf die Tochter übergesprungen, ja, sie wünschte sich kaum etwas sehnlicher, als Pferde auf der Rennbahn zu sehen. Anna hatte ihr Mädchen ermuntert, der Einladung zu folgen.

Du kennst den Julius doch, hatte Anna gesagt.

Ja, aber da war er fünfzehn und ich erst sieben, antwortete die Tochter schüchtern.

Du erinnerst dich also an ihn. War er nicht schon damals ein fescher Kerl?

Anna Maria errötete, und da es Herbst war und die Mutter eben ein wenig Zeit erübrigen konnte, half sie der Tochter bei der Wahl der Garderobe und dem dazu passenden Hut für das elegante Ereignis.

Danach jedoch, als Anna Maria mit so vielen Geschichten, Eindrücken und bangen Fragen nach Hause kam, war die Mutter wie so oft kaum ansprechbar. Ein größeres Diner, ein paar wichtige Gäste, die üblichen Aufregungen mit den Angestellten. Anna Maria musste also selbst zusehen, wie sie mit ihren Gefühlen fertig wurde. Was sollte, was durfte sie überhaupt fühlen? Was schickte sich? Und waren ihre Empfindungen normal oder vielleicht irgendwie krankhaft? Es war alles so verwirrend, so neu, so sonderbar.

Anna Maria gab die große Bestätigung ihrer Gefühle durch ihre Mutter vermeintliche Sicherheit, hier ein Kommentar zu Julius' Karriereaussichten, dort ein Wort zu den Schusters im Allgemeinen – es war, als seien die Familien auf eine glückliche Weise miteinander verbunden. Und auch bei den Schusters war es ähnlich: Die Sacher-Familie erschien dem jungen Julius als höchst akzeptabel. Selbst wenn sich der Vater mit Kommentaren zurückhielt, die Sachers waren stets auf eine nicht näher erklärbare Weise präsent. Und da die Schusters seit jeher Gäste des Sacher waren – es galt gesellschaftlich als überaus wertvoll, sich zur Sacher-Clique zählen zu dürfen –, schien die Annäherung der beiden Familien auch Julius' Gattin Anna Konrath als standesgemäß.

Mama, wieso können der Julius und ich heut Abend nicht dabei sein?

Es ist doch eine Adelsredoute und außerdem nicht öffentlich.

Aber der Julius meint, er kann uns eine Einladung verschaffen. Ich hab so eine Lust zu tanzen, ach bitte, Mama, lass ihn doch machen!

Du magst ihn gern, nicht wahr, Annie?

Anna Maria wurde rot. Stell dir vor – er will mich heut Abend fragen, hat er gesagt, hier im Haus und mit deinem Segen.

Oh, Gott im Himmel!, beendete Anna schnell und ein wenig kryptisch das Thema. Wenn's nur ein Segen wird!, seufzte sie.

Sie war erfreut, gleichzeitig aber meldete sich ihr schlechtes Gewissen. War es nicht selbstsüchtig gewesen, die Liebe der Kinder so sehr zu befördern? Hatte das alles nicht auch etwas mit ihr und Julius und ihrer eigenen, nicht gelebten Liebe zu tun? Anna Maria war erst sechzehn, Julius ganze acht Jahre älter. Ihre Tochter war ja fast noch ein Kind. Und nun wollte sie bereits heiraten.

Aber zieh dein schönstes Kleid an, die Comtesserln sollen sich nicht besser vorkommen. Das war schon wieder die selbstbewusste Anna. Sie verwehrte sich allzu langes Verweilen bei selbstgrüblerischen Gedanken. Das Leben war so voller Herausforderungen, so voller Betriebsamkeit, dass für die leiseren Schwingungen der Seele nicht viel Raum blieb.

Am Abend würden die jungen Vertreter fast aller adeligen Familien im Sacher feiern und tanzen. Es sollte ein rauschendes Fest werden. Dass tatsächlich eine Verlobung unter dem großen Lüster im Speisesaal stattgefunden hatte, wussten nur die beiden Familien, und die schritten sogleich zur Vorbereitung der Hochzeit, die noch Mitte April desselben Jahres stattfinden sollte. Warum sollte man mit etwas warten, was so viele zu erfreuen schien?

Gnädigste, Ihr Sacher-Pavillon war ja in aller Munde, sagte Wittgenstein, als Anna Sacher zum Tisch der Herren trat und einen Cognac auf das Haus spendierte.

Ja, es war eine vortreffliche Saison, ganz ohne die übliche Sommerpause.

Man muss die Gelegenheiten am Schopfe packen, nicht wahr?

Sie machen es nicht anders, antwortete Anna.

Man verstand sich ohne viele Worte, man wusste, woraus Erfolg entsteht, auch wenn es Wittgenstein in den folgenden Monaten mit der Alpine ein wenig zu weit trieb. Er und seine Gruppe sanierten, schlossen Eisenbetriebe, rationalisierten und zerstörten so die Lebensgrundlage vieler kleiner Alpentäler. Die Börsentaktiken, die sie anwandten, vor allem die Kartellabsprachen, sorgten für derartige Aufregung, dass sich sogar das Parlament genötigt sah, die Geschäftspraktiken Wittgensteins zu untersuchen. Doch da hatte sich der 51-Jährige längst offiziell aus seinen Geschäften zurückgezogen, um von seinem Büro in der Krugerstraße aus – er hielt es, wie er sagte, immer geöffnet, falls der Handelsminister vorbeikäme und seinen Rat bräuchte – das Geschehen zu beobachten.

Der Rückzug ließ dem Unermüdlichen Zeit, auf anderen Gebieten zu wirken, etwa auf dem der bildenden Kunst. 1897 war es im Künstlerhaus zur großen Revolte gekommen. Die junge Generation der Künstler unter Gustav Klimt spaltete sich vom traditionellen Kunstverein ab und gründete die Secession. Wieder war es zum Generationsbruch gekommen, wieder bewirkte der Auszug der Jungen, ihre Opposition zur weltanschaulichen und künstlerischen Auffassung der Väter, eine Explosion des Schöpferischen. So wie Makart, der größte Vertreter der Künstlerhausgeneration, seine Zeit dominiert hatte, war es nun Gustav Klimt, der den Ton angab. Noch frivoler, noch freizügiger, aber nicht ganz so theatralisch und zum Gesamtkunstwerk neigend führte er die junge Generation an. Und dazu brauchte es erst einmal ein neues Ausstellungsgebäude. Schon in der Gründungsversammlung der neuen Institution hatte man dies beschlossen, das Bauvorhaben auf der Ringstraße war aber vom Gemeinderat wegen des modernen Architekturentwurfs von Joseph Maria Olbrich abgelehnt worden. Schließlich hatte man es auf einen Bauplatz in der Nähe der Karlskirche verlegt. Finanziert wurde jenes Schlüsselwerk des Wiener Jugendstils zum größten Teil von Karl Wittgenstein. Der Bau war derart modern und ungewohnt für den Geschmack der Zeitgenossen, dass er unzählige Spitznamen erhielt, worunter »Krauthappl«, also Kohlkopf, und »Grab des Mahdi« noch die harmlosesten waren. Kein Wunder, dass ausgerechnet er, der auch als Industriekapitän Kontroversen auslöste, in künstlerischen Dingen an der Spitze des Fortschritts stand. Er beschäftigte in der Folge auch Josef Hoffmann, von dem er sich sein Landhaus einrichten ließ, und er sammelte zeitgenössische Kunst, etwa Auguste Rodin und Gustav Klimt. Seine älteste Tochter Hermine, die Zeit ihres Lebens als »Kunstministerin« an der Seite des Vaters verblieb, war eine Verehrerin des Jugendstilmeisters und selbst eine talentierte, wenn auch nie wirklich zum Erblühen gekommene Malerin. In kaum einer Persönlichkeit der Epoche fiel die schöpferische Verwirklichung der eigenen Talente so sehr mit der rigorosen Einschränkung der eigenen Kinder und ihrer Potenziale zusammen wie bei Karl Wittgenstein. Sogar auf dem Gebiet der Musik war er ein Förderer der innovativen Neulinge – Gustav Mahler und Pablo Casals musizierten im prachtvollen Musiksaal des Wittgenstein'schen Palais –, während er den eigenen Kinder strikt verbot, Musiker zu werden. Und das, obwohl er selbst bis an sein Lebensende Violine spielte, oftmals im Duett mit seiner sich stets unterordnenden Frau Leopoldine, auch sie eine talentierte Pianistin.

Wittgenstein, Kestranek und Feilchenfeld wischten sich genüsslich mit den großen weißen Servietten, die sie sich zu Beginn des Essens in die Gilets ihrer Überröcke gesteckt hatten, den Mund ab.

So, ächzte Wittgenstein und lehnte sich zurück, um seinem vollen Bauch etwas Platz zu verschaffen. Es geht doch nichts über die richtige Wahl des Stammlokals.

In der Tat, bestätigte Kestranek, gestärkt brechen wir zu neuen Ufern auf!

Haben die Herrn sich schon Gedanken gemacht…? Feilchenfeld beugte sich zu den beiden vor und sprach so leise, dass man es kaum hören konnte.

An einem Tisch in der Ecke saß Karl Kraus und räusperte sich. Dann hob er den großen Braunen an den Mund und trank ihn in einem Zug aus.

Herr Ober, bitte zahlen, rief er in den Raum und hoffte, bald gehört zu werden. Er fühlte sich nicht recht wohl, das Sacher, diese Tribüne der Eitelkeiten, war so gar nicht seine Welt, er hatte vor Kurzem eine Abrechnung mit der Kaffeehausliteratur geschrieben, *Die demolirte Litteratur,* und dachte nun über die Herausgabe einer eigenen Zeitschrift nach, in der er alles, was ihm missfiel – vom schlampigen Gebrauch der Sprache bis zu den Machenschaften von Leuten wie Wittgenstein – an den Pranger zu stellen gedachte. Damit hat er »als junger Mann von fünfundzwanzig Jahren verwirklicht, wovon jeder kluge, selbständige Unzufriedene jeder Zeit träumt: er hat sich ein Forum geschaffen, um ohne Rücksichten und Hemmungen, jenseits aller Cliquen und Bindungen in absoluter Freiheit seine Meinung zu äußern, zu kritisieren, anzuklagen, zu kämpfen«, sollte Hans Weigel, selbst Kritiker und Literat, sechzig Jahre später bewundernd feststellen.

1900
König Milan von Serbien weilt lieber
im Sacher als daheim

> Die Verwilderung und Verdummung, die jetzt herrschen,
> sind notwendig. Die Menschen müssen zu dem Welt-
> krieg, der bevorsteht, präpariert werden. Zu dem gegen-
> seitigen Auffressen schärft man sich jetzt die Zähne.
>
> *Marie von Ebner-Eschenbach 1899 zu Josef Breuer*

Der Portier hatte Anna Sacher sofort rufen lassen, als das Paar das Hotel betrat und die gesamte Beletage auf unabsehbare Zeit zu mieten wünschte.

Ich kenne das Haus, hatte der Herr zu der Dame gesagt, die keine wirkliche Dame war, das sah man sofort. Doch wer war der Herr? Während er ein zuvorkommendes, wenn auch vages »zu Diensten« nuschelte, versuchte er angestrengt, sich zu erinnern. Das durfte ihm, dem neuen Portier des Hotel Sacher, nicht passieren, noch dazu bei jemandem, der das Hotel offenbar wie seine eigene Westentasche zu kennen schien.

Komm, ich zeig dir's, sagte der Herr, nahm die Schöne am Arm und war, ohne den Portier weiter zu beachten, Richtung großer Stiege entschwunden.

Verzeihen, das Gepäck... Mögen die Herrschaften? Doch es war umsonst. Schnell winkte Sebastian Mayr einen Zimmerkellner herbei, der den Gästen folgen sollte. Danach schickte er den Pagen rasch in Annas kleines Büro, um die Chefin zu holen.

Die Herrschaften sind gleich nach oben gegangen. Sie wollen die Beletage – die ganze.

Die ganze?, fragte Anna ungläubig.

Die ganze.

Und die restlichen Gäste?

Der Herr schien sich auszukennen, verzeihen, gnädige Frau, mir ist entfallen … Mayr kam ins Stottern.

Schon gut, Sebastian. Könnt ja sein, dass Sie damals noch Page waren, als der Herr das letzte Mal da war, beruhigte ihn Anna Sacher. Sie nannte den neuen Portier oft bei seinem Vornamen, weil er noch fast als Kind ins Sacher kam.

Ja, trotzdem, gnädige Frau.

Anna eilte den Gästen hinterher. Schon von der Stiege aus hörte sie das aufgesetzte Lachen der Dame. Ihr Französisch war schlecht und mit irgendeiner südslawischen Sprache und Deutsch zu einem kruden Kauderwelsch geronnen.

Kako ružno! Un peu simple, nicht wahr, *chéri*? Wie sehr Anna die Leute hasste, denen das Sacher nicht gut genug war. Und dann auch noch solche wie die. Männer waren ja so blind.

Das Paar hatte, vom Zimmerkellner in ein Appartement geführt, aus dem Fenster in Richtung Hofoper geblickt, dann hatte sie sich kichernd auf eines der Betten fallen lassen. Anna hatte alles von der Treppe aus mitbekommen, ohne die Herrschaften in Augenschein genommen zu haben. War der Mann schon am helllichten Tage betrunken? Auch er schien über keine gute Kinderstube zu verfügen, auch wenn seine Stimme durchaus etwas Herrschaftliches ausstrahlte – diese Kombination kannte die Hotelierin besonders gut. Wieder Gelächter, dann verlangte er, noch ein weiteres Zimmer zu sehen, und Anna folgte ihnen leise. Dort tändelte die Frau durch den Raum, strich mit den Fingern an den Möbeln entlang, goss ein wenig Wasser in die Waschschüssel, die auf dem Waschtisch stand, und verzog den Mund.

Zu wenig Gold, zu wenig Brokat, und die Vorhänge, sind die nicht ein wenig verstaubt, *chéri*?, hörte sie die Frau sagen.

Wenn es dir nicht gefällt?, gab er zurück.

Nun hatte Anna endlich genug, sie trat ins Zimmer und bellte los, ohne die Gäste auch nur zu grüßen oder anzusehen: Bei mir ist's halt so! Wenn's den Herrschaften hier nicht gefällt, können sie ja ins Bristol gehen!

Der Herr, der sich nun umdrehte, war kein Geringerer als König Milan von Serbien, oder besser gesagt: Der Ex-König von Serbien. Anna erschrak, erst jetzt fiel ihr ein, dass sie von Milans Wien-Aufenthalt schon in der Zeitung gelesen hatte. Sie hatte ihn lange nicht mehr in Wien gesehen, früher, zu Zeiten ihres verstorbenen Mannes Eduard, hatte er immer im Sacher gewohnt.

Verzeihn S', Majestät, so ist es nicht gemeint. Aber die gesamte Beletage? Da müsst ich ja die Gäste hinauswerfen«, ruderte sie zurück.

Milan schaute belustigt, zuerst auf die Gastwirtin, dann auf seine Begleitung, dann wieder auf Anna. Er räusperte sich und zog sich und alle Anwesenden galant aus der Affäre.

Gnädige Frau Sacher, Sie haben ganz recht. Sie können nicht einfach die anderen Gäste zur Tür hinauskomplimentieren. In absehbarer Zeit – wer weiß, wie lange die Umbauarbeiten noch dauern werden – beziehen wir ohnedies eine Wohnung in der Johannesgasse. Der Kaiser, wie liebenswürdig von ihm, stellt sie mir zur Verfügung.«

Da war er wieder, der charmante und nonchalante Milan von Serbien.

Milan Obrenović – seine Dynastie hatte das ganze 19. Jahrhundert mit der Karadjodjević-Dynastie um die Macht in Serbien gerungen. Man hatte einander vom Thron gejagt, umgebracht, außer Landes verwiesen und sich währenddessen viel mehr um sich selbst gekümmert, statt dem Volk zu dienen. Dabei hätte das Land allein aufgrund seiner exponierten Lage zwischen dem Osmanischen Reich, unter dessen formeller Herrschaft das Fürstentum bis 1878 stand, und der Habsburgermonarchie wahrhaft talentierte Staatsmänner gebraucht. Die Türken waren durch den Russisch-Osmanischen Krieg einmal mehr vom Balkan verdrängt, Serbien bei den Friedensverhandlungen beim Berliner Kongress zu einem unabhängigen Staat gemacht und Bosnien und die Herzegowina unter österreichische Verwaltung gestellt worden. Abgesehen vom wachsenden russischen Einfluss schienen sich die Dinge in den 1880er Jahren durchaus erfreulich zu entwickeln – wäre Milan nicht eine derartige Fehlbesetzung gewesen. Er hatte nach der Ermordung seines Onkels Mihailo schon als Minderjähriger den Fürstenthron bestiegen, sich bald nach dem Berliner Kongress selbst zum König ernannt und sein Amt derart absolutistisch ausgelegt, dass sogar Kronprinz Rudolf seinen Freund kritisierte: »Leider behandelt er seine Leute wegwerfend.« Er bekämpfte die sich herausbildenden Parteien und das Parlament, er weigerte sich, die Regierung anzuerkennen, und schlug Rebellenaufstände mit brutaler Gewalt nieder. In Österreich freilich sah man gerne über Milans innenpolitische Skrupellosigkeiten hinweg. Der König war ein ausgesuchter Freund der Doppelmonarchie, er liebte die deutsche Sprache und weilte, so oft er es vermochte, zur Jagd in Ungarn oder, um politischen sowie amourösen Angelegenheiten nachzugehen, in Wien. Im Hotel Sacher genau genommen. Milans sehnlichster Wunsch sei es gewesen, »sein ganzes Königreich mit Sack und Pack Österreich zu übergeben und sich als Privatmann nach Wien zurückzuziehen«, so urteilte Rudolf nach seiner Orientreise im Jahr 1884. Er versäumte es nicht, seine guten Beziehungen zu Milan stets für Informationen über die Kräfteverhältnisse auf dem Balkan zu nutzen, insbesondere über den besorgniserregenden Einfluss Russlands in der Region. Der Balkan – spätestens ab 1908 würde niemand mehr dieses Wort auch nur hören können, so unablässig und unheilvoll sollte es die Innenpolitik der Donaumonarchie bestimmen.

Majestät, darf ich Ihnen bald einmal einen Platz im Restaurant reservieren?, rief Anna Milan und seiner Begleitung noch hinterher. Jetzt war es ihr doch peinlich, sehr peinlich sogar. Sie hatte sich nicht ausreichend im Griff gehabt, die Gefühle, die sie nun manchmal mit sich rissen, waren mit ihr durchgegangen. Sie war nervös, alles lastete auf ihr. Eduard, ihr Sohn, bereitete stets Anlässe zur Sorge, und Anna Maria war Mutter geworden – eine viel zu zarte, viel zu junge Mutter. Die kleine Tochter schien noch dazu nicht gesund, sie wirkte, kaum ein halbes Jahr alt, durch einen Unfall, den die Mutter in der Schwangerschaft erlitten hatte, verunstaltet.

Danke, sagte Milan, ich werde Sie benachrichtigen. Er schien in Gedanken schon längst woanders zu sein, wirkte fahrig und nicht bei der Sache.

Kein Wunder, dachte Anna, er war ja erst vor einem Jahr einem hinterhältigen Attentat entkommen.

Es war am 7. Juli 1899 gewesen, und es war nicht der erste Anschlag auf den serbischen Ex-König. Seit Milan zehn Jahre zuvor zugunsten seines Sohnes Alexander, vor allem aber um Königin Nathalie verlassen und eine seiner unzähligen Geliebten heiraten zu können, abgedankt hatte, hatte er im Hintergrund weiter auf die gewohnte Weise in die serbische Politik hineinregiert, abgesehen von der kurzen, aber umso kostspieligeren Zeit an den Spieltischen von Paris, als der serbische Staat für ein Darlehen Milans bei einer russischen Bank in Höhe von 2,5 Millionen Francs zu bürgen hatte. Dann, 1897, hatte sein Sohn ihn sogar offiziell zum Oberbefehlshaber der serbischen Armee ernannt, doch die »Milan-Alexander-Dyarchie«, wie man das abenteuerliche Regierungskonstrukt dieser Doppelherrschaft zu bezeichnen pflegte, verspielte abermals das Wohlwollen der Bevölkerung durch gänzliche Missachtung aller Bedürfnisse einer sich modernisierenden Gesellschaft. Die Pressefreiheit wurde aufgehoben, die Wahlen abgeschafft, die Unabhängigkeit der Justiz mit Füßen getreten. Dennoch hatte nicht die radikale Partei von Nikola Pašić, jenem Mann, der die Geschicke Serbiens als fünffacher Ministerpräsident bis nach dem Ersten Weltkrieg lenken sollte, das Attentat auf Milan verübt, sondern ein junger Bosnier. Pašić, der ohnedies gerade in Haft saß, wurde im anschließenden Hochverratsprozess trotzdem verurteilt, mehr als hundert angebliche Mitschuldige eingekerkert. Nur durch die Intervention Österreich-Ungarns kam es nicht zur Hinrichtung des populären Politikers.

Während man in Serbien die Messer wetzte, kam in Wien der Sommer ins Land. Julius Schuster gehörte mittlerweile zu der von den Klatschblättern registrierten Oberschicht. Wie das *Salonblatt* vom 8. Juli des Jahres vermeldete, hatte »Herr Doktor Julius Schuster und Familie Wien verlassen und in Millstatt in Kärnten Sommeraufenthalt genommen«. Das rege, stets wohlinformierte Presseorgan verfügte über eine eigene Rubrik einzig und allein für Meldungen wie diese. *Fürst Soundso ist von Pressburg nach Budapest gereist ... Die Prinzessin XY liegt krank danieder ... Graf Undsoweiter hat auf der Durchreise in Wien Station gemacht ...* Die Oberschicht war sehr mobil, man reiste mit Kindern, Dienerschaft und Hausrat. Und die Rennstallbesitzer bewegten ganze Pferdeherden samt Trainingsmannschaften durch die Monarchie, bloß um ihre Favoriten gegen die Favoriten der Konkurrenz starten zu lassen – ein aufwendiges und kostenintensives Ringelspiel der Eitelkeiten, wenn es auch in nur vierzehn Jahren harmlos wirken würde angesichts der Mobilmachung von Menschen und Pferden für ein Kräftemessen der ganz anderen Art.

Das *Salonblatt* konnte freilich nicht wissen, dass sich der Güterdirektor Schuster schon bald wieder zurück nach Wien begeben hatte. Er müsse mit seinem Chef die Gartenschau für die Pariser Weltausstellung im kommenden Jahr vorbereiten. Ein Mann seiner Statur brauchte kein Alibi, sein Leben und Wirken gaben ihm zahllose Gelegenheiten, Berufliches mit Privatem zu vermischen. Und so begab er sich denn auch in die Rothschildgärten auf der Hohen Warte, jenes Paradies, für das Nathaniel Rothschild Pflanzen aus der ganzen Welt gesammelt hatte. 1905, nach Nathaniels Tod, würden die Gärten der Öffentlichkeit zugänglich gemacht, doch jetzt waren sie noch ein einsames Zauberland, wie geschaffen für ein diskretes Stelldichein.

Die Orchideen, schwärmte Anna. Etwas so Zauberhaftes hatte sie noch nie gesehen.

Julius Schuster führte sie durch einige der neunzig Glashäuser, in denen neben der berühmten Orchideenzucht und exotischen Pflanzen aller Art auch Obstbäumchen gediehen, um, über das Jahr verteilt, für die Rothschild'schen Küchen Früchte zu bringen.

Und die Orangen- und Zitronenbäume. Anna nahm sich vor, es Rothschild gleichzutun und auf dem Dach des Sacher einen Versuchsgarten anzupflanzen. Es wäre doch eine Sensation, wenn auch sie exotisches Obst aus eigenem Anbau auf ihre Speisekarte setzen könnte.

Sie genossen die gemeinsamen Tage. Die Sommerhitze hielt sich bis tief in die Nacht, sie trocknete den Mist der Pferde schnell und ließ ganz ungewohnte Gerüche durch die Gassen wehen. Die Stadt war ausgestorben, sogar in den lauen Nächten im Stadtpark oder im Prater war das Paar allein. Sie lachten und sprachen viel, nur nicht über die Umstände, die ihre Liebe beschwerten. Sie wanderten durch die Weinberge und den Wiener Wald. Und dann musste Julius wieder zurück, zurück zu seiner Familie, zur anderen Anna seines Lebens, zu jener, die ein längeres, wenn auch kein größeres Vorrecht auf ihn erheben konnte.

Milans Macht und Einfluss auf den Königsthron und die serbische Politik gestaltete sich zusehends schwieriger, und so kam es eben, dass er im Sommer 1900 endgültig nach Wien übersiedelte. König Alexander wollte die um zehn Jahre ältere Hofdame seiner Mutter – ebenfalls eine Dame von sehr zweifelhaftem Ruf – heiraten. Erstaunlicherweise missfiel das dem Vater, und das Verhältnis der beiden Männer ging in die Brüche. Der Ex-König verließ sein Land und traf nach einem kurzen Aufenthalt zur Kur in Karlsbad in seinem geliebten Wien ein, wo er freundlich empfangen und ihm vom Kaiser ein Appartement in Aussicht gestellt wurde. Nur Karl Kraus, der Unbeirrbare, wetterte in der *Fackel*: »In Wien treibt sich gegenwärtig einer der gefährlichsten Strolche herum, die je der Fremdenstrom auf dem Pflaster einer Großstadt abgesetzt hat. Sogar die *Wiener Abendpost* hat von dem Eintreffen des Individuums halbamtlich Notiz genommen und am 23. Juli – wohl zur Warnung für alle Bewohner Wiens – verkündet: ›Se. Majestät König Milan ist heute Früh aus Karlsbad hier angekommen.‹ Se. Majestät ist aber nicht etwa, wie man im ersten Moment vermuthen könnte, nach Wien gekommen, um einer Einladung des anthropometrischen Departements der Wiener Polizeidirection Folge zu leisten. Ein anderes Amt, das Ministerium des Aeußern ist es, in dem der Hochstapler ein- und ausgeht, den man officiell und inofficiell König nennt und dem auch ich, um mich nicht einer Ehrfurchtsverletzung schuldig zu machen, gerne den Titel und Rang eines Allerhöchststaplers zugestehen will.«

Nach einigen Monaten im Imperial – die Beletage im Sacher hatte er ja nicht bekommen – zog Milan tatsächlich in das sehr weitläufige, herrschaftlich ausgestattete Appartement in der Johannesgasse. Der Kaiser hatte sich für den Kollegen nicht lumpen lassen. Täglich zu Mittag und am Abend speiste er mit seinem Cousin, Oberst Alexander Konstantinović und dessen Frau und Tochter im Bristol. Manchmal sah Anna Sacher die Herrschaften durch die Kärntnerstraße kommend dort verschwinden, der Eingang dieses Nobelhotels lag schräg vis-á-vis vom Sacher. Sie biss sich auf die Lippen und beklagte sich bei Julius Schuster über den untreuen Milan, aber auch über sich selbst.

Man muss nicht jeden Monarchen beherbergen und diesen schon gar nicht, beruhigte er sie. Am Ende würde er nur wieder die Rechnung nicht bezahlen, wie so manch andere hohe Gäste des Sacher.

Die Anspielung war eine wohlgesetzte Spitze.

Anna konterte etwas pikiert: Nur weil der Rudi Pick hier schon seit Monaten logiert? Der ist doch der Sohn vom Gustav, kann man den abweisen?

Gustav Pick hatte 1885 das wohl berühmteste Wienerlied der Zeit, das »Fiakerlied«, komponiert. Anlässlich des 100-jährigen Bestehens der Zunft wurde es von Alexander Girardi bei einer Wohltätigkeitsveranstaltung von Pauline Metternich und begleitet vom Hausorchester des Baron Nathaniel Rothschild zum Besten gegeben. Der aus Ungarn gebürtige Wiener Jude Pick wurde daraufhin schlagartig berühmt, und er verabsäumte es nicht, seine exzentrische Lebensweise auch auf seinen Sohn Rudi zu übertragen.

Ach komm, sei wieder lieb. Julius Schuster hasste nichts mehr, als mit Anna zu streiten, lieber half er ihr über die Runden. Sie war eine geniale Gastgeberin und eine gute Chefin, aber Buchhaltung, Geschäftsführung und Zahlen waren nicht ihre größte Stärke.

Während die beiden noch diskutierten, war Rudi Pick wieder einmal in Eile:

Herr Mayr, bitte, was gibt's in der Burg oder in der Hofoper? Ich brauche zwei Karten, nein; eine Loge – ich möchte eine besondere Person einladen – also bitte eine Loge … allein, wie beim letzten Mal, nur diskreter, vielleicht vorne am Vorhang … muss ja nicht die ganze Stadt morgen wissen.

Alles, was der Herr wünschen, ich werde es wie immer organisieren. Wenn ich mir eine Bemerkung erlauben darf: Sollte die Dame entweder zu früh oder zu spät kommen ...

Gute Idee. Und schreiben Sie es auf meine Hotelrechnung, die is eh lang genug.

Selbstverständlich. Fiaker! Wo ist der Fiaker vom Herrn Pick?

Rudi Pick hatte, gerade von einer ausschweifenden Löwenjagd in Afrika zurückgekehrt, kürzlich ein Schreiben vom Steueramt erhalten, wie es komme, dass er kein Einkommen bekenne, aber im Sacher wohne, einen eigenen, unnummerierten Fiaker halte und vor Kurzem eine gewiss recht kostspielige Jagdexpedition in Afrika mitgemacht habe?

Na, ich lebe eben über meine Verhältnisse, soll der Bonvivant geantwortet haben. Das sei er seinen Freunden schuldig.

Kurze Zeit nach der Übersiedlung in die Johannesgasse, am 11. Februar 1901, starb Ex-König Milan von Serbien an einer Lungenentzündung in Folge einer in Wien grassierenden Influenza. Anna Sacher las den Nachruf in der *Neuen Freien Presse*, in dem auch ihr Hotel Sacher erwähnt wurde. Das seitenlange Dossier schloss mit einer Analyse über Milans unsteten Charakter: »Seine Nervosität, die namentlich durch starkes Rauchen und den Genuß türkischen Kaffees gefördert wurde, erhielt in gewissen Zeiten der politischen Aufregung, so beispielsweise während seines Kampfes mit den Radicalen oder während der Ehescheidungs-Affaire, den Charakter von Verfolgungswahn und Unduldsamkeit, die ihn zu den unglaublichsten Schritten veranlaßten und zur Verfolgung seiner Gegner hinrissen, die dem im Lande ohnehin angehäuften Stoff der Erbitterung gegen ihn, namentlich in der radicalen Partei, immer neue Nahrung zuführten.«

Nur kurze Zeit später, am 11. Juni 1903, fand in Belgrad der nächste Königsmord statt: Alexander und seine Königin Draga Mašin wurden Opfer einer brutalen Verschwörung unter der Anführerschaft von Dragutin Dimitrijević, genannt Apis, jenem geheimnisumwitterten Offizier, der später, nach der Annexion von Bosnien und Herzegowina durch Österreich-Ungarn, die Terrororganisation der »Schwarzen Hand« gründen sollte. Auch beim Attentat von Sarajewo sollte dieser Mann im Hintergrund die Fäden ziehen.

Das Ende der Obrenović-Dynastie im Jahr 1903 war auch der Anfang einer neuen politischen Entwicklung in Serbien – ohne Unterdrückung der Bevölkerung und mit einem Monarchen, der sich für die Belange seines Volkes zu interessieren schien. Mit Peter Karadjodjević begann aber auch ein neues Kapitel der österreichisch-serbischen Beziehungen. Hatte der neue König anfangs noch beteuert, die guten Kontakte seines Landes zu Österreich-Ungarn wären ein Eckpfeiler seiner Außenpolitik, so wandte er sich dennoch bald schon gen Russland, das den Panslawismus und die nationalen Bewegungen am Balkan förderte. Die Annexion von Bosnien und Herzegowina 1908 – seit 1878 waren die Provinzen formell von der Donaumonarchie verwaltet worden – führte zu einem beispiellosen Ausbruch des Zorns und der nationalen Begeisterung in Serbien. Man forderte Krieg mit Österreich. 1912 und 1913 folgten die beiden Balkankriege: Eine Koalition aus Serbien, Montenegro, Bulgarien und Griechenland kämpfte erfolgreich gegen die Osmanen und verdrängten sie aus den letzten Ecken des Balkans, aus Albanien, Makedonien und Thrakien. Serbien, das seine Armee mit französischen Krediten auf Vordermann gebracht hatte, ging gestärkt und stolz aus den beiden Kriegen hervor. In Belgrad hatte man nun das Gefühl, dass man sich von niemandem in Europa mehr etwas gefallen lassen müsse.

Gustav Klimt bringt Auguste Rodin im Sacher-Garten ins Schwärmen

> Ihr seid Fabrikanten, wir wollen Maler sein! Das ist der ganze Streit. Geschäft oder Kunst, das ist die Frage unserer Secession. Sollen die Wiener Maler Industrielle bleiben, oder ist es ihnen erlaubt, Künstler zu werden? Wer der Meinung ist, dass Bilder Waren sind wie Hosen oder Cigarren, der bleibe in der »Genossenschaft«. Wer malend oder zeichnend die Gestalten seiner Seele offenbaren will, der wird zur »Vereinigung« gehen.
>
> *Hermann Bahr:* Unsere Secession *(Mai 1897)*

»Liebe E, kann leider heute nicht kommen, bin um fünf im Sacher-Garten im Prater – müsste nur sein, dass die Geschichte bald aus ist ...«, schrieb Gustav Klimt noch kurz an Emilie Flöge, seine Muse und Lebensgefährtin, übergab das Billet dem Boten und machte sich auf den Weg in den Prater. Berta Zuckerkandl hatte eingeladen. Die Frau des bekannten Anatomen Emil Zuckerkandl und Tochter des *Tagblatt*-Chefredakteurs Moritz Szeps war die Grande Salonnière der Künstler und Intellektuellen der Wiener Jahrhundertwende. Und wenn die Kunstkritikerin trommelte, kamen alle.

Es war ein warmer, wolkenbedeckter Frühsommertag, der Jasmin blühte, sein schwerer Duft vermischte sich mit dem der Fiakerpferde auf der Prater-Hauptallee. Die Einladung war der gesellschaftliche Höhepunkt von Auguste Rodins Besuch in Wien. Der Bildhauer war zuvor in Prag gewesen, wo die Künstlergruppierung Mánes ihn mit einer Ausstellung geehrt hatte. Von dort hatte er an Berta Zuckerkandl telegrafiert – ihre Schwester war mit Paul Clemenceau, dem Bruder des späteren Ministerpräsidenten George Clemenceau, verheiratet, weshalb sie sich um die österreichisch-französischen Beziehungen mühte. »Liebe Freundin, ich bin in Prag und so frei, nach Wien zu kommen, um ihre missionsbewussten Architekten kennenzulernen. Auf bald. Rodin.« Und Berta hatte die frohe Botschaft, dass der Meister selbst kommen würde, um den Jüngern der Moderne seinen Besuch abzustatten, rasch in den einschlägigen Kreisen verbreitet.

Für Berta Zuckerkandl war dies ein Leichtes, trafen sich bei der Kunstkritikerin doch wirklich alle, die im damaligen Wien zur intellektuellen und künstlerischen Elite gehörten. Gustav Mahler hatte hier vor nur einem Jahr seine jetzige Frau Alma, geborene Schindler, kennengelernt. Arthur Schnitzler war ein Freund des Hauses, als Medizinstudent hatte er mit Bertas Mann, Emil Zuckerkandl, zusammengearbeitet, der Assistent des großen Pathologen und Begründers der Zweiten Wiener Medizinischen Schule, Carl von Rokitansky, war. Rokitanskys Einfluss auf das Denken der Zeit war ebenso groß wie die Psychoanalyse Freuds oder die Erkenntnisphilosophie Ernst Machs. Und es war in Berta Zuckerkandls Salon gewesen, in dem Gustav Klimt mit einigen anderen Künstlern 1897 zum ersten Mal die Idee erwogen hatte, aus dem Künstlerhaus auszutreten und eine eigene, moderne Künstler-Vereinigung, die Secession, zu gründen. Auch der Maler besuchte die populären Anatomie-Vorlesungen Emil Zuckerkandls und wurde von diesem sogar eingeladen, der Sektion von Leichen am Anatomischen Institut beizuwohnen. Moderne Biologie, Anatomie, Embryologie und vor allem Darwins Evolutionstheorie fanden so Eingang in Klimts Denken und Schaffen. Nicht nur in seines, aber Klimt verfügte über besonders subtile Antennen, um die sich wandelnde Welt wahrzunehmen und künstlerisch zu verarbeiten.

Anna Sacher hatte auf Berta Zuckerkandls Wunsch im Garten decken lassen, nun hoffte sie, dass das Wetter, das dieser Tage zu Ge-
wittern und Schauern neigte, halten würde. Eben waren die Kellner
mit der Tafelspitzsülze und der Entenpastete zu den Tischen geeilt,
Unterrichtsminister Ritter von Hartel hatte bereits genommen, nun
folgten der Ehrengast und Klimt, der dafür gesorgt hatte, dass sowohl er als auch Rodin besonders schöne Tischdamen zur Linken
wie Rechten bekommen hatten – typische Klimtfrauen, knabenhaft
schlank, rätselhaft und ostentativ modern.

Kurz erlaubte sich Anna, in Gedanken abzuschweifen. Seit sie
als Jungverheiratete hier im Sacher-Garten die Kaiserin empfangen, seitdem sie an Eduards Seite das Sacher aufgebaut hatte, war
sie stets engagiert, stets präsent gewesen. Sie war ganz und gar
in ihrer Aufgabe aufgegangen, ja, sie hatte es sogar vermocht, ihr
persönliches Glück dem einen großen Ziel zu unterstellen. Doch
jetzt? Was zählte dies alles noch? Wozu sich täglich schinden?
Anna war wie betäubt, wie gelähmt, von einer nie gekannten seelischen Last erdrückt.

Es war drei Monate zuvor gewesen.

Ich komme von Hohenburg, hatte der Bote gesagt, und das Un-
heil, das in seiner Stimme lag, war mit beiden Händen zu greifen.
Ich habe schlechte Nachrichten, gnädige Frau.

Anna Sacher saß in ihrem Bureau, sie blickte von ihrer Arbeit
auf.

Ihre Tochter ist heute Nacht verstorben.

Anna brachte keinen Ton heraus, alles Leben war aus ihrem
Gesicht gewichen, das Herz krampfte sich zu einem Klumpen zusammen.

War es ein Unfall?

Der Bote druckste herum. Der Herr Gemahl Ihrer Tochter hat
nur gesagt, ich möge die gnädige Frau unterrichten.

Auch in den folgenden Tagen und Wochen wurde über die Ursachen des plötzlichen Todes geschwiegen. Hinter vorgehaltener Hand fiel das Wort Freitod, doch es wurde so schnell weggewischt wie die Zigarrenasche in der Früh von den Tischen im Sacher-Café. Anna Maria war nur neunzehn Jahre alt geworden, ihre jüngste Tochter gerade einmal zehn Monate. Man hatte die Leiche der Verstorbenen in Windeseile von Hohenburg in der Steiermark nach Wien bringen lassen und Anna Maria im Kreis der engsten Familie auf dem Dornbacher Friedhof beigesetzt. Seither versuchte Anna das Geschehene wenigstens für Stunden auszublenden – vergebens, sie dachte jeden Tag an ihr Kind, machte sich Vorwürfe, suchte nach einer Erklärung. Es war einer jener Schicksalsschläge, die dem ganzen restlichen Leben eine neue Wendung geben. Etwas in Anna zerbrach. Ganz Wien kannte die Frau Sacher, aber wer sie wirklich war, was sie unter der auf Hochglanz polieren Oberfläche bewegte, das wusste kaum jemand. Und es interessierte auch niemanden. Sie war das Sacher – und von beiden verlangte man Perfektion, Eleganz und Gastfreundschaft. Dafür bedankte man sich mit Geld, seltener mit aufrichtiger Anteilnahme.

Zur Einladung für Rodin waren Herrschaften aus Kunst und »Fashion« angetreten, eine für Wien typische Mischung, in der auch Leute wie Graf Lanckoroński ihren Platz hatten. Der Kunstsammler war eigentlich ein erbitterter Gegner der Secession, er sammelte erlesene, aber eben traditionelle Kunst, so wie es der Adel gemeinhin zu tun pflegte. Das jüdische Bürgertum hingegen förderte zumeist die modernen Kunstströmungen. Dass der Graf jedoch ebenfalls im Sacher-Garten weilte, war typisch für Wien und typisch für die Ablösung der einen Epoche durch die andere, des Historismus durch die Moderne. Es gab keine scharfen Trennlinien, sondern Überschneidungen, Berührungspunkte, fließende Übergänge, und vor allem gab es in Wien zwischen allen Subschichten der Oberklasse Querverbindungen – auch wenn man sich nur an öffentlichen Orten traf: im Kaffeehaus, im Sacher, in der Oper und bei den unzähligen Veranstaltungen und Vergnügungen, die die Stadt den Vermögenden zu bieten hatte.

»Alfred Grünfeld hatte sich in dem großen Saal, dessen Flügeltüren weit offen standen, ans Klavier gesetzt«, berichtete später Berta Zuckerkandl über den denkwürdigen Nachmittag. »Klimt schlich sich zu ihm. ›Ich bitte, spielen S' uns Schubert!‹ Und Grünfeld, die Zigarre im Mund, träumte Schubert vor sich hin. Da beugte sich Rodin zu Klimt hinüber. ›So etwas wie bei Euch hier habe ich noch nie gefühlt. Ihre Beethoven-Freske, die so tragisch und so selig ist; Eure tempelartige, unvergessliche Ausstellung und nun dieser Garten, diese Frauen, diese Musik! Und um Euch, in Euch diese frohe kindliche Freude. Was ist das nur?‹ Ich übersetzte Rodins Worte. Klimt neigte seinen schönen Petrus-Kopf und sagte nur ein Wort: ›Österreich‹.«

Vor der Jause hatte der engste Kreis der im Sacher-Garten versammelten Gesellschaft Rodin die große Beethoven-Ausstellung gezeigt, die man zu Ehren des Komponisten in der Secession veranstaltet hatte. Die Studenten der Kunstakademie waren aus allen Bildhauerklassen herausgeströmt, »in Hemdsärmeln und Kitteln, mit tonigen Fingern, und stellten sich auf seinem Wege auf. Es war ein Aufjauchzen der Jugend, als stiege Michelangelo nieder, um bei ihr zum Rechten zu schauen«, schrieb der Journalist Ludwig Hevesi. Der 61-jährige Rodin hatte die Phase der Selbstfindung, in der sich die Wiener Secessionisten noch befanden, längst hinter sich. Er war nun etabliert – er, der vor kurzer Zeit noch als Inbegriff des provokanten, modernen Künstlers gegolten hatte. Deshalb hatten ihn die Secessionisten auch bei ihrer Gründung schon zum korrespondierenden Mitglied ernannt und in fast allen Ausstellungen Werke des Bildhauers gezeigt.

Die Ausstellung in der Secession war das künstlerische Ereignis der Saison, ein Gesamtkunstwerk, hatte doch der Architekt und Designer Josef Hoffmann um die Beethoven-Statue von Max Klinger Werke von zwanzig Künstlern versammelt. Fast schon routinehaft hatte man Klimt und seinen für die Ausstellung geschaffenen Beethoven-Fries angegriffen. Seine Figuren, insbesondere jene des nagenden Kummers, seien »Wahngebilde« und »schamlose Karikaturen der edlen Menschengestalt«. Außerdem male der Künstler wollüstig und unkeusch, die Bilder seien schlicht und ergreifend »gemalte Pornographie«. Und Graf Lanckorónski fand die Darstellungen einfach nur »scheußlich«, was ihn aber nicht davon abhielt, bei der Sacher-Jause im Prater zugegen zu sein.

Gustav Klimt hatte als historistischer Maler begonnen. Nach dem Tod von Hans Makart 1884 hatte man die sogenannte Maler-Compagnie von Gustav Klimt, seinem Bruder Ernst und Franz Matsch mit der Fertigstellung der Fresken im großen Stiegenhaus des Kunsthistorischen Museums betraut, doch schon bald nahm der Künstler Abschied von der historistischen Außenschau der Dinge und wandte sich der Innensicht zu, so wie sich Schnitzler, Bahr und Hofmannsthal zuvor vom Naturalismus in der Literatur abgewandt hatten, um sich den »Seelenständen« zu widmen. Für Klimt bedeutete dies vor allem, einen anderen, einen neuen Blick auf Frauen, ihre Weiblichkeit und ihre Sinnlichkeit zu werfen. Ja, er erschuf mit großer Kühnheit einen modernen Frauentypus – ob in seinen Zeichnungen, in denen Frauen selbstbewusst ihre sexuelle Lust auszuleben scheinen, oder in den sich von den goldenen, flächigen Hintergründen abhebenden Porträts bekannter Damen der Wiener Gesellschaft. Er, der unzählige Affären hatte und dennoch in einer freien Lebens- und Liebesgemeinschaft mit der Modeschöpferin Emilie Flöge lebte, einer emanzipierten Frau, die ihr eigenes Modeatelier besaß, verstand Frauen um vieles besser als

Sigmund Freud. Und er war wohl der unverklemmteste unter den Neuerern der Zeit, sonst hätte er ihre Sexualität nicht so erfüllend, sinnlich und frei darzustellen vermocht.

Wie immer war die Veranstaltung für Auguste Rodin im Sacher-Garten ein großer Erfolg gewesen. Die Abgeschiedenheit mitten im Grün der Praterauen, die wohlgesetzte und dennoch bewusst legere Eleganz, die Tatsache, dass das Sacher im Waldsteingarten kein Restaurant im herkömmlichen Sinn, sondern vielmehr ein Veranstaltungsort war, den man mieten und so unter sich bleiben konnte – all das trug zum Gelingen des Künstlerfestes bei und mehrte den legendären Ruf des von Eduard Sacher so klug konzipierten Etablissements.

Während die Kellner das Geschirr abräumten, die Damasttücher entfernten und Tische und Stühle zusammenstellten, schaute Anna zum Himmel. Das Gewitter hatte sich Zeit gelassen, nun aber rollten die schwarzen Wolken mit umso größerer Macht heran, schon fielen die ersten Tropfen, der Wind, der das Unwetter angekündigt hatte, legte sich und schuf Platz für eine trügerische Ruhe vor dem Sturm. Anna flüchtete ins Haus, wo sie sich einen Kaffee und eine Zigarette gönnen wollte, hier störte das niemanden. Julius sah es nicht gern, Damen rauchen nicht oder sie waren eben keine Damen, hatte er einmal gesagt.

Gnädige Frau, Ihr Kaffee. Oberkellner Wagner bot ihr eine Zigarette an.

Gehen S', Wagner, setzen S' sich her und rauchen S' auch eine.

Wann ich fertig bin, Frau Sacher, sehr gern.

Wagner war ihre große Stütze. Anna erinnerte sich, wie sie den jungen Mann, es musste fast fünfzehn Jahre her sein, im Ronacher abgeworben hatte. Sie hatte von einem begabten Separeekellner dort gehört und war kurzerhand hinüber in das Varietétheater gegangen, hatte sich ein Glas Wein bestellt und das Personal beobachtet. Wagner fiel ihr sofort auf, er hatte dieses gewisse Etwas, das sie von den Angestellten des Sacher verlangte, eine schwer zu beschreibende Mischung aus vollendeter Dienstbarkeit und selbstbewusster Herrenhaftigkeit.

Wollen S' nicht bei mir arbeiten?

Im Sacher?, antwortete der Kellner ebenso leise wie bestens informiert. Wer will das nicht?

So war Wagner eben nach kurzer Zeit als Separeekellner bald zum Oberkellner aufgestiegen und seit Anna Marias Tod fast so etwas wie Annas rechte Hand geworden. Unmerklich und diskret hatte er dort Verantwortung übernommen, wo sie sie schleifen ließ, dort nach dem Rechten gesehen, wo sie es in ihrem Kummer vergaß, und überall mit Akribie darauf geachtet, dass die Marke Sacher bei allen Gelegenheiten und zu jeder Zeit gewahrt blieb. Und Anna war ihm dankbar dafür.

Wenn sie daran dachte, wie sie noch am 17. Februar, also noch vor Anna Marias Tod, das Diner für Karl Wittgenstein hingezaubert hatte. In nur einem halben Tag – der Industrielle war spontan und notorisch *impromptu*. Heute wusste sie nicht, woher sie die Kraft dafür hergenommen hatte. Wittgenstein hatte den amerikanischen »Iron King« Charles Schwab zu Gast, und sie kamen mit dem ungarischen Porträtmaler Fülöp László und dessen Schwägerin Grace Guinness. Schwab war derzeit der reichste Mann Amerikas. Der Stahlmagnat pflegte einen Luxus, den die meisten der hiesigen Millionäre trotz ihres auch hierzulande freimütig ausgestellten Reichtums wohl als übertrieben empfunden hätten. Vor einem Jahr war er auch in Europa zu endgültiger Berühmtheit gelangt, als er die Bank des Spielkasinos in Monte Carlo sprengte. Er besaß einen eigenen, kostbar ausgestatteten Eisenbahnwaggon und nebst seinem Landsitz »Immergrün« mit einem Neun-Loch-Golfplatz das luxuriöseste Privathaus, das New York je gesehen hatte. Riverside war mit seinen 75 Zimmern so groß, dass nach Schwabs Tod nicht einmal die Stadtregierung einziehen wollte und es abgerissen werden musste.

Wagner, machen S' der Mannschaft klar, dass sie heute besonders elegant servieren sollen.

Wen erwarten wir denn, gnädige Frau?

Heut kommt der reichste Mann Amerikas. Ich will keine schlechte Nachred.

Anna wusste, dass sie mit ihrem Hotel, was Schwabs Bedürfnis nach Luxus betraf, nicht würde mithalten können. Und doch hatte sie den Ehrgeiz, gerade bei diesem Amerikaner einen unvergesslichen Eindruck zu hinterlassen, schließlich war ein guter Ruf in Übersee etwas Besonderes. Sie wusste, dass ihr das am besten dann gelingen würde, wenn sie ihre urwienerische Melange aus Gemütlichkeit und Eleganz zelebrierte. Deshalb hatte sie sich auch ein bodenständiges Menü ausgedacht: als Hauptspeise Tafelspitz, Spinat und Röstkartoffel und dazu leichte Weine. Und sie hatte ihrem Freund Wilczek von dem Essen erzählt und ihn ermuntert, doch auch mit einigen Freunden, möglichst aristokratischen Herrschaften, zu erscheinen. Das würde dem Abend jene gesellschaftliche Würze verleihen, die man in Amerika schon allein deshalb nirgendwo anzutreffen vermochte, weil es dort eben keine Monarchie gab.

Haben wir jemanden, der Englisch spricht?

Ich kann's versuchen, gnädige Frau, und der Mayr kann's auch.

Aber ja nicht anbiedern damit, verstanden?

Im März jenes Jahres, also genau in dem Monat, in dem Anna Maria starb, war Sigmund Freud endlich zum außerordentlichen Titular-Professor ernannt worden, allerdings erst nachdem eine seiner Patientinnen Unterrichtsminister von Hartel mit einem Kunstwerk beschenkt und ihn so dazu »angeregt« hatte. Freud selbst, Missachtung vonseiten des Staates gewöhnt, scherzte säuerlich über den misslichen Umstand: »Die Teilnahme der Bevölkerung ist sehr groß. Es regnet auch jetzt schon Glückwünsche und Blumenspenden, als sei die Rolle der Sexualität plötzlich von Sr. Majestät amtlich anerkannt, die Bedeutung des Traums vom Ministerrat bestätigt, die Notwendigkeit der psychoanalytischen Therapie der Hysterie mit Zweidrittelmehrheit im Parlament durchgedrungen«. Er wusste wohl, dass seine Ideen noch eine Weile bis zum Durchbruch brauchen würden. Seine 1900 erschienene *Traumdeutung* sollte eines der einflussreichsten Bücher des 20. Jahrhunderts werden, obwohl in den ersten sechs Jahren nur um die 300 Exemplare davon verkauft wurden. Und doch: In den wenigen Jahren vor dem Weltkrieg waren die wichtigsten Begriffe der Freud'schen Lehre bereits in die Wiener Alltagsprache eingegangen: Neurose, Verdrängung, Ödipuskomplex, Traumdeutung und so weiter. Es war ein mit Neugier allein nicht zu beschreibender Sog entstanden, den dieser neue Blick, der alles Verborgene, Versteckte und Verdrängte hervorzerrte, auf die Menschen ausübte. Auch schickte dieser Sog immer mehr weibliche Patienten der sogenannten guten Gesellschaft zu einer Psychoanalyse bei Freud in die Berggasse, oder eben zu Gustav Klimt ins Atelier. So etwa Margarethe Stonborough-Wittgenstein, die Tochter Karl Wittgensteins, oder Adele Bloch-Bauer, die Gattin des Zuckerfabrikanten Ferdinand Bloch, um nur Klimts berühmteste Modelle zu nennen. In all den Porträts dieser bürgerlichen Damen blicken emanzipierte, selbstbewusste Frauen auf den Betrachter, scheinen ihn herauszufordern und oftmals mit feiner Arroganz über ihn hinwegzublicken.

Dass Klimt ständig aneckte, war alles andere als verwunderlich. Insbesondere die 1894 in Auftrag gegebenen Deckengemälde für die Wiener Universität wurden zum ersten großen Kunstskandal der Moderne. 1900 stellte er die Philosophie, 1901 die Medizin und 1903 die Jurisprudenz fertig: drei Gemälde, metaphorisch und symbolisch aufgeladen, mit Klimt'scher Erotik und Sinnlichkeit unterfüttert und von großer formeller Radikalität, stellte doch ihre auf die abstrakte Kunst hinweisende Flächigkeit die Regeln herkömmlicher Bildkomposition infrage. Die Figuren waren wie im horizontlosen Raum aufeinandergestapelt, wirkten wie ein visueller Gedankenstrom oder mehr noch wie lose im Raum schwebende Motive verstörender Traumbilder. Die harsche Kritik, die Bilder seien zu erotisch, zu symbolisch oder einfach nur hässlich, traf den Künstler empfindlich, weshalb er seine Werke 1905 zurückkaufte und nie mehr einen staatlichen Auftrag annahm. Klimt war das unumstrittene Enfant terrible der Zeit, seine kämpferische Attitüde und Selbstinszenierung als Prophet und Märtyrer der Moderne verursachten in schöner Regelmäßigkeit Skandale.

Anna Sacher schreckte aus dem Schlaf. Wieder hatte sie von Anna Maria geträumt. Tränen rannen ihr über die Wangen, und sie zitterte am ganzen Körper. Seit Wochen schon plagten sie immer die gleichen Albträume. Diesmal war Anna Maria eine lange Straße entlanggelaufen, die drei Kinder auf dem Arm. Das größte hatte sich wie eine Schlinge um den Hals der Mutter gelegt, es klammerte sich fest, da sie es losgelassen hatte, um die anderen beiden fester halten zu können. Arme und Beine der Kleinen schlackerten nur so um Anna Marias Körper, als wäre das Mädchen bloß eine Puppe. Sie lief und lief, dabei wurden ihre Arme und Beine immer dünner, immer zerbrechlicher, bis sie nur noch auf dünnen Weidenruten dahinzustolpern schien. Anna stand wie gelähmt, wie festgenagelt an einer Hauswand, selbst die Arme hingen wie schwere Eisenstangen an ihr herab. Sie selbst fühlte sich eisig, und allmählich, das spürte sie ganz genau, fraß sich das Eis bis in ihr Herz. Ihr wurde kalt, unermesslich kalt. Dann endlich lösten sich ihre Füße vom Boden, und sie machte einige Schritte, sie ging, ja sie lief auf die Tochter zu und kam dennoch keinen einzigen Schritt näher. Sie sah, wie Anna Marias Beine dünn und plötzlich auch noch durchsichtig wie Glasstangen wurden, zerbrachen und die Mutter mit den drei Töchtern zu Boden fiel. Sie überschlugen sich, und während die Kinder in den Straßengraben rollten, blieb sie, die Mutter, regungslos zurück.

Anna, wieder erwacht, stützte ihren Kopf in die Hände und weinte bittere Tränen. War sie denn ihrer Tochter so gar keine gute Mutter gewesen? Sie hatte nie wirklich gewusst, wie es um sie stand, besonders in den Jahren seit ihrer Ehe. Die Zeit war einfach dahingeflogen, jedes Jahr war ein Kind auf die Welt gekommen, man freute sich an dem augenscheinlichen Beweis der funktionierenden Ehe und Familie, obwohl Anna Maria, an das erinnerte sich die Mutter wohl, von Mal zu Mal dünner und blasser geworden war. Damals hatte sie es für eine dümmliche Anpassung an die Mode der Zeit gehalten. Auch die Frauen, die Klimt malte, waren ephemer, schmal, taillenlos und geheimnisvoll.

Am Abend von Rodins Besuch im Sacher-Garten pilgert der enge Kreis seiner Jünger in die Oper. Gustav Mahler dirigiert *Die Hochzeit des Figaro*. Rodin war nicht mehr zu halten vor Glück: »Was für ein Traum! Was für eine Märchenstadt! Zum ersten Mal höre ich wirklich Mozart! … Nein! Das ist der widerauferstandene Mozart – ich sehe Mozart im erhabenen Kopf Mahlers!«, rief er aus. Bald würde er genau diese Vision in seiner Büste des großen Komponisten, Dirigenten und Direktor der Wiener Hofoper verwirklichen.

1904
Gustav Mahler lässt im Sacher seinem Kammersänger den Vortritt

> Ich sage mir oft, ich sage mir täglich: Nein, man kann in Wien nicht mehr leben, fort! Hier sind nicht zwölf Menschen, die halb-wegs europäisch empfinden. Und hinter ihnen ist gleich nichts; das Chaos. Aber dann malt Klimt ein neues Bild. Dann macht Roller den Tristan oder den Fidelio neu, Mahler dirigiert, die Mildenburg singt. Und ich sage mir dann: Ich könnte doch nirgends leben als in Wien, wirklich leben, was mir Leben ist.
>
> *Hermann Bahr: Dekorationen*, Neue Rundschau *(1905)*

Gustav Mahler stand amüsiert im Vestibül des Sacher und lauschte seinem neuen Freund Gerhart Hauptmann, der Alma am Arm genommen und von der Tür zurückgezogen hatte.

Liebste Frau Mahler, ich bitte Sie, achten Sie auf Gretchen. Lassen Sie sie in kein Geschäft hineingehen, sie hat keine Ahnung von Geld und gibt alles aus, was sie bei sich hat, sorgte sich Hauptmann.

Gretchen, eigentlich Margarete Marschalk, war die Geliebte des Dichters, dessen fast 20-jährige Ehe mit Marie Thienemann noch in diesem Jahr geschieden werden sollte. Ein wunderschönes Wesen, die schwarze Atlashose unterstrich ihren schlanken Körper. Sie trug die schwarzen kurzen Locken offen, ganz modern – ganz Feenerscheinung. Alma, die junge Gemahlin Gustav Mahlers – die Herren waren gut zwanzig Jahre älter als ihre Gefährtinnen –, wirkte dagegen fast ein wenig hausbacken, überdies war sie im fünften Monat schwanger.

Denken Sie, flüsterte Hauptmann weiter, in Berlin gab ich ihr einen großen Geldschein und sagte: »Gretchen, gib mir das in Italien wieder«, und als ich dann das Geld verlangte, wusste sie überhaupt nicht mehr, dass ich ihr welches gegeben hatte.

Alma! Kommen Sie nun oder nicht? Margarete stand schon auf der Straße. Gerhart erzählt Ihnen lauter Blödsinn! Ich kaufe doch nur ein, um ihm zu gefallen.

Wenn's nur so wäre! Wo war denn der Schein? Auf dem Boden des Koffers! In Form eines Kügelchens!

Während sich Alma von Hauptmann losriss, nicht ohne dass ihr die Worte der Schauspielerin einen feinen Stich versetzt hatten – hätte Mahler ihr nur einmal so viel Geld gegeben! –, und mit Margarete davonging, war der Komponist ungeduldig geworden: Lassen Sie die Damen und setzen Sie sich zu mir. Herr Ober, einen großen Braunen für unseren Gast! Sie trinken doch einen Kaffee, nicht wahr? Gestern … Sie sagten etwas, das mich ungeheuer berührte, ja, die ganze Nacht hindurch beschäftigte …

So ging das die nächsten Tage. Alma und Margarete wurden in die Stadt geschickt, während die Männer in der behaglichen Atmosphäre des Hotels Gespräche führten. Manchmal bummelten auch sie durch die Stadt, freilich ganz ohne den Geschäften und Kaufhäusern auch nur die mindeste Aufmerksamkeit zu schenken. Die beiden Künstler hatten sich als Seelenverwandte gefunden und in eine stürmische Freundschaft gestürzt. »Wir wollen es einander aussprechen, damit es nicht verlorengeht im Lebenslauf«, würde Mahler dem Dichter kurz nach dessen Abschied aus Wien schreiben, »… dass wir zueinander gehören … Sie müssten nur wissen, wie einsam und stumm ich hier dahinleben muss, um zu ermessen, wie sehr es mir in den wenigen Tagen zur lieben Gewohnheit geworden ist, mit Ihnen zusammenzukommen, und zu reden und zu denken über Alles, was sich im Laufe der Jahre in mir aufgehäuft hat … Jeden Nachmittag war es mir in jenen Tagen, als müsste ich Sie aus dem Hotel Sacher zu einem Bummel abholen und wir gingen zusammen durch die Straßen und Plätze und genössen die Stunde und dächten nicht der nächsten.« Obwohl die in Wien lebenden Dichter – Bahr, Schnitzler, Salten und Kraus – alle große Mahler-Verehrer waren und Schnitzler kaum je einen Musikabend mit dem Musiker versäumte, pflegte Mahler mit keinem von ihnen einen näheren Kontakt.

Ein Frühstückskellner war erschienen und hatte die Bestellung aufgenommen: Und wünschen die Herrn ein Kipferl dazu?

Oh ja, ein Kipferl! Hauptmann war ganz verliebt in die Wiener Küche, in die Stadt, in ihre Atmosphäre, Mahler hingegen aß nur Grahambrot. Hauptmann war zur Premiere seines Stückes *Rose Bernd* im Burgtheater angereist, ein Sozialdrama um eine reale Kindsmörderin, von deren Schicksal Hauptmann als Geschworener erfahren hatte. Die Geschichte war ihm so unter die Haut gegangen, dass er für ihren Freispruch plädiert und noch am selben Abend die erste Fassung seines Stückes niedergeschrieben hatte. Hauptmann, der große Naturalist, stand damals auf dem Höhepunkt seines Schaffens, und dennoch wurde das Drama an der Burg nach wenigen Vorstellungen vom Kaiser persönlich abgesetzt – der Monarch bezahlte schließlich Burgtheater und Hofoper aus seiner Privatschatulle, und das Stück war ihm einfach zu skandalös, zu obszön, zu aufwühlend: Ein Mädchen, von mehreren Seiten bedrängt und vom falschen Mann schwanger, erdrosselt aus lauter Verzweiflung das eigene Kind. Gemäß den Prinzipien des Naturalismus bestimmten Gesellschaft, Milieu und soziale Situation das Handeln der Personen und gaben dem Autor die Gelegenheit zu Kritik an den sozialen Missständen.

Theater-, Kunst- und Literaturskandale waren um die Jahrhundertwende in der Habsburgermonarchie mindestens ebenso häufig wie die regelmäßig aufflackernden Nationalitätenkonflikte und der Hass aller anderen auf die Ungarn und ihre Privilegien. Max

Burckhard, der in den 1890er Jahren Burgtheaterdirektor und aus dieser seiner Amtszeit an die oberste Zensur gewöhnt war, meinte einmal lakonisch, der Obersthofmeister würde zählen, und wenn die erlaubte Anzahl von Stücken, in denen beispielsweise ein unehelicher Sohn vorkomme, in jenem Jahr bereits überschritten sei, dann erfolge eben ein Verbot.

Mahler hatte Hauptmann noch vor dessen Premiere von *Rose Bernd* bei ebendiesem Max Burckhard kennengelernt. Der Komponist, der Geselligkeit und soziale Vergnügungen hasste, war an jenem Abend angenehm überrascht gewesen: Das Gespräch hatte sich bis tief in die Nacht hingezogen, dann waren Mahler und Hauptmann gemeinsam aufgebrochen und durch das nächtliche Wien spaziert, nicht ohne dass die beiden Männer »unter jeder Laterne stehengeblieben und, sich gegenseitig am Mantelknopf haltend und heftig gestikulierend, viertelstundenlang verweilten«. Erschöpft, so Alma Mahler, bestieg man endlich um vier Uhr früh einen Einspänner.

Dass sich die Politik und noch vielmehr der Hof in das Kulturleben der Stadt einmischten, dass Stücke abgesetzt, Schauspieler protegiert, Intrigen lanciert und – ganz besonders und zuvorderst – die Belange der Hofoper als öffentliches und von der Presse wirksam verstärktes Spektakel inszeniert wurden, sollte Mahler in den nachfolgenden Jahren noch zur Genüge erleben. Nach endlosen Kämpfen würde er schließlich 1907 seinen Rücktritt einreichen und an die New Yorker Met wechseln. Doch 1904 war von Zerwürfnissen noch wenig zu spüren. Mahler hatte 1897 das wichtigste Amt der musikalischen Welt, die Wiener Hofoperndirektion, angetreten, mit einer gehörigen Portion Protektion und dem Übertritt zum Katholizismus, den er schon Jahre zuvor als bewussten Karriereschritt über sich ergehen hatte lassen. Und auch, wenn konservative Kreise sich nie mit Mahler, seiner Musik oder dem von ihm zusammengestellten, modernen Repertoire anfreunden konnten, so begann mit seiner Operndirektion eine der glanzvollsten Zeiten des Wiener Musiktheaters.

Der neue Direktor, ein gnadenloser und akribischer Arbeiter, krempelte gleich nach seinem Amtsantritt das altehrwürdige Opernhaus von Kopf bis Fuß um. Seine Hofopernreform war die erste ihrer Art und seine Unbestechlichkeit im intrigenreichen Wien der mindestens ebenso große Skandal. Mit dem Secessionskünstler Alfred Roller, den Mahler 1902 kennengelernt und sofort als Bühnenbildner engagiert hatte, brachte er seine Neuinszenierungen und Uraufführungen zu nie dagewesener Perfektion. Von seinen Sängern forderte er nicht nur musikalische Höchstleistungen – und verlängerte dafür die Probezeiten –, er verlangte von ihnen, was bislang unüblich gewesen war: dass sie ihre Rollen auch als Schauspieler wirklich durchdrangen. Dafür konnte Mahler auf die besten Sänger und Sängerinnen der damaligen Zeit zurückgreifen: auf die Wagner-Sopranistin, seine Ex-Geliebte, Anna von Mildenburg (seit diesem Jahr Hermann Bahrs Geliebte und spätere zweite Frau), die Koloratursängerin Selma Kurz (auch mit ihr hatte Mahler ein kurzes Verhältnis), die Heldentenöre Erik Schmedes und Franz Naval sowie auf den Jahrhundertsänger Leo Slezak, der sich, von Mahler 1901 angeworben, gänzlich der Inszenierungskunst des Meisters anverwandelte.

Oh, Herr Kammersänger, seien Sie gegrüßt.

Lange nicht gesehen, Frau Sacher.

Nur weil der Herr Kammersänger mich nicht in meinem Bureau besucht, konterte die Hotelierin. Dort leb ich mittlerweile, statt in einem fort Berühmtheiten zu begrüßen, dafür hab ich die Fotografien meiner Stammgäste an den Wänden.

Leo Slezak verstand den Wink: Jahre später, 1928, würde der für seinen Humor stadtbekannte Sänger seiner »verehrten Freundin, Frau Anna Sacher, ein Weihnachtsbussi« samt guter Fotografie von ihrem immer noch »rüstigen Leo Slezak« zueignen und damit die Fotogalerie des Sacher endlich bereichern.

Doch nun war der Startenor erst einmal bester Laune: Was bietet die Küche, Frau Sacher? Ich hab heute frei, den *Tristan* singt doch der Schmedes, da kann ich mir bei Ihnen einen vergnüglichen Abend machen.

Und während er dem Pagen Mantel, weißen Schal und Schirm übergab, um sich ins Restaurant zu begeben, kamen Gerhart Hauptmann und seine Geliebte die Treppen herunter.

Meine Herrschaften, ein Gläschen Champagner geht sich immer aus vor der Oper, sagte Anna Sacher, die auf den Kellner mit dem Tablett verwies.

Gerhart Hauptmann griff erfreut zu, und auch sein Gretchen ließ sich nicht zweimal bitten. Sie warteten auf Alma, die sie zu *Tristan und Isolde* abholen wollte. Hauptmanns lebten nun seit neun Tagen im Sacher, und sie fühlten sich sichtlich wohl. Frau Sacher, wollen Sie nicht mit uns anstoßen?

Weil Sie's sind, sagte die Gastwirtin generös. Wenn ich mit jedem anstoßen würd, wär ich Alkoholikerin.

Aber wir sind doch schon Stammgäste, nicht wahr?

Anna wiegte den Kopf hin und her und schmunzelte. Stammgäste. Das war ein dehnbarer Begriff, und ihr war wichtig, dass er dehnbar blieb, denn nur so vermochte sie die Kriterien, nach denen sich jemand dazuzählen konnte oder eben nicht, selbst festzulegen.

Sie sind schon fast bessere Gäste als der Hofoperndirektor, stachelte die Sacher. Mahler, das wurmte Anna ungemein, ging lieber ins Bristol, ins Grand Hotel oder zum Leidinger, auch einem stadtbekannten und allseits beliebten Gasthaus. Am allerliebsten jedoch war ihm – wie auch Karl Kraus – das stille Café Imperial. Im gleichnamigen Hotel würde der Dirigent auch nach seinem Weggang aus Wien wohnen, wenn er in der Stadt weilte. Woran es lag, dass Mahler das Sacher umschiffte, vermochte die Gastwirtin nicht zu sagen, vielleicht daran, dass Leo Slezak im Sacher seinen Lebensmittelpunkt hatte. Seine ebenfalls nahe der Oper gelegene Wohnung war dem Kammersänger anscheinend zu einsam, er brauchte auch fern seiner Auftritte eine Bühne und ein Publikum. Anna blickte zu Slezak, der auf dem Weg zum Restaurant fast mit Oberkellner Wagner zusammengestoßen war.

Was darf's heute sein, Herr Kammersänger?

Gänse, erwiderte Slezak, die Wortsilben theatralisch in die Länge ziehend, um die Pointe möglichst lange wirken zu lassen.

Werde gleich nachsehen, wie viele wir dem Herrn Kammersänger servieren können. Wagner konnte sich ein Lachen kaum verkneifen, der Sänger speiste ebenso gern wie viel und hatte sich selbst in jungen Jahren deshalb schon ein ansehnliches Bäuchlein angegessen.

Auch Anna musste schmunzeln – nein, der Hofoperndirektor musste diesen Sänger mögen. Offenbar war er nur wirklich, wie ihr Slezak wiederholt gesagt hatte, unglaublich menschenscheu.

Nun flog die Tür zum Vestibül auf, und Alma schwirrte herein. Der Page, immer noch Slezaks Mantel über dem Arm, kam dienstbeflissen nun auch zu Alma und erbat den ihren, doch sie sagte, es bleibe keine Zeit, denn sie müssten umgehend aufbrechen. Mahler dulde keine Verspätung, nicht einmal für die Erzherzöge mache er eine Ausnahme.

»Gestern *Tristan und Isolde* von Mahler für uns angesetzt. Machtvoller Eindruck. Imbiss im Theatersaal. Mahler unvergleichlicher Mensch. Siegfried Wagner«, sollte Gerhart Hauptmann am nächsten Tag im Sacher stichwortartig seinem Tagebuch anvertrauen. Und tatsächlich: *Tristan und Isolde*, nach Carl Maria von Webers *Euryanthe* die zweite Neuinszenierung, die Mahler 1903 in kurzer Folge mit seinem neuen Chefbühnenbildner Roller vorlegte, war eine epochenmachende Aufführung. Mahler wusste, dass die Kühnheit dieser Oper szenisch bisher nie ausgeschöpft worden war, und dies wollte er mit seinen Regieanweisungen und in der Zusammenarbeit mit Roller ändern. Der höchste Reiz der neuen Inszenierung war laut dem Kritiker Max Graf, »mit Schwingungen der Luft und der Farbe musikalische Eindrücke zu erzielen. Die modernen impressionistischen Künste der Malerei ziehen zum ersten Male auf der Opernbühne ein.« Das Bühnenbild Rollers für diese Oper blieb über lange Jahrzehnte stilbildend.

»Der Sommer war schön, konfliktlos, glücklich«, erinnerte sich Alma an das Jahr 1904. Ungewöhnlich glücklich, denn die Liebesgeschichte Mahlers zur neunzehn Jahre jüngeren Alma Schindler gestaltete sich von Anfang an schwierig. Es war wohl eine große Liebe, aber auch eine mit umso größerem Missverstehen. Alma, selbst angehende Komponistin, musste ihre eigenen Ambitionen aufgeben, um nur noch für Mahler da zu sein – für den sensiblen, überarbeiteten, stets kränkelnden Vollblutkünstler, der sich zwischen Hofoperndirektion, europaweiten Dirigentenengagements und den kurzen Sommermonaten fürs Komponieren aufrieb. So vertraute sie ihrem Tagebuch an: »Mir ist oft, als ob man mir die Flügel beschnitten hätte. Gustav, warum hast du mich flugfrohen, farbfrohen Vogel an dich gekettet, wo dir doch mit einem grauen, schweren besser geholfen wäre.«

Am 15. Juni gebar Alma ihr zweites Kind, Mahler versuchte alles, um ihr die Schmerzen der Geburt »wegzusuggerieren«: »Er verfiel auf den närrischen Gedanken, mir Kant vorzulesen«, schrieb Alma. Das Neugeborene und seine um zwei Jahre ältere Schwester Maria Anna waren in dem darauffolgenden Sommer Mahlers ganze Freude. Er konnte sich kaum von ihnen trennen, spielte mit der Zweijährigen Gesichterschneiden und las ihr Märchen vor. Und doch, gerade in diesem wahrscheinlich unbeschwertesten Sommer seines Lebens vollendete der Komponist in der Abgeschiedenheit seines Kärntner Sommerdomizils Maiernigg am Wörthersee seine dunkelste Symphonie, die Sechste, und drei neue »Kindertotenlieder« nach Gedichten von Friedrich Rückert. Rückert hatte die Texte kurz nach dem Tod zweier seiner zehn Kinder verfasst. Von Mahlers elf Geschwistern überlebten sechs das Kindesalter nicht, und 1907 sollte die erst fünfjährige Maria Anna an Diphtherie sterben. Kein Wunder, dass Alma die Beschäftigung ihres Mannes mit dem Tod im Nachhinein als prophetisch bezeichnen würde.

Am Ende der Ferien spielte Mahler die Sechste seiner Frau vor, in seinem Waldhäuschen, wo er täglich in aller Einsamkeit die Musik ersonnen hatte. »Kein Werk ist ihm so unmittelbar aus dem Herzen geflossen wie dieses. Wir weinten damals beide. So tief fühlten wir diese Musik und was sie vorausahnend verriet. Die Sechste ist sein allerpersönlichstes Werk und ein prophetisches noch dazu.« Mit »vorausahnend« hatte Alma nicht nur den Tod der Tochter, sondern auch die Voraussicht der großen, zehn Jahre später eintreffenden Katastrophe des Ersten Weltkriegs gemeint. Viele Künstler behaupteten im Nachhinein – oder man interpretierte ihre Werke entsprechend –, dass sie den Weltkrieg vorausgeahnt hätten. Doch die Moderne selbst, ihre Schnelllebigkeit, Reizüberflutung, ihre Technisierung und Urbanisierung führten zu einem Gefühl der Haltlosigkeit und des Ich-Verlustes. Althergebrachte Gewissheiten schienen verloren zu gehen, und man lenkte den Blick auf Tod und Verderben. Je sensibler der Mensch, desto apokalyptischer war in den Jahren vor dem Krieg sein Grundgefühl. Und von Vernichtung ohne Trost, ohne Ausblick handelt auch das Finale von Mahlers sechster Symphonie, die nicht von ungefähr als »die Tragische«, von Mahler selbst hingegen als »die Rätselhafte« bezeichnet wurde. Es war die Jahrhundertwende selbst, die Hysterie und Neurasthenie auslöste und bei den sensibelsten Künstlern – Gustav Mahler war deren Inkarnation – ein gigantisches, authentisches, vielstimmiges, so romantisches wie dissonantes Werk hervorrief.

Überhaupt war es ein Jahr der Verluste. Am 7. Juli erlag Theodor Herzl einem Herzleiden, ohne dass er die Verwirklichung seines Traumes, eines eigenen Staates für die Juden, erleben durfte. Am 6. August folgte ihm Eduard Hanslick – der große Musikkritiker, dessen Eintreten für Gustav Mahler 1897 nicht unwichtig für dessen Bestellung zum Hofoperndirektor gewesen war.

Zwei der fünf Söhne Karl Wittgensteins hatten sich umgebracht. Erst diesen Mai sollte Rudolf, der jüngere der beiden, sich mit Kaliumzyanid das Leben nehmen. Zwei Jahre zuvor war der musikalisch und mathematisch hochbegabte Hans spurlos verschwunden, erst ein Jahr später sollte die Familie offiziell von Selbstmord sprechen – und zwar zu dem Zeitpunkt, als auch der Schriftsteller Otto Weininger freiwillig aus dem Leben geschieden war. Der Maler Richard Gerstl nahm sich wegen der Liebesaffäre mit Arnold Schönbergs Frau Mathilde – wohl aber auch aufgrund seiner künstlerischen Erfolglosigkeit – ein paar Jahre später das Leben. Gerade um 1900 fürchtete man wahre Suizidepidemien, auch eine Reihe von Schülerselbstmorden hatte die Öffentlichkeit erschüttert. Die Gründe waren vielfältig. Homosexualität, die Überforderungen einer leistungsbesessenen Zeit, Verarmungsneurosen und der Glaube, als Genie verkannt zu sein – all das spielte eine Rolle, und doch bleibt die Häufung der Selbstmorde und die scheinbar so leichtfertige Entscheidung für den Tod ein besonderes Merkmal der Zeit. Auch die Zahl derer, die sich den dunklen Seiten der menschlichen Existenz zuwandten, war im Fin de Siècle kaum zu übersehen. Die meisten Wiener Autoren stellten Überlegungen zur Sterblichkeit an und ergründeten die mannigfaltigen Ursachen, die dazu führen konnten, sich das Leben zu nehmen.

Dass auch Anna Maria in Wahrheit den Freitod gewählt hatte, wollte Anna trotz der Allgegenwärtigkeit des Themas nicht glauben. Ähnlich wie Karl Wittgenstein war sie eine Meisterin der Verleugnung: Was nicht in ihr Bild passte, hatte einfach nicht zu sein. Und das, obwohl sie als Frau Sacher hinter so viele Fassaden und mühsam aufrechterhaltene Lügengebäude ihrer Gäste zu blicken gelernt hatte – manchmal, so glaubte sie, hatte sie wohl einen besseren Einblick in die Seelen ihrer Kundschaft als der Doktor Freud in seiner Berggasse. Betraf der Schmerz jedoch sie selbst, dann schob sie ihn mit aller Macht zur Seite und gestand sich keinerlei Schwäche ein. Denn wenn sie sich eines nicht leisten konnte, dann war es Schwäche. Schließlich hatte sie – ganz allein – die Verantwortung für das Sacher. Und so stürzte sie sich in ihre Arbeit, verbrachte noch mehr Stunden in ihrem kleinen Bureau, der Tonfall ihrer Stimme wurde rauer, und sie rauchte, insbesondere wenn sie sich unbeobachtet fühlte, gern ein paar Zigaretten. Sie war das Sacher. Früher hatte sie diese Tatsache mit Stolz erfüllt – nun kam eine ungekannte Bitterkeit hinzu.

Zusammen mit diesen Gefühlen verdrängte sie auch Julius Schuster aus ihrem Leben. Seit Anna Marias Tod hatte sie ihn fast nur noch bei offiziellen Anlässen gesehen. Julius junior war nach Schlesien ausgewandert und hatte dort Elisabeth Starzinska geheiratet, mit der er sich in Dreilinden im Kreis Rybnik als Gutsbesitzer eine neue, von der Tragödie seines Lebens weit entfernte Existenz aufbaute und seinen kleinen Kindern eine liebevolle Stiefmutter schenkte. Anfang des Sommers 1904 war dann auch noch Julius Schusters Frau Anna gestorben. Würden sie nun endlich frei sein, heiraten, zusammenleben können? Wie lange hatte sich Anna Sacher das gewünscht und sich dennoch allmählich daran gewöhnt, vor den Augen aller eine alleinstehende Witwe zu sein. Auch das hatte Vorteile, es hatte sie stark, selbstbewusst und hart gegen sich und ihre Umwelt werden lassen. Doch jetzt? Der

Tod ihres Kindes hatte einen dunklen Schatten auf ihre Beziehung zu Julius geworfen und alle Leidenschaft, allen Glauben an eine gemeinsame Zukunft erstickt. Anna holte Goethes Gedichte an Frau von Stein aus einer geheimen Schublade ihres Schreibtischs, das Büchlein, das ihr Julius in dem einen unbeschwerten Sommer geschenkt hatte. »Du weißt nicht, welche Gewalt ich mir angetan habe und antue, und dass der Gedanke, dich nicht zu besitzen mich doch im Grunde, ich mag's nehmen und stellen und legen wie ich will, aufreibt und aufzehrt. Ich mag meiner Liebe zu dir Formen geben welche ich will, immer immer …« Die Worte klangen nun hohl. Sie las sie wieder und wieder und schüttelte traurig den Kopf, ohne auch nur eine einzige Träne weinen zu können.

Im Folgejahr, 1905, waren Gustav Mahlers »Kindertotenlieder« von der Vereinigung schaffender Tonkünstler uraufgeführt worden. Anna und Julius waren lange nicht mehr zusammen in einem Konzert gewesen, und nun also sollten sie ausgerechnet diese Lieder anhören? Sie, Anna, hatte ganz vergessen, sich das Programm anzuschauen, und er, Julius, hatte diese Musik mit Absicht ausgewählt. Er wollte sie damit konfrontieren, nicht, um sie zurückzugewinnen, aber doch, um ihr als Freund beizustehen, und weil er wusste, dass es nicht gut war, erlittene Schmerzen immer nur zu unterdrücken. Die Lieder rührten tief an Annas Herz, jetzt erst flossen die Tränen, die sie sich zuvor nicht erlaubt hatte. Sie flossen einen ganzen Konzertabend lang. Sanft und drucklos legte Julius seine Hand auf ihre und neigte seinen Kopf, um ihr doch ein wenig nah zu sein.

1907 sollte Mahler, zermürbt von Intrigen, Querelen und antisemitischen Anfeindungen, seinen Abschied von der Hofoper einreichen. Weder die historische Bittschrift, in der ihn so namhafte Intellektuelle und Künstler, Weggefährten und Mitstreiter wie Sigmund Freud, Arthur Schnitzler, Gustav Klimt, Arnold Schönberg und Stefan Zweig zum Bleiben drängten, noch ein Versuch des Obersthofmeisters Fürst Montenuovo konnten ihn umstimmen. Am Westbahnhof, von wo er im Dezember 1907 Wien verließ, versammelten sich zwischen hundert und zweihundert Menschen, darunter viele Sänger und Orchestermusiker, sein Chefbühnenbildner Alfred Roller sowie Gustav Klimt und Arnold Schönberg. Es war, als ob sich der Klang des Fin de Siècle von seinem Schöpfer verabschiedete. Gustav Mahler weinte.

1908
Madame d'Ora fotografiert Anna Sacher, und die Hunde müssen still halten

> Die »starke« Faust, die in anderen sozialen Zuständen für den einzelnen Mann unentbehrlich und das rechtmäßige Fundament seiner Herrschaft war, ist vollkommen überflüssig geworden. Aber wenn auch das moderne Leben den Wirkungskreis der primitiven Männlichkeit mit jedem Tage mehr einschränkt ... die barbarische Bewertung besteht doch in den Sitten und Normen noch immer fort. Noch immer genießt das Militär den Platz als erster Stand.
>
> *Rosa Mayreder:* Zur Kritik der Weiblichkeit *(1905)*

Sebastian, bin schon viel zu spät. Können S' mir bitte jemanden zum Possaward runterschicken. Für den Abend haben sich zwei größere Gesellschaften angesagt.

Selbstverständlich, gnädige Frau, erwiderte der Portier und reichte der Chefin den Mantel. Der Fiaker wartet schon.

Wo sind denn die Hunde? Ich will sie mitnehmen ...

Anna Sacher wurde im Atelier d'Ora zu einer Porträtfotositzung erwartet. Eigentlich hatte sie für derartige Extravaganzen überhaupt keine Zeit, aber sie kannte und mochte die junge Fotografin Dora Kallmus, von der die ganze Stadt seit Kurzem sprach, seit vielen Jahren, und so hatte sie sich wieder einmal hinreißen lassen.

Bring die Bullys der gnädigen Frau, aber presto. Sebastian Mayr hatte den Pagen nach den Hunden geschickt. Und was ist mit der Lieferung vom Kattus und vom Engelhardt?

Ist für Nachmittag versprochen, gnädige Frau.

Na hoffentlich wird's nicht zu spät, sonst muss der Possaward halt was andres für die Gäste kochen.

Der k.u.k. Hoflieferant Johann Kattus führte nicht nur Weine und Champagner, er besaß in Astrachan eine eigene Kaviarfaktorei und galt als bedeutendster Kaviarhändler der Welt. Und bei Hofmann & Engelhardt bezog das Sacher seine Fische. Philipp Kallmus, der Vater von Dora, ein aus Prag gebürtiger Hof- und Gerichtsadvokat, war seit Eduard Sachers Zeiten Stammgast, und die kleine Dora war Annas Aufmerksamkeit schon damals nicht entgangen. Sie konnte sich noch gut an das kleine Mädchen erinnern, das sich stundenlang inmitten des Trubels mit sich selbst beschäftigte. Sie fand die Kleine oft am oberen Absatz der Treppe in ihre Zeichnung vertieft, während die Eltern im Restaurant zu Tische saßen, damals, als Doras schöne Mutter Malvine noch lebte. Und nun hatte die 27-Jährige vor einem Jahr ein eigenes Fotoatelier in der Innenstadt eröffnet und sich den eleganten Künstlernamen Madame d'Ora zugelegt. Schon gleich zu Beginn, als das Atelier d'Ora noch ein Geheimtipp war, hatte sich Anna Sacher zwei Mal dort einer Porträtfotositzung unterzogen, jetzt war das Atelier auf dem besten Weg, zur ersten Adresse der Stadt in Sachen Fotografie zu werden. Karl Kraus, Gustav Klimt, Emil Zuckerkandl und viele andere waren bereits dem guten Ruf des Ateliers und ihrer Neugier auf seine junge weibliche Chefin gefolgt. Und bald würde es ihnen die gesamte Ringstraßengesellschaft nachtun.

Anna hatte ihre Garderobe mit Bedacht gewählt, sie hatte ihr Lieblingskleid aus dem Schrank angezogen, das hochgeschlossene mit den Spitzen, und jenen Schmuck angelegt, den sie am liebsten hatte, ein siebenreihiges Perlenhalsband mit Brillantenschließe und dazu Rubinohrringe. Solch teure Juwelen hätte sie sich bei allem Erfolg des Sacher nicht leisten können, und auch Eduard wäre, als er noch lebte, gewiss nicht auf die Idee gekommen, für einen derart großen Luxus Geld auszugeben. Aber Julius liebte schönen Schmuck, und so besaß sie nun eben eine ganz ansehnliche Anzahl von Colliers, Armbändern und Ringen und hütete sie wie einen kostbaren Schatz.

Na endlich, da sind sie ja, die Ausreißer! Ihr zwei, ihr kommt mit aufs Bild. Der Page übergab Anna Sacher die Leine, und sie verließ mit den beiden Zwergbullys das Sacher. Sie liebte die Hündchen und behandelte sie wie kleine Grafen, sie bekamen stets frisch in der Küche zubereitetes Hundefutter, in weißen Porzellanschüsselchen von einem der Kellner stilecht mit Serviette über dem Arm serviert. Einmal, zur Fütterungsstunde, kam ein Gast mit Hang zu exotischen Delikatessen in Annas Büro, um seine Hotelrechnung zu bezahlen. Er blickte auf das Hundefutter. Die Sacher-Chefin, die seine Speisevorlieben kannte, erklärte, dass das, was er im Napf der Bullys sähe, Kaviar sei. Für edle Hunderassen sei eben nur das Allerbeste gut genug. Der Gast räusperte sich befremdet und ging. Noch in dem Moment, als sie sich den Witz erlaubte, wusste Anna Sacher, dass die Geschichte die Runde machen würde, dass sie diesmal selbst zu einer Sacherlegende beigetragen hatte. Und tatsächlich: Seither musste sie sich immerzu wegen des Kaviars rechtfertigen, von dem es hieß, dass er im Sacher zuhauf an Hunde verfüttert werde. Lügen, einmal in die Welt gesetzt, erfreuten sich eines höchst erquicklichen Lebens im Wien der Epoche, wo so vieles in einem Schwebezustand zwischen Sein und Schein, Wirklichkeit und Traum, Bewusstsein und Unbewusstem zu seiner eigentlichen Gültigkeit fand.

Still halten! Auch die Hunde!, rief Arthur Benda und verschwand unter dem schwarzen Tuch, das über den riesigen Fotoapparat gebreitet war, um den Auslöser zu drücken. Benda war Doras Assistent, ein gut aussehender junger Mann mit kurz geschnittenem, seitlich gescheiteltem Haar und flatterndem Hemd. Die Künstlerin selbst, ganz nach der neuesten Mode in Hosen, wirkte, abgesehen von ihren feinen Gesichtszügen, fast männlich. Dora hatte zuvor das Bild eingerichtet und das Licht gesetzt, jedes Detail war ihr wichtig. Wie schon damals als Kind arbeitete sie mit großer Konzentration und Hingabe an jedem schöpferischen Augenblick.

Das Gesicht, Frau Sacher! Stützen Sie es auf Ihrer rechten Hand ab. Ja, so ist es gut, aber leichter, ganz beiläufig..., und nun den linken Arm über die Sesselkante fallen lassen..., blicken Sie so, als ob Sie auf jemanden warten würden, jemanden, der nur selten kommt... Es fiel Anna nicht leicht, den Regieanweisungen der Fotografin zu folgen.

So ist es sehr gut, sagte Dora schließlich, woraufhin Arthur Benda »Still halten! Auch die Hunde!« rief – was freilich erst beim vierten oder fünften Mal gelang. Die Bulldoggen, die derartige Übungen nicht gewohnt waren, verharrten nur wenige Momente in derselben Haltung, dann schleckten sie Annas Hände ab, winselten und forderten Beachtung. Benda musste also schnell sein, was aufgrund der langen Belichtungszeit kein einfaches Unterfangen war. Als die Fotografie noch in den Kinderschuhen steckte, waren sogar noch Nackenstützen in Gebrauch, damit die Porträtierten die ihnen abverlangte Starre in voller Natürlichkeit über sich ergehen lassen konnten.

Madame d'Ora hatte als erste Frau Zutritt zu den Theoriekursen der Wiener Grafischen Lehr- und Versuchsanstalt erhalten, der ersten Schule für Fachfotografen, Retoucheure, Lichtdrucker und Fotolithografen. Allerdings durfte sie nur an den Theoriekursen teilnehmen, für die praktische Ausbildung übersiedelte das junge Mädchen nach Berlin zu Nicola Perscheid, der damals eines der berühmtesten Fotoateliers Deutschlands betrieb. Erst nachdem sie zurückgekommen war und in Wien ihr eigenes Atelier eröffnet hatte, wurden auch Mädchen auf der Wiener Grafischen, wie sie später genannt werden sollte, zugelassen. Aber da war Dora Kallmus bereits eine selbstständige geschäftstüchtige Kleinunternehmerin, bald würde sie eine der bekanntesten Fotografinnen ihrer Zeit werden. Und wie die zwanzig Jahre ältere Anna Sacher wusste auch Dora genau, was man tun musste, um sich einen Namen zu machen: Sie konnte auf die Verbindungen ihrer Familie zurückgreifen, um die höchsten Gesellschaftskreise in ihr Atelier zu locken. Diese neue Fotografie der Anna Sacher würde, wie schon vor einem Jahr, eine gute Werbung für ihr Studio sein, schließlich kannte jeder die Hotelierin, und jeder, der etwas auf sich hielt, schaute im Restaurant, im Damensalon oder in den Separees vorbei, wenn er schon nicht aus Ermangelung einer eigenen Bleibe im Hotel logierte.

Ich gebe Ihnen eine Preisreduktion, bot Dora nach der Sitzung Anna an.

Das ist aber nicht nötig, meine Liebe.

Oh doch, wenn Frau Sacher nur wieder ein wenig Werbung für mich machten.

Selbstverständlich, mein Kind, Sie gehören ja ins Sacher, sagte Anna und ließ die Hunde von ihrem Schoß springen.

Sie bekommen zuerst einen Probedruck und dann erst die Abzüge, fügte Dora Kallmus noch hinzu.

Den Trick mit dem Probedruck, der deutlich sichtbar mit einem Stempel als solcher ausgewiesen war, hatte sich Dora ausgedacht, um die Zahlungsmoral der Kunden zu heben. Erst nachdem die gestempelten Exemplare zurückgeschickt, die Abzüge bestellt und bezahlt waren, bekamen die Kunden ihre Fotos. Das Atelier d'Ora prosperierte, vor dem Ersten Weltkrieg fotografierte die Fotokünstlerin tatsächlich halb Wien, neben Klimt und Kraus ließen sich beispielsweise Künstler wie Arthur Schnitzler, Hermann Bahr, Alma Mahler und Emilie Flöge porträtieren. Aber auch das Großbürgertum und die Aristokratie standen Schlange, ja selbst Mitglieder der kaiserlichen Familie fanden sich im Atelier der d'Ora ein. Bereits 1910 entstand ein erstes Porträt des jungen späteren

Kaisers Karl, und 1916, anlässlich seiner Krönung zum König von Ungarn, fotografierte Dora in Budapest die gesamte High Society. Nach dem Krieg würde Dora Kallmus ihr Atelier Arthur Benda überlassen und in Paris ein neues, noch viel größeres Studio eröffnen. Die Fotografie, die sich seit den 1850er Jahren mit großer Geschwindigkeit entwickelt hatte, war noch vor dem Ersten Weltkrieg zu einem weiteren Signum des technischen Fortschritts der Epoche geworden. Auch Frauen fanden in der neuen Kunst ein wichtiges Betätigungsfeld.

Die Jahre vor 1914 waren wirtschaftlich eine Zeit voller Hoffnungen: die gute Verkehrsinfrastruktur, ein hochwertiger Dienstleistungs- und Versorgungssektor sowie freie Märkte und der Wettbewerb im riesigen Gebiet der Donaumonarchie – all das hatte Österreich-Ungarn zu einer der am schnellsten wachsenden Volkswirtschaften Europas werden lassen. Und so erlebten auch der Tourismus und Fremdenverkehr eine Zeit des ungebremsten Aufschwungs. Man reiste viel, ob zum Vergnügen oder weil man aus geschäftlichen Gründen und in politischen Missionen unterwegs war. Wien, die Reichshauptstadt, spielte mit ihren Luxushotels eine glanzvolle Rolle als Dreh- und Angelpunkt. Doch während das Grand Hotel mit mehr als 300 Zimmern über ausreichende Kapazitäten verfügte, platzte das Sacher mittlerweile aus allen Nähten. Ständig war es ausgebucht, und Anna musste die Kunden zur Konkurrenz schicken, was ihr ein stetiger Dorn im Auge war. Schon in den 1880er Jahren hatte man etliche Zimmer im Haus Augustinerstraße Ecke Kärntnerstraße hinzumieten können – sogar der Bau einer Verbindungsstiege zwischen den beiden Häusern war damals vom Magistrat bewilligt worden –, und dennoch war das Sacher stets ein kleines Hotel geblieben.

Vor einem Jahr nun hatte sich endlich eine einmalige Chance auf eine grundlegende Erweiterung aufgetan. Anna konnte das vierstöckige Haus in der Maysedergasse 4 kaufen, das Hinterhaus des Hotel Sacher, genauso groß wie die ursprüngliche Fläche, die Eduard bei der Planung mit der Unionbaugesellschaft für Hotel und Restaurant vorgesehen hatte. So eine Gelegenheit würde nie mehr wiederkommen, das wusste Anna, doch schien es ihr zu riskant, jetzt einen Kredit aufzunehmen. Und so hatte Julius Schuster ihr eines Tages ohne viel Aufhebens ein Darlehen von 445 000 Kronen gewährt, rückzahlbar, wann immer es ihr möglich erschiene. Als Sicherung hatten sie das Haus in der Maysedergasse bestimmt, das Anna nun erwerben konnte. Gewiss, es war eine Investition, schließlich würde Julius Schuster damit auch das Erbe seiner Enkelkinder mehren. Doch eine halbe Million Kronen war viel Geld. Damit hätte er sich auch eine Villa mit Park oder ein Schlösschen kaufen und es später selbst seinen Enkelkindern vermachen können.

Im August 1908 war die Stadt wie immer ausgestorben, der Adel weilte auf seinen Landgütern, und das Bürgertum verbrachte die warme Jahreszeit in seinen Villen im Salzkammergut oder am Wörthersee. Anna hatte die umfangreichen Bauarbeiten extra in die Sommermonate gelegt, das würde, außer den wenigen Touristen, die noch in der Stadt waren, niemanden stören. Die beiden Häuser in der Augustinerstraße und der Maysedergasse mussten in ein Ganzes verwandelt werden, der Lichthof, dessen eine Hälfte im alten Sacher als Speisesaal gedient hatte, war bereits mit seiner hinteren Hälfte verbunden und zur Gänze überdacht worden. Auf allen Etagen waren Verbindungsgänge geschaffen, neue Klosetts eingebaut und die Dachgeschoße beider Häuser bereits fertig renoviert worden.

Anna Sacher atmete auf, als sie die Baustelle betrat. Wie prächtig der Saal nun aussah, gleich daneben war ein gemütlicher, fensterloser Raum entstanden, den sie zum Konversationszimmer machen wollte, die ganze Front zur Maysedergasse hin sollten Speisesäle – darunter ein großer Marmorsaal – werden, und in den kleineren Räumen, die sich nun zwischen den Gasträumen an der Augustinerstraße und den neuen Speisezimmern ergaben, wollte sie weitere Separees einrichten – sie konnte gar nicht genug Gelegenheiten schaffen, um Restaurationsgäste empfangen zu können. Nun würde sie über genügend Sitzplätze verfügen. So sehr das Sacher auch als Hotel ersten Ranges florierte, so sehr war es dennoch immer seiner erstklassigen Küche verpflichtet geblieben und deshalb berühmt geworden.

Schon lange hatte sie Ideen für den Umbau und die Erweiterung des Sacher gesammelt. Einmal, es musste vor ungefähr zwei Jahren gewesen sein, hatte sie ihrem Schwiegervater Franz Sacher von ihrem Plan erzählt, ein Telefonkabinett ins Sacher einzubauen.

Ja, findest du es denn keine gute Idee, das mit dem Telefon?, hatte sie den alten Herrn gefragt, und Franz Sacher hatte sie am Arm gepackt, ihr tief in die Augen geblickt und dann mit Nachdruck erklärt, dass er all den neumodischen Schnickschnack nicht mehr verstünde. Telefon, elektrisches Licht, elektrische Aufzüge und, Gott bewahre, auch noch diese Automobile! Das alles sei Teufelszeug, mit dem er, der doch ein 1816er Jahrgang sei, sich nun wirklich nicht mehr beschäftigen müsse, er habe schließlich noch den Kaiser Franz und um ein Haar auch noch Napoleon gekannt. Aber eines wüsste er, und das solle sie, seine Schwiegertochter, sich merken: Die Gaumen der Menschen änderten sich nicht so schnell wie diese verrückte Zeit. Eine ausgezeichnete Küche, so bodenständig wie exquisit, müsse deshalb das Herzstück des Sacher bleiben.

Es war ein denkwürdiger Besuch in Baden gewesen – und einer ihrer letzten. Bald darauf, am 11. März 1907, war Franz Sacher mit fast 91 Jahren gestorben. Anna war seit dem Tod ihres Mannes gerne hinaus nach Baden gefahren, ihr Schwiegervater war all die Jahre rüstig und klar im Kopf geblieben und hatte ihr all die Geheimnisse und Tricks der Sacher-Kochkunst beigebracht.

Nun, während sie mit dem Bauleiter einen guten Platz für das Telefon suchte, war ihr die ganze Geschichte wieder eingefallen.

Gnädige Frau, täten S' noch in den Keller schaun? Der Bauleiter war in seinem Element, und Anna empfand Stolz bei dem Gedanken, dass sie es war, die für diesen großen Umbau verantwortlich zeichnete.

Haben S' die Treppen im Vorderhaus renoviert?, fragte Anna.

Aber schon lang, Frau Sacher, auch neue Geländer sind schon dort. Es war Anna über alle Maßen unangenehm gewesen: Vor zwei Jahren hatte das Bauamt dem Sacher einen Besuch abgestattet und alle Stiegen und Treppen in beiden Kellern für gemeingefährlich befunden. Sie seien derart abgetreten, überdies würden überall die Geländer fehlen, dass man sich nicht wundern werde, wenn einmal ein Unfall passierte.

Wissen S', sie werden halt Tag und Nacht benutzt, ließ Anna die beiden Beamten wissen, versprach, alles auszubessern und die Stiegen ganz zu erneuern, falls sie größere Renovierungsarbeiten am Sacher vornehmen sollte.

Zum Abschluss des Rundgangs präsentierte der Bauleiter Anna noch den großen Verteilerkasten für das elektrische Licht.

Na, was sagen S'?, bemerkte er voller Stolz. Jetzt is alles nigelnagelneu.

Es war ein großes, ein kostspieliges Unterfangen, das Anna sich da vorgenommen hatte. Julius Schuster musste ihr noch drei weitere Male unter die Arme greifen. Im August 1908 gab er ihr 90 000 Kronen als unbesicherten Schuldschein, dann im November desselben Jahres die gleiche Summe noch einmal, und im Jahr darauf wieder 45 000 Kronen.

Anna Sacher war eine der ganz wenigen erfolgreichen Unternehmerinnen ihrer Zeit, und um 1910 zählte sie sogar zu den Millionären, den 929 reichsten Bürgerinnen und Bürgern Wiens. Madame d'Ora war eine andere tüchtige Unternehmerin, doch war sie zwanzig Jahre jünger und konnte daher schon von dem gesellschaftlichen Wandel profitieren, der das Rollenverständnis der Frauen veränderte und ihr Selbstwertgefühl stärkte. Anna hatte noch keine emanzipierten Vorbilder gehabt, sie gehörte zu den Pionierinnen, so wie die anderen großen Frauen ihrer Generation, die Schriftstellerin und Frauenrechtlerin Rosa Mayreder etwa oder die große Friedensaktivistin und Nobelpreisträgerin Bertha von Suttner.

Die Emanzipation der Frau war eine der größten und nachhaltigsten sozialen Umwälzungen, die vor dem Ersten Weltkrieg ihren Anfang nahmen. Und dieser Wandel war eng mit den Veränderungen im Erziehungs- und Bildungswesen verknüpft. Die allgemeine Schulbildung breiter Bevölkerungsschichten – insbesondere das Grundschulwesen – erreichte in Österreich-Ungarn während der Zeit vor dem Krieg einen hohen Standard. Zudem brachten sogenannte Reformschulen einen neuen Geist und eine neue Philosophie in die Kindererziehung. Was in Italien Maria Montessori und Janusz Korczak in Polen war, wurde in Wien Eugenie Schwarzwald. Die aus Galizien stammende Tochter jüdischer Großbürger hatte schon 1900 als eine der ersten Österreicherinnen an der Universität Zürich in Germanistik promoviert. Zürich war damals die einzige Hochschule, die Frauen zuließ. Nach ihrer Heirat mit dem hohen Finanzbeamten Hermann Schwarzwald gründete sie im Herzen von Wien eine Mädchenschule. Als Lehrer engagierte sie viele der Künstler des Wiener Fin de Siècle. So unterrichteten etwa Adolf Loos Architektur und Arnold Schönberg Musik. Vor allem aber brachte die Schule reformpädagogische Werte in die Erziehung ein. Freie Entfaltung,

Förderung der Fantasie und Gewaltfreiheit waren die neuen Eckpfeiler im Denken über Kinder und wie sie aufwachsen sollten. Die Reformpädagogik war indes nur ein Teil der reformistischen Ideale, die allerorten als Reaktion auf die vorherrschenden Ideologien entstanden. Die von Bertha von Suttner mitbegründete Friedensbewegung kann als der radikalste Gegenentwurf zum allgemeinen Geist einer Zeit gelten, in der viele Männer, die sich ihrer Männlichkeit unsicher geworden waren, nur noch stärker auf Militarismus und Machtpolitik setzten. 1905 hatte Bertha von Suttner noch den Friedensnobelpreis bekommen, 1908 waren ihre Warnungen schon vom anschwellenden Stechschritt der Militäreinheiten, vom sich beschleunigenden Takt des Wettrüstens und dem allgemeinen Gerede über Präventivkriege, militärische Denkzettel und Eroberungsfantasien übertönt worden. »Sie sind unempfindlich für das Brutale oder Niedrige oder Verkehrte einer Handlung, wenn sie mit dem traditionellen Kanon der Männlichkeit übereinstimmt«, schrieb die weitblickende Rosa Mayreder.

Nie war die Epoche einem großen Krieg so nahe gekommen als im Oktober dieses Jahres, als Österreich-Ungarn Bosnien und Herzegowina annektierte. Da die beiden osmanischen Provinzen sich seit dreißig Jahren unter österreichischer Besatzung befanden, hätte man annehmen können, dass der formelle Schritt von der Besatzung zur Annektierung keinen großen Unterschied machen würde – zumal die österreichische Verwaltung des Gebietes den Provinzen durchaus Vorteile gebracht hatte. Und dennoch: Der vom neuen österreichischen Außenminister Alois Lexa von Aehrenthal unternommene Schritt zeigte, wie labil mittlerweile nicht nur die Situation auf dem Balkan, sondern in ganz Europa war. Österreich hatte sich immer das Recht vorbehalten, die Provinzen zu annektieren, und die Russen hatten auch prinzipiell nichts gegen einen derartigen Schritt einzuwenden, vorausgesetzt,

St. Petersburg würde etwas als Gegenleistung erhalten. Auf dieser Grundlage einigten sich die Außenminister der beiden Großmächte im Vorfeld darauf, dass die Russen die Annektierung dulden und Wien sie im Gegenzug bei ihren Bestrebungen um die Durchfahrt für Kriegsschiffe durch die türkische Meerenge unterstützen würde. Doch als Aehrenthal dann die Annexion am 5. Oktober bekannt gab, erinnerte sich der russische Außenminister Iswolski nicht mehr an die in Schloss Buchlau getroffene Vereinbarung und löste damit eine europäische Krise aus. Serbien – die politische Lage hatte dort für Entrüstung gesorgt –, aber auch Russland und Österreich machten nacheinander mobil, die Nationalisten aller Länder fühlten sich in ihrer Paranoia bestätigt, die Militaristen forderten weitere Aufrüstungsbemühungen und sofortige Präventivschläge. Erst die Intervention Deutschlands beruhigte die Lage: Berlin schickte eine Demarche an St. Petersburg, in der die Russen aufgefordert wurden, die Aneignung anzuerkennen. Das Säbelwetzen führte nicht nur zum Aufblühen des serbischen Nationalismus, sondern ebenfalls zu einer veränderten geopolitischen Landkarte. Deutschland war Österreich-Ungarn tatkräftig zu Hilfe geeilt, was in St. Petersburg, aber auch in London und Paris den Eindruck erzeugte, Österreich sei nur noch ein Satellitenstaat Berlins. Und Russland, durch die Niederlage im Krieg gegen Japan ernüchtert, erkannte mehr und mehr, dass das eigentliche Gebiet für die Erweiterung der eigenen Machtsphäre auf dem Balkan lag. Nun vergiftete die Annexionskrise das Verhältnis Österreichs zu Serbien endgültig. Die altbekannten Muskelspiele hatten diesmal zu einer gefährlichen Eskalation geführt.

Herr Graf sind ein Anhänger des neuen Außenministers? Anna hieß ihren alten Freund Hans Wilczek kurz willkommen, um ihn sogleich in ein Gespräch zu verwickeln.

Ein mutiger Mann, sagte Wilczek.

Zu mutig vielleicht. Was hilft es schon, wenn er uns an den Rand eines Krieges befördert?, wandte Anna ein.

Es ist leicht, ihm die Schuld an der Krise in die Schuhe zu schieben. Aber so, wie die Dinge nun einmal liegen, bewegen wir uns auf turbulente Zeiten zu. Der Graf sah ernster aus als sonst, die Sorgenfalte, die sich all die Jahre senkrecht zwischen seine Augen gegraben hatte, war zu einem tiefen Tal geworden. Manchmal, so bekannte er der Wirtin gegenüber, war auch er am Ende seines Lateins.

Glauben Sie an einen großen Krieg, Graf Wilczek?

Nein, liebe Frau Sacher, aber an einen kleinen, schnellen Schlag gegen alle radikalen Elemente, die die Monarchie gefährden.

Es war Winter geworden. Doch außer heftigen Debatten über die politische Krise ging das Leben im Sacher weiter wie immer. Der Umbau hatte sich gelohnt und allerorten Begeisterung hervorgerufen.

Wenn ich an den Festzug im Sommer zurückdenke, sagte der Graf noch nachdenklich, dann beugte er sich schweigend über seinen Tafelspitz.

Am 12. Juni 1908 hatte Hans Wilczek seinen letzten Triumph gefeiert. Anlässlich des 60-jährigen Regierungsjubiläums von Kaiser Franz Josef war er mit dem Festumzug betraut worden. Doch trotz aller gut gemeinter Intentionen, die Einheit des Vielvölkerreichs durch den historischen Aufstieg der Habsburgerdynastie zu unterstreichen und in lebenden Bildern darzustellen, wirkte die ganze Aufmachung wie ein Schauspiel aus einer gestrigen Welt. Ein Anachronismus. Zwar hatte sich im Leben des Adels seit drei Generationen nichts geändert, man repräsentierte, heiratete untereinander, stand treu zur Dynastie und spielte sich selbst. Doch die Zeit war längst eine andere geworden, wirtschaftlicher und technischer Fortschritt, die Emanzipation der Frau, die Neuerungen in den Naturwissenschaften, der Psychologie und der Kunst – all das hatte eine Welt erschaffen, die vielen Menschen bedrohlich erschien, was zu Ängsten und apokalyptischen Visionen und auch immer häufiger zu realen Krisen führte.

Schaun S', Herr Graf, das Bild hat die d'Ora von mir neulich gemacht. Anna zeigte dem Grafen das neue Foto.

Gnädigste, Sie schaun ja immer noch aus wie ein Wiener Mädel. Nur unsereins wird eben alt.

Anna lächelte und verschwieg dem Freund, dass Arthur Benda bei der Ausarbeitung der Fotografie einige Spuren des Alters, die sich bei der fast Fünfzigjährigen doch langsam breitmachten, kurzerhand wegretuschiert hatte. Auch Jugendlichkeit und jugendliches Aussehen waren Teil des modernen Zeitgeistes.

Erzherzog Franz Ferdinand unterschreibt auf einem Tischtuch

Er war kein Grüßer. Nichts hatte er von jener »gewinnenden« Art, die ein Volk von Zuschauern über die Verluste beruhigt. Auf jene unerforschte Gegend, die der Wiener sein Herz nennt, hatte er es nicht abgesehen. Ein ungestümer Bote aus Altösterreich wollte er eine kranke Zeit wecken, dass sie nicht ihren Tod verschlafe.

Karl Kraus: Die Fackel *(Sommer 1914)*

Graf Rudolf Kinsky und Nikolaus von Szemere liefen aufgeregt durch die Räume des Sacher. Sie hatten die Qual der Wahl, wollten zwischen intimen Separees und eleganten Speisesälen den idealen Ort für ihre Mission finden. Für den Abend, es war ein Dienstag, hatte sich Erzherzog Franz Ferdinand angesagt. Man wollte *entre nous* bleiben, und doch sollte alles einzigartig wirken, schließlich handelte es sich um den künftigen Kaiser von Österreich.

Die Kiebitzeier in Madeirasoße, Frau Sacher, die dürfen auf keinen Fall fehlen.

Mais oui, ils sont essentiels. Freudig stimmte Szemere seinem Freund zu und setzte dann, gewichtig die Stirn runzelnd, hinzu: *Ils font donc de nous des connaisseurs intimes de son Excellence.* Die Wahl der Sprache unterstrich, dass er einst als Gesandter in diplomatischen Diensten gestanden hatte, wo immer noch ausnahmslos Französisch gesprochen wurde.

Wenn das den Abend rettet? Anna blickte missmutig. Und Herr Graf wissen, wo ich so schnell welche herbekomme?

Wäre es nicht für ihren Freund Szemere gewesen, Anna hätte sich die Regie für ein derart wichtiges Diner nicht aus der Hand nehmen lassen. Doch der ungarische Magnat lebte seit einiger Zeit im Sacher, er hatte praktisch den ganzen ersten Stock gemietet, was ihm erlaubte, seine Gäste vom Balkon über dem Haupteingang mit theatralischer Geste zu begrüßen und ihnen daselbst Mokka, feinste Liköre und Zigarren zu offerieren. Szemere war der Inbegriff des Fin-de-Siècle-Exzentrikers: Er trug ein scharlachrotes Flanellhemd, einen weißen Schlapphut und stets zwei verschiedenfarbige Socken unter den ledernen Pantoffeln. Er vertrieb sich die Zeit auf der Rennbahn, beim Glückspiel und überall sonst, wo man sein Vermögen stilvoll loswerden konnte. Zudem war er davon überzeugt, dass er allein aufgrund seines Daseins das Recht besaß, Einfluss auf das Weltgeschehen zu nehmen. Franz Ferdinand, der Grimmigste unter den Habsburgern, war indes kein Freund der Ungarn. Er hielt sie für potenzielle Rebellen und Revoluzzer, für die eigentlichen Sargnägel der Monarchie, und schmiedete in seiner Militärkanzlei Komplotte zur Verwandlung des dualistischen Reichs in einen modernen Staat. Auch deshalb war Szemere stolz, dass der Thronfolger seine Einladung angenommen hatte.

Szemere fuchtelte mit den Händen irgendeine Regieanweisung in die Luft. Er war sich bewusst, dass der Abend beträchtliches diplomatisches Fingerspitzengefühl erfordern würde, eine Tugend, auf die er sich bestens verstand. Zumindest glaubte er dies.

Gnädige Frau Sacher, lassen wir den Kinsky nur das Menü kreieren! Zigarre?

Am helllichten Tag?, gab Anna zurück.

Nun ja, meine Beste, Genuss sollte nicht an Tageszeiten gebunden, sondern als Lebenseinstellung praktiziert werden.

Szemere rauchte pfostendicke Havannas, Direktimporte aus Kuba, die er kistenweise bei sich lagerte. Als er zu Beginn seiner Zeit als Dauermieter des Sacher einmal in Annas Büro erschienen und die Chefin mit einer Zigarette erwischt hatte, machte er es sich zur Verpflichtung, ihr dieses doch recht proletarische Laster abzugewöhnen und durch die stilvolle, wenn auch für gewöhnlich Männern vorbehaltene Sucht des Zigarrenrauchens zu ersetzen.

Franz Ferdinand. Kaum ein Mann spaltete die Meinung der Zeitgenossen so sehr wie der Erzherzog, der bloß durch den plötzlichen Tod des Kronprinzen Rudolf, und selbst dann nur zögerlich, zum Thronfolger ernannt worden war. Den einen galt er als Retter der Monarchie, den anderen als schießwütiger Rohling. Franz Josef pflegte den schroffen, zu aggressiven Ausbrüchen neigenden Neffen herbeizuzitieren wie ein Direktor seinen missliebigsten Schüler. Franz Ferdinand brauste dann in seinem Automobil vom Belvedere nach Schönbrunn und kurze Zeit später wieder zurück. Die beiden hatten sich außer dem Nötigsten nicht viel zu sagen. Außerdem war Franz Ferdinand durch seine nicht standesgemäße Ehe mit der böhmischen Gräfin Sophie Chotek im Juli 1900 mannigfaltiger Schikanen vonseiten der Hofkreise ausgesetzt: Sie durfte ihren Gatten fortan nicht in die kaiserliche Loge der Oper begleiten, nicht mit der kaiserlichen Kutsche fahren und bei keinem Galadiner neben ihm sitzen. Franz Ferdinand hatte seine Braut aus Liebe geheiratet, dies allein galt bei Hof als bürgerliche Marotte, weswegen die Kränkungen als Fait accompli hinzunehmen waren – die morganatische Verbindung war ein Vergehen gegen das Gottesgnadentum des Herrschers, welches sich eben nur standesgemäß vererben ließ.

Auch was seine Tätigkeitsfelder betraf, musste sich Franz Ferdinand, wie schon vor Jahren der Kronprinz, gedulden – dachte der greise Monarch doch auch diesmal nicht daran, Macht, Einfluss oder auch nur einen Teil seiner Arbeitslast abzugeben, und das, obwohl er bekannte, der Regierungsgeschäfte müde zu sein. »Ich würde gern abdanken, wenn ich einen Sohn hätte, der mir Vertrauen einflößte, aber zugunsten dieses gefährlichen Narren niemals«, soll er seufzend von sich gegeben haben. Franz Ferdinand war indes aus viel härterem Holz geschnitzt als der sensible Rudolf: Er bewies Ausdauer, Beharrlichkeit und Standvermögen. 1906 konnte er, damals noch General der Kavallerie, seine Militärkanzlei zur Ideenwerkstatt und bald auch zur Gegenregierung ausbauen. Zu seinem Beraterstab zählten namhafte Politiker, Experten und Journalisten, die in jährlich über 10 000 Briefen und Notaten versuchten, die öffentliche Diskussion und das politische Handeln im Reich zu beeinflussen. Für militärische Fragen war Franz Conrad von Hötzendorf zuständig, Franz Ferdinand hatte den Freiherrn 1906 selbst als Generalstabschef beim Kaiser ins Spiel gebracht, doch allmählich wurde das unablässige Kriegsgeschrei des Generals dem zunehmend auf Verständigungspolitik setzenden Franz Ferdinand zu viel. Soeben hatte der Thronfolger in einem Schreiben an Außenminister Leopold Berchtold davor gewarnt, dass die Monarchie in Conrads »Hexenküche des Krieges« hineingezogen würde. Der General war zwar im Jahr zuvor zum Armeeinspektor degradiert worden, doch das tat seinem Wirken keinerlei Abbruch. Außerdem hatte der Herbst 1912 wieder einmal an den Nerven aller Entscheidungsträger gezerrt: An Österreichs Südgrenze war der erste Balkankrieg ausgebrochen, und fast jeder in der Führungselite der Monarchie sprach sich früher oder später für einen Konfrontationskurs aus. Nur eben der Thronfolger nicht.

Ach Wagner, geben S' es her, sagte Anna Sacher. Dies ist ein Fall für mich.

Der Oberkellner hatte sich soeben angeschickt, Annas neueste Marketingidee – ein Tischtuchgästebuch – in den kleinen Speisesaal zu bringen, in dem sich der Thronfolger mit Szemere und seinen Freunden soeben zum Souper niedergelassen hatte.

Selbstverständlich, Gnädigste, Ihre Idee erfreut sich übrigens mittlerweile höchster Beliebtheit. Sie werden's nicht glauben, wie die Konkurrenz drüben im Bristol neidisch ist.

Anna lachte, sie wusste, dass ein Haus eine Geschichte erzählen muss, um zur Legende zu werden, dass es so etwas wie eine Dramaturgie braucht, und dass der Aufstieg an die Spitze einer Krönung bedarf. Um die Krönung ihrer Laufbahn in Szene zu setzen, war ihr diese einfache Idee mit dem Tischtuchgästebuch eingefallen. So hatte sie eine geniale Visitenkarte kreiert – eine die, so hoffte sie, in die Geschichte Wiens eingehen würde.

Würden Ihre Kaiserliche Hoheit mir die Ehre erweisen und auf diesem Tischtuch unterschreiben? Anna Sacher war ausnahmsweise wirklich nervös, als sie dem zukünftigen Kaiser von Österreich das feine Leinen vor der Nase hielt, während Nikolaus von Szemere und Rudolf Graf Kinsky so taten, als handele es sich um einen Nichtangriffspakt mit den Osmanen gegen die kämpferischen Balkanstaaten.

Was für eine kolossale Idee, Gnädigste. Franz Ferdinand blickte in die Runde, dann wieder auf das Tischtuch, das schon mit allerlei Unterschriften verziert war.

Mein Bruder! Na, dann kann ich wohl nicht zurückstehen, sagte er und setzte zu einem schwungvollem »F« für Franz Ferdinand an.

Es war vor vier Jahren gewesen, damals, anlässlich des 60-jährigen Regierungsjubiläums des Kaiser waren wieder einmal mehr prominente Gäste im Imperial abgestiegen als im Sacher. Und das nur, weil das Imperial das offizielle Gästehaus des Kaisers war. Aber was half es schon, sich zu beschweren? Das Sacher war an jenem 12. Juni 1908 ebenfalls ausgebucht. Und wo saßen schließlich alle, nachdem der Kaiserhuldigungsfestzug entlang der Ringstraße vorüber war? Im Sacher – und das bis tief in die Nacht hinein. Wie so oft, hatte die Hotelierin ihren Ärger in Betriebsamkeit umgewandelt und die Idee mit dem Tischtuchgästebuch ersonnen. So etwas hatte sie noch nirgendwo gesehen. Es würde sämtliche berühmte Gäste für alle Zeiten auf seinem Stoff verewigen.

Wann immer danach eine größere Gesellschaft mit prominenten Namen im Sacher weilte, schickte Anna ihren Oberkellner Wagner mit dem neuen Gästebuch an den besagten Tisch und ließ die Herrschaften darauf unterschreiben. Als Erster war – lockvogelartig – eben jener jüngere Bruder des Thronfolgers, Erzherzog Otto, dem Ansinnen der Chefin nachgekommen. Der jeder Art von Spielerei zugetane Vater des letzten österreichischen Kaisers war allseits beliebt, wenn auch in konservativeren Kreisen ob seines Lebenswandels verschrien. Einzig die Geschichte, wonach er einmal bloß mit einem Säbel bekleidet auf den Gängen des Sacher anzutreffen war, muss wohl in das Reich der Mythen verbannt werden. In jedem Fall gelang Oberkellner Wagner der Coup mit dem Tischtuch stets anstandslos, seit Erzherzog Otto darauf unterschrieben hatte. Und auch jetzt war noch genug Platz auf dem kostbaren Tuch.

Anna hatte soeben den kleinen intimen Speisesaal verlassen, als die Tür zum Vestibül aufging und Franz Conrad von Hötzendorf hereinspazierte. Hinter ihm trat seine Geliebte Gina von Reininghaus über die Türschwelle, sie tat, als hätte sie nichts mit ihm zu tun, obwohl bereits alle Welt von deren Verhältnis wusste.

Der Herr Generalstabschef!

Gnädigste, der bin ich seit Weihnachten nicht mehr, wiegelte Conrad bescheiden ab.

Aber im Herzen sind Sie's noch immer, nicht wahr?

Einer muss halt die Wahrheit sagen, liebe Frau Sacher, und die lautet, dass wir längst Krieg führen müssten.

Übrigens: Der Thronfolger ist auch hier.

Ich glaub, der ist zurzeit nicht gut auf mich zu sprechen.

Anna blickte so unergründlich wie wissend. Darf ich Ihnen

vielleicht ein Separee im ersten Stock anbieten? Conrad musste ja nicht unbedingt mit dem Thronfolger zusammentreffen, wegen der politischen Dissonanzen nicht und auch nicht wegen seines skandalösen Privatlebens. Franz Ferdinand war streng katholisch und in diesen Dingen also konservativ. Der Industriellengattin Gina von Reininghaus war der General seit einem Diner vor vier Jahren verfallen. Mit derselben Vehemenz, wie er den Krieg herbeiwünschte, hatte er die Angebetete von ihrem Gemahl detachiert und ihre Aufmerksamkeit durch insgesamt 3000 Briefe, einige bis zu 60 Seiten lang, auf sich gerichtet. Dass sie verheiratet war und sechs Kinder hatte, störte den Minnesänger keine Sekunde: »Trotzdem werde ich nicht ruhen – dieser Wunsch wird für mich immer mein Leitstern sein«, schrieb er seiner Geliebten. Ihr Ehemann, anderen Damen ebenfalls nicht abhold, ließ die beiden gewähren, schließlich hatte die Verbindung zu Conrad auch für den Bierbrauer Reininghaus durch die guten Kontakte in höchste Kreise einen nicht zu unterschätzenden Nutzen.

Schon vor einem Jahr, im Herbst 1911, hatte der Generalstabschef beispielsweise einen Waffengang gegen Italien gefordert. Es war nicht sein erster Ruf nach harten Maßnahmen: Seit seinem Amtsantritt im Jahr 1906 war Krieg seine unverändert monotone Antwort auf alle außenpolitischen Fragen gewesen, vor allem der Präventivkrieg – gegen Serbien, Montenegro und Italien –, als sei ein präventiver Krieg besser, schneller und moralischer als jeder andere.

Am 15. November 1911 hatte Kaiser Franz Josef wieder einmal genug von der Kriegstreiberei des Generals und zitierte ihn zur Standpauke nach Schönbrunn. »Die Politik mache ich, das ist meine Politik! Meine Politik ist eine Politik des Friedens. Dieser meiner Politik müssen sich alle anbequemen«, hatte der Monarch gepoltert. Auch den damaligen Außenminister Alois Lexa von

Aehrenthal hatte Conrads Ansinnen derart in Rage versetzt, dass er sich seither mit aller Vehemenz für dessen Absetzung als Generalstabschef einsetzte, die schließlich im Dezember 1911 erfolgt war.

Der Herr Armeeinspektor!, rief der gar nicht erfreute Franz Ferdinand, als er zu später Stunde auf dem Gang doch noch mit dem ehemaligen Generalstabschef zusammenstieß.

Kaiserliche Hoheit! Conrad salutierte, so wie ein General einen anderen begrüßte. Österreich hatte wegen des Balkankrieges teilmobil gemacht, man musste auf alles gefasst sein. Schließlich ließen auch die Russen wieder einmal die Muskeln spielen, indem sie die Balkanstaaten unterstützten und im Hintergrund die Fäden zogen.

Hat Ihnen Oberst Bardolff ausgerichtet, was ich von Ihrer Kriegshetze halte?, fragte Franz Ferdinand, während sein Ärger von der Brust in Richtung Kopf wanderte und alsbald in einem seiner bekannten Wutausbrüche mündete. Conrad, der schon wusste, was nun kam, entschied sich, zu schweigen und die Suada über sich ergehen zu lassen.

Unter keinen Umständen will ich einen Krieg mit Russland! Franz Ferdinand war so laut geworden, dass ein junger Separeekellner vor Schreck fast das Tablett mit den Champagnergläsern fallen ließ.

Und von Serbien will ich nicht einen Zwetschgenbaum und nicht ein einziges Schaf. Haben Sie das verstanden?

Conrad salutierte abermals, während der Separeekellner rasch in Richtung Küche entschwand.

Jeder will Frieden, Kaiserliche Hoheit, aber um jeden Preis? Der General schüttelte den Kopf und schaute, dass auch er sich aus der verbalen Schusslinie des Erzherzogs in Sicherheit brachte.

Bald nach dem Zusammentreffen der beiden im Sacher sollte sich die politische Lage allerdings derart zuspitzen, dass der Ausbruch eines gesamteuropäischen Krieges immer wahrscheinlicher wurde. Die Nerven lagen derart blank, dass der Kaiser Conrad schließlich am 7. Dezember 1912 auf seinen Posten zurückbeordern sollte. »Sie müssen wieder Chef des Generalstabs werden«, sagte der Monarch, der Konflikte und Krisen müde, und auch der Thronfolger war für kurze Zeit mit der Rehabilitierung seines Erzfeindes einverstanden. Doch im Verlauf des Jahres 1913, insbesondere während des zweiten Balkankrieges von Juni bis Juli, verschlechterte sich das Verhältnis der beiden Kontrahenten wieder, bis es im Sommer des Jahres den Tiefpunkt erreichte. Der General hatte alles in allem fünfundzwanzig Mal Krieg gefordert und der Thronfolger sich zu seinem konsequentesten und einflussreichsten Gegner entwickelt. »Billige Lorbeeren, wenn wir uns dadurch eine allgemeine europäische Verwicklung hinaufdividieren und dann womöglich mit zwei bis drei Fronten zu kämpfen haben und das nicht aushalten können«, quittierte Franz Ferdinand alle Kriegspläne. Denn der Thronfolger ahnte, dass ein Krieg zwischen Österreich und Russland entweder mit dem Sturz der Romanows oder mit dem Sturz der Habsburger enden würde. Oder mit ihrer beider Ende.

»Ich bin heute Abend 9 Uhr für 48 Stunden in Wien und bitte ergebenst in den Sacher Befehle, ergebenst Ottokar Czernin.« Es war am 4. September 1910, also noch lange vor den beiden Balkankriegen, die die politische Situation in Österreich-Ungarn so grundlegend veränderten. Der böhmische Graf war soeben aus Prag im Sacher eingetroffen, und noch bevor er sein Zimmer bezog, hatte er ebendieses Telegramm aufgegeben. Schon seit den Anfängen gehörte der Diplomat und Politiker zum Belvederekreis, wie die Militärkanzlei Franz Ferdinands auch genannt wurde, und allein die Tatsache, dass er und der Thronfolger in relativer Nähe zueinander begütert waren, hatte das gemeinsame Verständnis der Dinge vertieft. Czernin war des Öfteren in Schloss Konopiště, dem böhmischen Refugium des Habsburgers, zur Jagd gewesen, und so war er fast so etwas wie ein Freund geworden – und enge Freunde hatte der zukünftige Kaiser so gut wie keine. Ganz im Gegensatz zu Franz Conrad von Hötzendorf blieb Franz Ferdinand mit seinem wichtigsten außenpolitischen Berater in fast allen Fragen stets einer Meinung.

Nach Eckartsau soll's gehen?, fragte Anna Sacher den Grafen am nächsten Morgen. Zum Thronfolger?

Sie war aufgestanden, um Ottokar Czernin zu verabschieden. Hinter ihr auf dem Schreibtisch, der ansonsten mit den Meldescheinen der Hotelgäste, den Lieferantenrechnungen und handschriftlichen Bewerbungsschreiben übersät war, lag das weiße, zwei Meter mal zwei Meter große Tischtuchgästebuch. Abgesehen von der Unterschrift Erzherzog Ottos waren erst wenige weitere Schriftzüge zu sehen.

Würden Herr Graf mir die Ehre erweisen und auch unterschreiben?

Czernin ließ sich nicht zweimal bitten, sein schneller Blick über das feine Leinen sagte ihm, dass er darauf in bester Gesellschaft sein würde.

Franz Ferdinand und Ottokar Czernin verband ihr wichtigstes innenpolitisches Ziel: die Bekämpfung des Ausgleichs mit Ungarn, den der Thronfolger für den größten Fehler der Herrschaft Franz Josefs hielt. Die Beseitigung oder die Schwächung des Dualismus war aber, solange der Kaiser lebte, nicht zu machen. Franz Josef duldete kein Herumdoktern an der seit 1867 geltenden Konstruktion seines Staates, sah er sie doch als eine dauerhafte Errungenschaft seiner frühen Regierungsjahre an. Wie genau der Staatsumbau nach Franz Ferdinands Thronbesteigung aussehen und vonstattengehen sollte, war zwar Gegenstand zahlreicher Pläne und Konzepte, bis zum Weltkrieg aber hatte man sich in der

Militärkanzlei auf keine einheitliche Formel geeinigt. Auf jeden Fall mussten die Slawen innerhalb der Monarchie aufgewertet werden. In der trialistischen Idee, die die Slawen zur dritten Säule des Staates erhoben hätte, sah der Thronfolger dennoch keine realistische Option – vielmehr diente sie ihm als Mittel, mit dem er die Magyaren zu erpressen versuchte. Auch eine weitgehend föderalistische Umstrukturierung der Monarchie in ein sechzehn Mitgliedstaaten umfassendes Gebilde »Vereinigter Staaten von Großösterreich«, das der rumänische Publizist Aurel Popovici ausgearbeitet hatte, fand Franz Ferdinand zwar bestechend, doch war es ihm durch den darin verankerten Ausbau demokratischer Strukturen wiederum zu radikal. Dennoch nutzte er das Papier für seine eigenen Pläne. Hätten diese womöglich den Habsburgischen Vielvölkerstaat retten können?

Eines der letzten Grundsatzpapiere aus der Militärkanzlei sah neben einer Verfassungsreform in Ungarn die Erhebung der bosnisch-herzegowinischen Provinzen zu einem Königreich vor. Ausgerechnet Franz Ferdinands Eintreten für die Belange der Slawen, insbesondere der Südslawen, versetzte jedoch die orthodoxen Serben in Alarmbereitschaft: Wären die Südslawen innerhalb eines reformierten Habsburgerreiches zufrieden gewesen, hätten sie wohl kaum mehr nach einer Loslösung aus der Donaumonarchie gestrebt und die Separatisten ihre Idee vom Großserbischen Reich wieder ad acta legen müssen. Franz Ferdinand war also vor allem deshalb in Gefahr, weil er als Reformer galt. Solange er dem unruhigen Balkan fernblieb, konnte er sich sicher fühlen. Doch mit der offiziellen Visite in Sarajewo am 28. Juni 1914 war sein Schicksal und das seiner Reformpläne besiegelt.

Anderentags dachte Anna an den Thronfolger zurück, als sie das Tischtuch mit den Unterschriften vor sich hatte, die Nadel flink und behände in den Stoff stach und dabei kleine Striche erzeugte, die sich langsam zu einem Buchstaben formten – in diesem Fall das »F« für Franz Ferdinand. Sie war schon weit gekommen. Beim »O« für Otto, Erzherzog Otto, war ihr das Sticken noch schwergefallen. Doch sie beharrte darauf, die Arbeit selbst zu erledigen. Es war eine Herzensangelegenheit, und für Herzensangelegenheiten war sie selbst zuständig. Seither freute sie sich insgeheim darauf, ein paar Stunden des Tages nicht an die lästige Buchhaltung denken zu müssen, jenen Teil ihrer Tätigkeit, den sie mehr hasste als alles andere.

Jeden Morgen, wenn es ihre Zeit erlaubte und es neue Unterschriften gab, stickte sie nun ein paar Buchstaben, mal in rot, dann wieder in blau, bis das feine Tuch übersät sein würde mit den Namen all jener Persönlichkeiten, die in Jahren und Jahrzehnten Gäste ihres Hauses gewesen waren. Und das waren nicht wenige: Erzherzöge, Ministerpräsidenten, Rennstallbesitzer, vor allem Aristokraten, die prominentesten Bankiers und Originale natürlich auch. Was war eine Wiener Institution schon ohne Originale und die zu ihnen gehörenden Anekdoten. Namen, an die man sich auch in hundert Jahren noch erinnern würde. Namen, die für eine ganze Epoche standen.

Nach einiger Zeit hatte sie eine beachtliche Fertigkeit in der Stickerei erlangt. Es war lange her, dass sie mit ihrer Mutter die Wäsche für ihre Aussteuer mit Monogrammen bestickt hatte, damals als junges Mädchen aus der Vorstadt. Alle waren völlig aus dem Häuschen gewesen, als der junge Eduard Sacher um ihre Hand angehalten hatte, ein Hotelier und Delikatessenladenbesitzer, ein k. u. k. Hoflieferant, einer, der am Sonntag im feinen Tuch aus dem Haus ging.

Anna blickte über den weißen, leichte Falten werfenden Stoff zum Fenster hinaus auf die Straße, zur Hofoper und zum Ring. Von draußen drangen die Rufe des Maronibraters an Annas Ohren. Er stand wie immer an der Ecke Kärntnerstraße-Augustinerstraße und pries lautstark seine Ware an. Wann immer Anna das

Haus verließ, kaufte sie ihm ein paar Kastanien ab – eine alte Gewohnheit, die sie an das Leben in der Vorstadt erinnerte, an die beengten Wohnverhältnisse und die Armut, von der zwar nicht ihre eigene Familie, aber doch die Mehrheit der Nachbarn bedroht gewesen war. Die Hausierer und Straßenverkäufer, die Maronibrater, die Mineralwasserverkäufer, Luftballonfrauen und Blumenmädchen, die ihre Existenz der blanken Not verdankten – sie alle standen auf der untersten Stufe der sozialen Leiter. Einen Kreuzer verdienten sie pro Tag mit ihrer Arbeit. Das reichte kaum zum Leben, und viele flüchteten sich deshalb in die elenden Massenquartiere der Stadt.

1913, im Jahr des zweiten Balkankrieges, sinnierte nicht nur der 24-jährige Adolf Hitler im Männerwohnheim in der Meldemanngasse über sein Leben und wie er sich aus der Misere befreien könnte, in der er sich befand. Auch der 35-jährige Jossif Dschugaschwili, der sich seit Kurzem Stalin nannte, weilte bei einer russischen Aristokratenfamilie in der Schönbrunner Schlossstraße. Unter dem Decknamen Stavros Papadopoulos studierte er die Nationalitätenprobleme der Habsburgermonarchie und versuchte, sie mithilfe des Marxismus zu lösen. In Wien traf er seinen baldigen Mitstreiter, den 34-jährigen Lew Dawidowitsch Bronstein, der regelmäßig im Café Central Schach spielte und darauf wartete, dass sich die Dinge in Russland verändern würden. Dann könnte der prominente Journalist, der sich Leo Trotzki nannte, endlich in seine Heimat zurückkehren.

Anna wollte in der Mitte des Tischtuchs einen Platz für den alten Kaiser freihalten, wer weiß, sie hatte so viel erreicht mit ihren knapp über fünfzig Lebensjahren, warum also nicht auch noch einen Besuch des obersten Herrn der Monarchie? Sie wusste, dass er ihr Hotel nicht mochte: Er hielt es für einen halbseidenen Ort, ein Etablissement der leichten Freuden und des Tratsches. Nun, das mit dem Tratsch war nicht zu leugnen, das Sacher war nun einmal der gesellschaftliche Mittelpunkt Wiens, und selbst wenn sie, die Chefin höchstpersönlich, stets für Diskretion sorgte, drangen doch andauernd Gerüchte, Geschichten und allerlei Blödsinn nach draußen. Was sollte sie da schon machen? Sollte sie ihre Gäste von der Geheimpolizei überwachen lassen oder gar die Sittenpolizei rufen, wenn einer der Erzherzöge wieder einmal in einem ihrer Separees ein Saufgelage veranstaltet hatte? Das hätte nur dem Geschäft geschadet, und über das Geschäft brauchte man ihr nichts zu erzählen. Ihr Hotel war eine Bühne, an manchen Tagen ging es hier spannender zu als in den meisten Theatern der Stadt. Dann wieder, in den Sommermonaten, wenn alles, was Rang und Namen hatte, aufs Land und zur Kur abgereist war, floss die Zeit scheinbar träge am Hotel vorbei. Für wenige Wochen ruhte sich Wien von all der Hektik aus, die die Stadt normalerweise vorantrieb. Der Sommer 1913 war der letzte ruhige Sommer vor dem großen Krieg.

Nikolaus von Szemere feiert ein letztes Fest, und Viktor von Ephrussi zieht ins Sacher

Jedes Gemüt ist erschüttert. Kein anderer Gedanke hat mehr Raum im Gehirn als: Krieg. Es ist wie eine schaurige Utopie: Alle Nationen Europas zerfleischen einander. Und doch bin ich von der tiefen Notwendigkeit der Geschehnisse durchdrungen. Was uns an Leiden, Entbehrungen, Schrecken auch bevorstehen mag, da walten elementare Mächte, das Schicksal des Einzelnen kommt nicht mehr in Betracht. Die Welt liegt wie im Fieber.

Jakob Wassermann, Tagebuch *(4. August 1914)*

Mitte Juni, unmittelbar vor dem Attentat von Sarajewo und allen Ereignissen, die der Mord am österreichischen Thronfolger auslösen sollte, fand in Wien ein höchst merkwürdiges Fest statt – ein Fest für ein Pferd. Confusionarius, »Wirrkopf«, hieß das edle Tier, doch der Hengst hatte sich auf der Rennbahn alles andere als zerstreut erwiesen und souverän das Derby gewonnen, den wichtigsten Preis der Wiener Rennsaison.

Es war ein schwüler Sommertag, vor dem Derby hatte es geregnet, dann brach die Sonne durch, die Wolken zerstieben, und das regenfrische Gras neben der Rennbahn glitzerte im Licht. Man sah über die weißen Hüte der Damen und die schwarzen Zylinder der Herrn hinweg auf die Rennstrecke, Operngucker wechselten die Hände, die rote Fahne senkte sich zum Start, und unter dumpfem Getrampel setzte das Rennen ein. 2400 Meter, die Derbydistanz. Confusionarius, das war zu erwarten, löste sich alsbald aus dem Feld, setzte sich an die Spitze und jagte gelassen durchs Ziel.

»Brausender Jubel aber erfüllt die Luft, das schwierige Wort

Confusionarius wird aus zehntausenden Kehlen herausgeschmettert, dass die Krähen vor Schrecken fast aus der Luft niederfallen. Dies war das Derby 1914 – nicht sensationell, nicht so pompös und glänzend wie manche seiner Vorgänger, aber doch ein freundliches Derby mit einem erheiternden und befriedigenden Abschluss«, befand Karl Kraus in der 400. Ausgabe der *Fackel*. Als sie erschien, war der Thronfolger, der beim Derby noch nichts ahnend und frohgemut neben seiner Frau in der Loge saß, längst tot.

Der Besitzer des schönen Vollblutpferdes mit der breiten Blesse auf der Stirn war niemand anderer als jener Nikolaus von Szemere, der sich im Sacher häuslich eingerichtet hatte. Obwohl einer der größten Rennstallbesitzer der Monarchie und ein passionierter Pferdezüchter – nur Confusionarius kam aus dem Stall von Aristides Baltazzi –, hatte er es noch nie geschafft, das Wiener Derby zu gewinnen. Seine Begeisterung war demensprechend groß. »Auch der Umstand, dass mehr oder minder alle Welt sein Geld auf den Favorit angelegt hatte«, trug, wie das Society-Blatt *Sport & Salon* die Dinge sah, zu Szemeres Enthusiasmus bei. Die gewonnene Summe gab der ungarische Magnat gleich am nächsten Tag wieder aus, indem er alle, nicht nur die vornehmen Mitglieder des Jockeyclubs, sondern alle beteiligten Jockeys, Trainer und sogar Stallburschen, zu einem Siegesdiner für sein Pferd auf den Rennplatz einlud. Dass Anna Sacher ihren treuesten Gast mit seiner Idee nicht im Stich lassen würde, verstand sich von selbst. Auch war sie mittlerweile ein Habitué bei den Rennen. Neulich bei der Armee-Steeplechase war sogar ihre Garderobe – graue Toilette mit Cape und grauer Hut mit Rosen – vom *Wiener Journal* gelobt worden, das sich ansonsten zur Gänze dem aristokratischen Publikum widmete.

Lassen S' mich nur machen, lieber Szemere, wird nicht das erste Mal gewesen sein, dass das Sacher so etwas fertigbringt.

Aber ich möchte, dass alle Gäste – und ich rechne mit weit über 300 – genauso vorzüglich speisen und trinken wie bei Ihnen im Hotel.

Darauf, lieber Szemere, können S' sich verlassen, beendete die Wirtin das Gespräch knapp. Schließlich würde sie die nächsten Tage ausreichend zu tun haben, wenn sie ihr Versprechen einhalten wollte.

Schon am Vortag des Ereignisses zog sie mit mehreren Wagen voller Speisen, Getränken, Tischdekorationen, Geschirr und Silberbesteck in den Prater und zauberte aus zwei einfachen, normalerweise nur dem Stallpersonal vorbehaltenen Gaststätten eine veritable Sacher-Filiale. Sie ließ das üppige Buffet auf langen Tischen kunstvoll anrichten, die mit prächtigem Blumenschmuck veredelten, u-förmigen Tafeln mit handgeschriebenen Tischkarten verzieren, und sie mietete noch einige Aushilfskellner und ein paar helfende Hände für die ansonsten gut eingespielte Küchenbrigade hinzu.

Dann kam der Abend des großen Festes. In der Küche herrschte hektisches Treiben, die Kellner richteten sich für ihren Einsatz, und die bunten Lampions in den Zweigen der Bäume warteten nur darauf, angezündet zu werden. Doch plötzlich fuhr der Wind so heftig durch die Äste, dass Oberkellner Wagner, den Blick zum Himmel gerichtet, schon ein Gewitter befürchtete. Es war nur der Abendwind, doch er blies nicht nur das für diesen Teil des Praters so typische Gemisch von Heu-, Stall- und Wiesendüften durch das Festgelände, sondern verteilte auch feinen Sand über die Tische im Garten.

G'schwind, alles abräumen und neu decken, befahl Wagner der Mannschaft.

Ein kurzer Moment der Hektik kam auf, alles rannte, flinke Hände, routinierte Bewegungen, fliegend wurde alles von den Tischen entfernt. Weiße Tischtücher flatterten in der Luft, der Sand fiel zu Boden, und im Nu war alles wieder so wie vorher. Schon kamen die ersten Gäste, die Musik setzte ein, und der Abend nahm seinen Lauf. Er wurde immer fröhlicher, immer ausgelassener, Zigeunerkapellen spielten zum Tanz, und der Champagner floss in Strömen. »Sie waren alle da, die bewährten Sacher-Gäste, die Braganza und die Baltazzi, die Kinsky und die Trauttmansdorff und wie sie alle hießen, hoher Adel und allerhöchste Plutokratie, ein paar Erzherzöge und ein paar Schauspielerinnen. Und der volle Sommermond, der schüchtern durch die Kastanien hindurchblinzelte, wunderte sich vielleicht darüber, dass diese sorglos selbstbewussten Menschen da unten, so eingesponnen in eigene, höchst unwichtige Interessen, so völlig absorbiert von Pferderennen und Jagden, von Geldgeschichten und Flirts, das dumpfe Rauschen überhörten, das, drohendem Wellenschlag gleich, rings um das Land emporschwoll.« So erinnerte sich der Maler, Grafiker und Journalist Siegfried Weyr 1920 an dieses letzte Fest des alten Europa. Das Pferd indes, dem all die Fröhlichkeit galt, machte sich schon bereit für seinen nächsten Einsatz.

Die wunderbare Atmosphäre von Leichtigkeit, Eleganz und Spiel, die auch Arthur Schnitzler wiederholt zu den Rennen in die Freudenau gelockt hatte, hallte noch nach, als in Sarajewo am 28. Juni 1914 die Schüsse fielen. Zwei Pistolenkugeln trafen Erzherzog Franz Ferdinand an der Halsvene und seine Sophie mitten in die Bauchschlagader. Noch bevor der Wagen den Konak, Amtssitz des österreichisch-ungarischen Landeschefs, erreicht hatte, waren beide verblutet. Zwei der insgesamt sieben in der Menge verstreuten Attentäter, Gavrilo Princip und Nedeljko Čabrinović wurden sofort festgenommen. Letzterer hatte zuerst eine Bombe auf den erzherzoglichen Wagen geworfen, sie fiel jedoch vom Stoffdach auf die Straße, explodierte unter dem nächsten Wagen und verletzte mehrere Menschen, nicht jedoch Franz Ferdinand.

Es war nicht schwer, die Kette der sicherheitstechnischen Versäumnisse, ohne die der Thronfolger zweifellos unversehrt wieder nach Wien zurückgekehrt wäre, als Macht der Vorsehung zu interpretieren. Die Attentäter waren dilettierende Jugendliche, selbst wenn sie von der Schwarzen Hand des Major Apis ausgebildet waren, und Dragutin Dimitrijević, wie Apis mit bürgerlichem Namen hieß, damals als Chef des serbischen Militärgeheimdienstes im Hintergrund die Fäden zog. Die Fahrtroute des hochherrschaftlichen Konvois war in der Zeitung bekannt gegeben worden, und das in einer Region, in der es andauernd irgendwo zu gewalttätigen Vorfällen kam. Sicherheitsvorkehrungen für den Thronfolger, der die Menschenmenge aus einem offenen Wagen grüßen sollte, waren schlicht nicht vorhanden, ganz zu schweigen von der haarsträubenden Einfalt der zuständigen Behörden, die Rundfahrt nach dem ersten missglückten Anschlag nicht schleunigst abzubrechen. Was tat es da noch dazu, dass das Ganze am Tag der Schlacht auf dem Amselfeld stattfand, auf dessen Mythos die Serben ihre nationale Erweckung und die Zusammenführung aller Serben in einem Reich begründeten? Die Wiener *Arbeiterzeitung* kommentierte schon tags darauf völlig fassungslos: »Wie unzulänglich müssen die Einrichtungen der Polizei in einer Stadt sein, wo Bomben nur so herumfliegen wie die Federbälle auf einem Spielplatz für Kinder? Attentate mit so vielen handelnden Personen, mit so vielen Mitwissern und Helfern sind nicht plötzlich zu veranstalten und brauchen lange Vorbereitungen.«

Schon am Tag nach dem Anschlag traten die beiden Leichen die Rückreise nach Wien an: erst mit dem Zug an die Adria, dann mit dem Schlachtschiff Viribus Unitis nach Triest und von dort mit dem Sonderzug nach Wien. Nach einer kurzen Aufbahrung in der Hofburgkapelle – die Aufstellung und der Schmuck der Särge waren, dem Hofprotokoll entsprechend und die morganatische Verbindung der Eheleute unterstreichend, ungleich – wurden die Särge zur Westbahn gebracht, um sogleich nach Artstetten, dem Schloss des Erzherzogs, überführt zu werden. Noch im Tod spaltete der Thronfolger die Gemüter: Diejenigen, die mit ihm schon zu Lebzeiten sympathisierten, bezichtigten den Fürsten Montenuovo, sich als Obersthofmeister des Kaisers ein drittklassiges Begräbnis für seinen Intimfeind ausgedacht zu haben. Der Adel, vor allem die böhmischen Aristokraten, fühlte sich brüskiert, und so verabredeten sie sich spontan zu einer Demonstration. Sie würden, ließen sie das Obersthofmeisteramt wissen, selbst dann noch marschieren, wenn Montenuovo sich ihrem Ansinnen entgegenzustellen beabsichtigte.

Ausgangspunkt war – auch das musste als Signal an die konservativen Hofkreise verstanden werden – das Hotel Sacher. »Es wurde die Parole ausgegeben, um halb 10 Uhr in Parade beim Hotel Sacher zu erscheinen und von dort über den Ring zu ziehen und sich dem Leichenzuge anzuschließen«, berichtete *Die Neue Zeitung* über den Vorfall, zu dem sich tatsächlich 120 Herren vom »höchsten österreichischen Adel« eingefunden hatten. »Die Polizei und das Militär wichen den geschlossenen Reihen aus, und als der Leichenzug vorbeigezogen war, schloss sich der Adel hinter der Schwadron Ulanen dem Zuge an, den letzten Raum einnehmend, dadurch dokumentierend, dass es sich um eine spontane Kundgebung der Treue bis in den Tod handle.« Doch nicht einmal der Adel stand geschlossen hinter dem Thronfolger, Prinz Gottfried Hohenlohe zum Beispiel zeigte kein Verständnis für »dieses Sammelsurium von Cretins« vor dem Sacher. Für den Gatten der Erzherzogin Maria Henriette und Sohn des ehemaligen Obersthofmeisters Konstantin Fürst Hohenlohe war das Trauerzeremoniell gerade recht, verkörperte es doch all das, was der jahrhundertelangen Tradition der Habsburger Dynastie entsprach.

Noch etwas ganz anderes war allerdings für den Zustand der

Monarchie und die Lage in Europa bezeichnend, und zwar, dass die Teilnahme europäischer Staatsoberhäupter und Regierungschefs bei den Trauerfeierlichkeiten nicht vorgesehen war – angeblich wegen der angeschlagenen Gesundheit des Kaisers, aber das hätte ein paar Jahre zuvor sicher nicht ausgereicht, um dem Thronfolger des ehrwürdigsten Monarchen der damaligen Welt das letzte Geleit zu verwehren. Doch spätestens seit den beiden Balkankriegen war die Lage in Europa auf das Äußerste angespannt. Jeder, der etwas von Geopolitik verstand, wartete auf den Ausbruch des »großen Kräftemessens«. Und anstatt verstärkt auf Diplomatie und Verständigung zwischen den Staaten zu setzen – und dafür wäre das Begräbnis des so unverschuldet zu Tode gekommenen Erzherzogs eine ausgezeichnete Gelegenheit gewesen –, wurden in den Militärkanzleien Europas die Aufmarschpläne aus den Schubladen gezogen, manche von ihnen waren freilich längst von Geheimagenten an den Feind verraten worden. Die Affäre Redl, die den Österreichern noch in den Knochen saß, war nur die Spitze des Eisbergs einer Reihe von Spionage-Enthüllungen, die den massiven Auf- und Ausbau der geheimen Nachrichtendienste in Europa begleitet hatte. Der homosexuelle Oberst Alfred Redl, der für seinen luxuriösen Lebensstil viel Geld benötigte, hatte über Jahre sämtliche Militärgeheimnisse der Donaumonarchie an die Russen, zum Schluss auch an die Italiener und Franzosen verkauft, bis er nach seiner Enttarnung im Mai 1913 Selbstmord beging. Generalstabschef Conrad von Hötzendorf versuchte, das »moralische Königgrätz« zu vertuschen, wodurch die von der Presse, allem voran von Egon Erwin Kisch aufgedeckte Affäre erst recht zur Staatspeinlichkeit avancierte.

Am 6. August 1914, keine sechs Wochen nach dem Attentat von Sarajewo, befand sich die Welt im Krieg. Der neue österreichische Außenminister, Graf Leopold Berchtold, ein mittelmäßiger Diplomat, Lebemann und häufiger Gast in den Separees des Sacher, hatte die Formulierung des berühmten Ultimatums an die Serben so verfasst, dass das Schreiben von Serbien zurückgewiesen werden musste. Was dann folgte, war ein Schneeballeffekt aus Ultimaten, Mobilmachungen und Kriegserklärungen. Wenn das Attentat auch nicht zwingend in den Weltkrieg führte, so war es doch die Gewissheit der Alternativlosigkeit eines großen Teils der politischen Eliten in ganz Europa, die den Terroranschlag – und von denen gab es damals mehr als genug – in eine zum Krieg führende Teleologie hineinzwang. Das im Wiener Kongress hundert Jahre zuvor ausgehandelte Gleichgewicht der Kräfte, das weder durch den deutsch-französischen noch den österreichisch-preußischen Krieg hatte ausgehebelt werden können, war dahin. Womöglich bestand die Tragik seines jahrelangen Erfolgs gerade darin, dass sich die Menschen nicht mehr daran erinnerten, wie sich Krieg in Wirklichkeit anfühlte.

Stattdessen wurden breite Bevölkerungsschichten, Männer wie Frauen, von einer ungekannten Euphorie ergriffen, einer verrückten Heilserwartung, einem neuartigen Zugehörigkeitsgefühl. Stefan Zweig notierte am 6. August in sein Tagebuch, dass etwas »Großartiges, Hinreißendes und sogar Verführerisches« den Aufbruch der Massen kennzeichne, dass vor allem die Frauen »in ihren weißen Kleidern, heiter, wollüstig« nichts vom großen Ernst des Ereignisses begreifen wollten – »wienerisch eben bis zum Äußersten«. Und auch er, und mit ihm fast alle anderen Intellektuellen und Künstler der Zeit, hoffte auf ein epochales, allen Stillstand hinwegfegendes Gewitter.

Selbstverständlich, lieber Herr von Ephrussi. Die Hotelierin hieß den Bankier persönlich im Sacher willkommen. Werde die Appartements sogleich herrichten lassen.

Viktor Ephrussi hatte den Weg von seinem Palais am Franzensring zum Sacher zu Fuß zurückgelegt, im Straßenanzug mit ein paar Büchern unter dem Arm. Es war August, und der August in Wien war heiß.

Schrecklich, diese Kriegseuphorie. Der Chef des Bankhauses Ephrussi & Co konnte und wollte die Kriegsbegeisterung, die so viele erfasst hatte, nicht teilen.

Sie sagen es, stimmte Anna zu. Auch die Gastwirtin hatte nichts für den Krieg übrig. Ihrem eingefleischten Pragmatismus liefen sowohl die Logik der Militärs als auch die metaphysisch aufgeladene Kriegsbegeisterung der Intellektuellen und Künstler zuwider. Wozu sollte das Ganze gut sein? Ein reinigendes Feuer? Die Wiedergeburt im Kriege? Katharsis? Das Ende von allem Abgelebten, Alten und Morschen? Was war das nur alles für ein Blödsinn, sagte sie sich. Auch ihr Sohn Eduard faselte neuerdings so daher. Er glaubte sich plötzlich erwachsen geworden, bloß durch seine Leutnantsuniform, mit der er am 2. August eingerückt war. Eduard hatte die klassische Militärlaufbahn eines Großbürgers hinter sich, Eintritt in die Armee als Einjährig Freiwilliger bei den Dragonern in Brünn, drei Jahre später Leutnant der Reserve im Ulanenregiment 7 in Stockerau. Also Kavallerie, elegante Uniformen, stolze Pferde, eine glänzende Karriere für den Gastwirtssohn. 1907 wollte er sogar Berufsoffizier werden, aber man hatte ihn, sehr zu seinem Leidwesen, nicht genommen. Und auch jetzt im Sommer 1914 würde man ihn bald »superarbitrieren«, also freistellen. Er war wehruntauglich, hatte sich 1903 beim Einjährigfreiwilligendienst mit Syphilis angesteckt. Welch eine Ironie des Schicksals: So würde er der tödlichen Krankheit sein Überleben im Krieg verdanken.

Und das Gepäck?, fragte sie ein wenig abwesend.

Es kommt nach, verehrte Frau Sacher. Hauptsächlich Bücher, wie sonst soll man diesen Unfug überleben. Unfug, ja, das war das richtige Wort. Ach, könnte sie Eduard nur zur Vernunft bringen.

Was hatte sie davon, wenn sie eines Tages nur noch seinen Toten-
schein in Händen hielt. Julius Schuster, zehn Jahre älter als Eduard, war bestimmt besonnener. Die Vaterschaft und der schmerz-
hafte Verlust der Mutter seiner Kinder hatten ihm sicher vor
Augen geführt, wie kostbar das Leben war. Doch so genau wusste
Anna das nicht, war doch der Kontakt zwischen den Familien seit
seinem Fortgehen aus Wien nahezu abgebrochen.

Hoffe, Sie wenigstens durch die bewährte Qualität unserer Küche ein wenig aufheitern zu können. Anna und ihr Gast schienen
in Gedanken ganz woanders zu sein, aber es verbanden sie die gleichen Sorgen.

Wo ist die Frau Gemahlin?

Ich hab sie nach Ischl geschickt. Der Irrsinn wird bald vorüber
sein. Nur die Bankgeschäfte…

Sie sagen's. Ich kann ja auch nicht zusperrn.

Viktor Ephrussi hatte Schutzüberzüge über die Möbel in seinem
Palais gebreitet und die siebzehn Bediensteten mit verkürztem
Lohn nach Hause geschickt. Der prächtige Theophil-Hansen-Bau
war eines der bedeutendsten Palais auf der Ringstraße: innen mit
vergoldeten Kassettendecken und Marmor ausgestattet – vor allem
und überall Marmor: schwarzer Marmor, weißer Marmor, geäder-
ter Marmor, an Wänden, Böden, Treppengeländern und Decken.
Doch die 1870er Jahre, als das prächtige Gebäude für Viktors Vater
Ignaz erbaut worden war, jene glanzvolle Ringstraßenära schienen
plötzlich ungeheuer weit weg.

Die Ephrussis zählten seit Mitte des 19. Jahrhunderts zu den
wohlhabendsten Kaufleuten in Odessa. 1857 erhielten sie die Wiener
Großhandelsbefugnis, nachdem von den ersten Häusern der Kaiserstadt, den Sinas, Rothschilds und Arnsteins bestätigt worden war,
dass die jüdischen Bankiers Ephrussi die erste Adresse in Sachen
Finanzwesen in Südrussland waren. So ging Ignaz bald darauf

nach Wien, seine Brüder zog es hingegen nach Paris, in Europa. Auf diese Weise, das wussten sie, ließ sich die Verbindung nach Russland viel besser zu Geld machen. Für seine Verdienste geadelt, wurde Ignaz bald einer der wichtigsten Bankiers Wiens, und seine Kinder wuchsen im Kreis des jüdischen Großbürgertums auf, unter all jenen Familien, die ihre Palais auch auf ebendieser Ringstraße hatten: den Epsteins, Schey von Koromlas, Königswarters, Todescos. Doch Viktor, der ursprünglich nicht für die Erbfolge vorgesehen war, wollte eigentlich Geschichte studieren und seinen literarischen Neigungen in den Kaffeehäusern der Stadt nachgehen, insbesondere im Café Griensteidl, wo sich unter Hermann Bahrs Ägide die Schriftsteller des Jung-Wiens trafen. Als aber sein älterer Bruder Stefan mit der russischen Mätresse seines Vaters durchbrannte, wurde Viktor plötzlich Chef eines international tätigen Bankhauses mit Niederlassungen in Frankreich, England und Russland. Das Grundlagenwerk zur Geschichte von Byzanz, das er eigentlich hatte schreiben wollen, musste den Geldgeschäften geopfert werden. Fortan sollten ihn nur noch seine geliebten Geschichtsbücher an das anschließen lassen, was man gemeinhin Neigungen nennt. Was hatte so jemand schon von einem großen europäischen Krieg? Deshalb wollte er nun im Hotel Sacher den kurzen Waffengang mit der Lektüre seiner Bücher aussitzen, das war weitaus praktischer und gemütlicher, als alleine ein riesiges Palais zu bewohnen.

Während Ephrussi sich also langsam daran gewöhnte, statt auf die Votivkirche nun auf die Oper zu blicken, veränderte sich rings um ihn die Stadt. Allerorts skandierten Menschenmassen »Serbien muss sterbien« oder »Jeder Schuss a Russ«, Militärkapellen spielten auf, Studenten demonstrierten. An den Bahnhöfen sah man überfüllte Züge, in denen Soldaten und Pferde an die unterschiedlichen Kriegsschauplätze in Ost und West gekarrt wurden. Der Anfangsjubel war bald durch schlechte Nachrichten von Niederlagen, ersten

Verwundeten und Toten gedämpft worden, doch das Gefühl von Sendungsbewusstsein, davon, Teil eines größeren Schicksals zu sein, hielt noch eine Weile an, bis es nach nicht einmal einem Jahr in Enttäuschung, Ernüchterung und Verbitterung umschlagen sollte.

Die Künstler, Literaten und Komponisten der Wiener Moderne – Fotografie und Film waren als künstlerische Gattungen neu hinzugekommen – ließen sich für die Kriegsanstrengungen einspannen, etwa für Propagandazwecke im Kriegspressequartier. Hofmannsthal, Bahr, Salten, Rainer Maria Rilke oder Robert Musil – fast alle waren entflammt. Nur der Menschen- und Seelenkenner Arthur Schnitzler schien nicht verführbar: »Graun über Graun, Unrecht über Unrecht, Wahnsinn über Wahnsinn«, blieb sein knappes Fazit. Und Karl Kraus natürlich, der den gesamten Krieg hindurch in seiner *Fackel* das Geschehen anprangerte und an seinem Antikriegsepos *Die letzten Tage der Menschheit* schrieb. Die anderen erklärten ihre Kriegseuphorie mit dem allgemeinen Stillstand, in der die Zeit vor dem Krieg festzuhängen schien wie ein Segel, das sich in den Tauen des Mastes verheddert hatte. Eine erstaunliche Erklärung – hatte sich doch keine Epoche zuvor in so kurzer Zeit so rasant verändert: Moderne Metropolen mit Elektrizitäts- und Wasserversorgung, Telefon und Eisenbahn, Straßenbahnen und Automobile, industrielle Warenproduktion und moderne Kaufhäuser – all das war im Zuge des technischen Fortschritts zum neuen Alltag der Menschen geworden. Und auch sie, die Intellektuellen und Künstler, hatten einen beispiellosen Paradigmenwechsel vollzogen, indem sie in allen Bereichen von der Erkenntnisphilosophie bis zur Architektur zur Moderne übergegangen waren. Und nun beklagten sie also einen Stillstand, den es zu überwinden gelte? War dies womöglich nur ein Ausdruck ihres eigenen Unbehagens mit eben diesem nervösen Zeitalter, dieser Modernität? Fürchteten sie in Wirklichkeit die massiven Veränderungen aller gesellschaftlichen Bereiche ebenso wie die konservativen Eliten, die ihre verunsicherte Männlichkeit im Schlachten-getümmel noch ein letztes Mal unter Beweis stellen wollten? Und verbrämten sie nicht ihre Ängste bloß mit neumodischen Begriffen, die sie dem Sozialdarwinismus und der Eugenik, diesen avantgardistischen Geistesströmungen der Zeit, abgelauscht hatten?

Ebenjener technische Fortschritt, der die Moderne auf Schritt und Tritt begleitet hatte, der die Menschen verunsichert, nervös gemacht und die modernen Metropolen in Moloche verwandelt hatte, machte aus dem Ersten Weltkrieg den ersten Maschinenkrieg der Geschichte. Es wurde nicht der Krieg, für den die oft über 60-jährigen Generäle und ihre hörigen Offiziere ausgebildet worden waren. Man hielt sich nicht mehr an ihre Werte, dachte nicht mehr in ihren Kategorien, kämpfte längst nicht mehr Mann gegen Mann, Pferd gegen Pferd – wie trotz der aufkommenden Artillerie noch in den Schlachten gegen Napoleon. Es war etwas gänzlich Neues: Panzer, Maschinengewehre, das Leben in den Schützengräben, das unermessliche Grauen der Infanterieattacken im Kugelhagel der Granaten. Kein heroischer Kampf, sondern ein menschenverachtendes Abschlachten, das man sich, bis es Wirklichkeit geworden war, nicht einmal im Traum hätte vorstellen können.

Schaun S', dass Sie weiterkommen! Anna hatte die Wut gepackt. Schon vor ein paar Tagen hatte sie diese Weibsperson wissen lassen, dass sie keine Belästigung ihrer Gäste dulden werde, nun war sie schon wieder im Speisesaal erschienen, um für das Rote Kreuz zu sammeln. Dieses ganze Gesindel mit seinem Kriegsgeschrei, sie war es einfach leid. Es standen ja ohnehin überall die Büchsen vom Roten Kreuz herum, da konnte jeder Gast nach eigenem Ermessen spenden, aber dadurch war die Atmosphäre ihres Hauses wenigstens nicht andauernd vom Krieg und das ihm zu verdankende Elend vergiftet.

Viktor Ephrussi räusperte sich, er saß an einem Tisch in der Nähe des Saaleingangs und unterhielt sich angeregt mit Julius Schuster. Ob es so klug war, sich derart zu entrüsten? Doch Anna schaute nicht in ihre Richtung, weder zu Ephrussi noch zu Julius, sie war einfach nicht zu bremsen. Ein paar Tische entfernt saß Szemere in lauter Runde. Der Dauergast hätte ihr womöglich zugestimmt, hätte er den Vorfall nur mitbekommen. Sich derart aufspielen und wichtig vorkommen. Und den Krieg ins Lokal hereintragen, wo doch im Sacher Frieden herrschen sollte. Also packte Anna die wild protestierende und mit einer Klage drohende Frau am Arm und führte sie mit Nachdruck aus dem Saal hinaus.

Frau Sacher, bitte beruhigen Sie sich, Sie bringen sich sonst noch in unnötige Schwierigkeiten.

Aber was, lieber Herr von Ephrussi, es ist schließlich mein Haus, sagte Anna noch immer voller Ärger. Sie hatte sich an Ephrussis Tisch gesetzt, ein paar Minuten nur, dann würde sie wieder weiterhasten. Nun war sie doch ein wenig nachdenklich geworden. Hatte sie überreagiert? Im Grunde hatte sie nichts gegen das Rote Kreuz, immerhin würde das gesammelte Geld den Verletzten und Invaliden zugutekommen. Und es war ja auch nicht so, dass sie sich nicht engagierte. Sie war schließlich im Damenkomitee für das Hospital, das die Hoteliers soeben für die Verwundeten eingerichtet hatten. Doch dieser gottverdammte Krieg! Er ging ihr dermaßen *contre cœur*, dass sie sich wohl kurz vergessen hatte.

Zwei Monate später stand Viktor Ephrussi, nachdem er seinen Lunch eingenommen hatte, bei Anna Sacher im Bureau.

Gnädige Frau, ich werde morgen wieder ausziehen.

Gefällt es Ihnen denn nicht bei uns?

Wie könnte es nicht. Allein, wir haben nun seit acht Wochen Krieg, und unsere Armeen – man darf's ja nicht laut sagen – scheitern an allen Fronten. Ich glaube nicht mehr an ein kurzes Intermezzo. Meine Frau kommt morgen mit den Kindern aus Ischl zurück, und auch die Dienstboten, so sie nicht eingezogen sind, stehen schon vor dem Palais.

Viktor Ephrussi würde sein gewohntes Leben wieder aufnehmen, seine Bank leiten und zu den Schwesterhäusern in Paris, London und Russland, so gut es eben ging, Kontakt halten. Und die Seinen würden versuchen, ihr Leben so weiterzuführen, als sei nicht allzu viel geschehen. Alle, denen der Krieg nicht unmittelbar auf den Leib rückte, dachten, dass sie irgendwann ihr altes Leben, in der Habsburgermonarchie und auf die gewohnte Weise, weiterführen können würden.

In den Zügen, die immer weiter Soldaten an die Fronten brachten, fuhren auch Millionen Pferde mit. Jedes Tier verfügte über einen eigenen Einberufungsbefehl. Sie trabten gegen den Feind und fielen wie die Kavalleristen, die sie ritten, zu Tausenden in den Schlamm, den Staub, den Dreck des Krieges. Kavallerieregimenter nannte man sie stolz. Zu Beginn des Krieges verfügte die k.u.k. Armee über elf Ulanen-, vierzehn Husaren- und fünfzehn Dragonerregimenter. Es waren traditionsbewusste Einheiten, dem Adel vorbehalten, der auch durch seine Pferdeleidenschaft in Friedenszeiten ganz besonders zu einer romantischen Verklärung des Krieges neigte. Und doch fiel den Tieren längst nicht mehr die kriegsentscheidende Rolle zu, die sie einst besaßen. Stattdessen waren sie schon kurz, nachdem das Gemetzel losging, von Panzern und Granaten, von der zu Fuß vorstürmenden Infanterie verdrängt worden und zum Symbol eines anachronistischen Reiches geworden – eines Reiches, das in Kategorien des 19. Jahrhunderts dachte und handelte, während es vom industrialisierten Maschinenkrieg des 20. Jahrhunderts überrollt wurde. »Ich habe noch nie Pferde stöhnen gehört. Es ist der Jammer der Welt, es ist die gemarterte Kreatur, ein wilder, grauenvoller Schmerz, der da stöhnt«, beobachtete Erich Maria Remarque in den Schützengräben der Westfront.

Wie nur hatte sich die Welt in kürzester Zeit verwandelt? Wer wollte sich jetzt noch an das letzte Fest des alten Europa erinnern, jenes märchenhafte Sommervergnügen in der Freudenau, bei dem 300 Gäste eines ungarischen Operettenfürsten sein siegreiches Pferd hochleben ließen? Schon am Tag des Attentats von Sarajewo hatte Confusionarius in Hamburg das Derby gegen ein deutsches Pferd mit amerikanischem Jockey verloren. Das hätte zu denken geben sollen.

1918

Ottokar Czernin warnt Felix Salten erfolglos vor der Weltrevolution

> Welches Grauen, die Welt ist in die Hände
> der Menschen gefallen ...
>
> *Rainer Maria Rilke an Erica Hauptmann (22. August 1915)*

Das Bild hatte sich ihm eingebrannt wie das rote Siegel auf seiner Abdankungsurkunde: Es war am Nachmittag gewesen, auf der Balustrade des Parlaments, als plötzlich einige Rotgardisten aus der Menge herausgestürmt waren und den weißen Mittelteil der rot-weiß-roten Fahne herausgerissen und die beiden roten Fetzen anschließend gehisst hatten, während Nationalratspräsident Franz Dinghofer den Text der neuen Verfassung Deutsch-Österreichs verlesen hatte. Er hatte ein wenig abseits der großen Menschenmenge gestanden an jenem kalten 12. November, der Nieselregen kroch unter seinen Mantel, und ihm war elend zumute wie so oft in jenen Tagen. Erst gestern hatte Kaiser Karl die Verzichtserklärung unterschrieben. Sein Manifest an die Völker war im Oktober verhallt wie eine ferne, längst verklungene Melodie. Stattdessen war der Vielvölkerstaat zerfallen, vergebens hatte er selbst seit seinem Amtsantritt, im Grunde seit seinem ersten bewussten Atemzug als Bürger dieses Reiches für dessen Erhalt gekämpft – je länger der Krieg gedauert hatte, desto aussichtsloser war sein Kampf geworden. Die Nachfolgestaaten hatten nun alleine mit dem schweren Erbe des auseinanderbrechenden Reiches zu kämpfen. Das würde – neuer Patriotismus und Nationalismus hin oder her – für alle ein zähes Ringen mit ungewissem Ausgang werden.

Ottokar Czernin ging den Ring entlang zum Hotel Sacher. Er war mit Felix Salten verabredet. So viel Not, so viel Elend. Die Stadt war stumm, die Menschen stumpf geworden.

Nun, verehrter Graf, eine neue Epoche hat begonnen. Ich erhebe mein Glas!, hieß ihn Salten im spärlich besuchten Café des Hotels willkommen. Czernin blickte nachdenklich an Salten vorbei zum Fenster hinaus, dann sagte er, ohne auch nur den Versuch zu unternehmen, seinen Sarkasmus zu verbergen: Na, wenn das der Anfang einer neuen Epoche ist? Mit zerfetzten Fahnen als Staatssymbol?

Verstehe, dass Sie nicht begeistert sind, und doch ... Hoch lebe die Republik!

Der Graf versuchte sich zu beherrschen, nur seine Nasenflügel bebten, während er sprach: Wir werden bis Weihnachten alle in Blut waten, lieber Salten. Wie konnten diese Literaten und Künstler, so dachte er weiter, nur stets so naiv sein. Er mochte Salten, der im Krieg als leitender Redakteur des *Fremdenblattes* Karriere gemacht hatte. Er war scharfsinnig, schnell, doch seine Feuilletons hatten stets etwas Schwebendes, Flirrendes, Mehrdeutiges. »Es federt – kein Zweifel, es ist von Salten«, hatte denn auch der Sprachwächter Karl Kraus kommentiert.

Sie, lieber Salten, waren nicht in Brest-Litowsk und auch nicht an der Front. Der Krieg ist der Vater der Revolution, die Hungersnot seine Mutter.

Wer, verehrter Graf, wer trägt denn die Schuld daran? Ihre Welt!, rief Salten fast triumphierend aus.

Der Graf blickte stumm vor sich hin. Seine Welt, die Welt der Monarchien, der Belle Époque, des Adels, aber auch die Welt der Ringstraßenära und des Fin de Siècle war nicht mehr. Ausgelöscht, hinweggefegt vom Lärm der Granaten, Mörser und marschierenden Truppen. Wien, diese einstmals so stolze Reichsmetropole, war zu einer steinernen Anklage geworden. All die Bitterkeit der Zeit hatte sich in die grauen Mauern eingeschrieben, die stolzen

Fassaden, hinter denen sich das glamouröse Leben der Vorkriegs-zeit abgespielt hatte, waren zu Kulissen des Weltuntergangs geworden. Überall frierende, ausgemergelte Gestalten, in Lumpen gehüllte Kriegsversehrte auf Krücken, Kriegszitterer, denen die Angst und das Grauen für immer in die Glieder gefahren waren. Den schlimmsten Anblick aber boten die Kinder, bleich, hohläugig, mit verfilzten Haaren, scheu wie wilde Tiere. Ihnen konnte der Graf am allerwenigsten in die Augen blicken. Wien hungerte – trotz des Brotfriedens, den er in Brest-Litowsk ausgehandelt hatte, und trotz des Kriegsendes. Von Tag zu Tag wurde die Lage schlimmer, und nun hatte auch noch die Spanische Grippe zu wüten begonnen, jeden Tag forderte sie mehr Opfer. Stirbt so eine Stadt, eine Epoche, eine Welt?

Schon das erste Kriegsjahr war ein Schock gewesen. 1,8 Millionen österreichisch-ungarische Soldaten waren in den Schlachten in Galizien, den Karpaten und in Serbien gefallen, verwundet oder in Kriegsgefangenschaft geraten. Ganze Divisionen waren halbiert, Regimenter auf Kompaniestärke reduziert und über die Hälfte des Offizierskorps ausgefallen. Das stehende Heer der k.u.k. Monarchie, der ganze Stolz des Staates in Friedenszeiten, war nur für einen kleinen, schnellen und überschaubaren Waffengang gerüstet gewesen. Schon 1914 musste nachgemustert werden, um die entstandenen Lücken in den Reihen zu ersetzen. Also wurden Soldaten und Offiziere in sechswöchigen Schnellkursen rudimentär ausgebildet, an die Fronten verfrachtet und dort verheizt. Die frischgebackenen Offiziere aus der Ersatzreserve beherrschten die vielen Sprachen der Monarchie meist nicht, sie schickten ihre Soldaten deshalb allzu oft aufgrund reiner Missverständnisse in den Tod.

Seit dem Herbst 1914 rissen auch die Ströme von Verwundeten nicht mehr ab, die sich, an den verschiedenen Bahnhöfen Wiens angekommen, über die Stadt verteilten und die Kaisermetropole in ein einziges riesiges Lazarett verwandelten. Überall wurden Hospitäler eingerichtet, in der Secession, im Künstlerhaus, dem Parlamentsgebäude und der Universität. In den Straßen sah man plötzlich nicht mehr nur marschierende Truppen auf dem Weg zum Bahnhof und an die Front, sondern all die Verwundungen und Verletzungen, die dieser Krieg den Menschen zufügte und noch lange zufügen würde – die Hoffnung auf einen schnellen Waffengang war längst verhallt.

Erinnern S' sich noch, Herr Graf. Damals, 1916, als Sie, ich glaub, es war im September, aus Bukarest bei uns angekommen sind? Damals hat die ganz schlimme Zeit begonnen. Und sie hält bis heut an.

Ohne viel Worte zu verlieren, hatte Anna dem Stammgast ein Glas Cognac gebracht. Felix Salten war, nicht ohne einige weitere spitze Bemerkungen, längst gegangen. Redaktionsschluss, er sei in Eile, der denkwürdige Tag, man müsse doch mit Optimismus vorangehen. Czernin war sitzen geblieben, er mied die Stadt. Sie schien ihm unerträglich, das Sacher hingegen, sein altes Stammlokal, war zum einzig möglichen Refugium geworden.

Das ist zu freundlich von Ihnen, verehrte Frau Sacher, haben Sie Dank, von Herzen.

S' ist die eiserne Reserve. Seh dem Grafen ja an, dass er einen kräftigen Schluck gut gebrauchen kann.

Ja, damals …, ich hab in der Tat geglaubt, das Ruder noch einmal herumreißen zu können.

Ottokar Czernin, engster Berater des verstorbenen Thronfolgers, k. u. k. Diplomat und böhmischer Politiker, war 1916 vom jungen Kaiser Karl zum Außenminister ernannt worden, nachdem Rumänien, wo er zuletzt als Gesandter gewirkt hatte, in den Krieg gegen die Mittelmächte eingetreten war. Die *Neue Freie Presse* schrieb damals: »Ein moderner Diplomat wird den Ballhausplatz leiten, ein Minister des Äußeren, der die lebendigste Anschauung und das ernsteste Verständnis für die Schmerzen des Krieges hat. Wie sollte er nicht den Tag herbeiwünschen, an dem sein Name durch die Unterzeichnung eines ehrenvollen und dauerhaften Friedens in die Geschichte einzieht.« Frieden zu schließen, das war Czernins großer Auftrag. Frieden wollten damals viele – und mit jedem Kriegsmonat wurden es mehr –, nur wollte ihn jeder zu seinem Preis, jeder zu seinen Bedingungen. Und so tobte das Inferno an den Fronten unvermindert weiter.

Auch für Anna Sacher und ihr Hotel war 1916 ein Wendepunkt zum Schlechteren gewesen. Zwischen Mai 1915 und Mai 1916 hatte es kurz so ausgesehen, als würden die Mittelmächte und mit ihnen Österreich-Ungarn die Oberhand gewinnen, ein großer Sieg schien damals in greifbarer Nähe, die Kriegswirtschaft hatte angezogen und sorgte auch an der Heimatfront für ein kurzes Aufatmen. Die in die Höhe geschnellten Arbeitslosenzahlen der Anfangszeit verschwanden, nur die Ernährungssituation in der Großstadt bot weiterhin wenig Anlass zu Hoffnung.

Es war wieder einmal die Zeit der unermüdlichen Pauline Metternich. Bei großen Wohltätigkeits-Tees sammelte sie Geld, um Milch an die Kinder Wiens verteilen zu können; gemeinsam mit anderen Damen der Gesellschaft organisierte sie im Sacher Jausen – mit doppeltem Zweck. Man bat um Almosen für die Kriegsfürsorge, und man traf sich wie eh und je zum gesellschaftlichen Beisammensein. Nun war die 80-Jährige wirklich zum »berühmten Gespenst des Second Empire« geworden, wie Alma Mahler sie schon vor dem Krieg etwas despektierlich getauft hatte. Und dennoch: Niemand hatte ein derartiges Wohltätigkeits-Imperium geschaffen wie die Fürstin.

Ihre Küche, Frau Sacher, wie machen Sie das nur?, Gräfin Wydenbruck-Esterházy, die für Pauline Metternichs Kriegsfürsorge im Marmorsaal des Sacher am 12. Juni 1915 eine Kunstauktion veranstaltet und 7000 Kronen eingesammelt hatte, war voller Bewunderung für die Hotelierin. Auch weil man im Sacher trotz des Krieges immer noch köstlich speisen konnte, kamen alle – und wenn das die Eintrittskarte war, spendeten sie eben ein wenig Geld.

Anna Sacher lächelte und schwieg. Es war ihr Geheimnis und ihr Geschäftserfolg im Krieg. Sie servierte Tafelspitz, Beinfleisch und Poularden, und wenn es das nicht gab, dann eben Karpfen und ab und zu sogar eine Gänseleberpastete aus Ungarn. Das Sacher war mehr denn je zum gesellschaftlichen Mittelpunkt geworden – hier traf sich nicht nur die High Society, sondern ebenso Politiker, Diplomaten und Kriegsschieber, die, seit die Lebensmittel knapp geworden waren, ihre Besprechungen umso lieber im Sacher abhielten, wo sie es sich nebenher gut gehen lassen konnten. Im Sacher freilich wurde gezahlt und nicht gegen Lebensmittelkarten gegessen. Das trennte die Spreu vom Weizen, die Bessergestellten von den Habenichtsen. Und auch deshalb wuchs in den einschlägigen Zeitungen, allen voran der *Arbeiterzeitung*, die Kritik. Nicht allen Flüchtlingen in Wien gehe es so gut wie Herrn von Wassilko aus der Bukowina, ätzte das Blatt zum Beispiel schon im Februar 1915. Der Politiker und Gründer des freiwilligen Huzulenkorps gab im Sacher ein großes Diner für alles, was Rang und Namen hatte und nicht an der Front weilte.

Schon damals hatte es die Hotelchefin und ihre Mannschaft unglaubliche Anstrengungen gekostet, Nahrungsmittel zu beschaffen, die des Sacher würdig waren. Erstens galt es, das Fleisch und Gemüse überhaupt zu bekommen, und zweitens musste es eine Qualität besitzen, die den Gästen nicht den Magen verdarb, schließlich wurde alles Erdenkliche – Speiseabfälle und mit allerlei artfremden Zusätzen gestrecktes Essen – zum Verkauf angeboten. Noch war das Sacher nicht auf die einschlägigen Adressen in der Stadt angewiesen, man hatte eigene Lieferanten, schon aus der Vorkriegszeit.

Beim Blakovits gibt's morgen a Schwarzschlachtung, gnädige

Frau. Oberkellner Wagner war gottlob zu alt, um noch eingezogen zu werden. Er und die Köchin Pepi, ohne die beiden wäre Anna in den Kriegsjahren aufgeschmissen gewesen.

Anna Sacher erinnerte sich an das Jahr 1914, als sich ihr alter Freund, der Haudegen Hans Wilczek, gleich zu Kriegsbeginn von ihr verabschiedet hatte: Wenn man achtzig ist, ist man leider zu alt, um als Kämpfer in den Krieg zu ziehen. Deshalb würde er eben nun mithelfen, Wunden zu heilen.

Der wackere Graf hatte schon zu Kriegsbeginn einen ganzen Spitalszug ausgerüstet und fuhr nun als Kommandant desselben Tausende Kilometer zwischen den Fronten und dem Hinterland hin und her, um Verletzte zu bergen und in die Lazarette und Spitäler zu bringen. Am Ende würde er 40 000 Verwundete auf diese Weise versorgt haben. Dennoch trauerte Wilczek noch lange seiner altersbedingten Kriegsuntauglichkeit hinterher, auch er hielt den Krieg für eine »notwendige Operation auf Leben und Tod an einem schwerkranken Manne«. Nur allmählich wandelte sich sein verklärter »feierlicher Anblick der Verwundeten« zu einer von allem Kriegsidealismus bereinigten Ernüchterung. Seine Klasse, die Aristokratie, hatte sich in diesem ersten industrialisierten Massenkrieg als Teil der Elite, die das Abschlachten zu verantworten hatte, diskreditiert. Den Zusammenbruch seiner Welt sollte der Graf noch erleben, bevor er 1922 mit 85 Jahren starb.

Im April 1916 wusste man nicht einmal mehr im Sacher, wie man an Nahrungsmittel kommen konnte.

Gehen S', Pepi, was tun wir denn morgen mit der Soldatenjause? Anna Sacher hatte sich auf Anregung des Reisemarschalls Franz Meißner bereit erklärt, vierzig verwundete und rekonvaleszente Soldaten zur Jause einzuladen.

Seit das Fleisch rationiert ist, ist es halt nimmer so einfach, gnädige Frau. Auch der Blakovits hat schon lang nimmer geschlachtet. Die Köchin, eine handfeste Person aus Böhmen, war gemeinsam mit Wagner das Scharnier zum florierenden Schwarzmarkt. Anna hatte sie Gott sei Dank gefunden, als die gesamte männliche Küchenbrigade eingezogen worden war. Sicherlich, der Krieg zwang alle zum Improvisieren, und niemand konnte verlangen, dass es im Sacher so hochherrschaftlich weiterging wie bisher, aber ohne einen ausgezeichneten Koch ging es einfach nicht. Zum Glück also gab es die Pepi. Sie war eine jüngere Ausgabe der Anna, etwas derber und so lebensfroh, wie es die Gastwirtin einst gewesen war, damals, als sie noch voll Optimismus in die Zukunft blickte.

Lassen S' mich nur machen, ich werd schon was auftreiben.

Aber schicken S' gleich jemanden los, das braucht sicher mindestens ein' halben Tag, sagte die Chefin und gab der Köchin mit einem tiefen Seufzer einige hundert Kronen, auch das Geld war trotz des Kriegsgeschäfts knapp.

Ein Großteil der Kellner war 1914 schon in den Krieg eingezogen worden. Zuerst kamen alle unter 40-Jährigen an die Reihe, dann, als die Verluste die Armeen schon im ersten Kriegsjahr so krass dezimiert hatten, hob man die Altersgrenze auf 50 Jahre an. 1917 gab es praktisch niemanden mehr, den man hätte einziehen können, es sei denn, man hätte die Alten und die Frauen zum Kriegsdienst herangezogen.

Auch war die Mannschaft des Sacher weiblicher geworden, seit die Kellner und Köche an der Front kämpften. Anfangs hatte Anna befürchtet, dass die vielen Frauen die ganze Zeit nur tratschen und weniger belastbar sein würden als die Männer, denen sie, wenn's nötig war, stets viel zugemutet hatte. Doch die neue »Mannschaft« zeigte den gleichen Eifer und Stolz, im Sacher arbeiten zu dürfen. Der Krieg hatte sie zu einer eingeschworenen Gemeinschaft verschmolzen, man tröstete einander, denn für Tränen gab es nun genügend Anlässe: gefallene Brüder, Väter und Söhne, aber auch die Sorgen um all die Zurückgebliebenen, vor allem um die Kinder, denen der Krieg die Kindheit stahl. Die Hotelierin wusste, dass das Personal da und dort für die Verwandten zu Hause Lebensmittel aus den Kellern und Küchen des Sacher mitgehen ließ, und sie duldete es, vor allem wegen der Kinder, die sie bedauerte.

Pepi, wo is denn das? Czar-tor-ysk? Das Küchenmädel, sie konnte ohnehin kaum lesen, buchstabierte den schwierigen Namen. Wie so oft, saß die Sacher-Mannschaft in der Küche zusammen und studierte Feldpostbriefe.

Czartorysk? Für die böhmische Pepi war der Name der ukrainischen Stadt nicht schwer auszusprechen. Na, irgendwo im Osten.

Schau, die Karte is kommen. Liest sie mir vor?

»Geliebte Schwester, gestern ist der Josef, mein Kamerad, gefallen. Fürs Vaterland. Ich tue mein Bestes, um durchzuhalten fürs Vaterland und den Kaiser. Grüß alle und betet für mich und fürs Vaterland.« Pepi drehte die Karte um. Sie zeigte eine kolorierte Fotografie der Stadt, in der der Soldat offenbar stationiert gewesen oder durch die er irgendwann hindurchgekommen war, eine schöne, eine ferne Stadt. Pepi wusste nicht, ob sie sich den anderen in der Küche gegenüber traurig oder stolz zeigen sollte. Man teilte das Schreckliche, mitunter aber auch das Aufregende und Spannende einer fremden, schauerlichen Welt.

In Wien waren seit dem Winter 1916 Hungerkrawalle an der Tagesordnung. Immer mehr Frauen erschienen bei den Ärzten, weil ihre Menstruation ausblieb, und die Tuberkulosezahlen – schon in der Vorkriegszeit war die »Wiener Krankheit« bei den Unterschichten endemisch – verdoppelten sich. Man sah Kinder mit Hungerödemen, die zusammen mit ihren abgemagerten Müttern täglich um Brot, ein bisschen Milch und Kartoffeln anstanden. Dreihunderttausend Menschen warteten in Wien jeden Tag in diesen Schlan-

gen, mitten in der Nacht zogen sie von daheim zu den Ausgabe-
stellen für Lebensmittel, voller Ungewissheit, ob sich das Warten
lohnen würde. Es kam zu Handgreiflichkeiten, spontanen Protes-
ten, Wutausbrüchen. Die Stadt musste Hundertschaften der Polizei
als Ordnungsmächte bereitstellen, damit die Lage nicht eskalierte.

Mit der Brussilow-Offensive im Juni 1916 waren dann auch die
Hoffnungen der Österreicher auf einen Sieg der Mittelmächte ge-
schwunden. Allein bei dieser Schlacht waren eine Million Kämpfer gefallen oder in Gefangenschaft geraten – praktisch die Hälfte
aller an der Ostfront stationierten k.u.k. Soldaten. Doch auch die
siegreichen Russen waren durch die hohen Verluste demoralisiert,
wodurch die kommende Revolution mächtig an Boden gewonnen
hatte.

Für Anna brachte das Jahr 1916 auch Schmerzen ganz anderer
Art. Julius Schuster lag im Sterben. Kaum vermochte er zu atmen,
kaum zu sprechen. Als sie kam, legte sie ihre Stirn an die seine.

So ist es besser, sagte er und lächelte entschuldigend.

So ist es besser, es versetzte ihr einen Stich, so hatte er ihr damals im Prater, vor genau zwanzig Jahren, zu verstehen gegeben,
dass er sie liebte. Und er hatte recht gehabt: Es war besser gewesen damals, eine Weile zumindest, und vielleicht durfte man vom
Schicksal nicht mehr verlangen als solche flüchtigen Augenblicke
wirklichen Glücks. Jetzt erschien ihr jeder Satz, den sie gewech-
selt hatten, wie Engelsflügel, die sie durchs Leben getragen hatten.
Wie sehr waren sie doch all die Jahre verbunden geblieben, in gewisser Weise seit Anna Marias Tod noch viel stärker vom Schicksal zusammengefügt, auch wenn es nur wenige erfahren hatten. Ja,
sogar die Kinder hatten es kaum bemerkt.

Sie spürte, wie sein Atem noch schwächer ging, ein Hauch nur
noch, das Leben an einem seidenen Faden hing. Sie schüttelte gewissenhaft die Kissen auf, legte ihm feuchte Kompressen auf die

Brust, der Kranke fröstelte, so, als würde ihn der Abschied in eisige Winterkälte stürzen. Anna blieb an seiner Seite, den ganzen Tag und die ganze Nacht hielt sie seine Hand. Am Morgen kamen die Kinder und Verwandten. Nur Marianne, die Älteste, blickte Anna etwas befremdet an: So vertraut also waren die beiden. Sie hatte es immer geahnt, doch nie gewagt, die Mutter ihrer so früh verstorbenen Schwägerin Anna Maria darauf anzusprechen. Da war eine Scheu, die jetzt, da der geliebte Vater ging, von ihr abfiel.

Anna stimmte den Rosenkranz an: »Gegrüßet seist du, Maria, voll der Gnade, der Herr ist mit dir…« Das monotone Gebet strömte durch Marianne hindurch, ihre Augen glitzerten, bald konnte sie sich der Tränen nicht mehr erwehren. Sie war vierundvierzig, verheiratet, sie hatte zwei Kinder. Und dennoch war sie nicht darauf vorbereitet gewesen, den Vater zu verlieren. Er war so voll des Lebens gewesen, so jung trotz seiner fünfundsiebzig Jahre. Es gab so vieles, was sie ihn noch gerne gefragt, von ihm gewusst und verstanden hätte. Wieder blickte sie hinüber zu Anna, aus deren Gesicht alle Farbe gewichen war. Ihre Lippen bewegten sich mit den Versen des Rosenkranzes, »heilige Maria, Mutter Gottes, bitte für uns Sünder jetzt und in der Stunde unseres Todes, Amen.«

Das war im Juli gewesen. Am 21. November dieses an furchtbaren Ereignissen so reichen Jahres starb auch noch der alte Kaiser mit 86 Jahren. Die Pflicht, sein Reich, dessen einzig verbliebene Klammer er selbst gewesen war, so lang als irgend möglich zusammenzuhalten, hatte den greisen Monarchen am Leben erhalten. Nun, an einem nebligen Novembertag, an dem sich der lange schwarze Trauerkondukt gespenstisch langsam über die Ringstraße zur Kapuzinergruft bewegte, war auch das Ende seines Reiches gekommen.

Anna erinnerte sich daran, wie sie 1914 eine große Anzahl Kaiserporträts erworben hatte – sie zeigten den Monarchen mit dem neuen Thronfolger Erzherzog Otto –, um sie in den Zimmern des

Sacher aufzuhängen, so, als könnte sie damit das sich abzeichnende Ende einer Epoche verhindern. Schon damals wollte sie alles, was ihr lieb und teuer war, bewahren, ihre Welt wenigstens innerhalb der Mauern des Sacher in einem Akt der Beschwörung erhalten – so, wie sie alljährlich am Dreikönigstag das IHS mit Kreide über alle Türstöcke schreiben ließ und Weihwasser versprengte. Gott der Allmächtige sollte ihr beistehen, in Zeiten wie diesen war er ihr näher als sonst.

Herr Außenminister? Gehen Sie heute gar nicht mehr schlafen?

Nicht doch, Gnädigste. Außenminister bin ich gewesen.

Für mich bleiben Sie der Außenminister, und damit basta. Nicht dieser Adler.

Dem Adler, dem tun Sie unrecht, übrigens ist er gestern Nacht gestorben. Für ihn hab ich immer etwas übrig gehabt. Czernin sank wieder zurück in seine Grübeleien.

Es war im Juni 1917 gewesen. Damals hatte er, Ottokar Czernin, der sozialdemokratischen Delegation unter Victor Adler Ausreisebewilligungen für die Friedenskonferenz in Stockholm ausgestellt und war dafür heftig kritisiert worden – auch von seinem Freund, dem ungarischen Ministerpräsidenten István Tisza.

»Lieber Freund!«, schrieb er ihm, »Ich höre, du bist nicht einverstanden mit der Entsendung der Sozialisten nach Stockholm ... Adler, Ellenbogen und Seitz waren da; Renner extra. Die beiden Ersteren sind gescheite Männer, und ich schätze sie trotz allem was uns trennt. Die beiden anderen kenne ich wenig. Aber alle vier wollen ehrlich Frieden, und Adler im Speziellen ist gar nicht an der Vernichtung des Reiches gelegen.«

Der Frieden. Er hatte sich engagiert, unermüdlich alle Wege und Möglichkeiten erwogen, jede Chance, so sie denn zu einem annehmbaren Frieden hätte führen können, genutzt – wie er fand.

Doch erst Lenin und die Oktoberrevolution brachten die Möglichkeit, den Krieg zumindest im Osten zu beenden, und Ottokar ergriff diese Gelegenheit, vor allem auch, um Getreide aus der Ukraine für die hungernde Bevölkerung seines Landes beschaffen zu können. Die Verhandlungen in Brest-Litowsk zogen sich in die Länge und brachten ihn an den Rand seiner Kräfte. Und dann kamen aus Wien auch noch die Hiobsbotschaften von den großen Hungerrevolten und Streiks in sämtlichen kriegswichtigen Betrieben. 200 000 Menschen waren im Januar 1918 im Ausstand, doch jede einzelne Nachricht darüber schwächte seine Verhandlungsposition. Warum hatten die zu Hause das damals nicht verstanden? Verzweifelt reiste er mehrmals zwischen Wien und Brest-Litowsk hin und her, um das Volk im Inland zu beschwichtigen und am Konferenztisch Erfolge zu erwirken. Schließlich schloss er mit Zustimmung der Deutschen den sogenannten Brotfrieden mit der Ukraine, woraufhin Trotzki die Verhandlungen, aber auch jegliche Kriegshandlungen gegenüber Österreich-Ungarn einstellte und die russische Demobilisierung bekannt gab. »Der Krieg ist aus, aber Friede ist keiner«, schrieb Czernin, und dennoch: In Wien wurde er jubelnd empfangen. »Sie bringen uns den Brotfrieden des Ostens, der den opferwilligen Duldern des Hinterlandes das Ende der Entbehrungen verheißt«, lobte Wiens Bürgermeister Weiskirchner.

Wissen S' noch, als Sie einmal hier im Café gesessen sind und gesagt haben: Wer soll denn in Russland Revolution machen? Na, vielleicht der Herr Bronstein aus dem Café Central?

Trotzki. Mein Gott, waren das noch Zeiten.

Lew Dawidowitsch Bronstein, wie sein bürgerlicher Name lautete, ging, als er vor dem Weltkrieg einige Jahre in Wien lebte, tatsächlich gern ins Café Central. Ein Kaffeehausintellektueller, der gut Schach spielte und sich, wenn auch mit Vorsicht, an den Diskussionen der Literaten und Intellektuellen beteiligte.

In Brest-Litowsk hatte Czernin den Revolutionsführer dann persönlich kennengelernt.

Stellen Sie sich vor, Frau Sacher, der Adler hat mir irgendwann, als ich während der Verhandlungen in Wien war, erzählt, dass der Trotzki noch eine Bibliothek hier bei uns hat aus seiner Wiener Zeit. Die Bücher seien beim Otto Bauer gelandet. Ich hab dem Trotzki dann versprochen, ihm seine Bücher zu schicken.

Ein kleiner Trumpf im Geschacher um Frieden. »Trotzki«, so schrieb Ottokar Czernin in sein Tagebuch, »ist zweifellos ein interessanter, gescheiter Mensch und ein sehr gefährlicher Gegner. Er hat eine ganz hervorragende Rednergabe, eine Schnelligkeit und Geschicklichkeit der Replik, wie ich sie noch selten gesehen habe.«

Der Graf wurde müde. Der Cognac, Anna Sacher hatte das Glas nochmals aufgefüllt, ging zu Ende, doch Czernin wollte die schwierigsten Tage seines Lebens noch einmal Revue passieren lassen, damals, als er ein halbes Jahr vor Kriegsende zurückgetreten war. Vielleicht würde es ihm helfen, das Ganze zu verstehen: den Krieg, den er so gehasst und den er dennoch mit zu verantworten hatte. Kaum auf dem Thron, hatte Kaiser Karl auch schon begonnen, über seine Frau Zita von Bourbon-Parma mit Frankreich über einen allgemeinen Frieden zu verhandeln, ohne den deutschen Bündnispartner dabei zu berücksichtigen. Er, Czernin, hatte stets vor einem Alleingang gewarnt. Der in der Außenpolitik viel erfahrenere Staatsmann war sich sicher, dass ein solcher Frieden nur zu einem Krieg gegen Deutschland auf österreichischem Boden geführt hätte. Zur Staatskrise kam es aber erst im April 1918, als der französische Außenminister George Clemenceau einen Brief des österreichischen Kaisers an Sixtus von Bourbon-Parma über die Chancen eines Separatfriedens mit Frankreich veröffentlichte. Damit brüskierte der Tiger nicht nur die Deutschen, sondern auch den Außenminister, der zwar von den Verhandlungen Karls, nicht aber von diesem

Brief und seinem Inhalt wusste. Der Kaiser hatte Elsass-Lothringen zur Disposition gestellt, während Czernin in seinen Reden dies stets vehement verneint hatte. Da er nicht als Lügner erscheinen wollte, demissionierte er als Außenminister. Die Standesgenossen tobten, er hätte sich unter allen Umständen vor den Kaiser stellen und ihn schützen müssen, hieß es. Denn nun stand der Kaiser als Lügner da. Viele andere beklagten den Verlust des Politikers, nicht nur für Österreich-Ungarn, »sondern auch und vor allem für den einmal kommenden Frieden. Er erwies sich als ein weitblickender Staatsmann mit einem Sinn für die wirklichen Anforderungen des Lebens, und niemand von den vielen, welche die Tribüne betreten haben, um vor der ganzen Welt zu sprechen, hat einen solch aufrichtigen und ehrlichen Willen für einen wirklichen Verständigungsfrieden erkennen lassen«, schrieb die wichtigste Tageszeitung des im Krieg neutral gebliebenen, aber mit den Mittelmächten sympathisierenden Schweden.

Nun raffte sich der Graf aber doch auf, um schlafen zu gehen. Das Nachdenken hatte bei ihm nur wieder dieses unbestimmte, beklemmende Gefühl hinterlassen, das ihn seit geraumer Zeit plagte. Trotz all seiner Bemühungen und seines diplomatischen Geschicks, hatte er nicht als Teil seiner Klasse, als Teil der politischen Elite eines fast tausendjährigen Reiches versagt? Die Bilanz – eine Million Tote allein in Österreich-Ungarn, zwei Millionen Verletzte, ein ganzes Volk traumatisierter Menschen –, all das lastete schwer auf seinen Schultern. Er ging an die Rezeption, um seinen Zimmerschlüssel zu holen. In den Straßen war es still geworden. Ob er wenigstens eine Nacht lang nicht an die Menschen dort draußen würde denken müssen? An die Amputierten und die Zitterer, die Bettler und verwahrlosten Kinder? Er wollte einfach nur schlafen. Tief und traumlos.

1919
Selbst Camillo Castiglioni bekommt im Sacher kein Rindfleisch

Die Berichte von Wiens Elend sind wahr. Die Berichte von
Wiens Wohlbehagen sind auch wahr. Der Berichterstatter
muss nur definieren, was er meint, wenn er Wien sagt. Im Mittelteil der Stadt, vom Polygon der Ringstraße begrenzt, lebt
das Wien, das lebt; das saftige Wien, die Stadt, deren Name
richtig ausgesprochen, wie geschmunzelt klingen muss. Rund-
herum, »grau und grämlich«, lebt das Wien, das vegetiert, das
vertrocknete Wien, die Stadt, deren Namen mit dem Tonfall gesprochen werden muss, mit dem ihn der Schaffner einer
Danteschen Unterweltvicinal-Bahn als Station ausriefe.

Alfred Polgar: Geistiges Leben in Wien, Prager Tagblatt *(14.11.1920)*

Es gibt einfach kein Rindfleisch, gnädige Frau! Nichts. Ich hab
wirklich jeden einzelnen Schwarzhändler und Lieferanten gefragt.
Oberkellner Wagner hob entschuldigend die Arme.

Der Castiglioni kommt, mit großer Runde. Dem können wir
keinen Karpfen vorsetzen.

Nicht einmal im Meißl & Schadn haben sie was bekommen.
Da ist nichts zu machen, gnädige Frau.

Anna seufzte. Man wurde in dieser Stadt wirklich zu drastischen Maßnahmen gezwungen. Dann schüttelte sie den Kopf,
seufzte noch einmal und blickte Wagner tief in die Augen. Er verstand seine Chefin auch ohne Worte.

Merkt eh keiner, und der Castiglioni schon gar nicht.

Kürzlich hatte der Pferdefleischhauer das Sacher auf zweitau-
send Kronen verklagt, aber man hatte sich arrangiert und Anna
dem ungeduldigen Mann erklärt, dass sie schon zahlen würde,

dass sie aber, wenn er sich in Geduld übe, weiter bei ihm einkaufen werde. Sie hatte das nicht einmal als Trick gemeint, durch die Inflation zerrannen ihre Schulden beim Pepihacker, wie man in Wien sagte, fast täglich. Doch sie besaß einfach kein Geld.

Pferdefleisch, das Wiener Essen der Armen, war in den beiden letzten Kriegsjahren sogar für Nobelrestaurants wie das Sacher zu einer Alternative geworden, die bloß nicht an die große Glocke gehängt wurde. Seit dem Kriegsende war die Situation nur noch schlimmer geworden, im März dieses Jahres hatte das Sacher sogar vorübergehend zusperren müssen, nicht mal im »Kochkunsteden der Anna Sacher«, wie Karl Kraus das Etablissement in seiner *Fackel* 1917 getauft hatte, gab es noch etwas zu beißen.

Doch jetzt, ein halbes Jahr später, musste das Sacher ganz einfach wieder laufen, egal, mit welchen Methoden. Es gab schließlich genug Leute in der Stadt, die – egal woher – gutes Geld für ein Diner ausgaben, und Camillo Castiglioni war einer von ihnen. Doch nicht nur das: Er war der Prototyp einer neuen Klasse von Reichen, die die Katastrophe nicht ärmer, sondern, ganz im Gegenteil, märchenhaft wohlhabend gemacht hatte.

Und, Wagner, lassen S' dafür alles an Silber decken, was wir haben.

Selbstverständlich, gnädige Frau.

Im Marmorsaal, nicht im Separee. Um die Getränke kümmere ich mich selbst. Und sagen S' der Pepi, sie soll zu mir kommen.

Es war der 10. Oktober 1919. Am Vormittag hatte Staatskanzler Renner eine Ansprache über die Gefahren des Winters gehalten. »Ich glaube, dass wir in diesem Winter den Tiefpunkt unserer Not, den Tiefpunkt unserer Hilflosigkeit erreichen. Noch manches Furchtbare steht uns bevor.« Zwar war die Spanische Grippe, die im Herbst 1918 über die Hauptstadt gekommen war, diesen Frühsommer abgeklungen – allein in Wien hatte sie Tausende

Todesopfer gefordert, weltweit waren es zehn Millionen gewesen. Doch der Hunger hielt an, und was die Ernährungssituation betraf, war keine Besserung in Sicht. Denn die Nachfolgestaaten, also die ehemaligen Kronländer der Monarchie, betrieben eine neue Abschottungspolitik gegenüber Österreich. Die Tschechen und Ungarn, die zuvor Lebensmittel in die Hauptstadt geliefert hatten, Galizien und die Ukraine, wo früher das meiste Getreide herkam, verhängten Lieferstopps. Brot, Milch, Speck, Kartoffeln, Seife und Kohle blieben deshalb bis in die frühen 1920er Jahre hinein rationiert. Hunger, Inflation und die heimkehrenden Soldaten, insbesondere die Kriegsgefangenen aus Russland, die dort bei der Februar- und Oktoberrevolution neue Ideen aufgeschnappt hatten, heizten die politisch brisante Situation in Wien an. Es kam immer wieder zu Unruhen und Aufständen, etwa zur großen Demonstration für eine kommunistische Räterepublik im Juni 1919. Die Bilanz dieser schwersten Krawalle, die die junge Republik bis zum Justizpalastbrand 1927 erschüttern sollten, waren 20 Tote und 80 Schwerverletzte. Keine Stadt in Europa hatte durch den Ersten Weltkrieg so gelitten wie Wien. Denn Wien hatte neben all dem Hunger und Leid auch noch seine Identität eingebüßt, war zu einem Potjomkinschen Dorf geworden, ein politisches Zentrum ohne Reich, eine Verwaltungsmetropole, der die zu verwaltenden Gebiete abhandengekommen waren, eine Kaiserstadt ohne Kaiser.

Ein großer Abend! Welch ein Genuss, liebe Direktoren. Die Tränen sind mir nur so über die Wangen gelaufen… Camillo Castiglioni redete voll Überschwang auf Richard Strauss und Franz Schalk, die beiden Direktoren der (Hof-)Oper, ein, während sie das Sacher betraten. Das »Hof« war den politischen Umständen entsprechend gestrichen worden. An Castiglionis Arm ging seine wunderschöne, allseits bewunderte Frau Iphigenie, die Burgtheaterschauspielerin, die er 1916, als sie noch ein halbes Kind war, geheiratet hatte.

Diese Musik… vor allem das gewaltige Ende.

Die Sänger, wirklich beachtlich…

Türen schwangen auf und zu, schon hatte die ganze Gesellschaft Mäntel, Hüte, Schals abgelegt und war in den Marmorsaal weitergegangen, um sich dort an der prächtig geschmückten Tafel niederzulassen. Es war wie eh und je, einen Augenblick lang verschmolz die Zeit vor und nach dem Krieg zu einem Kontinuum ohne schmerzlichen Bruch, ohne Urkatastrophe. Wie immer waren die Premierengäste noch von der Aura der soeben gehörten Musik umweht. Sie brachten sie mit ins Restaurant, das in großer Selbstverständlichkeit nicht nur von der physischen, sondern auch der atmosphärischen Nähe zur Oper profitierte.

Gnädige Frau, küss die Hand! Camillo Castiglioni grüßte Anna Sacher mit italienischem Charme, seine dunklen Augen suchten unruhig den Saal nach hochwohlgeborenen Gästen ab. Er war kein schöner Mann, mittelgroß und eher vierschrötig, aber von blitzartiger Impulsivität und einem beweglichen Geist. Außerdem hatte er Witz und verfügte über ein gerütteltes Maß an Bildung. Die Gastwirtin ließ sich nicht anmerken, was sie von ihm hielt. Sie war weder von seinem Charme noch von seinem Geist geblendet, doch auch wenn der Emporkömmling von ihren Stammgästen gemieden wurde, konnte sie sich einen Affront nicht leisten. Castiglioni war ihr bester Gast.

Herr Castiglioni, die Weine! Wollen Sie einen Blick auf die von mir getroffene Auswahl werfen?

Gnädigste, das ist nicht nötig. Ich verlasse mich nur allzu gern auf Ihren erlesenen Geschmack.

Richard Strauss' Oper *Die Frau ohne Schatten*, seine siebte Oper und die vierte Gemeinschaftsproduktion mit Hugo von Hofmannsthal, war vom Publikum mit gemischten Gefühlen aufgenommen worden. Der Komponist, weltberühmt seit seiner *Salome* und *Elektra*, hatte indes mit dieser Märchenoper sein persönlichstes Werk geschaffen. Begonnen noch vor dem Krieg, zog sich die Arbeit über die dunkle Zeit, weil sich ihre Schöpfer nicht entschließen konnten, sie während des Mordens auf die Bühne zu bringen. Denn in der *Frau ohne Schatten*, einem Werk reich an Polyphonie und komplexer Symbolstruktur, geht es um nicht weniger als um die Suche nach Menschlichkeit – wie sinnfällig, dies unmittelbar nach einem Krieg aufzuführen, der eben diese Menschlichkeit mit Füßen getreten hatte. Die Feenkaiserin hat ein Herz aus Stein, einen Kristall, durch den das Licht lediglich hindurchgleitet. Um Liebe geben und empfangen zu können, muss sie aber die Totalität der menschlichen Existenz erfahren, also Leid, Liebe und Schmerz. Doch immer noch wirft sie keine Schatten, denn sie kann keine Kinder bekommen. Erst die Mutterschaft, die Weitergabe von Leben, wird sie schließlich erlösen.

Alfred Roller war wie schon zu Mahlers Zeiten für das Bühnenbild verantwortlich. Allein so kurz nach dem Krieg ein so monumentales, kompliziertes und großes Werk zu realisieren, verdiente nicht nur Beachtung, es bewies dem Wiener Publikum, das sich mit keiner Institution mehr identifizierte als mit diesem Kulturtempel, dass die Oper lebte. Sie lebte wie eh und je. »Vater, dir drohet nichts, siehe, es schwindet schon. Mutter, das Ängstliche, das euch beirrte«, singen am Ende die ungeborenen Kinder, und der Chor ihrer Stimmen, so zärtlich und vertrauensvoll, entlässt das Publikum in eine versöhnte Zukunft. Sie scheinen ihnen hinterherzurufen: Es ist geschafft, Liebe und Menschlichkeit haben gesiegt. »Vor allem die Jugend auf der Galerie und im Parterre jubelte«, bemerkte die *Arbeiterzeitung*, während etwa das *Wiener Salonblatt* Schwierigkeiten mit diesen »nervenzerquälenden Tonorgien«, dem »folternden Orchesterhöllenspektakel« einbekannte und sich nach Mozarts *Zauberflöte* zurücksehnte. »Alles muss weitergehen wie Trommelfeuer, Gasangriff, Bomben und Handgranaten, Leitmotive wie Flammenwerfer, muss so wirken in Musik, Malerei, Drama und Lyrik. Erquickung, Erholung bei den Musen? Das sind veraltete Ideen aus gräßlichen Zeiten, die unsere beglückende Gegenwart nicht brauchen kann… Man geht jetzt ins Theater, ins Konzert, in eine Kunstausstellung oder liest ein Buch, nur um den letzten Rest an Freude oder an Verstand zu verlieren.« Das *Salonblatt* zog sein Selbstverständnis aus dem frühen 19. Jahrhundert, die Moderne, deren erster Akt die spätromantische Musik von Strauss und Mahler darstellte, war dem Blatt immer schon suspekt gewesen. Nun sollte es noch ganz andere Avantgardismen zu verdauen bekommen: Arnold Schönberg, Alban Berg, Anton Webern.

Champagner! Der Champagner muss fließen! Castiglioni rief Oberkellner Wagner zu sich.

Ich fürchte, unsere Vorräte…

Ach was, Wagner… Ich kenne doch die Keller des Sacher. Da findet sich immer noch etwas. Wer heute mit beiden Händen austeilt, bekommt es morgen doppelt zurück!

Richard Strauss war schon ziemlich angeheitert, und Hofmannsthal, der solche Abende nicht genoss, war längst gegangen. Von den Nebentischen blickten pikiert einige besonders elegante Paare auf das verschwenderische Treiben am Castiglioni-Tisch, während sie versuchten, einander weiszumachen, dass die eine Poulardenbrust mit etwas Kohlgemüse, die sie vor sich auf den Tellern hatten, sie satt werden ließ.

Die Wiener Schnitzel… hob Castiglioni an, und Wagner hielt für einen kurzen Moment den Atem an… Die Wiener Schnitzel waren wieder einmal ausgezeichnet.

Das werde ich gern der Küche melden, sagte Wagner sichtlich erleichtert und wischte sich die Schweißperlen von der Stirn.

Übrigens, nächste Woche kommt eine Waggonlieferung mit Wein und Champagner, direkt aus Triest. Wie viele Kisten soll ich der Frau Sacher reservieren?

Der Schwarzhandel florierte trotz des Kriegswucheramtes, das noch bis 1923 bestehen bleiben und auch so ehrwürdigen Institutionen wie dem Sacher von Zeit zu Zeit hinterherschnüffeln sollte. Auf legalem Wege war in diesen Zeiten eben kein Hotel und schon gar kein Restaurant zu führen. Bereits der Krieg war über die Notenpresse finanziert worden, die dadurch ausgelöste Inflation sorgte dafür, dass sich die Preise von 1914 bis 1921 jedes Jahr verdoppelten. Im Herbst 1921 steigerte sich die Teuerungsrate zur Hyperinflation: Jetzt verdoppelten sich die Preise allmonatlich. Schließlich erreichten die Lebenshaltungskosten im Sommer 1922 das 14 000-Fache der Vorkriegszeit. Geld wurde in Waschkörben transportiert, und die Notenpresse in der Wiener Herrengasse druckte Tag und Nacht neue, immer wertlosere Riesenscheine. Nirgends in Europa war die Inflation so schlimm wie im neuen Österreich. Kein Wunder, dass niemand an die Existenzfähigkeit der jungen Republik glauben wollte und die Sehnsucht nach dem Anschluss an das größere Deutschland beständig wuchs.

In den Inflationsjahren verloren Vermögen, Wertpapiere und Kriegsanleihen galoppierend an Wert, vor allem die Mittelschichten, aber auch Industrielle und Großgrundbesitzer, die den Niedergang nicht durch besonderes Geschick mit Spekulationsgeschäften und Preiswucherei aufzuhalten vermochten, erlebten eine nie dagewesene Deklassierung. Insgesamt wurde die Einkommensverteilung, die noch in den Jahren vor dem Krieg drastisch auseinandergelaufen war, nun gleicher. Und einige wenige freilich machten mit der Inflation große Vermögen. Doch dazu brauchte es nicht nur Geschick, sondern vor allem Rücksichtslosigkeit.

»Castiglioni hatte auf Autos getippt, als Leute, die etwas auf sich hielten, noch mit dem Fiaker fuhren. In dem Augenblick, in dem auch diese Leute begannen, sich auf die Pferdestärken unter der Motorhaube zu verlassen, da dachte Castiglioni schon wieder einen Schritt weiter: Er wollte fliegen. Luftverkehr, das würde das große Geschäft für morgen sein. Flugzeuge – sie würden vor allem die Waffe für morgen sein, die entscheidende Waffe für den nächsten Krieg«, schrieb der österreichische Schriftsteller Hellmut Andics über den sicheren Geschäftsinstinkt des in Triest geborenen Sohnes eines Rabbiners. Schon 1908 jagte Camillo Castiglioni den Wienern einen Schreck ein, als er in einem extra für ihn erbauten Flugzeug, das er überdies auch noch selbst steuerte, über dem Stephansdom kreiste. Im Krieg hatte er die gesamte Flugzeugindustrie der k.u.k. Monarchie auf sich vereint. 4000 Flugzeugmotoren und 3000 Flugzeuge ließ er in seinen Betrieben produzieren, sie wurden zur Aufklärung eingesetzt, als schon bald die Kavallerie auch diese Aufgabe verloren hatte.

Im Jahr 1917, als die Niederlage der Mittelmächte abzusehen war, transferierte Castiglioni sein Geld in die Schweiz, wurde italienischer Staatsbürger und konzentrierte sich, weil Deutschland und Österreich keine Flugzeuge mehr bauen durften, wieder auf die Automobilindustrie. Doch sein eigentliches Interesse gehörte nun der Börse, die in den Inflationsjahren zu einem Riesenumschlags- und Spekulationsort für Devisen wurde. Dieser Handel gestaltete sich umso lukrativer, je schlimmer die Inflation wütete und je frivoler sich die Spekulationsmethoden gestalteten. Bald Mehrheitseigentümer der Depositenbank, machte Castiglioni nicht nur sich, sondern auch seine Direktoren reich, indem er sie an den Gewinnen der Bank beteiligte. Man gab Papiere zu niedrigen Preisen aus, kaufte sie selbst auf und verscherbelte sie dann mit fantastischen Gewinnen an der Börse. Obwohl viele dieser Spekulationsgeschäfte hochgradig illegal waren, brauchte Castiglioni bis Anfang der 1920er Jahre nichts zu befürchten, denn er bestach und bezahlte alle, die ihm in die Quere kommen konnten – von der Presse bis in die hohe Politik. Inflation und Korruption, selten zeigten sich diese zwei Seiten derselben Medaille inniger verbunden als im Wien der Nachkriegszeit. Und doch, es waren nicht nur die Castiglionis dieser Erde, die das neue Fieber erfasst hatte: »Alt und jung, hoch und niedrig, der Moralische und Unmoralische, der Ängstliche und Feurige, alle tragen ihre verfügbaren Spargroschen zur Börse, die tagtäglich neu bedruckte Papierstreifen als sogenannte Gewinne aus ihrem glühenden Rachen herausschleudert… Wer irgendwie Gelegenheit hat, sich gegen die Wertzerstörung der Notenpresse zur Wehr zu setzen, wer irgendwie Geld zusammenkratzen, Kredit ergattern oder Beziehungen verwerten kann, gibt seinen Radikalismus an ein Bankkonto ab«, schrieb die *Wiener Montags Presse* schon im Mai 1921.

1919 kauft sich Castiglioni für 1,5 Millionen Kronen das Palais Miller-Aichholz in der Prinz-Eugen-Straße – samt Inhalt. Die wertvolle Kunstsammlung des 1865 geadelten Industriellen hatte es durch drei große Gemälde Tiepolos, die ursprünglich das Palais Ca'Dolfin in Venedig geschmückt hatten, in Wien zu einiger Berühmtheit gebracht. Nun nutzte Castiglioni die wirtschaftliche Zerrüttung des Adels aus und ergänzte die Sammlung um Bilder, Silbergeschirr, Statuen und Möbel. Neben den Tiepolos besaß er bald Werke von Tizian, Rembrandt, Tintoretto und Rubens. Doch Castiglioni sammelte keineswegs nur aus Spekulationsgier. »In der temperamentvollen Art des Südländers weiß er von jedem Stück etwas zu erzählen, versteht als feiner Kenner mit ein paar Worten den Hauptreiz eines Objektes hervorzuheben und freut sich der herrlichen Funde«, lobte eines der zahllosen Presseorgane der Zeit Castiglionis Kunstkennerschaft. Schon bald würde er auch zum größten Theatermäzen der Epoche aufsteigen.

Sein Lebensstil wirkte auf seine Zeitgenossen freilich schillernd bis größenwahnsinnig: So hatte er sich den alten Salonwagen des Kaisers gekauft und noch einen zusätzlichen, prächtigeren, mit einer Badewanne aus einem einzigen Marmorblock in Auftrag gegeben. Für Karl Kraus war es ein »Monstrum imperialistischen Prunks, wie es weder je einem Potentaten seit Nero noch dem Präsidenten der tschechoslowakischen Republik nachgerühmt ward und eben nur von der Bahnverwaltung einer in Schiebehrfurcht erstrebenden österreichischen Demokratie geduldet werden konnte.«

Wagner, Pepi, rufen Sie die Mannschaft zusammen. Alle müssen sofort kommen. Rollläden runterlassen! Alles verbarrikadieren! Es muss schnell gehen, sie sind schon im Bristol.

Sehr wohl, gnädige Frau. Aber alle werden nicht kommen. Sie wissen ja, die Politischen.

Na, die werden schon sehen, wie lang sie noch im Sacher arbeiten.

Es hatte sich wie ein Lauffeuer verbreitet, im Anschluss an die große Arbeiterdemonstration gegen die Teuerung war es zu Plünderungen gekommen, »wie sie sich in ähnlichem Umfange seit Menschengedenken nicht mehr ereignet haben«, schrieb die *Neue Freie Presse* fassungslos am 2. Dezember 1921, dem Morgen nach den Ausschreitungen. Sämtliche Kaffeehäuser auf der Ringstraße und in der Innenstadt wurden demoliert. Nur die, die das Kriegswucheramt geschlossen hatte, blieben verschont. Dann folgte ein regelrechter Sturm auf die Luxushotels. Im Grand Hotel wurden nur die Fenster eingeschlagen, im Imperial drangen die Randalierer ins Foyer und in den Speisesaal und zerschlugen Mobiliar, Kristallluster und wertvolle Spiegel. Im Bristol gelangten sie sogar bis in die oberen Stockwerke. Insgesamt dreißig Zimmer wurden verwüstet und zahlreiche Gäste beraubt.

Als eine Gruppe Plünderer beim Bristol um die Ecke Richtung

Sacher bog, hatte sich Anna schon in den Eingang ihres Hotels gestellt. Der brave Wagner und einige andere Leute vom Personal standen hinter ihr.

Schaut's, dass weiterkommt's!, bellte sie dem Mob entgegen, als die Gruppe das Haus stürmen wollte. Ihr kommt mir hier nicht durch! Breitbeinig stand sie da, nahm einen kräftigen Zug von ihrer Zigarre und reckte den jugendlichen Unruhstiftern ihr Kinn entgegen.

Glaubt's, dass es nur einem von euch besser geht, wenn's mir die Einrichtung demoliert's? Während sie den im Durchschnitt vierzig Jahre jüngeren Burschen mit ihren Armen den Eingang versperrte, begann sie mit ihnen auf ihre schnoddrige Art zu diskutieren, wie ein alter Feldwebel, der nicht den geringsten Zweifel an seiner Durchsetzungsfähigkeit aufkommen ließ. Sie beeindruckte die Männer zutiefst, sodass sie mutlos das Feld räumten, ohne im Hotel Sacher auch nur ein Fenster einzuschlagen. Als sie abzogen, rief Anna ihnen noch mütterlich hinterher: Lernt's was Gescheites, und dann könnt's wiederkommen. Im Sacher hat noch ein jeder gern gearbeitet.

Die Demonstration und die anschließende Eskalation waren in ihrer Dramatik und Wucht selbst in der an Streiks und Proteste gewöhnten Stadt beispiellos. Die Menschen hatten einfach genug von den Teuerungen, von den immensen Lebenshaltungskosten, von der Inflation, dem Wucher, den Schiebern und Kriegsgewinnlern. Das gestand auch der Kommentator in der *Neuen Freien Presse* ein, der die Plünderungen zwar verurteilte, sie aber nicht für die Agitation gewaltbereiter Kommunisten hielt: »Wenn ein Ei 120 Kronen kostet, ein Kilogramm Fett 1500 oder 1600 Kronen, wenn die Lektüre von Büchern, der künstlerische Genuss eines Theaterabends, eine Fahrt in die Umgebung von Wien beinahe unerschwinglich werden, dann müssen innere Unruhe, Schwüle und Verbitterung Platz greifen.« Und selbst, wenn es womöglich unverantwortlich gewesen war, eine derart große Kundgebung in solch unruhigen Zeiten überhaupt zu genehmigen, müsse man sich doch bewusst machen, dass »eine Stadt, die eine große Luxusindustrie besitzt, wo die Geldentwertung das arbeitslose Einkommen befördert und wo die neuen Reichen leider ihren sozialen Pflichten in so geringem Maße Folge leisten, besonders vorsichtig sein muss, damit die Kontraste nicht zu heftig aufeinanderstoßen und damit die sogenannte Blüte der Volkswirtschaft, die mit allzu großer Beflissenheit verkündet wird, nicht mit dem Bettlertum, wie es in Wahrheit besteht, in Widerspruch gerate«.

Die Sozialdemokraten hatten Anfang 1919 die Wahlen in der jungen Republik gewonnen, in Wien erhielten sie sogar die absolute Mehrheit und regierten die Stadt bis 1934. Schon gleich nach ihrem Sieg legten sie ein umfassendes Reformprogramm vor, das unter dem Begriff des »Roten Wien« zum politischen Paradebeispiel werden sollte, wie sich eine Stadt aus Armut und Verwahrlosung befreien kann. Den Grundstein ihres Programms hatte Victor Adlers Partei noch während des Krieges gelegt. Jetzt wurde vor allem die Wohnungsnot durch ein in ganz Europa einzigartiges Gemeindebauprogramm gelindert – insgesamt wurden von 1919 bis 1934 über 60 000 Wohnungen für 200 000 Menschen geschaffen. Auch die Einführung der Kinder- und Jugendfürsorge würde das Wien der Zwischenkriegszeit prägen, so wie der Abriss der Stadtmauern und der Bau der Ringstraße der Epoche der Gründerzeit fünfzig Jahre zuvor ihren Stempel aufgedrückt hatte. Die Voraussetzung für das Sozialprogramm der roten Stadtregierung war das von Finanzstadtrat Hugo Breitner erdachte Steuersystem. Es funktionierte nach dem einfachen Grundsatz, dass sich der Staat das Geld dort holen solle, wo es – und teils im Überfluss – vorhanden war. Als »Steuerbolschewismus« und Breitner selbst als »Steuervampir« verschrien, schuf sein System progressiv gestaffelter Luxus-, Boden-, Miet-, Betriebs- und Verkehrssteuern eine gewaltige Umverteilung, deren Mechanismus Breitner selbst 1927 erläuterte: »Die Betriebskosten der Kinderspitäler decken die Steuern aus den Fußballspielen, die Betriebskosten der Schulzahnkliniken liefern die vier größten Wiener Konditoreien, Demel, Gerstner, Sluka und Lehmann. Die Schulärzte zahlt die Nahrungs- und Genussmittelabgabe des Sacher. Die gleiche Abgabe vom Grand Hotel, Hotel Bristol und Imperial liefert die Aufwendungen für die Kinderfreibäder. Das Städtische Entbindungsheim wurde aus den Steuern der Stundenhotels erbaut und seine Betriebskosten deckt der Jockey-Klub mit den Steuern aus den Pferderennen.« So frappierend einfach das klang, die Politik der Stadt konnte nur greifen, wenn die Hyperinflation nicht mehr alle Bemühungen untergrub. Trotz der Sanierungsanleihe beim Völkerbund und der Gründung der Österreichischen Nationalbank ebbte sie jedoch erst nach der Einführung der Schillingwährung 1925 ab.

Die allmähliche Stabilisierung der Währung war indes auch das Ende von Camillo Castiglionis kometenhaftem Aufstieg. 1924 hatte er sich gegen den Franc verspekuliert, seither war er vor der Steuerbehörde auf der Flucht. Er verkaufte große Teile seiner Kunstsammlung und verlegte seinen Hauptwohnsitz nach Italien, als Wiener Bleibe gab er fortan nur noch das Imperial an.

Im Februar 1924, als er noch dachte, dass alles schon nicht so schlimm werden würde, gaben er und Iphigenie noch einen letzten großen Ball für 180 geladene Gäste. Vor allem Diplomaten und hohe Politiker nahmen daran teil, wie das *Salonblatt* etwas maliziös kommentierte. Insgesamt 75 Diener, von denen einige dereinst in der Hofburg beschäftigt gewesen waren, verwöhnten die Gäste stilvoll und mit perfekter Etikette. Es wurden silberne Tabatieren herumgereicht mit Zigaretten, die Castiglioni eigens für sich in Ägypten fertigen und mit Aufklebern *Especially made for C. C.* versehen hatte lassen. Das Diner war exquisit und die Weine teuer.

Ein ausländischer Diplomat brüstete sich hinterher damit, dass man einen derartigen Luxus derzeit weder in London noch in Paris erleben könne. Doch nicht nur bei Castiglioni ging es derart luxuriös zu, auch der bekannte Bankier Kola war in die Gazetten gekommen, als er kurz zuvor 200 Personen zu sich geladen hatte. »Das Souper, das den Gästen vorgesetzt wurde, war von Sacher gekocht und kostete drei Millionen Kronen.«

Der Adel blieb dem Neureichenball bei den Castiglionis fern, im *Salonblatt* wären die Namen ansonsten aufgeführt gewesen. Zwar hatte Castiglioni die Finanzen des jungen Kaisers Karl im Krieg zu mehren versucht, doch im Grunde war ihm trotz Palais, erlesener Kunstsammlung, ausgedehntem Mäzenatentum und guter Manieren der angestrebte Sprung in die alten Oberschichten des Großbürgertums und der Aristokratie nicht gelungen.

Stattdessen traf sich die alte High Society nur wenige Tage nach Castiglionis Fest auf dem Tête-Ball zugunsten der Freiwilligen Rettungsgesellschaft – eine ehrwürdige Wiener Institution, die ausgerechnet Castiglioni nach dem Krieg dank großzügiger Unterstützung vor dem Untergang bewahrt. Auf dem Adelsball wiederum fehlten Castiglioni und seine Iphigenie. Es war ein Fest, das aus der Zeit gefallen wirkte: Man tat, als gäbe es die alte Monarchie, das Vielvölkerreich und den dazugehörenden Kaiser noch immer. Im April 1919 waren die »Habsburgergesetze« erlassen worden, die allen Trägern dieses Namens, so sie keine Verzichtserklärung auf Thron und monarchische Würden unterschrieben hatten, den Verbleib in Österreich verwehrten. Auch dem Adel waren seine Titel und Privilegien, wenn auch nicht der Grundbesitz, abgesprochen worden. Zwar sollten Zuwiderhandlung streng bestraft werden, doch entpuppte sich das Gesetz als zahnlos in einer

Stadt, die so lange das politische und soziale Zentrum eben jener alten und mächtigen Aristokratie gewesen war. Und so blieb im Sacher oder im *Wiener Salonblatt* alles beim Alten. Unter der Rubrik »Welt und Stadt« vermerkte das Blatt wie schon immer alle wichtigen und unwichtigen Erlebnisse von Erzherzögen, Prinzen und gekrönten Häuptern. Man berichtete etwa, dass die Prinzessin Thurn und Taxis, eine geborene Gräfin Kinsky, in ihrem Palais einen Fünfuhrtee *dansant* veranstaltet hatte, und fand selbst die Nachricht, dass sich Graf Fery Khevenhüller und seine Gemahlin, die geborene Prinzessin Netti Fürstenberg, auf einer Reise nach Ägypten befänden, nicht zu nichtig. Abgesehen von der mondänen Welt in Paris und Nizza schien Ägypten das neue Reiseziel der oberen Zehntausend zu sein. Doch es wurden auch die Reisen all jener Herrschaften registriert, die ihre Heimat nun in den Nachfolgestaaten des Reichs oder deren Nachbarländern hatten. So etwa die Tatsache, dass der polnische Außenminister Graf Moritz Zamoyski auf der Reise von Paris nach Warschau in Wien haltgemacht hatte. Das *Salonblatt* veränderte seine gesellschaftlichen Hierarchien und seinen geografischen Bezugsrahmen nicht, es ergänzte die Kreise nur um einige wenige bürgerliche Politiker, Diplomaten und Neureiche. Wie noch zu Kaisers Zeiten fanden selbstverständlich auch die Mitglieder des jüdischen Großbürgertums Erwähnung: etwa Emmy Ephrussi, die Gemahlin von Viktor Ephrussi, die den Tête-Ball mit ihrer Anwesenheit bereicherte, die Vorkommnisse im Hause Rothschild oder Gutmann und die Diners und Dejeuners, die der Präsident der Bodenkreditanstalt, Rudolf Sieghart, für seine Töchter zu geben geruht hatte.

Und auch im Sacher ging es weiter hochherrschaftlich zu. Vielleicht war es nur Nostalgie. Doch lässt sich eine Epoche, zumal eine derart große, eben nicht einfach per Handstreich beenden.

1925

Max Reinhardt kehrt nach Wien zurück und lässt ins Sacher bitten

Nachdem der Oberst von Radosin sich aus Schmerz über die
österreichische Niederlage erschossen hat, wird er von seinen
Kameraden Orvanyi, Ludoltz, von Kaminski, Zierowitz, Sokal und
Vanini begraben. Jeder schüttet eine Schaufel Erde auf seinen Sarg
und sagt dazu »Erde aus Ungarn«, »Erde aus Polen«, »Erde aus
Kärnten«, »Slowenische Erde«, »Tschechische Erde«, »Römische
Erde«, während er seinem toten Obersten die letzte Ehre erweist.
Am Ende tritt der jüdische Militärarzt Dr. Grün an das Grab.
Er zögert einen Augenblick, dann wirft er seine Schaufelvoll
hinunter und sagt dazu einfach »Erde aus Österreich«.

Hilde Spiel über Franz Theodor Csokors Theaterstück »3. November 1918«

Entschuldigung, der Herr. Wohin kommt der Koffer? Ein Thea-
terdiener hatte den Kopf zur Tür hereingesteckt.

Welcher Koffer?, fragte Max Reinhardt.

Reinhardt stand mit Hugo Thimig am Schreibtisch im Direk-
tionszimmer des Josefstädter Theaters, über alte Bücher und Sti-
che gebeugt, ihnen rauchte der Kopf, so sehr waren sie in die Suche nach Kostümen und Ausstattungsdetails für Goldonis *Diener
zweier Herrn* vertieft. Reinhardt hatte die Komödie um Verwechs-
lung, Verstellung, Liebe und Verrat für die Wiedereröffnung des
von ihm zu neuem Leben erweckten Theaters gewählt. Und nun
galt es, die Welt der Commedia dell'arte innerhalb der kargen vier
Wände von Reinhardts Büro lebendig werden zu lassen.

Schauen S' selbst, ist ein ganz eleganter. Der Diener rückte das
Ungetüm aus Krokodilleder in die halb geöffnete Tür.

Ach du meine Güte, der? Kommt ins Sacher!

Reinhardt logierte, wenn er in Wien war, und das war nun seit einiger Zeit wieder öfter der Fall, am liebsten im Hotel Sacher. Der Koffer beinhaltete sein Bettzeug, ohne das zu verreisen dem Theatermacher unmöglich erschien. Im Sacher abzusteigen war indes eine Gewohnheit aus alter Zeit: Sie erinnerte den Regisseur an einen seiner ersten Erfolge. In den 1890er Jahren war Reinhardt, damals noch ein blutjunger Schauspieler, vom designierten Direktor des Deutschen Theaters, Otto Brahm, auf einer Wiener Vorstadtbühne entdeckt worden. »Er bestellte mich für den nächsten Tag ins Hotel Sacher, wo ich ihm vorsprechen sollte. Ich sehe noch das Zimmer vor mir – es sah aus wie ein langer Gang, und Brahm saß am Fenster. Ich konnte ihn gar nicht sehen. Ich sprach die *Traumerzählung* und er bot mir sofort einen Vertrag für Berlin an.« Das führte den Wiener Juden Reinhardt für Jahre nach Deutschland. In Berlin gründete er diverse Bühnen, 1905 übernahm er schließlich von Brahm die Führung des Deutschen Theaters, das unter Reinhardts Ägide zum führenden modernen Theater im deutschsprachigen Raum avancierte. Hier gelang Reinhardt auch der internationale Durchbruch. Seine Shakespeare-Inszenierungen waren legendär, und seine Idee, die großen Dramen der Antike in Zirkusarenen aufzuführen, stieß eine neue Theaterära an. Und doch zog es ihn bald nach dem Krieg zurück nach Österreich und nach Wien, zum Burgtheater, in dem er, wie er in seinen autobiografischen Notizen später einmal gestand, »geboren« wurde – und zwar auf der vierten Galerie, bei den Stehplätzen: »Dort erblickte ich zum ersten Mal das Licht der Bühne, dort wurde ich genährt (für 40 Kreuzer altösterreichischer Währung pro Abend) mit den reichsten Kunstmitteln des Kaiserlich-Königlichen Instituts und dort sangen an meiner Wiege die berühmten Schauspieler jener Zeit ihre klassischen Sprecharien … Ich atmete mit ihnen, weinte, lachte, liebte, hasste, tötete, starb mit ihnen, und wenn der Vorhang fiel, schlug ich jauchzend in die Hände.«

Nun war er also nicht im Burgtheater, sondern im Theater in der Josefstadt gelandet, der ältesten Vorstadtbühne Wiens. Alle Versuche Reinhardts wie auch die seiner einflussreichen Freunde, ihn auf den Stuhl des Burgtheaterdirektors zu heben, waren fehlgeschlagen. Die Burg, jene zweitwichtigste Kulturinstitution Wiens nach der Oper, sollte nicht in fremde Hände, also die eines im deutschen Naturalismus aufgezogenen Wahl-Berliners, fallen – und wohl auch nicht in die Hände eines Juden. Reinhardt wäre für den Posten nicht wie Mahler zum Katholizismus konvertiert, und die antisemitischen Ressentiments waren durch den Krieg und die Angst vor dem Bolschewismus keineswegs geringer geworden. Doch es blieb Reinhardts Traum, in Wien wieder Fuß zu fassen, und so schloss er endlich im Juni 1923 nach zähem Ringen einen Pachtvertrag mit dem Josefstädter Theater ab – immerhin hatte Beethoven da dirigiert, Johann Nestroy und Ferdinand Raimund ihre Erfolge gefeiert. Irgendwann wurde es dann still, und das Theater verfiel.

Als Reinhardt es übernahm, musste es erst einmal für fünf Millionen Kronen renoviert und umgebaut werden. Im Wien der Inflationsjahre kamen als Mäzene für ein derartig ambitioniertes Projekt nur sehr wenige Leute infrage. Reinhardts Bruder, der auch sein wichtigster Manager war, hatte die Rothschilds und einige andere finanzkräftige Herren angesprochen, darunter auch Camillo Castiglioni. Doch der italienische Opern- und Theaterliebhaber hatte wenig Interesse daran, sich den Mäzenatenruhm mit Rothschild zu teilen, und so bot er an, die Sache mehr oder weniger alleine zu finanzieren. Zum Ankauf des Hauses, wofür damals drei Milliarden Kronen nötig waren, suchte er sich ein paar andere Millionäre mit Namen, die den seinen nicht überstrahlten, den Um- und Ausbau machte er gänzlich zur Chefsache. Ästhetisch und finanziell ließ er Reinhardt jedoch völlig freie Hand. Folglich erfüllte sich der Überglückliche jeden Wunsch und schuf eine Variante des berühmten Teatro La Fenice in Venedig. Dafür fuhr er durch Italien, kaufte venezianische Antiquitäten, Glaslüster, Türen, Bilder, Statuen, der Vorhang wurde aus schwerem venezianischem Brokat gefertigt und der eiserne Vorhang mit Canalettos Blick auf Wien verschönert. Und doch, es wäre keine Reinhardt-Bühne geworden, wenn der Bau nicht den modernsten Ansprüchen der Bühnentechnik genügt hätte. Äußeres Anzeichen dafür war der berühmte Lüster, der, sobald der Vorhang aufging, zur Decke hinaufschwebte und dessen Lichter langsam verglommen.

In den durchwachsenen Kritiken zur Uraufführung fehlt nirgends der Hinweis auf diesen großartigen Lüster. Und bei aller Verehrung der Presse für die Thimigs, die einen Großteil der Rollen übernommen hatten, schienen doch der Lüster und sein Kunststück die wirkliche Hauptrolle zu spielen: »In diesem Augenblick – es war der einzige des Abends – wusste man, dass man im Jahre 1924 lebte und nicht zwischen 1707 und 1793, dem Lebensalter Goldonis… Mit diesem technischen Stückchen, mit dem auch der letzten Galerie der Blick auf die Bühne freigelegt wurde, zeigte Reinhardt sich jenseits alles ihm so gefährlichen Ästhetizismus in der Zeitwende unserer Epoche.« Auch Castiglioni, dessen einzige Bedingung für seine Großzügigkeit war, dass man ihm ständig die beste Loge freizuhalten habe, ließ sich am 1. April 1924 gebührend feiern. Er erschien wohlkalkuliert unpünktlich und bediente sich zur Inszenierung seiner Person eines alten Tricks, indem er bezahlte Agenten im Parkett verteilte, die bei seinem Auftritt Begrüßungsbeifall klatschten. Theater im Theater, auch das hatte in Wien eine gute Tradition, und Reinhardt dachte wohl, dass es seine Auffassung vom Gesamtkunstwerk irgendwie bereichere.

Als der Vorhang gefallen und sich das Ensemble viele Male zum Applaus hatte bitten lassen, fielen sich die Thimigs und Reinhardt in die Arme. Der Direktor hatte die Angewohnheit, bei der Premiere hinter der Bühne zu bleiben und, wenn nötig, Regieanweisungen zu geben. Die Thimigs, Hermann, Hans – nur er hatte nicht mitgespielt –, Helene und Vater Hugo waren eine der berühmtesten Wiener Schauspielerfamilien, und sie drückten dem Reinhardt-Theater ihren Stempel auf, sodass es bald schon »Thimig-Theater« genannt wurde. Max Reinhardt hatte die junge Helene 1913 ans Deutsche Theater geholt und sich rasch in sie verliebt. Erst 1935, nach einem zähen Scheidungskrieg mit seiner ersten Frau Else Heims, wurde sie seine Ehefrau. Vater Hugo Thimig, Sohn eines Dresdner Handschuhmachers war im Gegensatz zu Reinhardt kein Jude und hatte die Liaison seiner Tochter mit dem verheirateten Regisseur viele Jahre nicht gebilligt. Erst als er sah, wie ernst es den beiden damit war, änderte der Burgschauspieler, der von 1912 bis 1917 dem altehrwürdigen Haus auch als Direktor gedient hatte, seine Meinung und wurde Ensemblemitglied der Josefstadt.

Max Reinhardt, der schon in Berlin eine Schauspielschule betrieben hatte und sein System bald auch im »Reinhardtseminar« in Wien etablieren sollte, nannte seine Bühne etwas sperrig *Theater der Schauspieler in der Josefstadt unter der Führung von Max Reinhardt*. Das drückte Reinhardts Einstellung zu seinen Schauspielern aus sowie die Bescheidenheit, was seine eigene Rolle betraf. Er, der den Beruf des Regisseurs neu erfunden hatte, indem er wieder einmal betonte, dass das Theater nur als Gesamtkunstwerk aus Sprache, Licht, Musik und Malerei funktionieren konnte, war in den Worten von Thomas Mann »ein Zauberer«. Helene Thimig, die Max Reinhardt nicht nur als Geliebte, sondern viel länger noch als ihren Regisseur kannte, erklärte seinen Zauber durch ein ebenso einfaches wie gültiges Gesetz schöpferischen Tuns. »Er erzielte das Beste durch seine Liebe, und *nur* durch sie. Das war sein ganzes Geheimnis. Das Theater ist das Schönste und Einfachste, wenn man diese Grundeinstellung beherzigt. Jede Abweichung davon rächt sich und verbaut dem, der an diese Einstellung nicht glaubt, den inneren Weg zur Kunst.«

Viele der wichtigsten Leistungen, die man gemeinhin dem Wiener Fin de Siècle zuschreibt, waren in Wirklichkeit in der Zwischenkriegszeit entstanden. Sie stellten die Höhepunkte jener modernen Kultur- und Geistesströmungen dar, die sich in Wien um 1900 herausgebildet hatten, darunter Schönbergs *Moses und Aron*, Wittgensteins *Tractatus logico-Philosophicus* oder Musils *Der Mann ohne Eigenschaften*. Arthur Schnitzler schrieb noch immer Meisterwerke, Karl Kraus' *Die letzten Tage der Menschheit* erschien endlich in der Druckfassung, Joseph Roth, Stefan Zweig, Friedrich Torberg und viele weitere Schriftsteller kamen hinzu. Und abgesehen von Robert Musil waren alle jüdischer Herkunft. Die Präsenz der Juden im Kulturleben der Wiener Zwanzigerjahre war noch viel größer als jene vor dem Krieg. Ja selbst fern der Hauptstadt war dies so, wenn man bedenkt, dass Max Reinhardt mit Hugo von Hofmannsthal und Richard Strauss – nur der Komponist war nicht jüdisch – gleich nach dem Krieg die Salzburger Festspiele gründete. Auch die Operette, die in der Zwischenkriegszeit zu neuer Blüte fand, war fest in jüdischer Hand. Die altbekannten antisemitischen Reflexe – die Angst vor der vermeintlich fremden Kultur und Religion, der Vorwurf der Supra- und Internationalität und der Bolschewismusverdacht – griffen in einer Zeit vielfältiger sozialer Not besser denn je.

Zwei Monate vor der Eröffnung der Josefstädter Bühne wurde am Theater an der Wien Emmerich Kalmans *Gräfin Mariza* uraufgeführt. Die Operette um den verarmten Grafen Tassilo war mit weitaus größerem Jubel aufgenommen worden als Max Reinhardts *Diener zweier Herrn*. Die Unterhaltungskunst war ganz eindeutig auf dem Vormarsch: Im Kino, dessen Programm in festen Rubriken zu den Ankündigungen der Theater und Konzertbetriebe in den Gazetten hinzugekommen war, spielte man Streifen wie *Gräfin Walewska*, *Bob und Mary – eine Fahrt ins Glück* oder *Das Geheimnis von Bombay* Und die Operette feierte, um moderne Elemente wie Jazz und Revuenummern bereichert, neue Erfolge. Als einer der großen Stars der Szene galt Emmerich Kalman, der Sohn eines jüdischen Getreidehändlers aus Budapest. Um seine *Gräfin Mariza* zu sehen, waren die führenden Theaterkritiker des deutschsprachigen Raums angereist, festlich gekleidet, ließen sie sich sechs Stunden lang von der schwungvollen Musik fesseln.

Nach dem tosenden Schlussapplaus trugen Studenten die Darsteller unter Jubelrufen über den Karlsplatz und die Ringstraße zum Hotel Sacher. Ihre Kostüme wurden als Trophäen verteilt. Es sei eines »jener legendären Feste, von denen Wien einige erlebte« gewesen, hieß es in der *Stunde*, der ersten Boulevard-Zeitung Österreichs. Am schlimmsten hatte es Betty Fischer, die Operettenkönigin, getroffen, der die Bewunderer wegen ihrer Darbietung der Gräfin Mariza doch arg zu Leibe gerückt waren.

Hoch, sie lebe hoch!

Betty! Betty! Betty!

Das ganze Sacher-Personal war zusammengelaufen und drückte sich an den Fenstern des Cafés die Nasen platt. Die noch Neugierigeren hatten sich nach draußen begeben, darunter der Betriebsrat des Sacher.

Na, Hofbauer, im Sacher ist halt immer was los. Anna warf einen prüfenden Blick auf den Kellner.

Damit haben S' recht, Frau Sacher.

Die Chefin nickte nachdenklich und schenkte ihre Aufmerksamkeit erst dann dem Geschehen auf der Straße. Betty Fischer, die die enthusiastischen Studenten endlich vor dem Hoteleingang heruntergelassen hatten, stand plötzlich nur in Dessous da. Anna räusperte sich und war froh, als einer der Männer ihr wenigstens das Pelzcape zurückgab, das er ihr zuvor abgenommen hatte. Fischer warf es nonchalant über die Schultern und schritt auf ihren hohen Stöckelschuhen, umgeben von Männern in Frack und juwelenbehangenen Damen, stolz ins Sacher. Es wurde ein rauschender Abend.

Der Betriebsrat, den Anna Sacher vor dem Hotel so skeptisch gemustert hatte, strengte sich an jenem Abend ganz besonders an. Ihr entging nicht, wie flink, geschickt und überaus freundlich er im Jagdsaal die Gäste bediente. Als der Abend zu Ende gegangen war, bedankte sie sich bei ihm für die Überstunden, die er geleistet hatte.

Keine Ursache, das gehört zum Beruf, Frau Sacher.

Es scheint, als wären sie beide froh gewesen, dass ihr großer Konflikt vor einem Jahr am Ende doch so glimpflich ausgegangen war. Damals hatte der junge Mann sich geweigert, mehr als die vorgeschriebenen acht Stunden zu arbeiten, ohne sofort und auf den Kreuzer genau die Überstunden abrechnen zu dürfen. Anna Sacher indes war es gewohnt, Überstunden nach Gutdünken zu bezahlen, und im vergangenen Jahr hatte sie bei der galoppierenden Inflation wirklich andere Sorgen gehabt. Hofbauer war dann in ihren Augen frech geworden, er meinte, so etwas könne er sich als Betriebsrat des Sacher nicht bieten lassen, er werde Gewerkschaft und Partei verständigen.

So ein Blödsinn! Gewerkschaft! Seit wann hab ich eine Gewerkschaft erlaubt?, hatte sich die Hotelierin erbost.

Das ist jetzt gesetzlich so vorgeschrieben.

Aber im Sacher bestimm immer noch ich, was es gibt und was nicht. Und Sie, damit Sie's wissen, gibt's ab heut nimmer im Sacher! Nach dem Rauswurf hatte Anna auf der Stelle kehrtgemacht und war in ihr Büro verschwunden.

Diese neuen Zeiten, Achtstundentag und all der Kram. So konnte man doch kein Hotel führen! Als ob sie jemals nach acht

Stunden den Stift hatte sinken lassen? In all ihrer Wut hatte Anna nicht bedacht, dass Hofbauer beim Sacher-Personal sehr beliebt war. Er galt als jemand, dem man viel zutraute, einer, der allen, von den Kellnern bis zu den Küchengehilfen Hoffnung gab. Sie alle, sogar der treue Josef Wagner, wollten den Betriebsrat deshalb nicht missen und traten am nächsten Morgen in den Streik. Die Gäste erhielten kein Frühstück, die Zimmer wurden nicht aufgeräumt, die Portiersloge blieb unbesetzt.

Anna war außer sich, so etwas hatte sie noch nicht erlebt und auch nicht erwartet. Sie war gekränkt. Einer der Vorstände der Vereinigung der Hoteliers musste kommen und vermitteln, so verfahren war die Situation. Schließlich zog sie die Kündigung zurück, und das jubelnde Personal trug Hofbauer auf den Schultern durch das Haus. Es war ein Sieg der neuen Zeit, und Anna sah ein, dass sie sich – zumindest ein bisschen – ändern musste, wenn sie weiter im Sacher den Ton angeben wollte.

Nur Sorgen hat man! Seien S' froh, dass ihr Mädel noch ein Säugling ist, sagte Anna. Seit dem Streik im Sacher waren zwei Jahre vergangen. Sie überprüfte ihre Frisur wie jeden Tag, indem sie ihren Kopf vor dem Spiegel hin und her drehte.

Die Friseurin steckte noch schnell Annas Haare mit den sorgfältig auf dem Tischchen zurechtgelegten Nadeln fest. Sie kam jeden Morgen zur gleichen Stunde vom Hoffriseur Peßl ins Sacher, um der gnädigen Frau die Haare zu machen. Außerdem war sie die Frau des Betriebsrats, und damals, als er fast seinen Posten im Sacher verloren hatte, war sie mit dem kleinen Mädchen schwanger gewesen.

Haben gnädige Frau wieder Sorgen mit dem Eduard?, fragte die Friseurin artig nach.

Schon wieder hat er Geld wollen. Was ich in den schon reingesteckt hab, damit hätt ich für das ganze Personal Wohnungen herrichten können. Anna beklagte sich oft bei der jungen Frau über ihren Sohn und seine Verschwendungssucht, sie hatte in all den Jahren Vertrauen zu ihr gefasst. Die Friseurin war immer anständig, immer pünktlich, immer freundlich. Anna seufzte. Wenn man all das von Eduard sagen könnte, wäre sie schon froh.

Damals zu Kriegsbeginn, als Eduard wegen seiner Krankheit ausgemustert worden war, hatte es angefangen. Er wollte ein eigenes Café am Opernring eröffnen, und sie hatte schließlich nachgegeben und einen Kredit auf sein Erbteil genommen. Aber dann war es immer so weitergegangen: 1917 hatte sie wieder Pfandscheine auf sein Erbe aufnehmen müssen, 1924 abermals, und jetzt, 1925, musste sie seine Warenumsatzsteuer von acht Millionen Kronen begleichen. Sicherlich, durch die Inflation erschien das mehr, als es war, aber dennoch: So konnte es nicht weitergehen. Auch von Eduards Frau Elisabeth war keine Hilfe zu erwarten, sie hielt zu ihm und hoffte, dass das Geld der Mutter nicht zu fließen aufhören würde.

Ich werd ihm den Geldhahn zudrehen, aber endgültig!

Die Friseurin schüttelte traurig den Kopf, während sie ihre Utensilien zusammenräumte. Anna war nicht wohl zumute, sie wusste in ihrem Inneren, dass auch sie Schuld an der Misere trug. Der Sohn hatte sie so sehr an ihren verstorbenen Mann Eduard erinnert. All die Jahre, als er eine strenge Hand gebraucht hätte, hatte sie wegen Julius Schuster ein schlechtes Gewissen gehabt. Was würde Eduard im Himmel zu ihrem Verhältnis sagen? Immer wieder nagten solche Gedanken an ihr. Dafür hat er sowieso immer alles bekommen, was er wollte: Geld, Süßigkeiten und später auch die Unterschriften, die er für seine stets zum Scheitern verurteilten Unternehmungen brauchte. Und wieso sollte sie sich nicht wieder verlieben? Eduard war tot. Vielleicht hätte er es sogar gutgeheißen? Auch das Hotel hatte davon profitiert. Anna Schuster hätte Gründe zur Klage gehabt, obwohl sie, Anna Sacher, ihr nichts genommen hatte. Im Gegenteil: Wie so oft hatte die Affäre bewirkt, dass Julius umsichtiger mit seiner Ehefrau umging, ja, sie besser behandelte, als wenn er nur an sie gebunden gewesen wäre.

Anna Sacher begab sich in ihr Büro, erledigte die Tagesarbeit und grübelte. Erst als am Abend Max Reinhardt, der seit ein paar Tagen mit Helene Thimig im Sacher logierte, mit einer Abendgesellschaft erschien, war sie wieder die Alte. Weil sie nicht verheiratet waren, belegten Reinhardt und Thimig stets zwei Appartements, aber Anna mochte den Regisseur sehr. Mit welcher Umsicht und Aufmerksamkeit er jede Kleinigkeit wahrnahm: die Blumen im Zimmer, die neuen Handtücher, die sie hatte schneidern lassen. Er behandelte alle Menschen mit dem gleichen Respekt, insbesondere die Hilfskellner und Pagen, die noch nicht ausgelernt hatten und des freundlichen Zuspruchs bedurften. Er machte anderen Mut, ihr Bestes zu geben. Am Theater war es nicht anders, das hatte ihr Helene Thimig einmal in aller Ausführlichkeit erzählt.

Begrüße die Herrn, sagte Anna zu Arthur Schnitzler und Hugo von Hofmannsthal. Wie schön, Sie wieder einmal im Sacher zu sehen.

Hofmannsthal war schon lange nicht mehr da gewesen – ganz im Gegensatz zu Schnitzler, der in schöner Regelmäßigkeit und in unterschiedlicher Gesellschaft bei ihr speiste.

Ganz meinerseits, verehrte Frau Sacher. Ich hoffe, der Schilling tut den Geschäften gut.

Am 1. März war endlich die neue Währung eingeführt worden, sie hatte der Inflation, die durch die Völkerbundanleihe langsam zurückgegangen war, endgültig ein Ende gesetzt. Anna hatte sämtliche Speisekarten und Preislisten abändern müssen. Es war ungewohnt, fast dachte man, gar kein Geld mehr in Hände zu haben, weil der Währungsschnitt so drastisch war.

Helene Thimig begrüßte Anna herzlich, und der alte Hugo

Thimig nickte ihr zu, so als wollte er ihr, die seine Generation war, einen ganz speziellen Gruß übermitteln.

. Es war eine jener Gesellschaften, die Anna Sacher besonders mochte, waren die Leute doch distinguiert, gebildet und bescheiden. Es gab so vieles, was ihr an den neuen Zeiten nicht gefiel – und besonders an den Menschen. Die Großspurigen mochte sie nicht und auch nicht die Vorlauten, all jene, die meinten, die politische Weisheit mit Löffeln gefressen zu haben, und die Kommunisten und Sozialisten mochte sie schon gar nicht. Es gab nur wenige, die das, was das alte Österreich für sie darstellte, wirklich verstanden – all das, was das Vielvölkerreich so liebens- und lebenswert gemacht hatte. Der monarchistisch gestimmte Adel, dessen Verwandtschaftsverhältnisse sich über die Länder der ehemaligen Monarchie und des restlichen Europa erstreckten, konnte nicht anders, als überstaatlich zu denken und dem größeren Raum nachzutrauern. Nicht anders erging es den jüdischen Bürgern und Großbürgern: Auch sie waren übernational, ihre familiären Wurzeln reichten weit in dieses zerschlagene Reich hinein, nach Lemberg, Czernowitz, Breslau, Budapest und Brünn. Sie fühlten, wie so viele im klein gewordenen Österreich, einen »Reduktionsschmerz«, denn sie alle hatten ihre Heimat, das, was für sie Österreich war, verloren. Selbst wenn sie, wie Arthur Schnitzler, republikanisch dachten, war doch diese winzige österreichische Republik kaum mehr als eine Karikatur, eine Schrumpfausgabe des Raumes, aus dem sie ihre Identität bezogen. Ihnen ging es wie dem jüdischen Militärarzt Dr. Grün in Csokors Theaterstück. Er will sich nicht entscheiden müssen zwischen den vielen Einzelstaaten, in die die Habsburgermonarchie zerfallen war, er will es nicht und er kann es auch nicht, weshalb er der Erde, die er dem Oberst von Radosin ins Grab wirft, ein trauriges »Erde aus Österreich« hinterherruft.

Anna Sacher wird entmündigt
und stirbt aus Gram

> Dass etwas die Menschen dazu zwinge, zu Masse zu werden,
> schien mir offenkundig und unwiderlegbar, dass die Masse zu
> Einzelnen zerfiel, hatte nicht weniger Evidenz, ebenso dass diese
> Einzelnen wieder Masse werden wollten.... Was die Masse aber
> selbst wirklich war, das wusste ich nicht, es war ein Rätsel, das zu
> lösen ich mir vornahm.
>
> *Elias Canetti:* Die Fackel im Ohr *(1980)*

Sie war nun in einem Alter; in dem sich andere Leute zur Ruhe
setzen. Allein, sie konnte es nicht, da war niemand, der in ihre
Fußstapfen hätte treten können. Eduard, den Sohn, hatte sie tatsächlich vor einem Jahr entmündigen lassen, das überschuldete
Kaffeehaus, die Skandale, was hätte sie sonst tun sollen? Er selbst
hatte vor Gericht ausgesagt, dass er mit den Nerven ganz am Ende
sei, unter Platzfurcht und Schwindel leide, sich apathisch fühle
und mit der Entmündigung und der Bestellung seiner Mutter als
Beistand vollkommen einverstanden wäre. Es war wohl die Syphilis, die er seit zwanzig Jahren mit sich herumschleppte, an der
er langsam zugrunde gehen, zuvor aber noch gänzlich irre werden würde. Franziskas Ehe war gescheitert, sie hatte sich mit ihren
beiden jugendlichen Kindern zurück in die Obhut der Mutter geflüchtet. Und Anna Maria war tot. Anna Sacher würde bald ihren
Siebzigsten feiern, um ihre Gesundheit stand es auch nicht mehr
zum Besten. Aber sie war eben das Sacher, das Haus war ihre Aufgabe, ihr Werk, und das würde wohl bis zu ihrem letzten Atemzug
so bleiben.

Noch einmal, es war 1927 gewesen, hatte sie einen großen Umbau in Angriff genommen. Man hatte ja schon über sie und das Sacher zu witzeln angefangen, nur weil ihr Hotel immer noch nicht über Bäder in allen Zimmern, sondern nur auf der Etage am Gang verfügte. Das Sacher drohte, seinen Ruf als eines der führenden Hotels der Stadt zu verlieren. Sie hatte also keine Wahl. Anna machte Schulden und baute eine Zentralheizung ein, ließ auf jeder Etage und in etlichen Zimmern fließendes Wasser installieren, 500 000 Schilling kostete sie der Spaß, das war viel Geld, vor allem in einer Zeit, die so voller Ungewissheiten war.

Am Morgen des 15. Juli 1927 hatten die Angestellten des Wiener E-Werks die Arbeit niedergelegt und waren zum Ring marschiert, genauer gesagt zum Schmerlingplatz unweit des Parlaments, dort, wo sich der Justizpalast befand. Ihrem Demonstrationszug schlossen sich Bauarbeiter aus Heiligenstadt, vom Alsergrund, von der Landstraße an. Bald war die Menschenmenge zu einem mächtigen Protestzug angeschwollen. Ihr Unmut richtete sich gegen den als unrecht empfundenen Freispruch der sogenannten Arbeitermörder von Schattendorf. Drei Mitglieder der rechten Frontkämpfervereinigung hatten im Januar desselben Jahres im burgenländischen Schattendorf beim Zusammenstoß mit linken Schutzbündlern einen vierzigjährigen Hilfsarbeiter und ein achtjähriges Kind erschossen. Das milde Geschworenenurteil war nur noch der Funke, der aus dem schon lange schwelenden Brand zwischen den beiden politischen Blöcken, den Konservativen und den Sozialdemokraten, ein loderndes Feuer entfachte.

Schon zu Mittag forderten die Straßenkämpfe mit der Polizei die ersten Todesopfer, dann stürmten die Demonstranten den Sitz der unliebsamen obersten Justizbehörde, zertrümmerten die Fenster und steckten Möbel und Akten – unter anderem die Grundbücher von Wien – in Brand. Weder die Beschwichtigungsversuche der sozialdemokratischen Führung noch der Schutzbund, den die Sozialdemokraten zum Schutz von Polizei und Feuerwehr – und gegen die eigenen Anhänger – an den Ort des Geschehens beriefen, konnten die Massen beruhigen. Polizeipräsident Schober ließ berittene Polizei mit blanken Säbeln antreten – ein Symbol für das frühere kaiserliche Kontrollsystem. Dann, als auch das die Massen nur noch wütender machte, erteilte der christsoziale Bundeskanzler Seipel Schießbefehl. Die Bilanz waren sechsundachtzig tote Arbeiter, vier tote Polizisten, über tausend Verwundete und ebenso viele verhaftete Arbeiter. Das Ereignis grub sich tief in das Gedächtnis der Menschen und der Stadt ein, die Kluft, die sich zwischen den Fronten gebildet hatte, war nun nicht mehr zu überbrücken. Der Justizpalastbrand stellte nicht nur den Auftakt zum Bürgerkrieg zwischen Heimwehr und Schutzbund dar, zwischen Roten und Schwarzen, Kapitalismus und Sozialismus, er bereitete auch den Weg hin zu autoritären politischen Strukturen. Denn längst ging die wirkliche Gefahr nicht mehr vom Rechts-links-Antagonismus aus, sondern vom aufkommenden Faschismus, der von allen politischen Kräften unterschätzt wurde.

Am Rand der Menge beobachtete Elias Canetti die demonstrierenden Massen. Für den sephardischen Juden, der Wien schon aus der Zeit vor dem großen Krieg kannte, sollte der Justizpalastbrand zum Schlüsselerlebnis werden. »Es sind 53 Jahre her«, schrieb er später in seinen Lebenserinnerungen, »und die Erregung dieses Tages liegt mir noch heute in den Knochen. Ich wurde zu einem Teil der Masse, ich ging vollkommen in ihr auf, ich spürte nicht den leisesten Widerstand gegen das, was sie unternahm.« Der Schriftsteller hatte sein Lebensthema gefunden, den ganzen Zweiten Weltkrieg hindurch sollte er im Londoner Exil recherchieren und dann noch einmal elf lange Jahre an seinem Hauptwerk *Masse und Macht* schreiben, um diese »jüngste Herrscherin der Gegenwart«, wie der Begründer der Massenpsychologie Gustave Le Bon das Phänomen der politisierten Volksmassen bezeichnet hatte, in ihrer so faszinierenden wie fatalen Wechselwirkung mit dem Wesen der Macht zu verstehen.

Volksmassen, das Recht der Straße, die Durchsetzungskraft von Gewerkschaften und Interessenverbänden – wie hatte sich die Welt nur verändert. Man sah es auch an der Zeitungslandschaft, wo jetzt neben der altehrwürdigen *Neuen Freien Presse* und der *Arbeiterzeitung* Titel wie *Die rote Fahne, Der Straßenbahner, Der Bauernbündler* oder *Die Unzufriedene* die Szene bereicherten. Nur das *Salonblatt* berichtete, altmodisch wie immer, über die Träger hochherrschaftlicher Titel, über elitäre Sportarten, luxuriöse Sommerfrischen, die neueste Hut- und Schuhmode – den gesellschaftlichen Stillstand auf hohem Niveau. Und im Sacher? Blieb dort wirklich alles beim Alten?

Ist es Ihnen zu laut? Anna Sacher trat an den Tisch im Marmorsaal heran, den die Zsolnays – das wohlhabende Verlegerehepaar wohnte umzugshalber im Sacher – für sich und einige Freunde reserviert hatten.

Oberkellner Wagner war bereits mit den Bestellungen Richtung Küche geeilt, der Wein glitzerte in den Gläsern, und die Blätterteigtörtchen mit Wildpastete als Amuse-Gueule waren soeben serviert worden, als in ungewohnter Lautstärke vom Jagdsaal die Klänge einer Jazzkapelle an die Ohren der Stammgäste drangen.

Jazz bei Ihnen, gnädige Frau? Mein Kompliment. Dass Sie so modern sind!

Anna blickte unergründlich. War es die Ratlosigkeit angesichts der Weltläufe oder ihre ungünstige Meinung über Zsolnays Geschmack? Warum polterte sie nicht los, fragte sich der Industriellensohn. Er war Verleger, ein Shootingstar des Wiener Kulturlebens der Zwischenkriegszeit, jemand, der schon von Berufs wegen mit der Zeit zu gehen hatte.

Franz Werfel, der – wie Anna Sacher fand – viel zu junge Liebhaber der elf Jahre älteren Alma Mahler, schaute belustigt, erst zu seinem neuen Verleger, dann zu Anna Sacher. Man muss mit der Mode gehen – in der Literatur, in der Musik und in der Gastronomie!, rief er aus.

Papperlapapp, Sie mit Ihrer Mode! Anna hatte die Arme in die Taille gestützt und ganz offensichtlich ihre Sprache wiedergefunden. In meinem Haus wird immer der Ton die Musik machen, nicht die Musik den Ton, sagte sie nicht ohne einen gewissen Stolz auf ihre noch immer legendäre Schlagfertigkeit.

Arthur Schnitzler, fast dreißig Jahre älter als Werfel, lächelte über den kleinen Schlagabtausch. Doch mehr als das interessierten ihn die Beziehungsreigen der Menschen. In dieser Hinsicht hatte Alma Mahler nun wirklich einiges zu bieten. Schnitzler hatte sie schon als Gustav Mahlers Frau, dann als Muse von Oskar Kokoschka und nun als Geliebte Werfels erlebt – wobei man der Vollständigkeit halber noch die dazwischenliegende Ehe mit dem Berliner Architekten Walter Gropius erwähnen muss. Auch Paul Zsolnay war längst in Almas Spinnennetz gefangen – er, dessen Verlag soeben ins Palais Castiglioni übersiedelt war, hatte vor zwei Jahren Almas Tochter Anna Mahler geheiratet. Sie war zuvor in einer überaus kurzen Ehe mit dem Komponisten Ernst Krenek liiert gewesen und sollte bald ein Liebesverhältnis mit dem letzten österreichischen Bundeskanzler vor dem Anschluss an Hitler-Deutschland, Kurt von Schuschnigg, eingehen. Schnitzlers *Reigen* hatte somit nichts von seiner Aktualität eingebüßt: Der Meister hatte das Stück zwar schon 1897 geschrieben, doch war es zu Monarchiezeiten verboten worden. Erst 1920 wurde es in Berlin und 1921 in Wien aufgeführt und geriet zu einem der größten Theaterskandale des Jahrhunderts. In Wien nannte der spätere Bundeskanzler Ignaz Seipel das Stück um zehn gesellschaftlich auf höchst unterschiedlichen Stufen agierende, aber durch den Liebesakt miteinander verbundene Personen ein »Schmutzstück aus der Feder eines jüdischen Autors«, Jugendliche stürmten das Theater, warfen Stinkbomben und zerschlugen Spiegel, auch im Wiener Parlament kam es zu Prügeleien zwischen Sozialdemokraten und Christlichsozialen. Schließlich wurde die Frage eines Aufführungsverbots von niemand Geringerem als dem parteiunabhängigen Verfassungsrichter und Rechtsgelehrten Hans Kelsen verneint, doch im Juni 1922 zog Schnitzler selbst die Aufführungsrechte zurück. »Unter den zahlreichen Affären meines Lebens ist es wohl diese letzte, in der Verlogenheit, Unverstand und Feigheit sich selbst übertroffen haben«, notierte der Autor einigermaßen resigniert über sein Publikum.

Die Kapelle im Jagdsaal hob zu einem schummrigen Blues an, synkopierte Rhythmen, fremdartige, aufwühlende Klänge durchzogen die Gänge des Sacher. In den Gazetten war Annas Konzession an die musikalische Mode der Zeit auf das Heftigste kritisiert worden. »Jazz bei der Sacher ist ungefähr so, wie wenn die Operette ins Burgtheater eingebrochen wäre«, schrieb *Die Stunde*. Es passe ebenso schlecht zusammen wie Lannerwalzer und Saxofonquiecken, wie alter Wein und gärender Most, jammerte das *Neue Wiener Journal*. Der Jazz als Ausdruck der Amerikanisierung der Welt, als Indiz für eine überschnelle, ethnisch multikulturelle Welt, blieb ein Anlass für Skandale, vor allem aber auch für antisemitische Hetzkampagnen einer zunehmend reaktionären Öffentlichkeit.

Der Höhepunkt dieses Kulturkampfes war die Aufführung von Ernst Kreneks Oper *Jonny spielt auf* im Dezember 1927 in der Oper. Die Jazzoper war eines der erfolgreichsten Stücke der 1920er Jahre, und doch setzte sie in Wien wieder genau dieselben Reaktionen in Gang wie schon Schnitzlers *Reigen* fünf Jahre zuvor. Es kam zu antisemitischen Ausschreitungen, zu Demonstrationen und lautstarken Debatten im Parlament. Die Moderne, deren Wurzeln in die Zeit des Fin de Siècle zurückreichten und deren Höhepunkte auf allen Ebenen der Kunst in der Zwischenkriegszeit erreicht wurden, stand in einem so krassen Gegensatz zum politischen und gesellschaftspolitischen Geschehen, dass es zwangsläufig zu Zusammenstößen kommen musste. Die 1920er Jahre waren eine Epoche der Widersprüche, der Radikalismen und der Zerrissenheit.

Wieder war der Frühling in Wien eingezogen, Annas liebste Jahreszeit, sie würde den Sacher-Garten im Prater wieder aufsperren und sich an die schönsten Momente ihres Lebens erinnern. Doch jetzt, es war der 8. März 1928, hatte sie keinen Anlass, in die Vergangenheit abzuschweifen, denn im Ehrensaal der Akademie der bildenden Künste fand eine Ordensverleihung statt.

Der Rektor der Akademie, Professor Müllner, hielt die Laudatio: »Zu helfen erschien ihr eine Selbstverständlichkeit«, rühmte er die Geehrte, sie erwarte nicht einmal einen Dank von denen, die ihr zu Dank verpflichtet seien, schloss der Professor seine Ansprache über Anna Sacher, dann überreichte er ihr das Goldenen Ehrenzeichen der Republik.

Die Studenten, denen die Gastwirtin stets einen freien Mittagstisch gewährt und manchen gar das Studium bezahlt hatte, waren hinüber ins Sacher gegangen, um die alte Dame für den Festakt abzuholen und in die nahe gelegene Akademie zu geleiten. Und sie, die in den letzten Jahren ihre Emotionen unter einer maskulinen Schnoddrigkeit zu verbergen gelernt hatte, konnte die Rührung kaum verbergen. Die Kunststudenten waren ihr schon lange eine liebe Verpflichtung. Seit dem Krieg gab es praktisch keine Mäzene mehr, und so wussten viele von ihnen nicht, wo sie das Nötigste zum Leben hernehmen sollten. Also war eben sie, Anna Sacher, die berühmteste unter den Gastwirten der Stadt, eingesprungen, ganz pragmatisch, mit dem, was sie und ihr Haus zu bieten hatten. Die jungen Künstler erinnerten sie an ihren Bruder Hans Fuchs, der nach seiner Lehrzeit bei Christian Griepenkerl an eben dieser Akademie zu einem recht erfolgreichen Gesellschaftsmaler geworden war. Hans hatte sogar einmal ein Ölgemälde von ihr gemalt, damals, als sie noch eine schöne junge Frau war, die kurz vor ihrer Hochzeit mit dem vielversprechendsten Gastronomen von Wien stand.

Unter großem Applaus überreichte der Rektor Anna Sacher einen Fliederstrauß und die Urkunde des Unterrichtsministers. Anna strahlte, lange schon war sie nicht mehr so stolz gewesen. Ihre Augen, sie waren tatsächlich ein wenig feucht geworden, glitzerten, und um ihren Mund zitterten die Altersfältchen. Vielleicht hatte sie wirklich etwas von dem Glück, das ihr im Leben beschieden war, zurückgeben können – sie, der die eigenen Kinder vorwarfen, nur an das Geschäft zu denken. Nun stand sie in einer Reihe mit Pauline Metternich und den anderen edlen Damen, die es sich leisten konnten, ein Leben als Wohltäterinnen zu führen. Pauline, wie sehr hatte Anna die alte Fürstin gemocht, war vor sieben Jahren verstorben, seither dachte Anna manchmal an den eigenen Tod.

Die Meldung vom 20. April 1929 im *Neue Wiener Journal* schlug wie eine Bombe ein: »Die bekannte Wiener Hotelbesitzerin Frau Anna Sacher ist, wie wir erfahren, dieser Tage unter Kuratel gestellt worden. Diese Nachricht wird sicherlich nicht verfehlen, in den weitesten Kreisen der Wiener Gesellschaft, wo Anna Sacher sich seit jeher großer Wertschätzung erfreut, allgemeines Aufsehen hervorzurufen. Ihre Entmündigung hängt, wie aus gut informierter Quelle verlautet, mit dem stark verringerten geschäftlichen Erfolg ihres Unternehmens zusammen.« Es kam überraschend, sogar für die mit dem Wiener Hotelgewerbe bestens vertrauten Kollegen. Gewiss, die Sacher, wie sie noch immer genannt wurde, war nicht mehr die Jüngste, ihr Hotel trotz der letzten Investitionen und Umbauarbeiten nicht das modernste, und wegen der verwinkelten Zimmer und Gänge, die durch die Zusammenlegung der insgesamt sechs Häuser in der Augustinerstraße und der Maysedergasse entstanden waren, war das Sacher aufwendiger zu bewirtschaften als ein modernes Grandhotel. Und es besaß immer zu viel Personal – derzeit über hundert – und zu wenige Zimmer, um ein wirklich großes Geschäft zu sein. Doch andererseits: Bis zum Schluss hatte das Hotel Gewinne erwirtschaftet, die Umsatzrückgänge, die das österreichische Hotelgewerbe und die Tourismusindustrie in den Jahren nach dem Krieg ins Strudeln gebracht hatten, waren beim Sacher, dessen Publikum weiterhin aus alter Aristokratie und neuem Geldadel bestand, weit weniger drastisch ausgefallen. Wären da nicht die Kredite gewesen, die Anna Sacher in den vergangenen Jahren hatte aufnehmen müssen, für den Umbau, aber auch, um vorübergehende Zahlungsschwierigkeiten zu überbrücken. Und die hohen Steuern, die Breitner-Steuern, wie sie allgemein hießen, reine Luxusabgaben, zugeschnitten auf Betriebe wie das Sacher. Trotz allem: Solange Anna Sacher das Regiment führte, war das Unternehmen kreditwürdig, ohne sie war die Marke Sacher indes nur noch halb so viel wert. Das Haus und seine Chefin gehörten wie ein siamesischer Zwilling zusammen.

Nun also war Bertold Reif, der Haus- und Familienanwalt, als Kurator eingesetzt worden. Das war noch das Beste an der ganzen Situation, dachte Anna, den Reif kannte sie wenigstens. Es waren die Kinder und Kindeskinder gewesen, die sie zum Aufgeben gezwungen hatten, sie hatten sie beschworen, sich doch lieber um die eigene Gesundheit zu kümmern als weiter um die Geschäfte.

Du hast doch genug gemacht all die Jahre, sagte ausgerechnet Franziska. Ja, das hatte sie wirklich, auch wegen Franziska und ihren Kindern, schließlich hatte jemand die Verantwortung für die alleinstehende Mutter übernehmen müssen.

Jetzt kannst du endlich deine wohlverdiente Ruhe genießen, tröstete sie Elisabeth. Die Frau von Eduard hatte ausreichend Erfahrung mit »wohlverdienter Ruhe« , wobei in ihrem und Eduards Fall die Mutter ebendiese »wohlverdiente Ruhe« erwirtschaftet hatte.

Das wäre wirklich gescheiter, fügte auch der Anwalt hinzu.

Was sollte sie noch sagen? Sie glaubte nicht daran, dass jemand anderes das Sacher erfolgreich zu führen in der Lage wäre, Reif nicht, Kroneder nicht, und schon gar nicht ihre Kinder. Deshalb hatte sie auch in ihrem Testament, das sie Anfang 1928 zum letzten Mal verändert hatte, verfügt, dass das Hotel nicht auf Rechnung der Erben weitergeführt werden dürfe, sondern verkauft werden solle. Lieber sollten sie zu gleichen Teilen das erlöste Geld bekommen, außerdem würden sie nur in Streit geraten, wenn sie ihnen das Hotel vererbte. Eduard, dem sie so viel Geld vorgestreckt hatte, wollte sie die über die Jahre geliehenen 350 000 Kronen erlassen, der arme Kerl würde sie bis zu seinem Tod nicht zurückzahlen können. Dann wollte sie in ihrem Testament auch noch einer ganzen Reihe von Menschen Legate vermachen, Menschen, die ihr persönlich wichtig waren und bei denen sie sich für ihre Treue bedanken wollte. Ihren beiden Schwestern zum Beispiel, ihrem Neffen Hans, dem Sohn des Malers, dann natürlich Ferdinand Kroneder und ihrer Sekretärin sowie einer ganzen Reihe altgedienter Mitarbeiter.

Nicht zuletzt wollte sie Marianne Roherer etwas zukommen lassen, der Tochter von Julius Schuster. Das hätte sie durchaus nicht tun müssen, aber zwischen den beiden Frauen war in den Jahren seit Julius' Tod so etwas wie Freundschaft entstanden.

Eigentlich hätte sich Anna Sacher zufrieden zurücklehnen können. Doch sie entwöhnte sich der ihr lieb gewordenen Aufgaben nur langsam. In der Früh stand sie meist zur gewohnten Zeit auf, ging dann von ihrer kleinen Wohnung in der Maysedergasse hinüber ins Büro. Wie gewohnt brachte ihr Wagner einen großen Braunen, manchmal auch zwei. Die Angestellten, ja sogar Kroneder taten alle so, als sei alles beim Alten geblieben, so, als sei sie immer noch die Chefin des Hauses. Sie war zwar da, aber hatte nichts zu tun. Man behandelte sie ehrerbietig, aber hielt die Sorgen von ihr fern. Das überschuldete Haus. Reif bekam keinen Kredit mehr und musste Lieferanten und Angestellte vertrösten.

Schaun S', wir sind das Sacher. Eine Institution. Wir werden schon nicht untergehen. Das sagte er nun fast täglich, und die Zuckerbäcker, Fleischhauer, die Großwäscherei Excelsior, die Jungbunzlauer Spiritusfabrik, der Triestinische Großkaufmann Scaramanga und vor allem die Gehilfen- und Lehrlingskrankenkasse stundeten ihre Forderungen. Man blieb der Firma Bösendorfer die Klaviermiete schuldig und der Firma Hofmann & Engelhardt die Fische. Die Glühlampenfabrik Osram lieferte Ersatzbirnen auf gut Glück, und Stefanie Müller, die Apothekersgattin, ließ Anna Sacher weiter anschreiben. Der Verlust ihrer Lebensaufgabe ließ die Gastwirtin spüren, wie schwach sie eigentlich geworden war, sie hatte nun genügend Zeit, die Wehwehchen des Alters wahrzunehmen, die schmerzenden Gelenke, das Herz, das seinen Dienst nun oft schleppend versah, die Atemnot, die das Stiegensteigen fast unmöglich machte.

Geh, Sebastian, gehst zur Müller in die Apotheke und bringst mir ein paar Pulver?

Gleich, Frau Sacher, sagte der Portiersgehilfe, muss nur schnell noch dem Puchinger helfen. Auch das gehörte nun zum Alltag, und die Rechnung in der Apotheke wurde länger.

Anna dachte an die alten Zeiten, an damals, als sie und das Sacher der Mittelpunkt Wiens, dieser glanzvollsten Metropole des alten Europa, waren. Das war vielleicht ein wenig übertrieben, aber *ein* wichtiger Mittelpunkt war das Sacher allemal. Und die verlängerte Hoftafel, die war das Sacher auch. Denn der Kaiser war ein sparsamer Esser, und alle, die bei Hofe eingeladen waren, wussten, dass sie, wenn sie sich nicht davor oder danach im Sacher den Bauch vollschlugen, hungrig zu Bett gehen würden. István Tisza war deshalb ein regelmäßiger Gast, und Anna dachte sich stets ein ganz besonderes, vor allem auch reichhaltiges Menü aus, wenn der Politiker aus Budapest seinen Besuch ankündigte. Der ungarische Ministerpräsident hatte ständig Hunger, obwohl er, ganz im Gegensatz zu vielen, die mit ihm im Sacher speisten, von durchaus schlanker Gestalt war.

Die alten Zeiten …, seufzte Anna. Dann ließ sie die Grübeleien wieder sein und vertrieb sich die Zeit mit Pferdewetten.

Dass sie, wie ihr die eigene Verwandtschaft nachsagte, das Hotel auf der Galopp- und Trabrennbahn verspielt hätte, stimmte nun wirklich nicht. Im Gegenteil: Sie war ein Connaisseur, eine, deren Meinung in der Freudenau und Krieau gefragt war, sie hatte schon oft auf das richtige Pferd gesetzt und Geld gewonnen. Jetzt vielleicht nicht mehr so oft wie früher, aber doch, von Zeit zu Zeit war ihre untrügliche Gewissheit wieder da. Schließlich hatte er, Julius Schuster, ihr alles über Pferde beigebracht, und an ihn, den sie nun schon so lange vermisste, dachte sie, seit sie sich nicht mehr ums Sacher kümmern musste, wieder tagtäglich. Vielleicht, wenn es denn ein Jenseits gäbe, würde sie ihn wiedersehen, bald schon.

Auch die alten Stammgäste bereiteten ihr noch Freude, all jene, die mit ihr Zeugen einer wechselvollen Zeit gewesen waren, einer Epoche hochtrabender Hoffnungen und großer Ernüchterungen. Ottokar Czernin kam oft vorbei, Hans Wilczek war, bevor er mit fast neunzig Jahren verstarb, immer wieder zu Gast gewesen. Er hatte stets ohne viele Worte gewusst, wie es um die Wirtin stand. Die jüngeren Generationen, einige Erzherzöge, Fanny Starhemberg – die Fürstin war Bundesratsmitglied und christlichsoziale Politikerin –, Albert Rothschilds Sohn Louis und seine Schwägerin Clarice, die jungen Gutmanns, die schöne Lilli Ringhofer. Sie alle brachten der Hotelierin Fotos für ihre Gästegalerie – Anna war stolz auf die vielen Bilder, besonders auf die liebevollen und persönlichen Widmungen ihrer Gäste. In den vielen Gesichtern, den Unterschriften und Grußworten waren all die Geschichten und Erlebnisse aufgehoben, die sie mit jedem Einzelnen von ihnen verband.

Anna, ich bin's, Marianne.

Die Sacher hob den Kopf und lächelte. Marianne besuchte sie fast jeden Tag, seit Anna im Winter 1929 schwer erkrankt war. Sie brachte ihr stets eine kleine Aufmerksamkeit, ein Stück selbst gebackenen Kuchen, etwas zu lesen, eine Blume. Sie war eine noch immer gut aussehende Frau in den Fünfzigern, die Nase hatte sie von ihrem Vater, auch das schmale elegante Gesicht. Marianne erinnerte Anna an Julius. Ganz besonders ihr Lächeln, so fein, klug und edel wie seines. Schon deshalb freute sich Anna über ihre Besuche.

Wie geht's dir heute?, fragte Marianne, nachdem sie an das Bett der Kranken getreten war.

Danke, es könnte schlechter sein. Anna war seit etlichen Wochen bettlägerig. Wasser hatte sich in ihrem Körper angesammelt, ihr Herz war schwach, und ihre Nieren arbeiteten mehr schlecht als recht.

Was hat der Doktor heut gesagt?

Geh, was weiß der schon? Anna wurde plötzlich ganz lebhaft. Ihr Blick schweifte durchs Zimmer, unruhig, als ob sie etwas suchen würde. Schau, dort, die samtene Kassette. Bringst sie mir? Ich will sie dir vererben. Drin ist der erste Schmuck, den mir dein Vater geschenkt hat.

Anna! Aber…

Nix aber, der ist für dich. Jetzt musst mich ausruhen lassen. Bin müde…

Anna Sacher, die »Maria Theresia der Hotellerie«, wie das *Neue Wiener Tagblatt* schrieb, starb am 25. Februar 1930 nach mehrwöchiger Krankheit in ihrer kleinen Wohnung in der Maysedergasse. Zwei Tage später wurde sie unter großer Anteilnahme zu Grabe getragen. Das ganze Stiegenhaus war in ein einziges Blumenmeer verwandelt. Bei der Einsegnung in der Augustinerkirche, der Kirche des Hofes und des Adels, nahmen Erzherzoginnen, Grafen, Prinzen von ihr Abschied. Die Gutmanns spendeten einen Kranz, die Schauspielerin Betty Fischer und viele andere gaben der Gastwirtin das letzte Geleit, als es im sechsspännigen Leichenwagen mit fünf Vorreitern und mehreren Fackelträgern rund um das Sacher und dann die Ringstraße hinaus zum Dornbacher Friedhof ging. Ein dichtes Menschenspalier säumte die Straßen, die Männer entblößten ehrfürchtig ihr Haupt. »Es war eine Leichenfeier wie sie nur Wien seinen Lieblingen zu bereiten versteht«, schrieb das *Neue Wiener Journal*, das die Führung in der Berichterstattung über das Ende der berühmten Hotelierin übernommen hatte. Sogar die oftmals kritische *Arbeiterzeitung* zollte Anna Sacher nun ihren Respekt: »Ihr Hotel Sacher ist mehr gewesen als eine bloße, über das Normalmaß kapitalistischen Behagens hinausgehende elegante Gaststätte … Das Hotel Sacher war geradezu eine vom spanischen Hofzeremoniell befreite Filiale der Hofburg. Von Erzherzögen wimmelte es bei Sacher, aber trotzdem gab es dort keinen Arierparagraphen.« Und Felix Salten, der so viele Male bei ihr gespeist hatte, rühmte ihr nach, sie wäre »pikant, sogar reizvoll« gewesen, »mit einem blitzgescheiten, von tausend Teufeleien durchzuckten Soubrettengesicht«.

Die Erben- und Ausgleichsverhandlungen sollten sich in der Folge über die nächsten sechs Jahre ziehen. Eigentlich hatte Anna Sacher alles gewissenhaft geregelt, bis auf eine kleine Sache: Sie dachte, dass sie als reiche Frau starb. Nun umfasste allein die Liste der Gläubiger alle Hotelangestellten und Lieferanten, es schien, als hätte seit Anna Sachers Entmündigung, spätestens aber seit ihrem Tod niemand mehr sein Geld bekommen. Schließlich wurde am 17. März 1932 das Ausgleichsverfahren eröffnet, es dauerte fast ein ganzes Jahr und endete im Anschlusskonkurs und schließlich 1934 im Verkauf des Hauses an den Wiener Anwalt Hans Gürtler, seine Frau und das Hotelierehepaar Josef und Anna Siller. 1962 ging das Haus zur Gänze in den Besitz der Familie Gürtler über und wird bis heute als Familienbetrieb geführt.

Über achtzig Jahre nach Anna Sachers Tod. Der Dornbacher Friedhof. Von Ferne dringt der Großstadtlärm an mein Ohr, innerhalb dieses von der Außenwelt abgegrenzten Territoriums zwitschern die Vögel. Eine lange Gräberreihe, steingewordene Erinnerungen an unzählige Namen, Geschichten, Schicksale. Dazwischen vereinzelt Bäume, Sträucher, Büsche und Blumen, die den Gräbern den letzten Ernst nehmen sollen. Ein schwarzer Granitstein, geschliffen und glänzend, kein historischer Grabstein, sondern die neu renovierte Ruhestätte der Familie Sacher. Der Name steht mit stark verziertem S zuoberst. Darunter Annie Schuster, Annas früh verstorbene Tochter. Man hatte also ihren Spitznamen verwendet. Dann Anna Sacher und unter der Mutter auch noch ihr Sohn Eduard und seine Frau Elisabeth.

Hier also wurde Anna am 28. Februar 1930 begraben, hierher führte der lange Trauerkondukt, hierher strömten die Menschen, um von der berühmten Wirtin Abschied zu nehmen. Doch warum liegt sie hier? Warum wurde sie nicht neben ihrem 1892 verstorbenen Mann Eduard begraben? Warum ruht sie, die aus dem Sacher eine Institution gemacht hat, nicht in der Familiengruft in Baden, dort, wo der Tortenerfinder Franz und all die übrigen Sachers, sogar Eduards erste Frau Hermine Patzinger, ihre letzte Ruhe gefunden haben?

Mein Blick schweift zur Seite und fällt auf den Namen des Grabes in unmittelbarer Nähe: Hier ruht die Familie Schuster. Julius Schuster, der zentrale Güterdirektor von Nathaniel Rothschild, Stammgast des Sacher, mitten im Krieg verstorben, liegt quasi Seite an Seite mit Anna Sacher. Sie wollte, so hieß es, neben ihrer Tochter begraben werden, die sie so früh verloren hatte. Das ist verständlich – und doch gänzlich unüblich. Damals, 1902, wurde Anna Maria im Familiengrab der Schusters bestattet, dort, wo – wenn er nicht zu seiner zweiten Frau nach Schlesien ausgewandert wäre – man auch ihren Mann einmal begraben hätte. Aber die Mutter?

Eine Amsel singt ihr Lied, ein paar Kohlmeisen fliegen geschäftig umher, während sich meine Recherchen zu einem Bild fügen: zu der Geschichte, die Carla Sacher aus Baden irgendwann vor ihrem Tod erzählte und von der ich eine Abschrift im Archiv ihrer Tochter Irenè lesen konnte. Darin berichtet sie, die die Tante Anna noch gut gekannt hatte, von deren großer Liebe zu Julius Schuster. Hinzu kommen die Hinweise, die ich von einem der Schuster-Nachfahren bekommen habe, dessen Vater, wenn er mit den Söhnen ins Sacher ging, immer von Julius und Anna erzählte, davon, wie der Urgroßvater Anna unter die Arme gegriffen habe und dass die lange Perlenkette auf dem berühmten Ölgemälde ein Geschenk von Julius gewesen sei. Da ist das immens hohe Darlehen von einer halben Million Kronen, das Julius Anna 1907 gewährt hatte und das in Schusters Verlassenschaftsakt auftaucht. Dann sind da noch die Möbel und Bilder, die Julius zu Lebzeiten im Sacher stehen hatte und die er, im Testament detailliert aufgeführt, als Teil seines an Kinder und Enkelkinder zu vermachenden Gesamtvermögens bewerten ließ. Und was ist mit der Tatsache, dass Anna Sacher in ihrem Testament nicht nur an die eigenen Kinder und Enkelkinder vererbte, sondern auch Marianne Roher mit einem

Legat bedachte? Marianne war die Schwester von Julius Schuster junior, Anna Marias Ehemann. Würde ich, wenn meine Tochter heiratet, auch der Schwester ihres Mannes etwas vererben?

All dies waren Indizien genug, um Anna und Julius tatsächlich als Liebespaar auftreten zu lassen, ein Paar, das seine Liebe im Rahmen der gesellschaftlichen Möglichkeiten der Zeit lebte, und dessen Liebe durch den Tod der durch ihre Heirat mit beiden verbundenen Tochter Anna Maria zerbrach. Als Eduard Sacher junior 1926 von der Mutter entmündigt wurde, zeichnete der ärztliche Gutachter bei Gericht ein detailliertes Bild der familiären Situation im Hause Sacher und erwähnte auch den Selbstmord der Schwester. In Hohenburg in der Steiermark, wo die blutjunge Mutter gestorben war, fand sich kein Totenschauprotokoll, lediglich der Hinweis, dass die an einer Grippe Verstorbene schnellstmöglich nach Wien geschafft wurde. Zu schnell. Derlei Dinge wurden damals gern unter den Teppich gekehrt. Und auch der einzige detailliertere Artikel über die Schuster-Familie geht von Anna Marias Freitod aus.

Anna Sacher war in vielem ein Kind ihrer Zeit, der Ringstraßenepoche, Gründerzeit, des Fin de Siècle und der Urkatastrophe des 20. Jahrhunderts. Gleichzeitig war sie viel mehr als das. Dadurch, dass sie ihr Hotel selbst führte, dass sie Direktorin und Besitzerin dieser Wiener Institution in einer Person war, eine alleinstehende Witwe mit drei Kindern, entsprach sie kaum dem für Frauen ihrer Zeit vorgesehenen Rollenbild. Bisher wurde sie gern auf einen Zigarren rauchenden Feldwebel und eine schnoddrige Kultfigur des Fin de Siècle reduziert, für mich hingegen nahm sie zunehmend die Gestalt einer modernen Frau an. Eine Frau mit großer Karriere und wenig Zeit für Kinder und Kindeskinder, eine Managerin eines bedeutenden und komplexen Unternehmens, eine öffentliche Figur unter permanenter Beobachtung eines großen Publikums und der Medien, ein Mensch, der zwischen Verpflichtungen und Leidenschaften zu entscheiden hatte.

Irgendwo hält lärmend eine Straßenbahn, seit Annas Streit mit dem Bürgermeister Lueger sind diese Wiener Verkehrsmittel nicht leiser geworden. Erst klingelt es, dann folgt das unnachahmliche Quietschen der Bremsen und Eisenräder, und zum Schluss rumpeln die Garnituren, bis sie endlich zum Stehen kommen. Ich verlasse den Friedhof und schlendere durch die Straßen zur Haltestelle des 43ers, der mich zurück ins Zentrum bringen wird, zur Ringstraße, zur Hofburg – und zum Sacher.

Quellen

Kärntnerstraße. Passanten umringen einen Operettentenor. Ein
Hofwagen hält. Die Passanten grüßen. Ein Lakai öffnet den Wagenschlag.
Erzherzog Max *(aus dem Wagen rufend)*: Serwas Fritzl!
Kummst mit zum Sacher?
Der Operettenchor: I kann net, Kaiserliche
Hoheit – i wart auf ein Madl!
(Hochrufe für beide.)
Erzherzog Max: Ah so. Alstern serwas!
(Der Lakai schließt. Der Hofwagen fährt davon.)
Ein Zeitungsausrufer: – Erfolge am Piavee!

Karl Kraus: Die letzten Tage der Menschheit *(39. Szene)*

Die Quellen zu diesem Buch sind so mannigfaltig, dass es den
Rahmen sprengen würde, sie alle aufzuzählen. Im Firmenarchiv
des Sacher fanden sich zwar einige wertvolle Funde, aber längst
keine lückenlose Geschichte in Dokumenten. Das führte dazu,
dass ich in unzähligen Büchern über Wien und die Zeit, in Memoiren und Biografien, der unerschöpflichen Fülle der Zeitungen
und Zeitschriften sowie der Archive und Bibliotheken (etwa dem
Haus-, Hof- und Staatsarchiv, dem Kriegsarchiv, Landes- und
Stadtarchiv, der Baubehörde, Nationalbibliothek oder der Wien-
Bibliothek) nach Hinweisen zum Sacher suchte, um das Puzzle
dieses Buches zusammenzusetzen: Im Bauakt, dem Grundbuch,
dem Handelsgerichtsakt, den Testaments- und Verlassenschafts-
akten, im Adressbuch Lehmann, im Gewerberegister und in den
Trauungsmatrikeln, den Todesanzeigen und der Gräbersuche der
Stadt Wien fanden sich brauchbare Hinweise. Da es sich um eine

Erzählung handelt, die Protagonisten des Buches also allesamt szenisch agieren, musste ich trotz allen Faktenwissens meine Vorstellungskraft zu Hilfe nehmen, um der Geschichte die Lebendigkeit und die Atmosphäre zu geben, die ich mir für sie wünschte. Das Spiel mit Fakten und Fiktionalisierung will ich nun am Ende offenlegen und die wichtigsten Quellen und Hinweise nennen, die mich zu den Szenen mit all den bedeutenden, anmaßenden, tragischen und auch den törichten Persönlichkeiten inspirierten, die dieses Buch bevölkern.

Einleitung: Der große Fund; die mir von Elisabeth Gürtler ausgehändigte Kondolenzliste zu Eduard Sachers Tod, enthält natürlich eine weit größere Anzahl an Persönlichkeiten als im Buch Erwähnung finden. Die im Folgenden nachgereichte Auswahl ist eine Zusammenstellung der prominentesten Personen, die der Gastwirtin ihr Beileid aussprachen; in einigen Fällen diente mir ihr Beileidbekunden als ein Indiz dafür, dass sie zu den Gästen oder auch Stammgästen des Sacher zählten: Leopold Berchtold (Außenminister 1912–1915), Familie Demel (k.u.k. Hofzuckerbäcker Demel), Nikolaus Dumba (griechisch-österreichischer Industrieller), Wilhelm Dukes (Besitzer des k.u.k. Hoflieferanten Jungmann & Neffe), Ignaz Ephrussi (Bankier, Vater von Viktor Ephrussi), Herr und Frau Felix Epstein (Bankier), Alexander Esterházy (aus der ungarischen Magnatenfamilie), Karl Figdor (Bankier), k.u.k. Hofschneider C.M. Frank, zahlreiche Gutmanns (Kohle- und Eisenmagnaten, Bankiers), Carl von Hasenauer (Architekt), Konstantin zu Hohenlohe (Erster Obersthofmeister), Eugen Kinsky (Grundbesitzer, Bankier), Moritz und Heinrich Königswarter (Bankiers und Großhändler), Philipp Kallmus (Hof- und Gerichtsadvokat, Vater von Madame d'Ora), Johann Kattus (k.u.k. Hoflieferant Weinhandlung und Kaviarfaktorei), Gustav Leon (Kaufmann, Mitglied der Unionbaugesellschaft und Nachbar des Hotel Sacher), Olga Lewinsky (Schauspielerin), Rudolf Liechtenstein (regierender Fürst von Liechtenstein), Gustav von Mauthner (Generaldirektor der Creditanstalt), Raphael Mayer de Also-Ruszbach (Privatier), Karl Morawitz (Präsident der Anglo-Österreichischen Bank), Baron Ludwig Oppenheimer (Bankier), Eduard Palmer (Generaldirektor der Österreichischen Länderbank), Nathaniel Rothschild (Bruder des Bankiers Albert Rothschild), Stefan Schey von Koromla (Bankier), Franz Ringhoffer (Waggon- und Autofabrikant), Julius Schuster (zentraler Güterdirektor von Nathaniel Rothschild), Fürst Schwarzenberg (wahrscheinlich Karl IV., Grundbesitzer, Politiker), Marianne Schoeller (Witwe des Gustav Adolf Schoeller, Großindustrieller), Eduard Taaffe (Ministerpräsident 1868–1870 und 1879–1893), Ernestine Thorsch (Gattin des Bankiers Philipp Thorsch), Sophie von Todesco (Witwe von Eduard von Todesco, Großunternehmer und Bankier), Hans Wilczek (Grundbesitzer, Mäzen, Gründer der Wiener Rettungsgesellschaft, Finanzier der Österreichisch-Ungarischen Nordpolexpedition), Karl Wittgenstein (Eisenmagnat, Montanindustrieller), Josef Wieninger (Genossenschaft der Gastwirte).

Über **Eduard** und **Anna Sacher** gibt es eine Sammlung von Zeitungsartikeln im Tagblattarchiv der Wien-Bibliothek, wo ich auch das berühmte Gästebuch aus dem Sacher-Garten, welches sich einst im Besitz des Verlegers Christian Brandstätter befand, wiedergefunden habe. Darüber hinaus erschienen in den einschlägigen Branchenblättern der damaligen Zeit wie etwa dem *Stammgast* Artikel über sie, insbesondere ein besonders ausführlicher zum 25. Unternehmensjubiläum von Eduard Sacher und zu dessen Tod. Und natürlich fanden sich wertvolle Hinweise in den Büchern über das Sacher selbst (Leo Mazakarini, Andreas Augustin, Ernst Hagen, Emil Seeliger). Da aber leider weder Tagebücher noch Briefe der beiden existieren, formte sich das Bild der Anna Sacher, ihre Persönlichkeit und ihr Charakter erst allmählich in mir, wobei ich oftmals die Einbildungskraft und die Fantasie des Romanciers zu Hilfe nehmen musste.

Wo Anna Sacher nach der Heirat mit Eduard Sacher gewohnt hat, lässt sich heute kaum noch ermitteln. Unwahrscheinlich ist jedoch, dass die junge Familie in der Nähe von Vater Franz Sacher in Baden bei Wien lebte. In den Meldeunterlagen lässt sich dies nicht bestätigen, und es wäre damals auch eine viel zu weite Pendlerstrecke ins Zentrum von Wien gewesen. Das Wiener Adressbuch Lehmann führt als Eduard Sachers Wohnsitz stets nur die Augustinerstraße an, also das Hotel. Und in späteren Jahren hat Anna in der 1907 hinzuerworbenen Maysedergasse gewohnt. Deshalb ist davon auszugehen, dass die Familie zumindest ein Pied-à-terre im Hotel besaß, so, wie das oft bei Hotelbesitzern oder Hoteldirektoren der Fall gewesen ist.

Das Ölgemälde mit den Großeltern Reitter stellt einen ganz besonderen Recherchefund dar. Es ist durch Zufall Christopher Wentworth-Stanley, der dieses Buch mit noch vielen anderen Hinweisen bereichert und Stammbäume der Sacher- und der Schusterfamilie erstellt hat, bei einer Kunstauktion im Wiener Dorotheum in die Hände gefallen. Später hat er es an einen der Nachkommen von Anna Maria Schuster, geborene Sacher, weitergegeben.

Ein Nachtrag zur Sachertorte: Ingrid Haslinger, Historikerin und wissenschaftliche Mitarbeiterin der Hof-, Silber- und Tafelkammer, ist der Ansicht, dass Franz Sacher die Sachertorte erst nach 1848 erfinden konnte, da man davor noch nicht in der Lage war, den Sachertorten-typischen Schokoladeguss zu fertigen. Zudem glaubt sie, dass der Sacher-Stammherr die Torte nicht als Eleve bei Metternich, sondern in Ungarn bei den Esterházys erfand. Da jedoch ein Leserbrief Eduard Sachers existiert, in dem er selbst detailliert die Metternich-Version darlegt, habe ich mich hier für die gängige Variante entschieden.

Eduard Todesco zählte als Besitzer des Palais, in dem Eduard Sacher seinen ersten Delikatessenladen mit angeschlossenem Restaurant besaß, sicherlich zu den Stammgästen des Lokals – nicht bloß, weil er es nicht weit hatte, sondern vor allem, weil schon dieses Sacher-Restaurant ein beliebter Treffpunkt der Gesellschaft war. Als seine Frau Sophie zum Tod Eduard Sachers kondolierte, war der Bankier bereits tot, weshalb er in der Kondolenzliste nicht auftaucht.

Karl von Hasenauer kondolierte nicht nur zu Eduard Sachers Tod, er findet sich auch im Gästebuch des Sacher-Gartens. Als Architekt der Rotunde war er mit Sicherheit in die Entscheidung darüber eingebunden, welcher Gastwirt das Rotundenbuffet übernehmen sollte. Dass er höchstpersönlich den Konstantinhügel erklomm, um den Gastwirt dazu zu überreden, ist nicht belegt und entspringt meiner Imagination.

Dass Nasir ad-Din, der Schah von Persien, höchstpersönlich beim Rotundenbuffet eine Sachertorte kostet, ist ebenfalls ein dramaturgischer Kunstgriff. Dennoch ist es durchaus möglich, dass der Gastwirt und der illustre Herrscher irgendwo aufeinandergestoßen sind, war doch der Besuch des Schahs einer der Höhepunkte der Weltausstellung und Sachers Restaurant auf dem Konstantinhügel ein beliebter Rückzugsort der Prominenz. Tatsache ist jedoch, dass Eduard Sacher einen Löwen- und Sonnenorden besaß. Wann, wenn nicht anlässlich des Schah-Besuchs, sollte der Gastwirt diese hohe persische Auszeichnung erhalten haben? Ähnlich bin ich im Kapitel über Kronprinz Rudolf mit dem Takovo-Orden umgegangen. Auch er wurde gemeinhin vom serbischen König verliehen, weshalb die Ordensverleihung anlässlich des Diners, welches Eduard Sacher als Traiteur in Belgrad veranstaltet hatte, keinesfalls abwegig ist.

Es herrscht keine Einigkeit darüber, ob Eduard Sacher von Beginn an in den Bau des Hotels – damals ein Maison meublée – involviert war oder ob er das Haus erst nach der Fertigstellung von der Union-Baugesellschaft gekauft hat. Doch die vorliegenden Dokumente belegen, dass er praktisch von Anfang an der Realisierung seines Projektes beteiligt war, auch wenn als Käufer des Grundstücks 1872 Adolph Graf Dubsky, Gustav Leon, Phillipp Mauthner (ein entfernter Verwandter der jetzigen Besitzerin Elisabeth Gürtler) und Arthur von Layer auftreten. Schon in den Bauplänen von 1873 wird indes von einem »Bau Restaurant Sacher« durch den Wiener Bauverein, die spätere Unionbaugesellschaft, gesprochen. Nicht zuletzt die Notiz in der amtlichen *Wiener Zeitung* vom 22. Oktober 1873 bestätigt dies: »Neumann (Abgeordneter) berichtet über ein Ansuchen des Restaurateurs Eduard Sacher um Verleihung des Bauconsenses für ein Wohnhaus auf der Area des demolierten alten Kärntnertortheaters.« Interessant ist in dem Zusammenhang, dass Sacher um eine Baugenehmigung für ein Wohnhaus ansuchte, die auf der Ringstraße leichter zu bekommen war als eine Baugenehmigung für ein Hotel.

Obwohl Eduard Sachers neues Etablissement seine Tore schon 1876 eröffnete und Eduard 1878 zur Restaurant- auch noch die Hotelkonzession hinzuerhielt, findet man das Hotel erst ab Mitte der 1880er Jahre regelmäßig in den Fremdenlisten, die die Zeitungen, allen voran die *Wiener Zeitung*, täglich veröffentlichten. Womöglich musste man Gäste, die ein Appartement im Maison meublée (eine Art Hotel garni ohne Verköstigung) gemietet hatten, nicht der Polizei melden, oder die Zeitungen fanden es unter ihrer Würde, auch diese Häuser zu erwähnen. Bis 1891 hieß das Sacher »Hotel de l'Opera«, am 24. Juli 1891 erfolgte die Umbenennung in »Hotel Sacher Eduard Sacher«. Ab dem Herbst 1891 führte das Sacher dann die Fremdenlisten an (obwohl es alphabetisch zuhinterst aufscheinen hätte müssen), und die Namen der Gäste werden ebenso wohlklingend wie die der anderen führenden Hotels der Stadt.

Kaiserin Elisabeth und ihre Suite weilten tatsächlich am 2. Juni 1881 im neu eröffneten Sacher-Garten, wie unter anderem aus dem Eintrag im Gästebuch des im Prater eröffneten Nobelrestaurants hervorgeht. Bis 1922 wurde es von der Familie Sacher geführt, 1945 brannte das Gebäude beim Praterbrand nieder, weshalb sich nur noch ein Foto und ein Gemälde des Etablissements erhalten haben.

Auch eine reich verzierte Rechnung an die Kaiserin über eine Sachertorte zu vier Kronen hat sich im Haus-, Hof- und Staatsarchiv erhalten, datiert vom 25. Januar 1891 und gerichtet an die Kammer Ihrer Majestät Kaiserin Elisabeth. Des Weiteren findet sich dort eine weniger hübsche Rechnung für eine Torte aus dem Jahr 1884. Die Szene, in der die Kaiserin mit Genuss im Sacher-Garten eine Sachertorte isst, wird sich wohl so (oder so ähnlich) zugetragen haben.

Auch der Abschnitt, in dem die junge Anna Fuchs am Makart-Festzug ihren späteren Gemahl erblickt, ist durchaus wahrscheinlich, ritt Eduard Sacher doch tatsächlich bei den Gastwirten im berühmten Makart-Zug vorneweg. Dies ist in einem umfangreichen (und für den heutigen Leser reichlich weitschweifigen) Artikel über das Ereignis in der *Neuen Freien Presse* belegt. Hans Makart in voller Montur ins Sacher zu schicken und ihn dort auf eine Handvoll Stammgäste treffen zu lassen, entspringt allerdings meiner Imagination.

Noch eine Richtigstellung: Die Trauung von Anna und Eduard Sacher fand nicht, wie oft berichtet, in der Augustinerkirche, sondern am 21. Februar 1880 im Stephansdom statt. Dies geht aus der Trauungsmatrikel und einem Artikel von Anna Sachers Neffen Hans Fuchs in der Zeitschrift *Adler* hervor. Das Wissen darum, dass Anna eine anständige Mitgift bekam, ist einem der profundesten Artikel über das Sacher zu verdanken: »Vom Frühstückszimmer zum Welthotel: Frau Anna Sachers Verlassenschaft im Ausgleich«, erschienen in der *Tel-Press* (8.7.1932).

Hans Wilczek, mein Ururgroßvater, ist in derart vielfältiger Weise mit dem Sacher und seiner Welt verbunden, dass ich ihn zu einem Art Dauergast und gutem Hausgeist gemacht habe. Er hat natürlich ein Billet zum Tode Eduard Sachers geschickt, im Gästebuch des Sacher-Gartens erscheint er tatsächlich nach einem Diner für den Ruderclub als erster Gast, in seinen Memoiren erwähnt er nicht nur das Sacher, sondern auch seine Freundschaft zu Julius Schuster und Nathaniel Rothschild (die auch Nora Fugger in ihren Memoiren wiederum vermerkt hat). Auch **Nathaniel Rothschild** hat der Gastwirtin zum Tode ihres Mannes kondoliert und sehr viel später Anna Sacher ein Foto mit Widmung für ihre Bildergalerie spendiert. Dass die beiden nicht nur befreundet waren, sondern auch häufig im Sacher saßen, ist kaum zu bestreiten. Somit stellten sie zweifellos auch für ihre jeweiligen Standesgenossen Wegbereiter dar, die das Etablissement der Frau Sacher erstmals als Treffpunkt zwischen katholischem Adel und jüdischem Großbürgertum nutzten.

Bei Irenè Sacher, einer Nachfahrin der Sachers aus Baden, fand ich tatsächlich einen Stich, den Hans Wilczek seinem guten Freund Carl Sacher, dem Bruder von Eduard, geschenkt hatte. Dies macht es nur umso wahrscheinlicher, dass Hans Wilczek und Jaromir Mundi eine Gründungssitzung ihrer Rettungsgesellschaft bei Carl Sacher in Baden abgehalten hatten.

Kronprinz Rudolf war des Öfteren Gast im Sacher, sowohl im Sacher-Garten als auch im Café, Restaurant und in den Separees im Haus hinter der Oper. Den Memoiren des berühmten Musikkritikers Eduard Hanslick zufolge fand im November 1888 die letzte Sitzung zum *Kronprinzenwerk* statt, an der Erzherzog Rudolf teilnahm, bevor er im Januar 1889 Selbstmord beging. Zwei bis drei Mal im Jahr, so Hanslick, lud der Kronprinz das Redaktionskomitee auch zum Diner ein, weshalb es mir plausibel erschien, Sitzung und Essen in einer Szene zusammenzuführen.

Im Haus-, Hof- und Staatsarchiv sind zwar das Ansuchen Eduard Sachers zum Hoflieferanten und dessen Bestätigung verzeichnet, die Tatsache aber, dass er auch Kammerlieferant des Kronprinzen war, erschließt sich nur aus der Todesanzeige Eduards und aus dem Adressbuch Lehmann, wo dieser Zusatz allerdings erst 1891 – also nach Rudolfs Tod – auftaucht. Dass Eduard Sacher den Kronprinzen sogar nach Belgrad begleitet und das Diner am Königshof dort ausgerichtet hat, ist durch den Artikel im *Stammgast* verbürgt. Eduard Sacher war ein berühmter Traiteur, heute würde man Caterer sagen, der nicht nur in Wien zu unzähligen Veranstaltungen gerufen wurde (so versorgte er etwa einen Ball für über hundert Gäste beim Walzerkönig Johann Strauss am 3. März 1888), sondern der laut *Stammgast* sogar bei der Hochzeit von Konstantin I. von Griechenland und Sophie von Preußen am 27. Oktober 1889 in Athen das Hochzeitsmahl zubereitet haben soll.

Pauline Metternich, die *grande dame* der Mode und der Wohltätigkeit, war wie auch Anna Sacher und alle anderen im Kapitel genannten Damen Stammkundin beim k. u. k. Hoflieferanten Jungmann & Neffe. Das belegen die faszinierenden Kundenbücher dieses bis heute fast unveränderten Geschäftes am Albertinaplatz. Dort sind alle erwähnten Käufe akribisch vermerkt, oftmals wurden sogar Stoffmuster mit ins Buch geklebt. Auch die Kundenkartei dieses Hoflieferanten (die wohl ein eigenes Buch verdienen würde) ist ein getreues Abbild der Ringstraßengesellschaft und ihrer luxuriösen Lebensweise. Den geheimen Gang von Jungmann & Neffe hinüber ins Hotel Sacher gibt es in Ansätzen noch immer, Georg Gaugusch, der jetzige Besitzer des Geschäftes für feinste Stoffe, hat mir gezeigt, wo er einst verlief.

Der Handelsgerichtsakt bestätigt, dass Anna Sacher nach Eduards Tod das Unternehmen zunächst für die Erben fortführte, doch schon im Jahr 1895 wird sie dort als Alleineigentümerin geführt. Eduard Sacher wollte, dass das Unternehmen nach seinem Tod verkauft wird und der Erlös seinen drei Kindern aus der Ehe mit Anna Sacher sowie seiner Tochter aus erster Ehe, Rosa Zwierschütz, vermacht wird. Woher Anna Sacher das Geld nahm, um die Kinder auszubezahlen, ist indes nicht zu klären. Jedenfalls setzt Anna Sacher 1895 einen Franz Schuster als Prokuristen ein, der diese Funktion bis 1916 ausübte und im gleichen Jahr wie Julius Schuster senior starb.

Arthur Schnitzler war ein wirklicher Stammgast des Sacher. Das belegen die Einträge in seinen Tagebüchern, die mir Peter Michael Braunwarth zur Verfügung stellte und die ein wunderbarer Fundus für Szenen im Sacher waren. Dass er so oft an diesem für die großbürgerliche und aristokratische Welt der Monarchie so wichtigen Ort weilte, erklärt womöglich noch besser, warum er so ein großartiger Kenner der Seelen seiner Zeit und ein so wunderbarer Chronist dieser Gesellschaftsschicht war.

Dass Julius Schuster Anna Sacher indes in die Premiere der *Liebelei* einlud, lässt sich freilich nicht belegen, als dramaturgischer Eingriff hingegen erschien es mir jedoch überaus sinnvoll. Die Gesellschaft, die nach der Premiere von Sudermanns mittelmäßigem Stück im Sacher feiert, ist genauso bei Schnitzler belegt. Auch Theodor Herzl, der Schöpfer des Judenstaates, war bewiesenermaßen dabei, was mir die Gelegenheit bot, auch noch Reverend William Hechler an jenem Abend ins Sacher zu zitieren: Denn es stimmt tatsächlich, dass der anglikanische Pastor gemeinsam mit Julius Schuster und Nathaniel Rothschild in die Gründung des First Vienna Footballclubs involviert war. Das Inverness Cape, das der Reverend stets über der Priester-Soutane trug und in dem er unzählige Taschen für Bibeln und Kissen hatte, hätte man sich kaum besser ausdenken können, als es, durch die Memoiren des ungarischen Porträtmalers Laszlo belegt, in Wirklichkeit gewesen ist.

Dass **Karl Lueger** kein Freund des Sacher war, kann man in diversen Artikeln, vor allem aber bei Siegfried Weyr nachlesen, und auch John Boyer, Luegers Biograf und Historiker an der Chicago University, hat es mir bestätigt. Er war in der Tat zu geizig für das Luxusrestaurant, wie aus den Memoiren der Malerin Marianne Beskiba hervorgeht. Im Wiener Straßenbahn-Museum habe ich die Geschichte mit dem 63er verifizieren können, die ohne Datum in diversen historischen Quellen auftaucht. Anna Sacher ist dagegen Sturm gelaufen und hat wohl auch diverse Eingaben gemacht. Dass sie selbst kurzerhand ins Bürgermeisteramt eilte und Lueger eine Szene machte, entspringt hingegen meiner Einbildungskraft. Dass sie auf einem Ball im Rathaus gegen Lueger wetterte, steht hingegen schon bei Siegfried Weyr.

In diversen Quellen ist nachzulesen, dass alle Welt der Frau Sacher einen Handkuss gab. Ich habe mir erlaubt, meinen Ururgroßvater zum Urheber dieser Freundlichkeit zu erheben. Es hätte nur allzu gut zu ihm gepasst.

Ein anderer Urheber, nämlich der des Ausspruches »Wer ein Jude ist, bestimm ich«, ist ganz eindeutig der Wiener Bürgermeister Karl Lueger und nicht Hermann Göring, der, wie Hitler, vom Antisemiten Lueger eben nur gelernt hat.

Karl Wittgenstein taucht schon in den Beileidsbekundungen zu Eduard Sachers Tod auf. Die Geschichte, der zufolge er einst den Kollegen Rappaport zwang, ihn ins Sacher einzuladen, ist bei Jorn Bramann und John Moran vermerkt. Daraus und aus der Tatsache, dass Wittgensteins Büro sich in Gehweite zum Sacher befand, war leicht zu schlussfolgern, dass das Sacher für Wittgenstein tatsächlich so etwas wie sein Speisezimmer war. Den Zeitpunkt des Mittagessens mit Kestranek und Feilchenfeld habe ich den dramaturgischen Notwendigkeiten angepasst. Das Essen mit dem amerikanischen Tycoon Charles Schwab im Klimt-Kapitel ist indes weder erfunden noch terminlich verlegt, es findet sich genau so in den Memoiren des Porträtmalers Fülöp László.

Dass das böhmische Industriellenpaar Ringhoffer am gleichen Tag im Sacher abstieg, an dem Wittgenstein dort lunchte, ist natürlich ein Kunstgriff. Doch finden sich die Ringhoffers bereits in der Kondolenzliste, und die schöne Lilli Ringhoffer schenkte Anna Sacher nach dem Krieg ein Foto von sich für die Bildergalerie.

Einer der Wittgenstein-Söhne – wohl der Pianist Paul oder der Philosoph Ludwig – soll kurz vor dem Ersten Weltkrieg einmal einen Golfball aus dem Vestibül des Sacher abgeschlagen und in Richtung Opernhaus gefeuert haben. Auch dies zeigt, wie sehr das Sacher für die Wittgensteins ein erweitertes Zuhause darstellte.

Mit den Wittgensteins bestätigt sich meine These einmal mehr, dass das Sacher immer auch ein »jüdisches« Hotel war, wenn auch bereits der Vater von Karl Wittgenstein zum Protestantismus konvertiert war und die Familie sich nicht besonders »jüdisch« fühlte. Diese Einstellung zur Religion der Väter ist fast exemplarisch für die assimilierten und konvertierten jüdischen Großbürger im Wien der Zeit. Sie dennoch als jüdische Familie zu bezeichnen, ist trotzdem durchaus legitim, denn, wie Steven Beller schreibt, »war die Tatsache jüdischer Vorfahren in der Familie gleichbedeutend mit einer Weltanschauung, die sich von jener der Mitbürger nicht-jüdischer Abstammung grundlegend unterschied. Aus diesem Blickwinkel gesehen, war die Assimilation, die sich bei Weitem nicht in einer vollständigen Mischung mit der übrigen Bevölkerung vollzog, schon als solches ein jüdisches Phänomen«.

Karl Kraus hat das Sacher in *Die letzten Tage der Menschheit* und auch in seiner *Fackel* öfter erwähnt, und Karl Wittgenstein war einer seiner Lieblingsfeinde. Deshalb habe ich mir erlaubt, den großen Satiriker und Moralisten doch zumindest für einen kurzen Augenblick an einen Tisch zur Beobachtung des Geschehens ins Sacher zu setzen.

In der *Neuen Freien Presse* vom 12. Februar 1901 findet sich ein langer Nachruf auf **König Milan von Serbien**, in dem auch seine Vorliebe für das Hotel Sacher erwähnt wird. Später wohnte er dann jedoch im Imperial und in der vom Kaiser gespendeten Wohnung. Ich fragte mich folglich, wieso er, der Anna Sacher schon in den 1890ern ein Foto von sich widmete, der in den 1880er Jahren im Sacher-Garten speiste und angeblich sogar mit Eduard Sacher und Kronprinz Rudolf aus dem Praterteich gefischt wurde, wohl dem Sacher untreu geworden war. So entstand die Anfangsszene des Kapitels über Milan und die Lage auf dem Balkan.

Der Sommeraufenthalt der Familie Schuster in Millstatt ist im *Salonblatt* vom 8. Juli 1899 belegt, woraus leicht zu schließen war, dass die Familie jedes Jahr in ihre Villa nach Kärnten fuhr. Dass Julius Schuster nach kurzer Zeit wieder nach Wien reiste, um Anna Sacher zu treffen, entspringt meiner Imagination. Dass er, der zentrale Güterdirektor von Nathaniel Rothschild, mit seinem Chef die Gartenschau auf der Weltausstellung in Paris betreute, ist indes eine verbürgte Tatsache.

Auch die Szene mit Rudi Pick beruht auf Überlieferungen oder zumindest auf den Memoiren des Journalisten Heinrich Benedikt, der mit den Picks verwandt war – und es daher wohl wissen musste.

Dass **Gustav Klimt** auch ein Sacher-Gast war, habe ich das erste Mal in der großen Ausstellung »Klimt Persönlich« im Jahr 2012 im Wiener Leopoldmuseum entdeckt. Dort wurde die Postkarte vom Juni 1902 an Emilie Flöge ausgestellt, aus der ich die erste Szene des Kapitels zitiere. Bald darauf fand ich bei Berta Zuckerkandl und Ludwig Hevesi alles über den Besuch Rodins in Wien und im Sacher-Garten.

Gustav Mahlers Stammlokal war das Sacher tatsächlich nicht, das bestätigte mir der Publizist und Mahler-Kenner Helmut Brenner. In seinen und den anderen Büchern über den Komponisten, vor allem bei seinem Biografen Jens Malte Fischer, finden sich aber die maßgeblichen Hinweise zu Gerhart Hauptmann und dessen Wien-Besuch, bei dem er im Sacher logierte und dort mit Mahler zusammentraf. Mehr als der Hofoperndirektor hat sich der Kammersänger Leo Slezak im Sacher aufgehalten und noch in den 1920er Jahren das obligate Foto von sich gestiftet. Die berühmte Anekdote über den nimmersatten und deshalb auch äußerst korpulenten Kammersänger mit den »Gänsen« habe ich ins Sacher verlegt.

Philipp Kallmus, der Vater der Fotografin **Madame d'Ora,** hatte Anna Sacher schon zum Tod Eduards kondoliert, und tatsächlich ist Anna Sacher unter den Ersten, die sich von Dora Kallmus fotografieren ließen. Dies schien mir Grund genug, ihr ein eigenes Kapitel zu widmen, und ich habe mir erlaubt, die beiden Frauen unterschiedlichen Alters und ihren doch so ähnlichen Geschäftssinn als selbstständige Unternehmerinnen zu beschreiben.

Im Verlassenschaftsakt der Anna Sacher sind alle Juwelen aufgeführt, die die Gastwirtin bei ihrem Tod 1930 besaß. Zählt man die angegebenen Werte zusammen, ergibt sich ein Juwelenbesitz von damals 30 000 Schilling. Das ist eine enorme Summe, wenn man bedenkt, dass damals, bei Eröffnung des Gläubiger- und dann Konkursverfahrens, der Teil des Hotels in der Maysedergasse mit 300 000 Schilling bewertet wurde.

Manchmal habe ich die alten, ewig weiterkolportierten Sacheranekdoten – hier die mit den Bullys und dem Kaviar – etwas verändert wieder- und weitergegeben und damit Annas Grundsatz gehorcht, dass ein Hotel Legenden braucht, um zu Bedeutung zu gelangen.

Glaubt man den Erinnerungen des Militärjournalisten Emil Seeliger, muss sich das besagte Essen für **Erzherzog Franz Ferdi-**

nand etwa Ende 1911, Anfang 1912 im Sacher zugetragen haben, und die Herren haben sich vor allem über die Flottenpolitik der k.u.k. Monarchie unterhalten, die 1911 noch ein großes Anliegen des Erzherzogs war. Nun, diese Geschichte musste ich aus dramaturgischen Gründen in den Herbst 1912 verlegen – an den Anfang des Balkankrieges, der für das weitere Geschehen so eine große Rolle spielte. Denn mit den Balkankriegen änderte sich für Österreich-Ungarn alles, wie Christopher Clark schreibt. Bereits 1896 hatte der Erzherzog ein Fotos von sich für die Bildergalerie der Anna Sacher gespendet.

Dass auch der Generalstabschef Franz Conrad von Hötzendorf im Sacher speiste, darf man zwar annehmen, wiewohl er keine Tagebücher geführt hat und es keinen konkreten Hinweis dafür gibt, wie mir der Historiker Wolfram Dornik bestätigte. Aber seine gesellschaftliche und berufliche Stellung machen es höchst unwahrscheinlich, dass er, nur weil er als eher menschenscheu galt, das Sacher mied.

Wann Anna Sacher genau die Idee mit dem Tischtuchgästebuch kam, lässt sich den Quellen nicht entnehmen, allerdings darf angenommen werden, dass sie die Konkurrenz des Grand Hotels, des Imperial und des Bristol ein Leben lang störte und sie deshalb nach Mitteln und Wegen gesucht hat, das Sacher auf ihre Art zum bedeutendsten Hotel der Stadt zu machen.

Eine der bekanntesten Anekdoten über das Sacher ist die mit dem nur mit einem Säbel bekleideten Erzherzog Otto. Doch alle Nachforschungen, dies im Haus-, Hof- und Staatsarchiv zu verifizieren, blieben erfolglos. Otto selbst hat die Episode Emil Seeliger gegenüber dementiert.

Interessanterweise erwähnen die Society-Blätter nur den Sieg des Pferdes von **Nikolaus Szemere**, nicht aber das Fest. Dass der spätere Journalist Siegfried Weyr, der damals noch an der Akademie der Künste studierte, oder der Offizier und Szemere-Freund Emil Seeliger, der in seinen Memoiren angab, dem Fest sogar beigewohnt zu haben, das Ganze nur erfunden haben, ist trotz deren Hang zu Anekdoten und Legenden allzu unwahrscheinlich. Vielleicht haben sie dieses letzte Fest des alten Europa in der Rückschau größer und märchenhafter gemacht, als es tatsächlich war. Doch damit sind sie in bester Gesellschaft: Eine ganze Schriftstellergeneration, angeführt von Stefan Zweig und Robert Musil, hat die Welt von Gestern, nachdem sie untergegangen war, verklärt und damit ein Wien-Bild erschaffen, dessen Beharrungsvermögen so groß ist, dass seine Demontage immer nur in Ansätzen gelingen kann.

Die Tatsache, dass **Viktor Ephrussi** zu Beginn des Krieges ins Sacher übersiedelte, verdanke ich dem Buch von Edmund de Waal über seine Familie, wiewohl auch er nichts Näheres über die Gründe für diesen Einzug wusste. Doch dass das Sacher ein Stammlokal der Familie gewesen war, beweist bereits die Kondolenzliste zu Eduards Tod, in der auch Ignatz Ephrussi auftaucht.

Sämtliche Angaben zu Anna Sachers Sohn Eduard und seiner Laufbahn im Krieg beruhen auf meiner Recherche im Kriegsarchiv. Zusammen mit dem Akt über sein Entmündigungsverfahren und den im Grundbuch belegten Pfandleihen auf sein Erbe ergibt sich ein stimmiges Bild des Sorgenkindes der Anna Sacher.

Ottokar Czernin war ein häufiger Gast des Sacher, wie Zeitungsberichten ebenso zu entnehmen ist wie auch seinen Tagebüchern oder der Biografie von Ladislaus Singer. Mitten im Krieg telefonierte der Außenminister mit seinem deutschen Pendant Bethmann-Hollweg nachweislich aus dem Sacher, und die Episode mit Felix Salten erwähnt der Schriftsteller im Nachruf auf den Politiker in der *Neuen Freien Presse*. Ottokar Czernin hat Anna Sacher 1918 auch ein Porträt von sich für ihre Fotogalerie gebracht und mit »In Freundschaft und Dankbarkeit« unterschrieben.

Die berühmte Anekdote mit Trotzki im Café Central wird von Hilde Spiel tatsächlich Ottokar Czernin zugeschrieben. Der ehemalige österreichische Bundeskanzler Bruno Kreisky hingegen, dessen Vater vor dem Krieg ebenfalls das Café Central frequentierte, meinte in einer Pressekonferenz in den 1970er Jahren indes, dass es ein Beamter des Außenministeriums gewesen wäre, und selbst zu dieser Variante der Geschichte gibt es noch weitere. Dass Czernin Trotzki in Brest-Litowsk jedoch versprochen hat, ihm seine Bibliothek aus Wien zukommen zu lassen, ist durch die Tagebücher des Außenministers verbürgt.

Dass es mitten im Krieg im Sacher alle die im Kapitel genannten Speisen gab, würde man für frei erfunden halten können, doch habe ich es einer Speisekarte des Sacher aus dem Januar 1918 entnommen, die die *Österreichische Landzeitung* vom 11. Januar abdruckte. Auch alle anderen beschriebenen Episoden aus der Kriegszeit haben sich tatsächlich im Sacher abgespielt, wie man den Zeitungen entnehmen kann.

Der Biograf Dieter Stiefel hat mir bestätigt, dass **Camillo Castiglioni** mit Sicherheit Gast des Sacher war. Auch die Geschichte mit dem Pferdefleisch ist keineswegs eine Erfindung, sondern eine u. a. von Mazakarini belegte Tatsache. Die Idee allerdings, die falschen Wiener Schnitzel ausgerechnet Camillo Castiglioni angedeihen zu lassen, ist einer maliziösen Eingebung der Autorin zu verdanken.

Die Krawallnacht mit dem Sturm auf die Grandhotels hat es natürlich gegeben, und sie wird in der *Neuen Freien Presse* ausführlich beschrieben. Dass nur das Sacher – und zwar wegen seiner tatkräftigen Chefin – verschont geblieben ist, ergibt sich schon aus der Tatsache, dass das Hotel in jenem Artikel nicht erwähnt wurde. Aber auch in William Johnstons großer österreichischen Kultur- und Geistesgeschichte findet sich dieses Ereignis, wobei er sich auf die Erzählungen des Journalisten Max Graf beruft.

Max Reinhardt hat laut Ludwig Hirschfeld, immer wenn er in Wien weilte, im Sacher gewohnt, und die Geschichte vom ersten Vorstellungsgespräch, das im Sacher stattfand, hat Helene Thimig in ihrem Buch über ihren Ehemann und Regisseur festgehalten. Das Abendessen, zu dem Reinhardt ins Sacher einlud, verdanke ich Schnitzlers Tagebüchern.

Die Geschichte um die Premierenfeier von *Gräfin Mariza* im Sacher beruht auf der Ausstellung von Marie-Theres Arnbom über die Operette und ihre Welt.

Die Kontroverse mit dem Betriebsrat wird sowohl in der *Arbeiterzeitung* (*AZ* 25.10.23) als auch in der *Neuen Freien Presse* geschildert, wobei leider nirgendwo etwas über die Gründe für den Rauswurf vermerkt ist, weshalb ich den sozialen Kämpfen der Zeit entsprechend den Acht-Stunden-Tag zum Thema gemacht habe. Die Tochter des Betriebsrats Friedl Hofbauer berichtete von der Angelegenheit im Jahr 1959 in einem Artikel sowie davon, dass ihre Mutter als Frisöse bei Anna Sacher arbeitete.

Anna Sachers Verlassenschaftsakt ist eine wahre Fundgrube, nicht nur, weil er Aufschluss über das nicht mehr vorhandene Vermögen der Gastwirtin und ihre Vorstellungen zur Erbfolge gibt. Er enthält die komplette Liste aller Gläubiger, insgesamt um die 400 Personen und Unternehmen. Alle Angestellten des Sachers, die Lieferanten des Hotels, die Handwerksbetriebe, Krankenkassen und Berufsvereinigungen. Das Dokument ist eine Matrix des Hotelbetriebs und ein soziologisches Skelett, das die Inspiration für viele Geschichten und Zusammenhänge in diesem Buch darstellt. Natürlich findet sich in der Gläubigerliste Oberkellner Josef Wagner, der 1890 als 20-Jähriger ins Sacher kam, bald zum Oberkellner avancierte und seine Chefin Anna Sacher um Jahre überlebte. Aber auch der elegante Zimmerkellner Albert Blauensteiner und der Chefportier Ludwig Puchinger sind darunter. Das Stubenmädchen Emma

Binder fand sich so wie der Küchenchef Felix Possaward (er kochte vierzig Jahre lang im Sacher und stand einer Mannschaft von meistens zehn Unterköchen und acht Küchenjungen vor), die Sekretärin Stefanie Müller, der Zimmerputzer Josef Winkler, der Nachtportier (im Verlassenschaftsakt bloß als Portiersgehilfe vermerkte) Sebastian Mayr (der manchmal in der Zeitung über das Sacher schrieb und den ich deshalb im Buch die Laufbahn vom Pagen zum Portier durchmachen ließ) oder der Kellermeister Anton Müller.

Auch die Liste der Unternehmen und Handwerksbetriebe, die sich unter den Gläubigern befanden, ist äußerst interessant, so finden sich neben allen üblichen Betrieben wie Installateuren, Zuckerbäckereien, der Arbeiter-Unfall-Versicherung, der Gehilfen- und Lehrlingskrankenkasse der Genossenschaft der Gastwirte (die Eduard Sacher einst mitbegründet hat) sowie dem Gremium der Wiener Kaufmannschaft das Brauhaus Pilsen, die Großwäscherei Excelsior, der Papierkonfektionär Josef Gratzer, die holländische Handelsgesellschaft Hollindia, der k. u. k. Hoflieferant und Zuckerlfabrikant Gustav und Wilhelm Heller (der österreichische Multimediakünstler André Heller ist ein Enkel des Letzteren), die Europäische Güter- und Reisegepäcksversicherungsgesellschaft, die Jungbunzlauer Spiritus und chemische Fabrik, die Luster & Metallwaren Fabrik Alois Pragan & Brüder, Karl Viktorin Spezialfabrikation moderner Küchenanlagen, die Österreichische Glühlampenfabrik Osram und so weiter und so fort. Und natürlich der k. u. k. Hofzuckerbäcker Demel, dem Eduard Sacher junior in späteren Jahren die Lizenz zur Produktion der Original-Sachertorte verkauft hatte, woraus sich der berühmte »Torten-Krieg« entwickelte, der sich samt Gerichtsprozessen und einstweiligen Verfügungen vom Jahr 1938 bis 1962 hinzog. Er ging bekanntlich zugunsten des Sacher aus, dem die Marke »Original Sacher-Torte« seither alleinig zusteht.

Literatur

Auch die Literatur, die mir geholfen hat, ein lebendiges und historisch schlüssiges Bild der Epoche zu zeichnen, ist überbordend. Dennoch möchte ich einige Werke herausheben, die mir besonders wichtig waren und die im Text zitiert oder verwendet werden.

Arnbom, Marie-Theres. *Friedmann, Gutmann, Lieben, Mandl, Starkosch. Fünf Familienporträts aus Wien vor 1938.* Wien 2002.

Augustin, Andreas. *Hotel Sacher Wien.* Wien 1994.

Bahr, Hermann. *Die Überwindung des Naturalismus. Kritische Schriften in Einzelausgaben II.* Weimar 2004.

Bahr, Hermann. *Secession. Kritische Schriften in Einzelausgaben IV.* Weimar 2004.

Baltzarek, Franz; Hoffmann, Alfred; Stekl, Hannes. *Die Wiener Ringstraße. V. Bild einer Epoche. Wirtschaft und Gesellschaft der Wiener Stadterweiterung.* Wiesbaden 1973.

Beller, Steven. *Wien und die Juden.* Wien, Köln, Weimar 1993.

Beller, Steven. *Geschichte Österreichs.* Wien, Köln, Weimar 2007.

Benedikt, Heinrich. *Damals im alten Österreich. Erinnerungen.* Wien 1989.

Bericht über die ersten 10 Schuljahre 1891–1900 der Fachlichen Fortbildungsschule des Gremiums der Hoteliers in Wien. Veröffentlicht vom Schulausschusse. Wien 1900.

Bettauer, Hugo. *Die Stadt ohne Juden: Ein Roman von Übermorgen.* Wien 1922.

Blom, Philipp. *Der taumelnde Kontinent: Europa 1900–1914.* München 2009.

Boyer, John W. *Karl Lueger (1844–1910). Christlichsoziale Politik als Beruf. Eine Biographie.* Wien 2010.

Bramann, Jorn; Moran, John. *Karl Wittgenstein, Business Tycoon and Art Patron.* In: *The Austrian History Yearbook.* Vol. XV–XVI (1979–1980).

Brandstätter, Christian (Hg). *Stadtchronik Wien.* Wien 1986.

Brenner, Helmut; Kubik, Reinhold. *Mahlers Welt. Die Orte seines Lebens*, St. Pölten, Salzburg 2011.

Broch, Hermann. *Hofmannsthal und seine Zeit.* Berlin 2001.

Bryan, Gilliam. *Richard Strauss. Magier der Töne. Eine Biographie.* München 2014.

Clark, Christopher. *Die Schlafwandler. Wie Europa in den Ersten Weltkrieg zog.* München 2013.

Czernin, Ottokar Graf. *Im Weltkriege,* Berlin, Wien 1919.

Czernin, Ottokar Graf. *Mein Afrikanisches Tagebuch.* Wien (1928) 2010.

De Waal, Edmund. *Der Hase mit den Bernsteinaugen: Das verborgene Erbe der Familie Ephrussi.* Wien 2011.

Felder, Cajetan. *Erinnerungen eines Wiener Bürgermeisters.* München 1964.

Ferguson, Niall. *The House of Rothschild. The World's Banker 1849–1999.* New York 1998.

Fischer, Jens Malte. *Gustav Mahler. Der fremde Vertraute.* Wien 2003.

Fuchs, Hans. *Anna Sacher, geborene Fuchs. Ein Wiener Original.* In: *Jahrbuch der Heraldisch-Genealogischen Gesellschaft »Adler« 7* (1967/1970).

Fugger, Nora. *Im Glanz der Kaiserzeit: Memoiren.* Wien 1980.

Gaugusch, Georg. *Wer einmal war. Das jüdische Großbürgertum Wiens 1800–1938.* 1. Bd. A–K. Wien 2011.

Gleis, Ralph (Hg.). *Makart. Ein Künstler regiert die Stadt* (Ausstellungskatalog). München, London, New York 2011.

Gottlieb, Max. *Die Industrie in Gast- und Schankgewerbe.* Wien 1903.

Hagen, Ernst. *Hotel Sacher: In deinen Betten schlief Österreich.* Wien, Hamburg 1976.

Hamann, Brigitte. *Rudolf: Kronprinz und Rebell.* München 1987.

Hamann, Brigitte. *Elisabeth: Kaiserin wider Willen.* München 1998.

Hannig, Alma. *Franz Ferdinand: Die Biografie.* Wien 2013.

Hanslick, Eduard. *Aus meinem Leben.* Berlin 1894.

Haslinger, Ingrid. *Kunde: Kaiser. Die Geschichte der K. u. K. Hoflieferanten.* Wien 1996.

Heinersdorff, Richard. *Die K. u. K. privilegierten Eisenbahnen 1828–1918 der Österreichisch-Ungarischen Monarchie.* Wien 1975.

Hennings, Fred. *Ringstraßen Symphonie 1. Satz (1857–1870), 2. Satz (1870–1884), 3. Satz (1884–1899),* Wien, München 1963.

Hevesi, Ludwig. *Acht Jahre Secession.* Wien 1906.

Hirschfeld, Ludwig. *Wien: Was nicht im Baedeker steht.* Wien 1927.

Hundert Jahre Hotel Sacher – Wiener Küche und Gastlichkeit. 176. Wechselausstellung der Wiener Landes- und Stadtbibliothek. Mai–August 1976.

Janik, Allan; Toulmin, Stephen. *Wittgensteins Wien.* München, Wien 1884.

Janik, Allan; Veigl, Hans. *Wittgenstein in Wien. Ein biographischer Streifzug durch die Stadt und ihre Geschichte.* Wien, New York 1998.

Johnston, William. *Österreichische Kultur- und Geistesgeschichte. Gesellschaft und Ideen im Donauraum 1848–1938.* Wien, Köln, Weimar 1974.

Kandl, Erik. *Das Zeitalter der Erkenntnis: Die Erforschung des Unbewussten in Kunst, Geist und Gehirn von der Wiener Moderne bis heute.* München 2012.

Kann, Robert A. *Marie von Ebner-Eschenbach-Dr. Josef Breuer. Ein Briefwechsel, 1889–1916.* Wien 1969.

Kinsky-Wilczek, Elisabeth (Hg.). *Hans Wilczek erzählt seinen Enkeln. Erinnerungen aus seinem Leben.* Graz 1933.

Kläger, Emil. *Durch die Wiener Quartiere des Elends und Verbrechens. Ein Wanderbuch aus dem Jenseits.* Wien 1908.

Kraus, Karl. *Sittlichkeit und Kriminalität.* Frankfurt am Main 1987.

Kraus, Karl. *Die letzten Tage der Menschheit.* Frankfurt am Main 1986.

Kraus, Karl. *Die Fackel.* http://corpus1.aac.ac.at/fackel/

Kremser, Leopold. *Die Entwicklung des Wiener Gastgewerbes unter besonderer Berücksichtigung der Leopoldstadt 1900–1952.* Diplomarbeit. Wien 1996.

Leidinger, Hannes. *Die Bedeutung der Selbstauslöschung. Aspekte der Suizidproblematik in Österreich von der Mitte des 19. Jahrhunderts bis zur Zweiten Republik.* Innsbruck, Wien, Bozen 2012.

Leidinger, Hannes; Moritz, Verena. *Oberst Redl: Der Spionagefall – Der Skandal – Die Fakten.* St. Pölten, Salzburg, Wien 2012.

Maderthaner, Wolfgang. *Dem Volke, was des Volkes ist. Das Stadtimago und die Stadtpolitik des Karl Lueger.* In: *Arbeiter-Zeitung* (11. März 1910).

Maderthaner, Wolfgang; Musner, Lutz. *Die Anarchie der Vorstadt – Das andere Wien um 1900.* Frankfurt/Main 1999.

Maderthaner, Wolfgang; Hochedlinger, Michael. *Untergang einer Welt. Der große Krieg 1914–1918 in Photographien und Texten.* Wien 2013.

Mahler-Werfel, Alma. *Gustav Mahler. Erinnerungen.* Frankfurt am Main 1991.

Markus, Georg. *Geschichten der Geschichte. Unvergeßliches von Kaisern, Käuzen, großen Künstlern und kleinen Leuten.* Wien 1992.

Mattl, Siegfried (Hg.). *Felix Salten: Schriftsteller – Journalist – Exilant.* Ausstellungskatalog, Wien 2007.

Mayreder, Rosa. *Zur Kritik der Weiblichkeit.* Essays. Jena 1905/1907/1922.

Mazakarini, Leo. *Das Hotel Sacher zu Wien.* Wien 1976.

Meysels, Lucian O. *In Meinem Salon ist Österreich: Berta Zuckerkandl und ihre Zeit.* Wien 1984.

Morton, Frederic. *Wetterleuchten. Wien 1913/14.* Wien 1989.

Müller, Heidi. *Dienstbare Geister. Leben und Arbeitswelt städtischer Dienstboten.* Berlin 1985.

Musil, Robert. *Der Mann ohne Eigenschaften.* Berlin 2014 (1930).

Osterhammel, Jürgen. *Die Verwandlung der Welt: Eine Geschichte des 19. Jahrhunderts.* München 2011.

Otten, Dietrun. »Rodin in Wien«. In: Husslein-Arco, Agnes; Koja, Stephan. *Rodin und Wien.* Ausstellungskatalog. Wien 2010.

Pemsel, Jutta. *Die Wiener Weltausstellung von 1873.* Wien, Köln 1989.

Pfoser, Alfred; Weigl, Andreas (Hg). *Im Epizentrum des Zusammenbruchs. Wien im Ersten Weltkrieg.* Ausstellungskatalog. Bad Vöslau 2013.

Popp, Adelheid. *Die Jugendgeschichte einer Arbeiterin.* Wien 1909.

Rosenbaum. *L'Hôtel Sacher de Vienne.* Wien ca. 1936.

Roth, Joseph. *Radetzkymarsch.* München 1998.

Salten, Felix. *Das österreichische Antlitz: Essays.* Berlin 1910.

Sandgruber, Roman. *Traumzeit für Millionäre: Die 929 reichsten Wienerinnen und Wiener um Jahr 1910.* Wien, Graz, Klagenfurt 2013.

Schnitzler, Arthur. *Anatol.* Berlin 1893, Kindle.

Schnitzler, Arthur. *Traumnovelle.* Berlin 1926, Kindle.

Schnitzler, Arthur. *Liebelei.* Berlin 1896, Kindle.

Schnitzler, Arthur. *Leutnant Gustl.* Berlin 1901, Kindle.

Schnitzler, Arthur. *Jugend in Wien. Eine Autobiographie.* Wien, München, Zürich 1968.

Schnitzler, Arthur. *Tagebuch, 1879–1931.* Hg. v. der Kommission für Literarische Gebrauchsformen der Österreichischen Akademie der Wissenschaften, 10 Bde., Wien 1987–2000.

Schorske, Carl E. *Wien. Geist und Gesellschaft im Fin de Siècle.* München 1994.

Seeliger. Emil. *Hotel Sacher in Wien: Weltgeschichte beim Souper.* Berlin 1931.

Simon, Anne-Catherine. *Schnitzlers Wien.* Wien 2002.

Singer, Ladislaus. *Ottokar Graf Czernin. Staatsmann einer Zeiten-wende.* Graz 1965.

Sinhuber, Bartel. *Zu Gast im alten Wien. Erinnerungen an Hotels, Wirtschaften und Kaffeehäuser, an Bierkeller, Weinschenken und Ausflugslokale.* München 1989.

Slezak, Leo. *Mein lieber Bub. Briefe eines besorgten Vaters.* München 1966.

Spiel, Hilde. *Glanz und Untergang. Wien 1866–1938.* Wien 1987.

Stawa, Gerhard. *Die Villa Verdin in Millstatt.* In: *Kärntner Lands-mannschaft,* Heft 3–4, 2008.

Stiefel, Dieter. *Camillo Castiglioni oder die Metaphysik der Haifische.* Wien, Köln, Weimar 2012.

Thimig-Reinhardt, Helene. *Wie Max Reinhardt lebte.* Percha am Starnberger See 1973.

Ujvári, Hedvig. *Feuilletons über die Wiener Weltausstellung 1873 im Pester Lloyd.* In: *Kakanien revisited* (25, 10), 2005.

Waugh, Alexander. *Das Haus Wittgenstein. Geschichte einer unge-wöhnlichen Familie.* Frankfurt am Main 2009.

Weyr, Siegfried. *Schattenbeschwörung. Geschichten aus dem alten Österreich.* Wien 1995 (1920).

Wilson, Derek. *Die Rothschild Dynastie: Eine Geschichte von Ruhm und Macht.* Wien, Darmstadt 1989.

Zintzen, Christian (Hg.). *Die österreichisch-ungarische Monarchie in Wort und Bild: Aus dem ›Kronprinzenwerk‹ des Erzherzog Rudolf.* Wien, Köln, Weimar 1999.

Zuckerkandl, Berta. *Österreich intim: Erinnerungen 1892–1942.* Frankfurt am Main, Berlin 1970.

Zuckerkandl, Berta. *Ich erlebte 50 Jahre Weltgeschichte.* Stockholm 1939.

Zweig, Stefan. *Die Welt von gestern: Erinnerungen eines Europäers.* Frankfurt/Main 1970 (1944).

Dank

Ein Buch verdankt sein Entstehen immer einer ganzen Reihe von Menschen, die dem nur scheinbar einsam vor sich hinarbeitenden Autor zur Seite stehen. Dieses Buch würde es ohne die Mitwirkung vieler Fachleute, Freunde und Bekannten nicht geben.

Als Erstes gilt mein Dank natürlich Elisabeth Gürtler und dem Hotel Sacher, die mir in liebenswürdiger Weise Zutritt zum Hotel und zum Firmenarchiv gewährt haben. Wann immer ich in Wien auftauchte, gab es helfende Hände, freundliche Worte – und ein die Arbeit versüßendes Stück Sachertorte.

Christopher Wentworth-Stanley – ohne ihn, sein umfassendes Wissen über sämtliche Lebensbereiche des 19. Jahrhunderts, vor allem aber ohne seinen Ansporn und seine Ideen würde es einige der schönsten Szenen im Buch nicht geben. Zudem hat er die einzelnen Kapitel des Buches auf ihre Richtigkeit gelesen und mit mir sowohl Fragen der Dramaturgie als auch der technischen Entwicklung der Zeit diskutiert. Ganz besonders habe ich auch Marion Krammer zu danken, die die meisten Archivrecherchen für mich in Wien erledigte und viele gute Ideen zur komplexen Suche nach Quellen einbrachte. Georg Gaugusch hat den Text nicht nur gelesen, der Besitzer des k.u.k. Hoflieferanten Wilhelm Jungmann & Neffe und Autor des umfassendsten Lexikons über das jüdische Großbürgertum der Habsburgermonarchie hat mir Zugang zu seinen Kundenbüchern gewährt, mir über Jahre die Welt des jüdischen Bürger- und Großbürgertums nähergebracht und mir zu vielen Protagonisten meines Buches Wichtiges und Amüsantes erzählt. Max Gruber hat die Dialoge und ihren leichten Dialektklang durchgesehen, wofür ich ihm herzlich danke.

Zahlreichen Historikern gebührt mein Dank, angefangen von Lothar Höbelt, der das Manuskript auf Fehler durchgesehen und mir mit viel Geduld zahllose Details der Geschichte der Donaumonarchie erklärt hat. Hannes Leidinger, der mich auf die Idee gebracht hat, die Zeitspanne von 1880–1930 als ein Kontinuum anzusehen. Wolfgang Maderthaner, der ein stets anregender Gesprächspartner war, Alfred Pfoser, der mich auf die Geschichte von Ottokar Czernin und Felix Salten gestoßen hat. John Boyer hat meine Fragen über Karl Lueger, Wolfram Dornik und Franz Conrad von Hötzendorf beantwortet. Peter Michael Braunwarth hat mir Auszüge aus den Tagebüchern Arthur Schnitzlers zur Verfügung gestellt und in etlichen Mails meine Fragen zu Schnitzler beantwortet. Helmut Brenner tat das Gleiche zu Gustav Mahler, und Alexander Juraske hat mich in die Anfänge des Fußballs in Österreich eingeweiht. Ingrid Haslinger ist eine stets hilfsbereite Gesprächspartnerin über die Kochkunst des 19. Jahrhunderts, über Tafelkunst, Menükarten und vieles mehr gewesen. Dem Wirtschaftshistoriker Roman Sandgruber verdankt dieses Buch schon deshalb viel, weil er in seinem Buch über die Millionäre der Zeit viele Personen behandelt, die auch zu den Klienten des Sacher gehörten. Außerdem hat er ermittelt, dass auch Anna Sacher im Jahr 1910 nach ihrer Einkommensteuer zu urteilen zu den reichsten Bürgerinnen Wiens gehörte. Zudem hat er mir mit viel Geduld das Wirken Karl Wittgensteins erklärt, so wie auch Dieter Stiefel, der Biograf von Camillo Castiglioni, mir die wirtschaftlichen Machenschaften des zweitreichsten Industriellen und Börsenspekulanten der Zwischenkriegszeit nähergebracht hat. Im Kriegsarchiv möchte ich auch noch Bernhard Wenning für seine Hilfe bei der Suche zu Eduard Sachers Stellung im Krieg danken. Dass ich – ohne mit ihm gesprochen zu haben – Christopher Clark und seinem Buch einige der wichtigsten Einsichten in die historische Materie verdanke, wird all denen, die sein Werk kennen, unschwer auffallen.

Darüber hinaus möchte ich noch folgenden Personen danken: Irenè Sacher, die mir ihr Familienarchiv und ihr Wissen über die Sacher-Familie zur Verfügung gestellt hat, Cari Rohrer und Amelie Trauttmansdorff, die mir alles, was sie über die Schusters wissen, gesagt haben, Miha Veingerl für Recherchearbeiten, Werner Loibl für rechtliche Fragen, Toni Sauper für Fragen des Hotelbetriebs, Marie Theres Arnbom für die wunderbare Geschichte über Betty Fischer, Martina King für ihre Hinweise zur Literatur des Fin de Siècle, Ingrid Puller vom Straßenbahn-Museum, Hubert Jäger von der Wien-Bibliothek, Remo Largo für viele Aufmunterungen und Ideen, Philipp Blom, der ganz zu Anfang mit mir über die Buchidee sprach, Christian Brandstätter, der mich auf das Gästebuch des Sacher-Gartens stieß, Kurt Lakmayer, der mir seine Hotelbücher lieh, Andreas Augustin für sein umfassendes Grandhotel-Wissen und dafür, dass er es mit mir teilte, sowie Leo Mazakarini, der mir den Recherchebeginn mit seinem Wissen um vieles erleichtert hat. Beate Thalberg, die für einen Film über Anna Sacher recherchierte, kam zu ähnlichen Schlüssen und half durch ihr Detailwissen zum Hotelpersonal.

Allen im Knaus Verlag gilt mein Dank und Alexander Weber, meinem Lektor, möchte ich dafür danken, dass er immer freundlich, ungeachtet meiner Anstrengungen, ihn mit unzähligen Nachbesserungen in den Wahnsinn zu treiben, dem Buch sein Können und Wissen zur Verfügung gestellt hat. Am Ende habe ich wie bei jedem anderen Buch auch meiner wunderbaren Tochter zu danken, eine liebevolle Stütze in Zeiten von Arbeitsdruck und Stress und ein mich glücklich stimmender Sonnenschein.

Walter Kempowski erzählt die Geschichte
seiner Familie vom Kaiserreich bis in die 1960er-Jahre
der Bundesrepublik.

In »Herzlich Willkommen« wird Walter nach acht Jahren Haft
im Zuchthaus Bautzen in den Westen entlassen – ohne
Ausbildung, ohne Ziel und Geld. Er beginnt sein Studium, aber
die Jahre in Bautzen haben ihre Spuren hinterlassen. Immer
wieder erliegt Walter Anfällen von Melancholie. Bis er endlich die
Frau findet, die ihn versteht. So enden für ihn die
Jahre des Suchens und des Übergangs.

»Walter Kempowski ist ein Bibliothekar der Erinnerung.«

PENGUIN VERLAG

Die bewegende Geschichte
eines tragisch kurzen Lebens

Nur ein Koffer voller Bilder überlebte. Sie zeigen die kurze
Geschichte der jüdischen Malerin Charlotte Salomon,
die David Foenkinos in seinem hochgelobten Roman anrührend
erzählt – das Porträt eines verheißungsvollen Lebens,
das viel zu früh beendet wurde.

»Der Autor hat eine fabelhafte ... Methode gefunden,
dieses dramatische Leben zu erzählen ... klar, gerade,
erschütternd schön.«

Elke Heidenreich

PENGUIN VERLAG